Comparing the place of experts during the first waves of the COVID-19 pandemic

*Christophe Premat, Jean-Michel De Waele
& Michel Perottino (eds.)*

Stockholm
University

Published by
Stockholm University Press
Stockholm University Library
Universitetsvägen 10
SE-106 91 Stockholm, Sweden
www.stockholmuniversitypress.se

Supporting Agency (funding): The book has been funded by Ottawa University
and by the excellence research program Romling (Romance Linguistics –
Stockholm University)

Grant number: SU165021820211

First published 2024
Cover designed by Tom Grady
Cover image: Plague doctor traced from a 17th century illustration by
@liftarn on openclipart.org, CC0

Stockholm Studies in Romance Languages (SSIRL) (Online) ISSN: 2002-0724
Series number: 10

ISBN (Paperback): 978-91-7635-247-2
ISBN (PDF): 978-91-7635-248-9
ISBN (EPUB): 978-91-7635-249-6
ISBN (Mobi): 978-91-7635-250-2

DOI: https://doi.org/10.16993/bco

Suggested citation:
Premat, C., De Waele, J.-M., & Perottino, M. (eds.) 2024. *Comparing the place
of experts during the first waves of the COVID-19 pandemic*. Stockholm:
Stockholm University Press. DOI: https://doi.org/10.16993/bco.
Licencia: CC BY-NC 4.0.

To read the free, open access version of this book online,
visit https://doi.org/10.16993/bco or scan this QR code
with your mobile device.

Stockholm Studies in Romance Languages

Stockholm Studies in Romance Languages (SSIRL) (ISSN: 2002-0724) is a peer-reviewed series of monographs and edited volumes published by Stockholm University Press. SSIRL strives to provide a broad forum for research on Romance Languages of all periods, including both linguistics and literature.

In terms of subjects and methods, the series covers language structure, variation and meaning, spoken and written genres, as well as literary scholarship in a broad sense.

It is the ambition of SSIRL to place equally high demands on the academic quality of the manuscripts it accepts as those applied by refereed international journals and academic publishers of a similar orientation.

Editorial Board

Titles in the series

1. Engwall, G. & Fant, L. (eds.) 2015. *Festival Romanistica. Contribuciones lingüísticas – Contributions linguistiques – Contributi linguistici – Contribuições linguísticas*. Stockholm: Stockholm University Press. DOI: https://doi.org/10.16993/bac. License: CC-BY

2. Cedergren, M. et Briens, S. (eds.) 2015. *Médiations interculturelles entre la France et la Suède. Trajectoires et circulations de 1945 à nos jours.* Stockholm: Stockholm University Press. DOI: https://doi.org/10.16993/bad. License: CC-BY

3. Premat, C. 2018. *Pour une généalogie critique de la Francophonie.* Stockholm: Stockholm University Press. DOI: https://doi.org/10.16993/bau. License: CC-BY

4. Sullet-Nylander, F., Bernal, M., Premat, C. & Roitman, M. (eds.) 2019. *Political Discourses at the Extremes: Expressions of Populism in Romance-Speaking Countries.* Stockholm: Stockholm University Press. DOI: https://doi.org/10.16993/bax. License: CC-BY

5. Roitman, M. (ed.) 2023. *Negatives and Meaning: Sociocultural Setting and Pragmatic Effects: Using Negatives in Political Discourse, Social Media and Oral Interaction.* Stockholm: Stockholm University Press. DOI: https://doi.org/10.16993/bcd. License: CC-BY

6. Cedergren, M. and Lindberg, Y., 2023. *Le transfert des littératures francophones en(tre) périphérie: Pratiques de sélection, de médiation et de lecture.* Stockholm: Stockholm University Press. DOI: https://doi.org/10.16993/bcg. License: CC BY-NC 4.0

7. Premat, C. & Bédard-Goulet, S. (eds.) 2023. *Nordic and Baltic Perspectives in Canadian Studies.* Stockholm: Stockholm University Press. DOI: https://doi.org/10.16993/bci. License: CC-BY

8. Roitman, M., Bernal, M., Premat, C. & Sullet-Nylander, F. (eds.) 2023. *The New Challenges of Populist Discourses in Romance Speaking Countries.* Stockholm: Stockholm University Press. DOI: https://doi.org/10.16993/bcj. License: CC BY-NC

9. Österberg, R. & El-Madkouri Maataoui, M. (eds.) 2024. *Léxico y semántica: nuevas aportaciones teóricas y aplicadas.* Stockholm: Stockholm University Press. DOI: https://doi.org/10.16993/bcl. License: CC BY-NC 4.0

10. Premat, C., De Waele, J.-M., & Perottino, M. (eds.) (2024). *Comparing the place of experts during the first waves of the COVID-19 pandemic.* Stockholm: Stockholm University Press. DOI: https://doi.org/10.16993/bco. License: CC BY-NC 4.0

Peer Review Policies

Stockholm University Press ensures that all book publications are peer reviewed in two stages. Each book proposal submitted to the Press will be sent to a dedicated Editorial Board of experts in the subject area. The full manuscript will be peer-reviewed by chapter or as a whole by two independent experts.

A full description of Stockholm University Press' peer review policies can be found on the website: https://www.stockholm universitypress.se/site/peer-review-policies/

Recognition for reviewers

The Editorial Board of *Stockholm Studies in Romance Languages* applies single-blind review during proposal and manuscript assessment. We would like to thank all reviewers involved in this process.

Special thanks to the reviewers who have been performing the peer review of the manuscript of this book:

- Esteban Arribas Reyes, Professor of Policy Analysis at the University of Alcalá, Madrid (Spain). ORCID: https://orcid.org/0000-0002-6809-0570
- Merike Blofield, Professor of Political Science at the University of Hamburg, Germany. ORCID: https://orcid.org/0000-0003-1540-0237
- Laurent Dousset, Professor of anthropology, Senior lecturer and researcher at the University of Lucerne, Switzerland. ORCID: https://orcid.org/0000-0002-6547-1749
- Inga Brandell, Professor Emerita in Political Science at Södertörn University, Sweden

Contents

Avant-propos

Jean-Michel De Waele

Cet ouvrage a vu le jour grâce à la mise en place d'un réseau éphémère en avril 2019, le POSOC-19 (« Pouvoir et sociétés face à la crise de la COVID-19 »). Il est pertinent de souligner que sans le soutien de ce réseau, l'élaboration de cet ouvrage aurait été improbable. La pandémie a profondément perturbé le monde académique, avec la suspension des cours en présentiel, forçant les enseignants à s'adapter à l'enseignement à distance, parfois avec réticence et anxiété. La frontière floue entre la vie privée et professionnelle a ajouté une complexité supplémentaire. La recherche a également subi des perturbations majeures, avec la fermeture des laboratoires, l'annulation des terrains d'étude et le report d'entretiens. Les événements scientifiques internationaux prévus depuis longtemps ont été annulés, entraînant la suspension de nombreux échanges internationaux. Malgré ces défis, de nouvelles pratiques ont émergé rapidement dans l'enseignement et la recherche, notamment l'adoption rapide des webinaires. Dans cette période d'incertitude et d'angoisse existentielle, de nouvelles collaborations ont pris naissance grâce aux rencontres fortuites. Un exemple concret est celui de deux collègues, Laurent Sermet, juriste et professeur de droit international à l'Institut d'Études Politiques d'Aix-en-Provence, et Jean-Michel De Waele, politiste à l'Université Libre de Bruxelles. Informé par un collègue, ils ont établi un contact, initié un réseau pluridisciplinaire, flexible et participatif, regroupant près de 330 collègues de plus de 60 pays sur les cinq continents en quelques mois seulement. L'identité du réseau est centrée sur la volonté de comparer les effets de la pandémie dans des sociétés diverses, riches, émergentes ou pauvres. La nécessité de comprendre les différentes réponses nationales à une crise commune a été un défi stimulant pour les sciences sociales et politiques. Le repli sur les frontières et les mesures sanitaires, même au sein de l'Union européenne, a marqué les premières réactions des États. Cependant, se concentrer uniquement sur les contextes nationaux risque de négliger les tendances générales et les spécificités régionales, minimisant ainsi la portée globale de la crise et de ses solutions. L'objectif du réseau n'était pas d'étudier les politiques sanitaires, mais plutôt de comprendre les implications de la crise sur chaque système politique et juridique, étant donné leur interconnexion. L'analyse portait sur la manière dont les mesures étaient mises en place, perçues, approuvées ou contestées, tout en appréhendant leur contenu et leur signification. Les questionnements ont émergé dès les débuts de la pandémie.

Comment les différentes cultures politiques nationales se sont-elles adaptées aux nouvelles situations ? Quels sont les enseignements à tirer sur chacune des sociétés, sur chacun des régimes politiques et, *in fine*, sur la place de l'État dans les sociétés contemporaines ? Que nous disent ces leviers des métamorphoses de l'État contemporain en période de crise sanitaire inédite ? Quels effets dans chaque État sur la légitimé des dirigeants à court ou long terme ? Quelles sont les limites de la démocratie en période de crise ? Qui ont été les gagnants et les perdants de cette crise ? Comment l'Union européenne a-t-elle pu résister à une telle épreuve mettant à nu ses failles ? Quels ont été les récits et les explications donnés dans chaque État ? Les systèmes démocratiques ont-ils été capables de gérer une crise d'une telle ampleur ou le modèle chinois a-t-il marqué de nouveaux points ? L'urgence et l'union nationale ont-elles fait disparaître toutes les différences politiques et idéologiques ? Quelles voix dissonantes sont parvenues à se faire entendre (relativisme, complotisme, etc.) ? Comment les publics les plus fragiles ont-ils été protégés ? Quels ont été les bouc-émissaires tenus pour responsables de cette crise dans chaque État ?

Dans leur note de présentation, les deux initiateurs du réseau POSOC-19 mettaient en exergue cette nécessité pour les chercheurs de coopérer :

Nous suggérons de nous mettre au travail maintenant. C'est maintenant que nos sociétés bougent de partout. Concrètement, un réseau flexible de chercheurs francophones en sciences sociales et politiques de différents pays de différents continents pourrait se créer et décider de problématiques communes à analyser de façon comparative en utilisant les mêmes méthodologies et les mêmes dispositifs de recueil de données. À terme, il devrait permettre des publications, des colloques, des *workshops* dans les grandes conférences internationales de la discipline (note interne de présentation du réseau POSOC-19).

Il convient de se rappeler que lors de la première vague, l'idée – heureusement fausse jusqu'à présent – circulait que l'élite africaine risquait d'être dévastée par la pandémie. L'Afrique était au centre de nos préoccupations et nous voulions l'insérer dès la naissance de ce réseau. Ayant bien plus de contacts dans les pays francophones qu'anglophones, la décision a été d'utiliser le français comme langue de travail, même si nous avons également eu recours à l'anglais pour faciliter le travail de coopération. Les collègues d'Amérique du Sud ont décidé d'organiser leurs webinaires en espagnol et portugais. Le réseau a donc bien été francophone et plurilingue. Chaque collègue intéressé par cette démarche a fait part de ses centres d'intérêt et a communiqué ses propositions de recherche pour le réseau qui les a regroupées en six axes de travail pour tenter de canaliser ce foisonnement de propositions.

1. — **Les politiques anti-pandémie et anti-crise multiniveaux** (national, régional et local), dans leurs dimensions politiques, économiques et sociales en prenant en compte les acteurs publics et privés et les conséquences de ces politiques (libertés, finances publiques, réorganisation du travail et des services…).

2. — **Les spécificités culturelles et les constructions discursives** : aspect religieux, confiance ou non aux décideurs politiques ou aux experts, concertation ou prise autoritaire des décisions, les mécanismes de production de coupables expiatoires/complots/, etc. les *fake news*

3. — **Les politiques publiques de santé et de sécurité sanitaire** : Quelles ont été les mesures prises ? Quels acteurs ont été à l'origine de ces décisions, les responsables politiques, les experts, les citoyens, voire les groupes d'opposition ? Quels en ont été les effets ? Que peut-on dire de l'influence des bonnes pratiques, des

libertés publiques, de l'état d'urgence sanitaire, des débats entre les différentes politiques sanitaires souhaitables ou possible, des personnes vulnérables, des mesures de déconfinement, etc. ?

4. — **La crise et les rapports géopolitiques** : les relations internationales, les évolutions géopolitiques, la gestion des conflits en cours rôle et image de la Chine, la politique étrangère de Donald Trump.

5. — **Les organisations internationales et régionales et les États** : leur rôle dans la lutte contre la pandémie (OMS, Nations-Unies, FMI, Banque Mondiale, Union européenne, Union africaine).

6. — **La gouvernance économique aux niveaux, local, national et mondial** : les effets sur la mondialisation, sur le commerce international. Le débat sur la « relocalisation » des productions, sur les grandes entreprises, etc. le chômage, les fragilités socio-économiques.

Tous les groupes de travail se sont réunis à plusieurs reprises en organisant eux-mêmes leur propre agenda de recherche, de rencontres et de discussions. Un blogue a rapidement été créé et s'est enrichi en quelques semaines de plusieurs dizaines d'articles déposées par les membres du POSOC-19. Certains groupes ont mieux fonctionné que d'autres. Certains se sont insérés dans d'autres activités organisées parallèlement par des centres de recherche universitaires. Mais le POSOC-19 a organisé lui-même un grand nombre de webinaires. Citons entre autres, plusieurs webinaires comparatifs sur la façon dont les États de nature différente (autoritaire, démocratique, centralisé, fédéral) sur des continents différents ont tenté de gérer la pandémie ou des webinaires sur la situation en Europe centrale et orientale étonnamment favorable lors de la première vague et catastrophique lors de la deuxième vague, etc. La situation spécifique de l'Amérique latine a donné lieu à un webinaire sur la région. L'analyse de la contestation des mesures sanitaires prises par les gouvernements a aussi été l'objet d'une journée d'étude lors du colloque des associations francophones de science politique.

Cet ouvrage sur les experts est le résultat de ce travail collectif, d'un appel à contributions, et de deux webinaires organisés par ce réseau dont la dynamique continue à produire ses effets. Une recherche sur la comparaison entre la gestion des États centralisés et décentralisés est en cours tout comme une recherche sur les effets de la COVID-19 sur les élections dans différents États. L'ensemble de ces recherches devrait aboutir à la publication de plusieurs ouvrages et articles. Malheureusement, le réseau n'a pu continuer à fonctionner de cette manière et s'est limité à quelques projets à cause du manque de moyens humains et financiers, de l'absence d'aides des institutions des initiateurs, du refus des collègues de partager et d'assumer des responsabilités organisationnelles et des difficultés à gérer la pluridisciplinarité et les cultures universitaires variées. Les initiateurs auraient certainement dû restreindre les champs de recherche plutôt que de céder aux propositions de groupes de recherche plus périphériques. Le succès est rapidement devenu ingérable et le projet avait été conçu dans l'idée que la pandémie ne durerait que quelques mois, le temps d'une vague.

Cependant, cette collaboration s'est avérée fructueuse, dévoilant le plaisir des collègues lors de leurs échanges sur les logiciels de visioconférence avec de nouveaux partenaires issus des quatre coins du globe. Ces outils, initialement source d'angoisse lors du passage aux enseignements en ligne, ont progressivement évolué pour devenir des occasions de découvertes, de discussions et d'échanges, réunissant parfois plus de trente-cinq nationalités. Chacun des participants à cette aventure a pu établir de nouveaux liens avec des collègues venant d'horizons différents. Les trois coéditeurs de cet ouvrage ne se connaissaient pas tous avant de rejoindre le réseau, et chacun continue à contribuer à des projets qui n'auraient pas vu le jour sans cette connexion. Les échanges et les contacts humains persistent, constituant un sol fertile pour poursuivre les recherches conjointes dans le monde post-COVID-19.

L'originalité de cet ouvrage tient également à son bilinguisme pour permettre à tous les collègues de s'exprimer dans la langue qu'ils veulent et pour rappeler que toute recherche sérieuse peut s'effectuer aussi dans une pratique multilingue.

Déclaration de conflits d'intérêt

Le texte a repris des éléments de description du réseau POSOC-19 qu'on peut retrouver sur le lien https://fphil.uniba.sk/fileadmin /fif/medzinarodne_vztahy/Aktuality/PoSoc_19_English_.pdf. Le réseau a été présenté lors de plusieurs conférences entre 2020 et 2022.

Foreword

Jean-Michel De Waele

This book would probably never have seen the light of day were it not for the establishment of a short-lived research network born in April 2019, dubbed POSOC-19 ("POwer and SOCieties in the face of the COVID-19 Crisis"). It is undoubtedly useful and interesting to return to this point, as this book would not have been conceived without the support of this network. Like all different societies, the academic world was turned upside down by the arrival of the pandemic. Across the globe, in-person teaching was interrupted and teachers were forced to learn how to work with distance learning. They approached the task with relative willingness, mixed with anxiety and a certain amount of uncertainty. They had to reconcile living their private and professional lives in the same space. Research was also affected, in more ways than one: laboratories were closed, fieldwork cancelled, interviews postponed. Long-planned international colloquia and meetings also had to be cancelled, and many international interactions were suspended. Despite the many problems posed by this situation, in a period of total uncertainty and existential anxiety, new teaching and research practices emerged very quickly. It was astonishing how quickly the webinar became ubiquitous.

Chance encounters play a major role in the birth of projects, as well as in bringing a research network to life. An academic at the Université Libre de Bruxelles had heard two of his colleagues mention that they wanted to collaborate with foreign colleagues to analyse the health crisis. One, Laurent Sermet, is a lawyer and Professor of International Law at Sciences Po Aix and Aix-Marseille University. The other, Jean-Michel De Waele, is a political scientist at the Université Libre de Bruxelles. The two colleagues who were put in touch called and wrote each other, and then launched a multidisciplinary, non-institutionalised, flexible, participative network which, in just a few months, brought together almost 330 colleagues from over 60 different countries on five continents.

The defining characteristic of the network is a willingness to compare information. The necessity of grappling with the same problem in a short time span, in different social contexts, and in rich, developing or poor nations, addresses fascinating challenges for the social and political sciences. As Giovanni Sartori once said, to understand, we must compare. Comparing how different States manage this crisis can provide a better understanding of the global crisis and national specificities. The first reaction of the world's States was to implement considerable measures to close their borders and a predilection for the public health methods of quarantine and containment. Even within the European Union. If everyone remains focused on their national case, they run the risk of confusing general trends with national or regional specificities and of downplaying the overall scope of the crisis and, by logical and mechanical effect, its solutions. The goal here was not to study public health policies on which we are not experts, nor to measure the effects of the various measures taken.

It was important to describe how the measures had been taken, how they had been received, approved and even contested, and to understand their content and meaning. Many questions were asked right from the start of the pandemic. How have the different national political cultures adapted to the new situations? What lessons can be learned for each society, each political system and, ultimately, for the place of the State in contemporary societies? What do these levers tell us about the metamorphosis of the contemporary State in a period of unprecedented health crisis? What are the effects in each state on the legitimacy of its leaders in the short or long term? What are the limits of democracy in times of crisis? Who were the winners and losers in this crisis? How has the European Union withstood such an ordeal, exposing its flaws? What accounts and explanations were given in each country? Have democratic systems been able to manage a crisis of this scale, or has the Chinese model scored new points? Did urgency and national unity erase all political and ideological differences? What dissonant voices have managed to make themselves heard (relativism, conspiracy theory, etc.)? How were the most vulnerable groups protected? Who were the scapegoats held responsible for the crisis in each country?

In their presentation note, the two initiators underscore:

We suggest that now is the time to get to work. It is now that societies everywhere are in motion. In concrete terms, a flexible network of French-speaking social and political scientists from different countries on different continents could be created and decide on common issues to be analysed in a comparative way using the same methodologies and the same data collection devices. Eventually, this could lead to publications, colloquia, and workshops at major international conferences in this field of study (internal presentation note for the POSOC-19 network).

It is worth recalling that during the first wave of the pandemic, an idea – which has thankfully thus far proven unfounded – circulated that the African elite was at risk of being devastated by the pandemic. Africa was central to our concerns, and we wanted to ensure its involvement from Day One of this network. As we have far more contacts in French-speaking countries than in English-speaking ones, we decided to use French as our working language, although we also used English to facilitate cooperation. Our colleagues in South America decided to organise their webinars in Spanish and Portuguese. The network was therefore French-speaking and multilingual. Each colleague interested in this approach shared his or her areas of interest and communicated his or her research proposals to the network, which grouped them into six areas of work in an attempt to channel this profusion of proposals.

1. — **Multilevel Anti-Pandemic and Anti-Crisis Policies:** (national, regional and local), in their political, economic and social dimensions, taking into account public and private actors and the consequences of these policies (freedoms, public finances, the reorganisation of work and services, etc.).

2. — **Cultural Specificities and Discursive Constructions:** religious aspects, faith in political decision-makers or experts (or the lack thereof), dialogue or authoritarian decision-making, mechanisms for the production of scapegoats/conspiracies, etc./fake news.

3. — **Public Health and Health Security Policies:** what measures have been taken? Which players were behind these decisions – politicians, experts, citizens or even opposition groups? What were the effects? What can be said about the influence of best practice, public freedoms, the state of health emergency, debates between different desirable or possible health policies, vulnerable people, de-confinement measures, etc.?

4. — **The Crisis and Geopolitical Relations:** international relations, geopolitical developments, the management of ongoing conflicts, China's role and image, Donald Trump's foreign policy, etc.

5. — **International and Regional Organisations and States** (and their role in the fight against the pandemic): The WHO, the United Nations, the IMF, the World Bank, the European Union, the African Union.

6. — **Economic Governance at the Local, National and Global Levels:** effect on globalisation and international trade. The debate on the "relocation" of production, on large companies, etc. Unemployment, socio-economic fragilities.

All the groups met several times and organised their own research agenda, meetings and discussions. A blog was quickly created and within a matter of weeks in was enriched by dozens of articles posted by POSOC-19 members. Some groups functioned better than others. Some joined other parallel activities organised by university research centres. But POSOC-19 itself organised a large number of webinars. Among these were several comparative webinars on how different types of States (authoritarian, democratic, centralised, federal) on different continents were trying to manage the pandemic, webinars on the situation in Central and Eastern Europe (which was surprisingly favourable during the first wave and catastrophic during the second wave), etc. The specific situation of Latin America gave rise to a webinar on the region. The analysis of the opposition to the public health measures implemented by governments was also the subject of a study day held during a colloquium of francophone political science associations.

This book on experts is the result of this collective work with a call for contributions and two webinars organised by this network, the dynamics of which continue to yield results. Research on the comparison between the management of centralised and decentralised States is ongoing, as is research on the effects of COVID-19 on elections in different States. All this research will no doubt lead to the publication of various books and articles. Unfortunately, the network could not continue to operate in this way and was limited to a few projects. This was due largely to a lack of human and financial resources, a dearth of support from the initiators' institutions, the refusal of colleagues to share and assume organisational responsibilities, and challenges stemming from multidisciplinarity and different university cultures. The network's initiators should certainly have limited the fields of research rather than yielding to proposals from more peripheral research groups. The success of POSOC-19 also quickly became unmanageable. Moreover, the project was conceived with the idea that the pandemic would last a few months. That turned out to merely be the timespan of its first wave. Still, all this work was not in vain.

The project's contributors clearly took great pleasure in videoconferencing with new colleagues from all over the world. Collaborative tools that seemed so intimidating at the start of the transition to online teaching soon became a source of discovery, discussion, and exchanges in which more than thirty-five nationalities were sometimes represented. Each of the participants in this adventure was able to make new contacts with new colleagues. The three co-publishers of this book did not all know each other before the network was established, and each of them remains involved in projects that would never have seen the light of day without this network. The exchanges and human interactions sparked by the network persist and constitute a rich breeding ground for continued research collaborations in the post-COVID-19 world. The originality of this book also lies in its bilingualism, which allows all its contributors to express themselves in their preferred language and serves as a reminder that all serious research can also be carried out in a multilingual practice.

Declaration of conflicts of interest

The text has taken elements of description from the POSOC-19 network that can be found at the link https://fphil.uniba.sk /fileadmin/fif/medzinarodne_vztahy/Aktuality/PoSoc_19 _English_.pdf. The network was presented at several conferences between 2020 and 2022.

Introduction: The legitimacy of experts in the public space during the pandemic

Christophe Premat, Jean-Michel De Waele & Michel Perottino

In the first volume of his memoirs, former President Barack Obama commented on the situation with the H1N1 virus in 2010 during his first mandate. Over a few weeks, around 12,000 persons died of the virus, and the President and his staff were confronted with difficult decisions. They consulted veteran task force workers who had been engaged in President Gerald Ford's government during 1976's swine flu epidemic (Obama, 2020, p. 468). One of those people gave him this piece of advice: "You should engage in the question (…) but you should let the experts handle the process" (Obama, 2020, p. 469). This person was thinking of President Ford's hasty decision to make vaccination against swine flu obligatory. The vaccination campaign had serious complications and caused scepticism and mistrust in the population. Ex-President Obama followed that advice and made every decision according to the best research available in the field. But what did the best research mean in this context? What kind of experts were consulted by governments and which experts delivered advice? Were experts real political advisors or did they only legitimise political decisions afterwards? Here, the voice of the experts was understood to be in a context where there was a strong uncertainty about the spread of the virus.

It is always simple to project a form of *a posteriori* justification when the consequences are visible (Bronner, 1997, p. 51), but at the

How to cite this book chapter:
Premat, C., & De Waele, J.-M. (2024). Introduction: The legitimacy of experts in the public space during the pandemic. In: Premat, C., De Waele J.-M., & Perottino, M. (eds.), *Comparing the place of experts during the first waves of the COVID-19 pandemic*, pp. 1–22. Stockholm: Stockholm University Press. DOI: https://doi.org/10.16993/bco.a. License: CC BY-NC 4.0.

time the first policies about the COVID-19 pandemic were taken in 2020, no one really knew how the pandemic would develop. Governments had the legitimacy to act but as the decisions to be made were radical (confinement or not), debate between experts (especially from different disciplines) was not always possible, and even when it was, contradictory solutions were sometimes proposed. Boltanski exposed the challenge for experts in the following way: "No one has the authority to tell others about the situation; no one has the resources to absorb the uncertainty of the situation and erase the anxiety that it arouses" (Boltanski, 2009, p. 165). Different types of experts were given a voice during the pandemic, but the focus will be here on the first months of this crisis when the main focus was on the medical aspects of the pandemic (mainly the first waves). In a later development, economical and social dimensions implied very different logics and solutions.

In times of crisis, governments are often pressured by public opinion to take the best safety measures. The short delay in timing makes them consult the most prominent experts in the field, but sometimes there can be some dissonant voices questioning the discourse of these experts. For this reason, the problem of legitimacy is often dealt with when it comes to experts. The most recent pandemic, COVID-19, highlighted the place of different kinds of experts who could describe the situation and explain the spread of the virus as well as the best options for avoiding infection. The uncertainty was all the more important as the first vaccine against the SARS-COV-2 virus (the causative agent of COVID-19) was not authorised before the end of December 2020. Health experts, virologists and epidemiologists had their say, but the challenge for governments was to select representative experts who could support decisions that would have significant effects on the lives of ordinary people.

This book focuses on the ways that science and political decision-making interacted during the first phase of the COVID-19 pandemic. Bruno Latour's work drew on this epistemological framework to understand the emergence of technical questions and paradigms in political debate (Latour, 1987). The notion of expertise is often used to neutralise the possibility of a debate that would mix scientific outcomes with political issues. To describe the notion of expertise, it is important to adopt an interactionist approach, where the expert's words and representations are analysed in different discourses. For that reason, Actor Network Theory could be used to understand how the discourse of experts during the COVID-19 pandemic was echoed in the media (Law, 1992, p. 381). In this theory, the description of interactions among experts and authorities is fundamental because the actors (experts) adapt themselves to a pre-existing system and contribute to its development (Fischer, 2009). Then, when there is a high level of uncertainty, the question is to know whether a debate is possible among experts as there is rarely an *a priori* consensus among experts about what good decisions are (Bronner, 1997, p. 68; Lemieux, 2007, p. 208). The question is also to know what type of experts should be preferred. It is here that the critical perspective on the positioning of the experts is worth being studied (Boltanski, 2009, p. 171).

The political discourse described the reality of the healthcare system (that is, its capacity to heal people), and expert advice needed to elaborate on decisions that consider both the scientific aspect and the capacity of the healthcare system. This book proposes a comparison of the place of experts during the first waves of the pandemic and the discourse surrounding media perceptions of those experts. Through their media interactions, experts seemed to behave as translators of health problems that would guide the decisions in crucial public policies. The roles of the state and the authorities are also questioned. It is as if the experts were perceived as being vectors of the refusal of uncertainty to give assurances on an extremely threatening situation (Dousset, 2022). An anthropological approach would perhaps show that different kinds of experts seemed to be compelled to give answers at a time of extreme uncertainty (Bronner, 1997, p. 16). As experts are not able to predict the future the way wizards do, they are visible scapegoats.

During the pandemic, research in social science focused on the impact of epistemic authority in political systems (Lavazza et al., 2020). The time constraint (the necessity of reacting quickly in order to avoid a systemic collapse) was also a key contextual factor needed in order to analyse how the experts were legitimised in the public space.

> This dynamic that leads experts to assume a central role in politics can [...] create problems in itself, since the strategies proposed by experts are often far from neutral with respect to the values that a pluralistic society considers relevant (Lavazza et al., 2020, p. 2).

The risk here is that political leaders transfer indirect power to experts in order to share political responsibility. For this reason, the interaction between experts and governments should be studied in a comparative perspective to see whether the experts were instrumentalised for a system of blame avoidance. The theories of Critical Discourse Analysis (CDA) are important here for revealing not only the words or the direct expressions of the experts, but also the media scene in which they emerged to evaluate public opinion.

In CDA theories, the role of scenography is all the more important because it has a direct impact on how (and whether) experts are perceived as legitimate.

> Settling on a methodology for a particular research project is not just a matter of selecting from an existing repertoire of methods. It is a theoretical process which constructs an *object of research* (a researchable object, a set of researchable questions) for a research topic by bringing to bear on it relevant theoretical perspectives and frameworks (Fairclough, 2010, p. 225).

This book deals with the construction of the social place that the experts had during the pandemic. The claim is that they were not necessarily prepared for this role as it implies an ability to react and communicate during periods of crisis (Knowles, 2011, p. 2). The pandemic affected entire societies and not only specific organisations; experts could consequently be blamed for evaluations and for the justification of political decisions. Here, CDA theories are closely connected to a metapragmatic approach in which experts had to account for controversial decisions in times of uncertainty (Boltanski, 2009, p. 169). The metapragmatic approach means that these actors were drawn into debates where the relationships between words (qualification of the situation) and symbolic forms (desires of the populations) were highly contrasted.

An often-used definition in the scientific community is the following:

> An expert (in the strong case) in domain D is someone who possesses an extensive fund of knowledge (true belief) and a set of skills or methods for apt and successful deployment of this knowledge to new questions in the domain (Goldman, 2001, p. 92).

An expert has epistemic legitimacy due to their experience in the field and recognition by his/her peers. Medical experts (virologists, epidemiologists, scholars of public health, statisticians) tried to influence policymakers in order to maintain a debate on the best strategies to avoid the spread of the novel coronavirus (Lourenco et al., 2020), but controversies emerged even in interpretations of scientific results in the public sphere (Horton, 2020). Hence, the relationships between experts and policymakers needs to deepen so that we can see how medical problems find a specific translation in the public space.

In fact, most approaches are based on a methodology that emphasises communication science and media analysis. The epistemic authority can thus be questioned because of the effects of the interaction between a government and a scientific community (Zagzebski, 2013). In public policy analysis, the identification of a reference framework (Callon et al., 2009) is all the more important because it legitimises all decisions made by public authorities. The reference framework contains keywords (such as herd immunity) and labels that are re-used to define and initiate specific policies. The definition of a frame of reference for an efficient health policy includes the choice of experts who will be closely associated with the political decisions that will be taken and a form of organisation built on the systemic consultation of experts. Some countries opted for creating a council of national experts, while in others, experts from the official health institute directly advised the government and made recommendations. Public policy analysis implies a full description of the interactions among actors (experts, policymakers, administration and the public), agenda setting (the way the government defines different levels of reaction) and structure (the system that produces a new image of the social).

As Bruno Latour (2004) pointed out, there is a new connection between the discourse of experts and the short time perspective of the government.

> Scientists argue among themselves about things that they cause to speak, and they add their own debates to those of the politicians. If this addition has rarely been visible, it is because it has taken place – and still takes place – elsewhere, inside the laboratory, behind closed doors, before the researchers intervene as experts in the public debate by reading in one voice the unanimous text of a resolution on the state of the art (Latour, 2004, p. 63–64).

During the pandemic, controversies on expertise quickly disappeared in favour of an official discourse to create the conditions for civic obedience, as was the case in Sweden, with the emergence of a super-expert who served as a central reference for the coherence of national recommendations to limit the spread of the virus.

The scientific literature has proposed distinct categories for the question of expertise and experts during a pandemic. From this perspective, it is possible to propose an analysis of public policies and, more generally, the functioning of democracies. According to Colebatch, Hoppe and Noordegraaf (2010), there are three categories of experts, the first of which is that of functional experts, who are specialised in a particular field. These experts are, for example, doctors, scientists, social workers, engineers, etc. This type of expert can be described as a policy "adviser" who may be the initiator of change in public policy within their area of expertise. The second type of expert is a process expert, who is skilled in the complex area of procedures and public opinion and generates policy proposals. Such experts are able to respond adequately to suggestions from other actors. Within the framework of political parties, these experts are generally former representatives of the party (deputies, senators, ministers, etc.) and members of party staff, in particular the heads of committees of experts or commissions. The third type of expert has experience in decision-making and public policy analysis. The public policy analyst is seen as an expert advisor who illustrates the problem, identifies alternatives and potential risks, and defines the optimal solution.

In addition to the three groups named above, we can identify a fourth group: specialised politicians, notably those who play the role of potential minister in the shadow cabinet of a given party. The specialised politician could be the one who, within a party, is recognised as the most specialised in a particular field of competence. This person may be in competition with others but carries the legitimate word of the party in that field (Polášek et al., 2018). Experts can be empowered when there is a zone of incertitude, which means that they take advantage of their competence to be able to express an opinion that weighs heavily in the public debate (Crozier and Friedberg, 1980).

This book aims at defining a typology of expertise during the pandemic to analyse the consequences on political decisions (Collins, 2014). The types of expertise used in several countries (Sweden, the Czech Republic, Belgium, Italy, Switzerland, Spain, Canada, Japan and the United Arab Emirates) will be compared in light of the following questions: What was the political situation before the pandemic? How and when were the first measures taken? Who were the (newly) designated experts in the field of health during the pandemic? What is the typical configuration that has influenced the political decisions? Did the political situation make the figure of a super-expert capable of silencing dissonant voices in order to produce civic obedience? How did the experts selected and identified by the media also contribute to the diffusion of information? How were the scientific controversies on the consequences of COVID-19 translated into political debates (Latour, 2004; Boltanski, 2009, p. 164)? The countries were selected because of the diversity of political reactions (e.g., confinement or strong recommendations) and political contexts (e.g., federal or unitary administrative systems). The idea was to deepen representative case studies in order to integrate them in a comparative perspective with an interdisciplinary approach based on political science (analysis of public policies), discourse analysis and social psychology. The place of experts during the first wave of the COVID-19 pandemic reveals different mechanisms in the interaction between science and political power.

The book has five parts, the first of which is a discussion of the promotion of experts in the media sphere from a comparative perspective. The two first chapters of the book reveal different narrative systems on the place of these experts in the public space. The media perception of experts was all the more important because most countries opted for confinement policies. Subsequent parts describe several configurations of expertise within different political and social contexts. For instance, the second part is on the technocratic capture of expertise, with two chapters devoted to the cases of the United Arab Emirates and Japan. The third part discusses three cases that highlight the place of committees in Switzerland, Italy and Spain. These cases show how the systems of expertise reflect the structure of political power with a collegial approach in the case of Switzerland, a committee-oriented approach in the case of Italy, and a balance between committees and a central voice in the case of Spain. The fourth part analyses two similar cases, the Czech Republic and Sweden, where an official expert embodied the diagnosis of the situation and the resulting public policy. The final part focuses on the complexity of the perceptions of the place of experts in Belgium, and how studying social representations helps to understand how expert discourses were naturalised during the first wave of the pandemic in Canada.

1. Genesis of expertise from a comparative perspective

The first part of this book is devoted to a comparative perspective on the genesis of expertise. The first chapter (Chapelan and Costea) uses a multimodal perspective to study the emergence of experts who became heroes as they captured media space by elaborating an understanding of the pandemic. In states that had a natural tendency to include these experts in the chain of decisions, some of these heroes positioned themselves outside this traditional role by questioning some common conclusions shared by other experts and politicians, which is why these heroes could encourage a mistrust and some alternative narratives about the development of the pandemic. The cases of Didier Raoult in France or Judy Mikovitz in the United States illustrate the emergence of a medical populism or, as the French CNRS call it, a scientific populism.[1] In the first chapter, Chapelan and Costea apply a multimodal approach in discourse analysis to study these epistemological myths encapsulated in Manichean narratives. Conspiracy discourses were here elaborated by sacralising some good experts against technocrats (official experts who are close to the power) and ugly experts (perceived to be too close to pharmaceutical companies). For instance, the United States' official expert Anthony Fauci was often represented as a corrupt doctor mobilising the technocracy to impose his own decisions on the people. In their examples, Chapelan and Costea show how these frontline doctors (*blouses blanches*) became more and more associated with moral injunctions instead of a scientific positioning. In the second chapter, the comparative approach is also elaborated by Annamaria Silvana de Rosa and her colleagues with a systematic analysis of social representations in the press based on ten case studies. Those cases highlight the infodemic as a part of the pandemic, as public opinions in the world were exposed to a stream of (mis)information and fake news (Páez et al., 2020, p. 12). The difficulty in controlling sources was a constant battle fought by various governments. In this perspective, how citizens behaved depended on media discourses, social networks, and conversations in the private sphere. This chapter uses the theory of social representations to analyse the impact of emotional events on public opinions. de Rosa and her colleagues show that it was wrong to see the network of experts as a unique category.

The conflicts of expertise could affect communication about vaccination. Some experts may even have helped to spread scepticism and fake news when they questioned some processes, like the safety of the vaccination campaigns. Vaccine hesitancy movements have shown the emergence of pluralistic narratives that challenge the discourse of scientists (Giry & Nicey, 2022). In this perspective, communication determined (the perception of) the place of experts in the public space during the first wave of the pandemic. Similar to Chapelan and Costea in the first chapter, the comparison of discourses about the place of experts in ten countries highlights the form of medical populism in which citizens felt they were victims of a system that did not work. Conspiracy theories found a massive support in the rejection of a global machination of pharmaceutical companies, governments, and international organisations like the WHO. de Rosa and her colleagues clearly demonstrate that this climax contributed to the polarisation of public opinions and perceptions of the crisis.

Social representations appear in three main forms, namely hegemonic representations that deprive social groups of any kind of liberty when it concerns the pandemic, emancipated representations elaborated by subgroups that have a certain autonomy, and last but not least, polemical representations among groups or subgroups that are opposed to each other. This typology illustrates the notion of cognitive polyphasia (Moscovici, 2000; Jovchelovitch, 2007; de Rosa, 2010; de Rosa et Bocci, 2013a). With a diversified methodology, they analyse the discourses associated with polemical representations by focusing on metaphor, antinomies and explanations. The ten countries chosen (Italy, Spain, Romania, Malta, Canada, Brazil, Mexico, Argentina, Indonesia, and South Africa) cover the maximal variation of discourses.

2. The expertise between modernisation and technocracy

The second part of the book is devoted to analyses of two case-studies (United Arab Emirates and Japan) where expertise is seen alongside other perspectives. In the third chapter, William Guéraiche clearly shows how political authority in the United Arab Emirates was reinforced by the COVID-19 crisis. The notion of 'expert' is perceived in different ways in this country, and the emergence and spread of the virus were characterised by a restructuration of public authorities. The authorities took exceptional decisions, and experts were only named in the coordination of the political answers to the pandemic. Some figures like Abdul Rahman Al Owais (Minister of Health and Prevention) and Farida Hosani (spokesperson for the UAE health sector) found echoes in the Emirati media. The authorities did not merely impose reactive measures on the population, they showed a sense of anticipation by carefully controlling the elaboration of public policies.

Political coherence became stronger with the alignment of federal and international standards (recommendations from the

WHO, for instance). The regime took advantage of this crisis to present a modern image of a country where innovation was enhanced in a nation-branding perspective. These observations are all the more interesting as this communicative strategy presented the United Arab Emirates as one of the most protective countries in the world. The authorities consistently maintained a unitary narrative, avoiding any kind of dissonance or critical voices.

In the fourth chapter, Arnaud Grivaud demonstrates Japan's use of the technocratic dimension of expertise in assisting political decisions. The emergence of intermediary experts who could be at the interface between the technical discourse of scientists and the political discourse on the coordination of social responses can be characterised by the synthesis of data and knowledge about the health situation. In other words, these intermediary experts fulfilled the role of advisers by connecting the scientific dimension with concrete political decisions (Pielke, 2007). During the first phase of the pandemic in Japan, the place of experts was consolidated to legitimise public policies. The selection of committees and consultative commissions (*shingikai*) was strictly limited to senior officials who made sure that experts had a central position in terms of scientific networks and communicative strategy. The scientific community was mobilised by these committees, and this included some prominent professors like Nishiura Hiroshi (specialist in epidemiology at the University of Hokkaidō) and Oshitani Hitoshi (professor of virology at Tōhoku University).

Even if the structure of power respects a visible hierarchy, these committees organised the scientific collaborations among experts, who assumed a discrete political role by presenting the best decisions to follow. However, the political powers never transferred the decisions to experts, as many scandals regarding health and sanitation had compromised the trust of the population. In Japan, the technocracy of decisions was not aligned with public policies, and the government was criticised by many voices claiming that objections of experts had not been taken into account. Scientists and political leaders maintained strict distance from each other to prevent science and politics from impeding each other. Previous committees of experts were replaced by commissions including scientists, representatives, and other professions. In contrast to the United Arab Emirates, expertise in Japan took a middle way between the government and opposition parties; for instance, certain governors also consulted alternative experts and media who highlighted controversial issues. Paradoxically, if the Japanese configuration illustrated a top-down process by its selection of official experts, political rivalry created a platform for scientific debates.

3. The collegial profile of systems of expertise

The third part of the book deals with the collegial system of expertise with three different cases: Switzerland, Italy, and Spain. In the fifth chapter, Céline Mavrot points out that the pandemic altered the discourse on contemporary governance and shed light on experts perceived as policy advisers. Mavrot presents the collegial, dual system of expertise that was built in Switzerland during the pandemic with the internal expertise of the *Office fédéral de la santé publique* and the task force that the Federal Council created with some external experts from the universities and the hospitals. A prominent figure of administrative expertise was Daniel Koch (retired in May 2020), a former member of the International Committee of the Red Cross, who did not become the "super-expert" (Premat, 2020) that Switzerland could have had at that time. The creation of the task force brought a new wave of seventy experts with various thematic committees. These experts were selected for their competency and no second-tier experts specialised in translating scientific problems were present on this committee. The task force had a collegial decision-making process that did not negate possible scientific controversies. Daniel Koch could be seen as the first official expert that could endure unpopular political decisions and be the victim of the complexity of the relations between the federal and cantonal administrations. At the same time, the task force was not exempted from criticism during the crisis, and the one of the members, epidemiologist Christian Althaus, resigned in January 2021. This resignation was due to the accusations of inertia the task force's scientists made toward the government. If the first phase of the pandemic was characterised by relative consensus, the second phase was the scene of dissonant voices that this collegial structure (dual system of expertise and broad integration of medical experts in the task force) could manage.

The experts were not nominated by the political parties but rather appointed by an interparty governmental coalition, and their presence was the result of political compromise. This system did not prevent the political parties from criticising the discourses of the experts; however, the collegial structure did bring with it a very specific regulation of the crisis. Mavrot shows that the college of scientific experts was part of a constructive blame avoidance system that was responsible for difficult public sanitation decisions, whereas the relation between the cantons and the federation resulted in a negative blame avoidance with a risk of immobilising the political system. The Swiss system has a long tradition of dealing with critical voices because of its history of political compromise and referendum constraint. The first exceptional measures were balanced with other resources this system has, even though the relations between experts and political leaders could not be grounded in usual democratic mechanisms.

In the sixth chapter, Davide Caselli and his colleagues deal with the dissemination of expertise in Italy, as many committees and task forces were created during the pandemic, which contributed to a chaotical management of the crisis. The authors claim that the Italian case is characterised by a specific tension between the politicisation of science, on the one hand, (with the necessary mediation of the political system) and the scientification of politics on the other (with the consecration of incontestable facts). There were intragovernmental and extragovernmental dissonances regarding the political answers, but the creation of a scientific committee in the Civil Protection Department helped monitor the epidemiological situation. The committee and the department were under the direct authority of the Prime Minister. This committee was under constant criticism during the pandemic, with a few scandals questioning its transparency and its independence, which led to a politicisation of the committee; subsequently, many political leaders from the opposition asked for a new committee. The Prime Minister was also accused of "excessive reliance" on "experts" by some political forces. The scientification of politics was characterised by an ongoing discussion about data with much attention paid to the quantification of data and the elaboration of reliable indicators. The quantification of data neutralised the hyperpoliticisation of the committee by highlighting a discussion about the indicators, which brought a new wave of scientific experts. The diversification of official sources supported this discussion about the indicators.

The presence of these new experts (virologists, epidemiologists and infectious disease specialists) contributed to the repoliticisation of scientific controversies. Caselli and his colleagues do not observe any kind of super-expert; rather, they describe the emergence of "pop star experts" who were able to translate complex scientific controversies. Caselli and his colleagues also analyse the ranking of the Italian experts based on their presence in the media. The media had a double role during the crisis, on the one hand relaying government decisions, and on the other giving the floor to a plurality of experts. As with the Swiss case, the Italian case demonstrates a combination of positive and negative blame avoidance systems due to a dialectic between the scientification of politics and the politicisation of science.

The seventh chapter by Rut Bermejo-Casado presents what happened in Spain, illustrating another complex situation overshadowed by political rivalry. This complexity was not characterised by a profusion of experts like in Italy, but rather, two figures emerged, Fernando Simón (the head of the Centre for Coordination of Alerts and Emergencies) and Salvador Illa (the Health Minister). Fernando Simón was chosen by the Spanish government because of his experience and past commitment during the Ebola crisis in Spain. In this perspective, he could be seen as a "super-expert" (Premat, 2020) without going into the political space, but this situation changed as the management of the crisis was also monitored by seven expert committees from July 2020 onward.

The first phase of the pandemic was characterised by the regulation of the Interministerial Coordination Committee and the creation of a Technical Scientific Committee (chaired by Fernando Simón). This committee included denialist experts like Antoni

Trilla and Hermelinda Vanaclocha. The various phases of the crisis are characterised by the creation of committees such as the De-escalation Committee of Experts and the Technical Committee for De-escalation in the context of complaints brought by some of Spain's Autonomous Communities (i.e., first-level political divisions). Bermejo-Casado next refers to the committee of economic experts within the Committee of Experts, which was to prepare the Spain 2030–2050 report. This committee was composed of hundred members tasked with identifying the long-term effects of measures taken during the pandemic. Another committee was also created to monitor the vaccination campaign in December 2020. Management through committees was necessary for addressing political confrontations between the Autonomous Communities and the government, or between the government of Madrid and the national government. Fernando Simón was also present in the media and neutralised the potential politicisation of the scientific debate. Hence, Spain had the unique configuration of a "super-expert" advising the government and informing the public, and various kinds of committees that could prepare the government's political answers and reinforce a decentralisation of the management of the crisis.

4. Experts and super-experts

The fourth part of the book presents two similar case studies with two super-experts, Roman Prymula of the Czech Republic and Anders Tegnell of Sweden. In the eighth chapter, Zuzana Kotherová and Michel Perottino describe the emergence of a "super-expert" in the Czech Republic who could take advantage of a damaged medical sector. The super-expert has a specific legitimacy because he can confirm his zone of competence. By using the categories of the sociology of organisations, Kotherová and Perottino show that the super-expert could use his notability to obtain political promotion. The medical sector was not prepared to handle the COVID-19 pandemic and the super-expert had the best opportunity to become the adviser of the country. The concurrence did not really happen, as Prymula used the "policy window" that he had at the beginning of the pandemic to get involved in political decisions. Prymula benefited from a bureaucratisation of the healthcare system as well as the confusing political landscape where no political force was able to give any alternative. At the same time, the promotion of a super-expert is risky because the personalisation can transform the hero into the favourite traitor. Prymula became health minister after a reshuffle of the government but was replaced after being observed at a restaurant without a mask (despite the lockdown, when restaurants were supposed to be closed).

The ninth chapter looks at the situation in Sweden, which was again a quite different configuration because the "super-expert" was one of the experts at the Swedish Health Public Agency. Christophe Premat shows that the Swedish routinisation of expertise through this agency helped to highlight the use of an official position to justify a series of recommendations. Unlike most countries, Sweden never had a lockdown. Anders Tegnell was the expert present in the media on a daily basis through press conferences and interviews. He never took advantage of his position to gain any political visibility but did embody the specific strategy of the Swedish government regarding the management of the crisis.

5. Expertise, politics and social representations

The fifth part of the book contains two studies on Belgium and Canada with a focus on expertise, politics and social representations. In the tenth chapter, Esther Durin and Baptiste Buidin base their understanding of the place of experts in Belgium on discourse analysis. They review Belgium's consociational power-sharing tradition (as opposed to majoritarian rule). Political parties were associated with the restricted council of ministers, the *Kernkabinet*, in addition to the National Security Council that already included the Minister-Presidents of the regions and Federated Communities since the terror attacks of 2016. The strong political inclusion was not enough to avoid the criticism of the governmental strategies, and the experts found themselves in the embarrassing position of trying to plug loopholes and poor institutional communication. Emmanuel André (a microbiologist from the University Hospital of UZ Leuwen) and Steven Van Gucht (a veterinarian and virologist from Ghent University) reported the epidemiological evolution and the health situation, but then the National Crisis Centre (*Celeval*) took the responsibility of evaluating the various risks. A group of economic experts, the Economic Risk Management Group, was created in March 2020 and had a close cooperation with health experts. In April 2020, Prime Minister Sophie Wilmès appointed a committee dedicated to the consequences of lockdown called the Group of Experts in charge of the Exit Strategy (*GEES*). *Celeval* and *GEES* had specific roles in preparing the implementation of the National Security Council's political decisions. The Belgium case illustrates the way the experts were limited to the role of policy advisers, avoiding the emergence of super-experts and strong critical voices.

In the eleventh and final chapter, Lilian Negura, Yannick Masse and Nathalie Plante analyse expert discourse in the media in Canada during the pandemic. These three researchers show how tensions and paradoxes in policy communications can affect the public health decision-making structure. The specificity of Canada's federal construction must be underlined here, as each provincial government has the power to decide on concrete public policies for its own province, and the Chief Medical Officer of Health controls the public-health recommendations that are given to governments. In this situation, the provincial governments had a tendency to reinforce the measures to protect their populations, and the experts only played the role of legitimising political decisions in a form of "authoritative instrumentalism" (Colebatch et al., 2010, p. 12). The experts used their scientific knowledge to elaborate with political leaders concerning public problems. In this sense, the discourse analysis reveals the social representations that were associated with the genesis of public policies. Negura, Masse and Plante infer from their study that expert discourses contribute to the construction of social reality. Hence, the translation of a public problem into a reality shared by the majority of the public is a prerequisite for structuring the process of public policies. Expert discourse is instrumentalised to create the best public policy as a response to the shared diagnostic of the crisis. An analysis of expert discourses reveals numerous contradictions, and sometimes experts changed their minds about specific political measures.

The overall aim of the book is to analyse the explanatory factors of the various configurations of interaction between expertise and politics in the management of the COVID-19 crisis (Sartori, 1991, p. 248). It is therefore necessary to analyse the social construction of these heroes, the reasons for these experts' choices, the counter-narratives that appeared, the presence or absence of control mechanisms, and the place of politics in these phenomena (Martínez-Garcia et al., 2019). Indeed, experts have truly become a social object that needs to be understood from several disciplinary angles. Their discourses were used, misappropriated and contested, which shows the place they occupied during these extraordinary circumstances.

We would like to thank the Department of Romance Studies and Classics of Stockholm University and its network Romance Linguistic, which supported the project from the start as well as the University of Ottawa.

Declaration of conflicts of interest

The book originates from a webinar held on November 16, 2020, on "the governance of experts" within the Posoc19 network. Chapter 2 is a significantly enriched version of an article originally published in English in the special issue of the international journal Community Psychology in Global Perspective in 2021, updated to the geopolitical context, especially in the "Conclusions and Perspectives on Research Evolution: Three Years After the Emergence of Covid-19..., and Beyond", and through references to results illustrated in other chapters of this book by authors and reflections presented by the editors in the introduction: Rosa, A.S. Mannarini, T. Gil de Montes, L. Holman, A. Lauri, M.A. Negura, L. Giacomozzi, A.I. Silva Bousfield, A.B. Justo, A.M. de Alba, M. Seidmann, S., Permanadeli, R., Sitto-Kaunda, K., Lubinga, E. (2021). Sense-making processes and social representations of COVID-19 in multi-voiced public discourse: illustrative examples of institutional and media communication in ten countries, Community Psychology in Global Perspective, Special Issue on "Community responses to COVID-19 pandemic," 7(1), 13–53. http://siba-ese.unisalento.it /index.php/cpgp/issue/view/1770

Chapter 4 has been the subject of several academic presentations in French and in English: « Le rôle des experts dans les politiques de lutte contre la covid-19 au Japon », Journées d'études : La société japonaise face à la Covid-19, 18 novembre 2021. « Le rôle des experts dans les politiques de lutte contre la covid-19 au Japon », XIVe Séminaire Franco-Japonais de droit public, 23 février 2023. « The role of experts in policy responses to covid-19 in japan », European Association of Japanese Studies, 18 Août 2023. Chapter 5 has been deposited on the open archives network (preprint) with the agreement of the publishers (https://serval .unil.ch/en/notice/serval:BIB_5CFDB0AA92DC). A preprint of chapter 11 is available and was authorized by the editors : Negura, L., Masse, Y. Plante, N. (2021). The construction of the Covid-19 pandemic as a social problem: expert discourse and representational naturalization in the mass media during the first wave of the pandemic in Canada. Advance. Preprint. doi: https://doi .org/10.31124/advance.14770296.v1

Chapter 9 was written following two conferences organized on July 6 and November 16, 2020, on the governance of experts within the framework of the POSOC-19 research network (International Comparative Research Network on the Effects of the COVID-19 Crisis) founded by Jean-Michel De Waele, professor of political science at the Université Libre de Bruxelles, and Laurent Sermet, professor of international law at Sciences Po Aix. Some of the analyses were also presented at the seminar on November 25, 2020, of the Royal Academy of Sciences, Letters, and Fine Arts of Belgium. The chapter updates previous presentations that can be found in the following references:

Premat, C. (2020). Reconstruire le consensus politique en situation d'urgence : le modèle suédois à l'épreuve de la pandémie. Stockholm University. Presentation. doi: https://doi.org/10.17045 /sthlmuni.12613028.v1

Premat, C. (2020). Comparer les expertises. Stockholm University. Presentation. doi: https://doi.org/10.17045/sthlmuni.13280456.v1

References

Adelson, B. (1984). When novices surpass experts: The difficulty of a task may increase with expertise. *Journal of Experimental Psychology: Learning, Memory and Cognition, 10,* 483–495.

Boltanski, L. (2009). L'inquiétude sur ce qui est. Pratique, confirmation et critique comme modalités du traitement social de l'incertitude. *Cahiers d'anthropologie sociale, 5,* 163–179.

Bronner, G. (1997). L'incertitude. Paris: PUF.

Callon, M., Lascoumes, P., & Barthe, Y. (2009). *Acting in an Uncertain World – An Essay on Technical Democracy.* Cambridge: MIT Press.

Colebatch, H. K., Hoppe, R., & Noordegraaf, M. (2010). Understanding Policy Work. In H. Colebatch, R. Hoppe, & M. Noordegraaf (Eds.), *Working for Policy* (pp. 11–25). Amsterdam: Amsterdam University Press.

Collins, H. (2014). *Are We All Scientific Experts Now?* Cambridge: Polity.

Crozier, M., & Friedberg, E. (1980). *Actors and Systems: The Politics of Collective Action* (A. Goldhammer, Trans.). Chicago: University of Chicago Press.

de Rosa, A. S. (2010). Mythe, science et représentations sociales. In D. Jodelet, & E. Coelho Paredes (Eds.), *Pensée mythique et représentations sociales* (pp. 85–124). Paris: L'Harmattan.

de Rosa, A. S., & Bocci, E. (2013a). Resisting cognitive polyphasia in the social representations of madness. In A. S. de Rosa (Ed.), *Social Representations in the "social arena"* (pp. 245–310). New York – London: Routledge.

Dousset, L. (2022). Fabriquer des certitudes, saisir l'incertain. À propos de l'article "Incertitude et possibilité" de T. Ingold. In *Analysis, 6.* doi: https://doi.org/10.1016/j.inan.2022.03.009

Fairclough, N. (2010). *Critical Discourse Analysis: The Critical Study of Language.* London: Longman.

Fischer, F. (2009). *Democracy and Expertise.* New York: Oxford University Press.

Giry, J., & Nicey, J. (2022). Des vérités plurielles? *Revue des sciences sociales, 67*(1), 96–105.

Goldman, A. I. (2001). Experts: Which ones should you trust? *Philosophy and Phenomenological Research, 63*, 85–110. doi: https://doi.org/10.1111/j.1933-1592.2001.tb00093.x

Horton, R. (2020). Offline: COVID-19 and the NHS – a national scandal. *Lancet, 395*, 1022. doi: https://doi.org/10.1016/S0140-6736(20)30727-3

Jovchelovitch, J. (2007). *Knowledge in context: Representations, community and culture*. London, UK: Routledge.

Knowles, S. G. (2011). *The Disaster Experts – Mastering Risk in Modern America*. Pennsylvania: University of Pennsylvania Press.

Latour, B. (1987). *Science in Action: How to Follow Scientists and Engineers through Society*. Cambridge, Mass.: Harvard University Press.

Latour, B. (2004). *Politics of Nature*. Harvard: Harvard University Press.

Lavazza, A., & Farina, M. (2020). The role of experts in the COVID-19 Pandemic and the limits of their epistemic authority in democracy. *Frontiers in Public Health, 8*, 356. doi: https://doi.org/10.3389/fpubh.2020.00356

Law, J. (1992). Notes on the Theory of Actor-Network: Ordering, Strategy and Heterogeneity. *Systems Practice, 5*, 379–393.

Lemieux, C. (2007). À quoi sert l'analyse des controverses? *Mil Neuf Cent. Revue d'histoire intellectuelle, 1*(25), 191–212.

Lourenco, G., Paton, R., Ghafari, M., Kraemer, M., Thompson, C., Simmonds, P., et al. (2020). Fundamental principles of epidemic spread highlight the immediate need for large-scale serological surveys to assess the stage of the SARS-CoV-2 epidemic. *medRxiv*. doi: https://doi.org/10.1101/2020.03.24.20042291

Martínez-García, M., Vallejo, M., Hernández-Lemus, E., et al. (2019). Novel methods of qualitative analysis for health policy research. *Health Research Policy and Systems, 17*, 6. doi: https://doi.org/10.1186/s12961-018-0404-z

Moscovici, S. (2000). *Social Representations: Explorations in Social Psychology* (G. Duveen, Ed.). Cambridge, UK: Polity Press.

Obama, B. (2020). *Ett förlovat land*. Translated from English to Swedish by Manne Svensson. Stockholm: Albert Bonnier.

Okma, K. G., & Marmor, T. R. (2013). Comparative studies and healthcare policy: learning and mislearning across borders. *Clinical Medicine (London, England), 13*(5), 487–491. doi: https://doi.org/10.7861/clinmedicine.13-5-487

Páez, D., & Pérez, J. A. (2020). Introduction to the Special Issue of Social Representations of Covid-19: Rethinking the Pandemic's Reality and Social Representations. *Papers on Social Representations, 29*(2), 1–24.

Pielke, R. A. (2007). *The Honest Broker: Making Sense of Science in Policy and Politics*. Cambridge: Cambridge University Press.

Polášek M., Novotný, V., & Perottino, M. (2018). Policy-Related Expertise and Policy Work in Czech Political Parties: Theory and Methods. In Xun Wu, Michael Howlett, & M. Ramesh (Eds.), *Policy Capacity and Governance. Assessing Governmental Competences and Capabilities in Theory and Practice*. Basingstoke: Palgrave, pp. 385–409.

Premat, C. (2020). Le rôle de l'expertise dans la construction du consensus suédois face à la pandémie. https://halshs.archives -ouvertes.fr/halshs-02956901/

Sartori, G. (1991). Comparing and miscomparing. *Journal of Theoretical Politics, 3*(3), 243–257.

Zagzebski, L. (2013). A Defense of Epistemic Authority. *Res Philosophica, 90*(2), 293–306.

Endnote

1. https://www.lemonde.fr/sciences/article/2021/09/22/penser-le -populisme-scientifique_6095532_1650684.html (Last accessed on 10 January 2024).

FIRST PART:
GENESIS OF EXPERTISE IN
A COMPARATIVE PERSPECTIVE

1. La crise de la COVID-19 et les ambiguïtés de la construction de la figure de « l'expert médical » dans la grammaire politique populiste : le bon, la brute et le truand

Alexis Chapelan & Vladimir Adrian Costea

Abstract

Our article sets out the shed light on the complex politico-ideological embeddings of expertise in the context of the current crisis. The pandemic has brought to the forefront the role of public health experts, who have become instrumental in suggesting policies to counteract the spread of the novel coronavirus. These experts range from internationally renowned researchers to anonymous frontline workers in healthcare such as nurses, paramedics or family practitioners. This emphasis on expertise and highly technical know-how sometimes came at the expense of elected political personnel, with democratic mechanisms temporarily supplanted by technocratic decision-making. However, the narrative that emerged on expertise and the place of experts was far from monolithic. We will focus henceforth on the crystallisation of a counter-narrative violently denouncing the newfound power of experts and the scientific consensus undergirding it. The notion of "epistemological populism" acts as a theoretical bridgehead between the traditional political understanding of the populist label and the wider cultural-epistemic implications of the semiotics of defiance that populism enacts in modern societies.

Comment citer ce chapitre:
Chapelan, A., & Costea, V. A. (2024). La crise de la COVID-19 et les ambiguïtés de la construction de la figure de « l'expert médical » dans la grammaire politique populiste : le bon, la brute et le truand. In: Premat, C., De Waele J.-M., & Perottino, M. (eds.), *Comparing the place of experts during the first waves of the COVID-19 pandemic*, pp. 25–73. Stockholm: Stockholm University Press. DOI: https://doi.org/10.16993/bco.b. License: CC BY-NC 4.0.

The recent focus on "epistemological populism" fruitfully intersects with a century-long reflection on the rise of technostructures and dis-ideologisation, providing a fresh, heterodox perspective on the backlash to these phenomena.

1. Introduction

Les épidémies sont des phénomènes à la fois sociaux et biologiques, justifiant ainsi leur statut d'objets de recherche privilégiés pour les sciences sociales. Selon l'historien de la médecine Charles Rosenberg, une épidémie peut être considérée comme une dramaturgie, formant une cohérence dans le temps, l'espace et les actions (Rosenberg, 1989). Bien que les virus ne soient pas dotés d'une logique narrative, les individus et les sociétés qui les subissent conçoivent le risque sanitaire à travers des schémas narratifs. Ce récit archétypal suit généralement la prise de conscience du danger, la mise en place d'une réponse collective, et enfin, le dépassement de l'épreuve grâce à la mobilisation communautaire. Le savoir scientifique joue un rôle pivot dans cette périodisation. Le premier régime symbolique d'une épidémie est marqué par l'indisponibilité du savoir : la nature, les causes, les modes de transmission et de guérison du nouveau pathogène demeurent inconnus. Cette absence de connaissances constitue la matrice de la catastrophe sanitaire.

Un deuxième régime succède néanmoins au premier : le savoir devenu enfin accessible permet une conclusion rassurante, une réitération de la capacité humaine à rendre *in fine* lisible l'opacité menaçante de la nature. Un tel dispositif narratif s'esquisse déjà dans les récits de la crise de la COVID-19. L'injonction quasi-universelle « d'écouter celles et ceux qui savent » (Macron, 2020) réactive la figure de l'expert comme ressource face à l'incertitude, et, plus fondamentalement encore, comme porteur d'un véritable modèle de civilisation. Cela s'est traduit par une véritable mise en scène du recours à l'expertise, comme corolaire inévitable d'une « mise en risque » (Ewald, 1996) qui installe l'État dans un rôle volontariste de contrôle et suppression du risque sanitaire. La dramaturgie de la crise de la COVID-19 est donc aimantée par la figure complexe et protéiforme de l'expert, parfois au détriment du personnel politique démocratiquement élu (Windholz, 2020 ; Antonelli, 2020).

Ce triomphe de l'expert, est-il l'horizon inébranlable de la période pandémique que nous traversons ? Nous osons avancer que non. Comme le soulignait Jean-François Lyotard, la texture symbolique de notre modernité se compose davantage de la juxtaposition et de la mise en concurrence de micro-récits que de l'hégémonie d'un grand schéma ordonnateur (Lyotard, 1979). Notre chapitre s'engage à examiner les modalités de construction symbolique d'un contre-récit visant à remettre en question la légitimité de la réponse sanitaire publique et des acteurs qui la mettent en œuvre. Le « corona-scepticisme », que nous envisageons comme inscrit dans un référentiel populiste, est indubitablement un phénomène politique. Il interroge profondément les relations de la société moderne avec l'expertise, les institutions et les modes traditionnels de production du savoir. Notre recherche se développera le long de deux axes complémentaires : d'une part, un volet théorique où nous aborderons les notions émergentes de « populisme épistémologique » et de « connaissance stigmatisée », ainsi que les mécanismes du storytelling conspirationniste ; d'autre part, un volet empirique nous permettant, à partir d'un corpus qualitatif, de comprendre comment la figure de l'expert peut devenir un lieu central de problématisation de l'anti-systémisme populiste.

2. Une « révolution de la gouvernementalité » : (re)penser l'ontologie politique du risque et de l'expertise

La pandémie du nouveau coronavirus constitue une crise globale sans précédent. Non pas que le pathogène en lui-même soit inédit, car les épidémies, pandémies, pestes et grippes ont toujours accompagné l'expansion de la civilisation, mais plutôt en raison de la réponse apportée. L'énergie déployée, l'ampleur de la réaction, l'intensité de la mobilisation scientifique et la volonté sociétale de maîtriser le virus sont véritablement sans précédent, mettant en lumière l'émergence d'un nouveau paradigme civilisationnel. La crise de la COVID-19 concentre et intensifie le volontarisme scientifique intrinsèque à la dynamique de la modernité (Giddens, 1990 ; Touraine, 1992 ; Bauman, 1993). Dans l'effort politique visant à maîtriser le biologique, la séquence de la pandémie représente sans aucun doute le front pionnier de ce que le sociologue Ulrich Beck appelait la *société du risque* (Beck, 2001). Au sein du cadre matriciel d'une modernité de plus en plus réflexive et rationalisée, se produit un déplacement d'une société de l'incertitude vers une société du risque. Bien que l'incertitude et le risque relèvent en apparence du même domaine sémantique, ils appartiennent à des paradigmes culturels et techniques très différents (Knight, 1964) : l'incertitude suggère un danger non seulement incontrôlé mais aussi incontrôlable, tandis que le risque suppose une initiative, une responsabilité, un volontarisme – et donc une expertise.

Les sociétés prémodernes étaient essentiellement des sociétés caractérisées par l'incertitude, et la gestion du risque à cette époque relevait souvent d'une technicité limitée (d'où la prédominance du sentiment mystique dans la gestion symbolique des épidémies prémodernes). En revanche, les sociétés modernes présentent un niveau élevé de technicité. Pour comprendre cette évolution sociétale profonde, il est utile de recourir à la notion de gouvernementalité, qu'elle soit étatique ou paraétatique : la « mise en risque » du monde décrit un processus par lequel les acteurs sociaux s'engagent dans une démarche d'objectivation, de focalisation, et en fin de compte, de prise en charge et de mitigation du danger (Ewald, 1996). Bien que la notion de risque concerne également la sphère privée (comme en témoigne, par exemple, le développement de l'industrie de l'assurance), c'est principalement l'État qui assume ce rôle proactif et volontariste face au risque. Certains pourraient faire valoir qu'il n'y a rien de philosophiquement nouveau à cela : le Léviathan hobbesien n'a-t-il pas été construit en opposition au premier des risques, celui de la mort violente aux mains d'autrui (Hobbes, 2017) ? Ce qui est néanmoins novateur, c'est l'extension du périmètre couvert.

L'État-providence est l'excroissance institutionnelle de la nouvelle société du risque, par la création de tout un appareil bureaucratique spécialisé dans la prise en charge des risques sectoriels (sociaux, économiques, environnementaux, sanitaires, etc.). La création des ministères sociaux s'étale sur la période 1920–1960 et répond souvent à des injonctions conjoncturelles. Ainsi, l'épisode de la grippe espagnole a été immédiatement suivi par la création d'un portefeuille ministériel de la Santé en Grande Bretagne

(*Ministry of Health Act*, 1919) et en France (avec le Ministère de l'Hygiène, de l'Assistance et de la Prévoyance Sociale crée en 1920), ainsi que la mise en place d'agences internationales telle que l'Organisation d'Hygiène de la Société des Nations. Servant de relais entre les professionnels sur le terrain et les instances politiques, ces technostructures furent les matrices au sein desquelles s'élabora une (re)définition moderne et scientifique de l'expertise.

Au sens large, l'expertise a une longue histoire politique et sociale : dans les sociétés prémodernes, shamans, devins, théologiens ou prêtres faisaient déjà figure d'experts de la relation aux forces divines (Dousset, 2022). Avec les révolutions scientifiques de la fin du XIXᵉ et du début du XXᵉ siècle émerge un nouveau régime de vérité, qui fait de l'expertise l'enclume sur laquelle est donnée une forme intelligible et utilisable à la vérité scientifique pour qu'elle puisse être mobilisée dans les processus de décision politique (Papon, 2020). L'expertise constitue donc un espace de médiation, voire de traduction, entre le réel et la politique. Nous insistons sur le caractère fondamentalement indéterminé, fluide de l'expertise, qui apparaît comme une « position situationnelle » plus ou moins dépendante du pouvoir. À rebours de l'image réductrice d'une expertise chimiquement pure, son existence même dépend de la reconnaissance d'un problème comme relevant du champ de l'action publique, donc d'un processus de mise sur agenda qui, lui, est nécessairement politique. L'expertise légitime le politique, mais le politique légitime l'expert en le reconnaissant en tant que tel. Ce chassé-croisé nous rappelle que le giron matriciel – et le principal consommateur – de l'expertise reste l'État. Il y a eu certes, sous l'impulsion des théories néolibérales, des tentatives de privatiser la prise en charge du risque. Mais le politique finit toujours par ramener à lui et réintégrer l'expert dans son dispositif décisionnel, *a fortiori* en cas de crise aigüe qui réactive une demande d'action publique forte.

Dans le sillon de cette révolution de la gouvernementalité, toute une littérature sociologique tentera d'appréhender les nouveaux enjeux de ce pouvoir transformé par le recours à l'expertise scientifique. Dès la première moitié du XXᵉ siècle, des auteurs comme James Burnham (1941) ou Daniel Bell (1962) inaugurent la réflexion dans un contexte encore marqué par l'expérience des totalitarismes et de la Guerre Froide. L'ambition de ce travail intellectuel est de dépasser la crise du libéralisme classique et de faire ressortir de possibles convergences dans les répertoires d'action politique des États autoritaires (socialistes ou de droite) et des États libéraux démocratiques. La notion de technostructure, développée par l'économiste John Kenneth Galbraith (1967), sera la clé de voute de la tentative de penser les nouveaux modes de gouvernance. Maurice Duverger (1972) considère que la « techno-démocratie » a succédé à la démocratie libérale, tandis que George Burdeau (2009) évoque une transformation profonde de l'ontologie de l'État qui se conçoit de plus en plus comme un outil fonctionnel justifié uniquement par les services pratiques que la société attend de lui.

D'autres auteurs, tels qu'Ulrich Beck (1992 ; 2001) ou Anthony Giddens (1990), préfèrent saisir la problématique à partir de la notion de risque, mais arrivent à des conclusions très similaires. L'asymétrie de connaissance devant la gestion du risque fabrique naturellement une demande d'expertise, à qui répond la technostructure. Beck déplore parfois la toute-puissance des technostructures non seulement dans le contrôle du risque, mais aussi dans sa définition. L'avènement d'une « technocratie du risque » (*technocracy of hazards*) ne doit pas occulter les choix socio-politiques qui s'opèrent lors de la définition ou la prise en charge du risque : en effet, un risque « acceptable » est en fait un risque « accepté » (Beck, 1992). Que ce soit dans la détermination des seuils de pollution ou de radioactivité ou dans le choix des mesures de prévention d'une maladie infectieuse, le sociologue allemand rappelle que la sécurité (et le degré de risque avec lequel les communautés acceptent de vivre) est un enjeu intensément politique, objet de négociation entre les communautés de scientifiques et les autres acteurs sociaux.

La crise de la COVID-19 – épisode paroxystique qui a mis en exergue toute la vulnérabilité des sociétés face au risque – a-t-elle sensiblement modifié les termes de cette négociation en faveur des experts et au détriment des instances politiques ? La réponse valide plutôt l'intuition de Beck, puisque c'est dans le hors-champ de la science – plus particulièrement dans l'opinion publique – que se joue l'évolution de la perception du rôle des experts. Une enquête sur un échantillon de 2246 adultes Britanniques réalisée par IPSOS Mori pour la *Health Foundation* montre qu'une écrasante majorité (86%) des sondés considèrent que l'État a un rôle important à jouer dans la protection de la santé de la population ; cela représente un bond de plus de 20% par rapport à 2018, lorsqu'ils étaient seulement 61% à le penser (Health Foundation, 2020). Le *State of Science Survey* de l'entreprise 3M, conduite sur un échantillon de plus de 17000 personnes dans 16 pays sur les continents européens, américains et asiatiques, illustre également une tendance haussière dans la confiance en la science : 92% jugent important de suivre les conseils des hommes de science pour combattre l'épidémie de coronavirus et 82% s'attendent à des conséquences négatives si les gouvernements ignorent les conseils des spécialistes (3M, 2020).

La montée en saillance de la parole des experts est un fait observable universellement. Cela s'explique aisément par l'asymétrie radicale, en termes de compréhension du comportement du virus, entre la communauté scientifique et le personnel politique, mais aussi par un besoin de ce dernier de s'adosser à l'autorité épistémologique rassurante de « ceux qui savent » (Encinas de Munagorri, 2002). L'un des traits les plus marquants de la crise actuelle – qui la démarque de controverses politico-scientifiques antérieures – est la « starification » des experts. L'irruption dans la pop culture de la figure du scientifique-expert s'est traduite par une série d'évènements médiatiques qui, derrière un ludisme assumé, reflètent une fascination grandissante du public. Ainsi, Anthony Fauci, expert en maladies infectieuses et figure centrale de la cellule de crise de la Maison-Blanche sur le coronavirus, est en lice non seulement pour le titre de la personne la plus influente du magazine *Times*, mais aussi pour celui de l'homme le plus sexy de l'année de *People*, grâce à une pétition ressemblant plusieurs dizaines de milliers de signatures (Change.org, 2020). Une chaîne de fast-food a créé en son honneur les beignets Doc Donut à son effigie, et le business de la « Faucimania » (T-shirts, casquettes, bougies, mugs et jouets) a connu un bref mais fébrile engouement.

La « peopolisation » – voire la « mème-isation », la transformation d'une situation ou d'une figure en un artéfact visuel (mème) massivement partageable, particulièrement sur Internet

(Mielkzarke, 2020) – des experts dessine en filigrane une certaine hiérarchisation qui s'opère entre le champ de l'expertise et le champ politique dans l'opinion publique. La réactivation de la figure de l'expert s'est faite, dans une certaine mesure, au détriment du personnel politique démocratiquement élu (Windholz, 2020 ; Antonelli, 2020 ; Lavazza et Farina, 2020). Ceci est *a fortiori* vrai lorsqu'il y a une rivalité (réelle ou perçue) entre les deux instances. Les tensions entre le docteur Fauci et Donald Trump ont généré une floraison de mèmes et messages comiques moquant l'incurie du président et mettant en parallèle les CV des deux hommes pour mieux faire ressortir l'asymétrie de compétences (u/garrymccreadie, 2020). Trump est caricaturé en « idiot du village » ou en enfant gâté exaspérant un Fauci à bout de nerfs (@mikesay, 2020). Un autre mème Internet présente Fauci vantant les mérites d'un nouveau type de masque : il s'agit en fait d'une bande adhésive servant à bâillonner un Trump déchaîné (u/NFLinPDX, 2020). Devant les comportements défaillants tels que la politisation, la minimisation du risque, l'hésitation et la priorisation de l'économie chez les hommes politiques, émerge un récit mettant en scène une opposition fondamentale entre la rationalité scientifique et la rationalité politique. Ce discours s'inscrit dans un répertoire antipopuliste plus large, visant non pas à critiquer l'institution politique en elle-même, mais plutôt à souligner une tendance à manipuler les émotions et les affects plutôt que de se baser sur les faits. En « réactivant » l'expert et l'homme de science, l'objectif réel est de « désactiver » le démagogue populiste, dont la figure – du Brexit à Trump et Bolsonaro – a marqué la dernière décennie.

3. La fabrique d'une contre-épistémologie : entre connaissance stigmatisée et populisme scientifique

Cependant, cette narration héroïsante est loin d'être unanimement acceptée. La crise de la COVID-19 a renforcé dans l'opinion publique l'idée d'un rôle politique bénéfique de la science, mais simultanément, elle a renforcé des poches de résistance et de méfiance. Historiquement, les crises sanitaires ont souvent ravivé des thèses conspirationnistes en alimentant un climat d'incertitude (Kalichman, 2009 ; Oliver & Wood, 2014 ; Smallman, 2015). Les périodes épidémiques, en particulier, peuvent parfois susciter des réponses paradoxales : une vaste étude réalisée pour la Banque Européenne pour la Reconstruction et le Développement souligne que les épisodes épidémiques entraînent un recul assez net de la confiance dans l'honnêteté des scientifiques (environ onze points). Ce qui est surprenant, c'est que chez ces mêmes répondants, la confiance en la *science* en tant que concept abstrait ne connaît pas de déclin similaire (Aksoy, Eichengreen & Saka, 2020).

La prolongation de la crise et la fatigue des populations face à la dureté des restrictions – dont l'effet disruptif sur la vie quotidienne et l'économie devenaient en enjeu politique de plus en plus lourd à porter – n'ont fait qu'alimenter ce phénomène de rejet que l'élan solidaire des premiers moments avait quelque peu effacé. L'espace de la contestation est large, allant d'un soutien à des stratégies d'action publique plus flexibles (recommandations plutôt que coercition, dépistage plutôt que confinement, ciblage des catégories à risque pour le confinement, poursuite contrôlée d'une stratégie d'immunisation de groupe, etc.) à une remise en question totalisante de l'ordre politique. L'un des aspects les plus saillants de la crise a été, par ailleurs, la circulation accrue de messages variés de désinformation entretenant la confusion et la méfiance du public (Monnier, 2020 ; Nguyen & Catalan-Matamoros, 2020 ; Tasnim, Hossain & Mazumder, 2020). Le néologisme « infodémie » (*infodemic*, formé à partir d'*information* et d'*epidemic*) a été avancé par l'OMS et l'ONU pour rendre compte de l'explosion des contenus problématiques (WHO, 2020 ; de Rosa et al., 2024 : pp. 75–194).

Les registres et les points de focalisation de la contestation demeurent très variés, englobant des positions anti-confinement, anti-masque, anti-vaccin, etc. Monnier (2020) identifie trois grandes catégories de contestation. La première s'attache à identifier les responsables, mettant l'accent sur les origines du virus et les bénéficiaires d'une prétendue « dictature sanitaire ». La deuxième catégorie porte davantage sur les comportements à adopter face à la maladie, mettant en avant des remèdes naturels alternatifs. Enfin, la troisième catégorie se concentre sur la diffusion de fausses informations accrocheuses, souvent dépolitisées, dans le seul but de générer du trafic sur internet. Nous allons nous pencher sur les deux premiers clusters de messages, qui esquissent les contours d'un récit anti-establishment cohérent. Des études menées en France (Bristielle, 2020) et aux États-Unis (Hornsey et al., 2020 ; Pew Research Center, 2020) soulignent également une corrélation positive entre la défiance envers la science et certaines affiliations partisanes : les électeurs de Jean-Luc Mélenchon, de Marine Le Pen, de François Asselineau ou de Donald Trump se montrent ainsi nettement plus réceptifs aux messages anti-vaccins et anti-masque. Ceci renforce l'hypothèse d'une connexion entre la méfiance envers les institutions politiques et celle envers les institutions scientifiques. Constituant les deux versants d'un même système sémiotique de la méfiance anti-establishment, ces deux phénomènes doivent être appréhendés dans leur interaction.

Si le « corona-scepticisme » est un phénomène social, culturel et politique nouveau, apparu comme réaction aux contraintes posées par la pandémie, il se greffe effectivement sur des mythologies et des *topoï* bien installés dans la culture politique occidentale. Il est important de restituer l'épaisseur historique et doctrinaire des phénomènes de rejet ou de réticence face à l'expertise. Dès les années 1970, la dénonciation de la « technocratisation » du pouvoir devient un lieu commun dans le discours politique, aussi bien à gauche qu'à droite. Nous avons identifié deux grandes catégories historiques de critique anti-technocratique, correspondant assez précisément aux arguments de la « gauche » et de la « droite » politique.

Une première catégorie relève d'une critique « participative », de gauche, de la technostructure. Historiquement liée à un travail de déconstruction critique du capitalisme et du « modèle occidental », dont le scientisme et le positivisme sont des traits ontologiques décisifs (Marcuse, 1964 ; Lefebvre, 1967 ; Habermas, 1973 ; Lenoir, 1977 ; Foucault, 2004), celle-ci évolue par la suite vers un effort d'ouverture et de dé-verticalisation des savoirs experts. On lui oppose la délibération publique avertie, au sein d'un modèle pluraliste de « co-production des savoirs » (Callon, 1998). Il y aussi une prise en compte toute particulière des publics marginalisés et dominés, souvent objets davantage que sujets des politiques publiques : ainsi, Stephen Epstein (1995) prend en écharpe la dichotomie entre savoirs experts et savoirs profanes et propose d'intégrer des *profanes experts* (*lay experts*) – par exemple les malades du SIDA, les victimes de sinistres écologiques ou les usagers de drogue – aux dynamiques de gestion scientifique du risque.

Le deuxième grand type de critique correspond à un schéma « conspirationniste » ou « populiste ». S'appuyant sur ce que l'historien Richard Hofstadter (1964) a dénommé le « style paranoïaque », la critique conspirationniste anti-technocratique utilise fréquemment un langage politique empreint de dramatisme et d'hystérie, prônant une « croisade sans limite » (Hofstadter, 1964) contre le Mal. Exploitant un ancien fond anti-intellectualiste, le récit conspirationniste évolue pour intégrer comme protagoniste le scientifique et le technocrate, en plus des grands acteurs traditionnels : Grand Capital, sociétés secrètes, Juifs, etc. Le politologue Olivier Dard (2012) identifie les racines d'un conspirationniste « technophobe » dans le mythe de la synarchie, une supposée entité occulte d'experts, de scientifiques et hommes d'affaires, aux ramifications internationales, qui contrôle des gouvernements de marionnettes ; cette large matrice historique, qui nourrit également la rhétorique de l'*État Profond* (*Deep State*) du camp trumpiste aux États-Unis, illustre parfaitement la collusion intime entre radicalités anti-science et populisme politique. Dans le cas de la crise de la COVID-19, c'est principalement cette deuxième critique, populiste et conspirationniste, qui a été audible dans l'espace public.

L'émergence dans l'espace public de nouvelles radicalités antiscientifiques de plus en plus visibles semble intimement couplée à la dynamique populiste qui traverse les sociétés occidentales. Il y a un parallélisme évident entre le noyau ontologique du récit politique populiste – un peuple pur et vertueux s'opposant à des élites corrompues (Mudde, 2004) – et celui du récit antiscientifique qui se déploie au sein des mouvances climatosceptiques, anti-vaccins ou en faveur de l'homéopathie. Le mouvement antiscientifique est structuré par une dichotomie fondamentale entre le peuple vertueux et une élite académique et scientifique corrompue détenant le monopole de la production du savoir légitime (Mede et Schafer, 2020). Une série d'études a mis en exergue les multiples recoupements entre les répertoires respectifs de l'anti-science et du populisme (Motta, 2018, Oliver et Rahn, 2016). Merkley

(2020) constate que l'exposition des sujets à des éléments de discours populistes (même sans rapport direct aux controverses scientifiques) va conduire à un renforcement des positionnements sceptiques par rapport aux savoirs experts. L'amorce populiste active donc efficacement un sentiment de d'ambivalence, voire de rejet, envers les communautés d'experts et encourage les individus à exprimer cette défiance. La sociologie de la défiance anti-science recoupe également celle du vote populiste dans la majorité des pays occidentaux (Bristielle, 2020 ; IFOP, 2019 ; Hornsey et al., 2020).

Cette relation symbiotique entre populisme et anti-science nous encourage à explorer la notion émergeante de « populisme épistémologique ». Si le populisme peut être saisi comme une façon de construire le politique autour de la conflictualité entre le peuple et les élites, le complotisme anti-science peut être compris similairement comme une manière particulière de (dé)construire la science à partir de la dichotomie entre les « sachants » experts et le peuple. La réflexion sur le phénomène du populisme épistémologique se déploie dans un premier temps dans le giron d'un travail sur les « épistémologies alternatives », indice d'une radicalisation des pratiques démocratiques et d'un « tournant participatif » (Behrer et. al., 2016). Ces épistémologies alternatives n'ont pas nécessairement une dimension politique : Liesbet van Zoonen (2012) choisit au contraire de pointer un phénomène de repli épistémologique sur le Soi en évoquant les « I-pistemologies » (jeu de mot sur le pronom « I » en anglais). Mais rapidement, la dimension égotique de cette défiance systématique apparaît secondaire par rapport à sa dimension politique. Le populisme donne un cadre structurant à cette défiance et l'organise au sein d'un grand récit cohérent. Toutefois, si de nombreux auteurs (Saurette et Gunster, 2011 ; Moatti, 2014 ; Yla-Antilla, 2018 ; Lasco et Curato, 2019 ; Mede et Schafer, 2020) mettent en exergue l'extension des demandes idéologiques du populisme au domaine de la science, les contours du phénomène restent flous, tout comme la terminologie mobilisée (« épistémologies populistes », « populisme épistémologique », « savoirs populistes », « populisme scientifique », « populisme anti-science », « populisme médical »). Ces vocables désignent moins un contenu précis qu'une certaine configuration méthodologique qui s'affirme comme dissidente par rapport à celle des institutions scientifiques et académiques traditionnelles. L'articulation de ces approches avec le récit populiste est saisissante : la célébration des « petites gens », des « sans-grades » (ici sans grades scientifiques ou universitaires), le rejet des élites et des « gros », la méfiance envers les réseaux institutionnels, la conviction d'une incompatibilité fondamentale entre les intérêts des élites et du peuple et, donc, d'une lutte constante et sans merci livrée à ce dernier par les puissants.

Nous identifions deux points nodaux dans la cartographie idéologique de ce populisme épistémologique : le premier est la notion de « bon sens » populaire. Le robuste bon sens des « gens ordinaires » (et de ceux qui savent continuer de penser comme eux) est opposé aux sinuosités et aux lourdeurs d'une démarche scientifique qui perd tout contact avec les réalités du terrain. Ce schéma de réflexion a pu s'adosser aux débats sur l'hydroxychloroquine : promu par le professeur Didier Raoult, ancien directeur de l'IHU de Marseille, ce médicament a été rapidement vu comme un potentiel remède miracle et a reçu les accolades enthousiastes de figures comme le président américain Donald Trump, le président brésilien Jair Bolsonaro ou le Premier ministre indien Narendra Modi (Berlivet et Lōwy, 2020) ; or l'efficacité de l'hydroxychloroquine était basée principalement sur l'observation anecdotique menée par Didier Raoult au sein de son établissement hospitalier, et non sur d'amples études comparatives randomisées. Ces essais randomisés contrôlés par un bras placebo sont considérés comme faisant partie du « gold-standard » pour évaluer l'efficacité d'un dispositif thérapeutique dans le contexte de *l'evidence-based medecine*. Une véritable offensive s'organise contre cet outil méthodologique perçu comme pesant et élitiste. Didier Raoult lui-même fustige le « gold standard » comme le produit d'une mainmise des grands groupes pharmaceutiques et des méthodologistes (figure paradigmatique de l'expert déconnecté du terrain) sur la recherche médicale :

Les études comparatives randomisées (les patients sont tirés au hasard pour recevoir un traitement ou un autre) ont bénéficié depuis le début du XXIe siècle d'un engouement considérable, poussé à la fois par l'industrie pharmaceutique et par un nouveau groupe de chercheurs spécialistes d'analyses des données produites par les autres, que sont les méthodologistes. [...] Les méthodologistes ont réussi, dans à un certain nombre de cas, à imposer l'idée que leurs pensées représentaient la raison, mais en pratique, ce n'est jamais qu'un mode scientifique parmi d'autres (Raoult, 2020a).

Les arguments du Professeur Raoult ont rapidement été assimilés par le discours populiste. L'idée d'une réorientation bénéfique de la médecine vers des données concrètes s'inscrivait parfaitement dans le récit d'un retour au bon sens, s'opposant à la science perçue comme obscure, opaque et élitiste des méthodologistes. En filigrane, se profile également un désir de revalorisation de l'expérience vécue, mais d'une expérience spécifique, celle jugée authentique, celle du « peuple ». On observe une hypostase similaire à celle du « profane expert » de Stephan Epstein, à une nuance près : tandis qu'Epstein intégrait aux processus de production des connaissances des groupes marginaux porteurs d'une expérience atypique et socialement disqualifiée (comme les personnes atteintes du SIDA ou les usagers de drogues), le « profane expert » construit par le populisme méthodologique incarne une compétence morale et épistémologique relevant justement de la normalité du peuple, que les élites et les experts seraient censés avoir oublié. Il se greffe prioritairement sur des figures rassurantes de cette normalité, telles que les mères de famille ou les *concerned parents* devenus vecteurs d'une expertise alternative (Bobel, 2002 ; Laudone et Tramontano, 2018). Comme l'écrivait l'activiste anti-vaccin Jenny McCarthy dans son best-seller *Mother Warriors* (qui chronique sa bataille contre l'autisme de son fils Ethan) : « Qui a besoin de science quand j'observe cela tous les jours chez moi ? » (McCarthy, 2008) La notion de bon sens est indissociable de celle de normalité, car toutes deux supposent une posture épistémologique particulière, résolument conservatrice (au sens premier du mot), enraciné dans une sagesse expérientielle, quasi-« artisanale » (Raoult, 2020b) à la portée de quiconque a des yeux et des oreilles.

Les notions d'élite et de pouvoir constituent un deuxième point nodal. Le populisme épistémologique n'est pas seulement un rapport à une méthodologie scientifique, mais aussi,

fondamentalement, un rapport au pouvoir. Le trope d'une connivence, voire d'un complot, des élites est absolument consubstantiel à la méthodologie populiste. Là où le populisme politique
dénonce prioritairement un complexe politico-économico-média-
tique, le populisme épistémologique met en exergue une collusion
élitaire qui inclut scientifiques, chercheurs, académies ou journaux
spécialisés, industries pharmaceutiques, millionnaires et décideurs
politiques. L'argent et la corruption seraient les lubrifiants de ce
système oppresseur. Comme le populisme ne peut penser le plu-
ralisme dans le peuple, il ne peut le penser dans l'élite non plus.
Le politiste Pierre Rosanvallon (2020) évoquait le Peuple-Un de
la mythologie populiste ; nous pensons que le dispositif populiste n'est pas complet sans l'Anti-Peuple-Un. Le meilleur moyen
de mettre en scène cet Anti-Peuple-Un est ce que l'on nomme la
théorie du complot : le complot fonctionne comme un fantasme
de l'altérité, en érigeant une frontière quasi-ontologique (mais
aussi épistémologique, puisqu'il s'agit en somme de « sachants »
et de « non-sachants », et que le complot s'effondre lorsque cette
frontière cesse d'être opérative) entre ceux à l'intérieur et ceux à
l'extérieur du cercle conspirationniste.

La fonction performative du complot dans la construction symbolique d'un Anti-Peuple met en exergue la synergie entre populisme et conspirationnisme. Pour justement penser cette articulation
complexe, Michael Barkun (2015) élabore un outil conceptuel
parfaitement aiguisé, celui de « savoir(s) stigmatisé(s) ». La notion
de connaissance stigmatisée permet de cerner les contours d'un
objet à la fois épistémologique et politique, défini par l'opposition à un *establishment* délibérément vague et fuyant (stigmatisé
par qui ? Par la communauté scientifique, par les médias et l'opinion, par le pouvoir politique ?). Pour le politiste américain, le
savoir stigmatisé désigne à la fois une réalité objective – celle d'un
ensemble de propositions scientifiques invalidées et combattues
par les institutions qui font autorité dans un champ précis du
savoir – et une construction mentale idéologique. Le qualificatif de « stigmatisé » est effectivement revendiqué par les acteurs
eux-mêmes, qui trouvent dans l'« oppression » dont ils sont victimes un puissant ciment identitaire. En d'autres mots, ces savoirs
stigmatisés sont réputés vrais non pas *malgré*, mais *grâce* à leur

invalidation par les instances scientifiques. Par un raisonnement circulaire qui fonctionne en vase clos, le complotisme anti-science intègre et dissout toute opposition ou réfutation possible.

Les savoirs stigmatisés sont moins un phénomène isolé qu'un écosystème cohérent fonctionnant en réseau. Par ailleurs, ceux qui adhèrent à une théorie du complot acceptent généralement d'autres formes de savoirs stigmatisés : par exemple, ceux qui ont la conviction d'un complot mondial de l'industrie pharmaceutique adhèrent aussi aux thèses de la médecine alternative (Barkun, 2015). C'est pour cela que le populisme épistémologique (et son corollaire complotiste) doit être saisi en contexte. Comme le constatait Michael Barkun (2015), la massification du phénomène conspirationnisme – qui lui a permis de dépasser son statut d'objet semi-ésotérique – est intimement liée aux transformations de la sphère médiatique. Il est impossible aujourd'hui de penser le conspirationnisme ou l'anti-science en dehors de son articulation avec Internet et les nouveaux espaces numériques qui médient de plus en plus le rapport des individus au savoir.

À l'heure où ces lignes sont écrites, il peut paraître surprenant d'apprendre qu'au début de l'ère Internet, d'aucuns postulaient que ce nouveau médium aurait pour effet de ralentir la propagation des théories du complot : en effet, habituées à se mouvoir dans des espaces confidentiels, les théories du complot apparaissaient comme fort mal armées pour résister dans cet espace de délibération hypercritique (Clarke, 2007). Cette perspective très « habermassienne » de l'Internet comme espace de rationalité s'est néanmoins sensiblement érodée. Les analyses postérieures à 2010 insistent davantage sur la fragmentation et la décentralisation du débat que sur sa rationalisation. Virginia Belfour (2019) met en garde contre la coagulation de ghettos émotionnels et affectifs qui risquent de devenir autant des « ghettos de désinformation » difficilement expugnables car fondés sur des logiques identitaires et non argumentatives :

> Bien sûr, les théories du complot existaient bien avant Internet. Néanmoins, de par leur extension géographique limitée, et donc leur capacité réduite à communiquer entre elles, leurs thèses étaient généralement périphériques par rapport aux grands flux

informationnels globaux. Groupes pro-ana (pro-anorexie) ou anti-vaxx (anti-vaccin), extrémistes de droite, climato-sceptiques, zélateurs des régimes alimentaires miracles peuvent ainsi se rassembler en ligne, partager leur vécu, échanger, tisser des liens communautaires, ce qui rend la réfutation rationnelle de leurs vérités alternatives quasi-impossible. (Belfour, 2019).

Le régime particulier de l'écriture en ligne agit sur les dynamiques d'énonciation des contre-savoirs conspirationnistes de plusieurs manières. Il influence principalement la structure des flux communicationnels : l'accélération du temps médiatique, la décentralisation des savoirs (Gosa, 2011) et l'abaissement du coût d'entrée médiatique (Guigo, 2017) participent de façon fondamentale à la visibilité d'une parole hétérodoxe et auparavant marginale. L'affaiblissement des « gardes-barrières » (*gatekeepers*) traditionnels engendre des phénomènes de viralité de plus en plus difficiles à contrôler : c'est ce que Britt Paris et Joan Donovan (2019) appellent la viralité cachée (*hidden* ou *dark virality*). Mais le contenu des savoirs stigmatisés va également s'adapter pour faire face à cette nouvelle publicisation à une échelle inédite. Malgré l'optimisme un peu naïf de son propos, Steve Clark (2007) a bien saisi la centralité de la rationalité – ou du moins de l'apparence de rationalité – dans la sociabilité numérique. Néanmoins, conspirationnisme et rationalité ne sont pas dans un rapport systématiquement antithétique.

Le conspirationnisme a été si souvent réduit à un objet ésotérique, délirant, voire pathologique (Darwin, Neave et. al., 2011), qu'on oublie qu'il reste premièrement une démarche de type heuristique dont le but est de comprendre le monde. En ceci, le discours conspirationniste est habité par une véritable obsession de l'administration de la preuve, preuve qu'il traque dans les moindres interstices de la version officielle des événements. Il y débusque des « indices », des « incohérences » (mêmes minimes, mais qui prouvent que « l'on nous ment »), des « signes » et les accumule – par un travail souvent collectif mais non-coordonné – afin d'aboutir à un appareil argumentatif tout à fait particulier, suffisamment surchargé et hypertrophié pour donner une apparence de rationalité.

Les produits épistémologiques du conspirationnisme constituent ce que l'on peut appeler des « mille-feuilles argumentatifs » (Bronner, 2015). Pris séparément, chacun de ces arguments est en réalité tout à fait indigent, mais l'ensemble paraît convaincant, surtout pour le profane qui ne possède pas toutes les compétences techniques nécessaires pour la réfutation. C'est ce qui fait l'attractivité des produits de la connaissance stigmatisée sur le marché cognitif, et *a fortiori* sur Internet où une forte demande de rationalité délibérative rencontre un faible niveau de compétences techniques.

4. La géométrie variable de l'Anti-Peuple : les experts contre le peuple

Les récits complotistes, caractérisés par une opposition marquée entre les « gentils » très bienveillants et les « méchants » très malveillants, fonctionnent de manière presque caricaturale en tant que générateurs de l'Anti-Peuple. En s'intégrant dans le cadre idéologique plus vaste du populisme, le conspirationnisme devient effectivement un objet politique à part entière. L'expertise, en tant que composante mythique politique, est à l'origine d'une polarisation que le complotisme investit de manière significative. Cependant, notre contribution cherche à dépasser la dichotomie simpliste entre, d'une part, les élites expertes manipulant des connaissances sophistiquées à des fins oppressives, et d'autre part, un peuple dont la sagesse repose sur un bon sens solide. L'articulation de la posture d'expert avec la configuration imaginaire de l'Anti-Peuple s'avère bien plus complexe en pratique.

Pour dresser une cartographie plus fine des démonologies de ce populisme épistémologique, il est nécessaire de cerner la multiplicité des hypostases et rôles de l'expertise au sein de l'imaginaire complotiste, à partir des productions discursives qui mettent en récit cette expertise. Méthodologiquement, notre article s'arrime à une approche qualitative d'analyse de discours inspirée du modèle de la *Critical Discourse Analysis* (CDA) de Norman Fairclough (2001), van Dijk (1998), Ruth Wodak et Michael Meyer (2009). Cette grille d'analyse a le mérite de permettre d'articuler finement l'analyse textuelle *stricto sensu* avec une approche socio-idéologique des contextes de ces productions discursives. Le corpus empirique comprend un échantillonnage qualitatif d'environ 60 éléments, collectés en ligne au cours de la période mars-novembre 2020. Celui-ci intègre des matériaux textuels et iconographiques divers, allant des déclarations de responsables politiques à des articles web ou des *posts* et billets sur les réseaux sociaux numériques.

Pour mieux circonscrire le champ de recherche empirique, nous avons placé la focale sur les blogosphères états-uniennes (35 éléments) et francophones (25 éléments). Ce choix est motivé non seulement par le désir d'introduire une perspective comparée, mais aussi par l'émergence aux États-Unis et en France de plusieurs figures médicales hyper-médiatiques et controversées, dont se saisissent tout de suite les discours populistes : le docteur Didier Raoult en France, le docteur Anthony Fauci et l'ancienne chercheuse Judy Mikovits aux États-Unis. Ces trois figures centrales concentrent une partie importante de notre corpus, et nous permettent de cartographier la multiplicité des stratégies de mise en récit de l'expertise dans la grammaire populiste-conspirationniste.

L'analyse de ce corpus met bien en exergue l'impossibilité d'appréhender l'expertise et les experts comme un bloc monolithique. Non seulement il existe une ambiguïté dans le rapport aux savoirs experts que le qualificatif de discours « anti-science » peut artificiellement gommer, mais le scientifique n'évolue pas seul dans la démonologie populiste-complotiste ; il évolue au sein d'une constellation d'acteurs et peut y jouer, selon les scénarios, des rôles très différents. Étudier la construction de la figure de l'expert a donc le mérite de révéler l'architectonique complexe de la galaxie occulte complotiste.

Cette question est fondamentale pour saisir la dynamique du dispositif narratif complotiste, dont le cœur nucléaire est avant tout un « délire sur le pouvoir » (Furet, 1978). Le pouvoir constitue le principal objet et enjeu de la rhétorique conspirationniste. Le discours du complot construit une formidable machine à la verticalité organisatrice et centripète, véritable décalque fantasmé d'un État bureaucratique, avec ses ministères, ses officines et ses agences. Cette obsession de la hiérarchie a par ailleurs secrété un sous-genre particulier de l'iconographie complotiste, consistant à représenter sous forme pyramidale le « super-complot » global, avec ses échelons pléthoriques qui forment un schéma totalisant de domination et d'oppression (voir par exemple Chan4Chan, n.m. ; Onzichtbaremacht, n.d. ; Riposte Laïque, 2012). Cette structure pyramidale, faisant explicitement référence au symbole de la confrérie *Illuminati*, renvoie à diverses significations inhérentes à la pensée magique, notamment le principe gnostique de l'Un. Elle permet surtout d'articuler la multiplication des acteurs malveillants (banquiers, multinationales, médias, industries culturelles, think tanks, sociétés secrètes, experts tout-puissants) avec l'idée populiste de l'Anti-Peuple-Un, cherchant ainsi à réduire la diversité à l'unité.

La figure de l'expert est particulièrement intéressante à situer sur cette échelle du pouvoir, car elle fait preuve d'une remarquable plasticité et adaptabilité. Elle se coule dans tous les rôles de ce thriller ésotérique, du pion manipulé à celui de l'éminence grise, en passant par celui de mercenaire sans âme. Mais les rôles de héros, de lanceur d'alerte ou de détective ne lui sont pas non plus interdits. L'expert est un Janus à deux (voire trois) visages. Il y a donc, d'entrée de jeu, une dichotomie entre le « bon » et le « mauvais » expert. Pour aller plus loin, on peut constater que l'archétype du « mauvais » expert se ramifie à son tour en deux grands types idéaux, en fonction de sa position (dominante ou subalterne) au sein de la pyramide de la domination occulte. Afin d'injecter un peu de ludisme dans cet exercice taxonomique, nous avons baptisé ces trois types idéaux le *Bon*, la *Brute* et le *Truand*. Ces trois archétypes fonctionnent de façon complémentaire et laissent paraître en filigrane les contours d'une géométrie variable de l'Anti-Peuple.

Le topos du « Bon »

Le Bon ne fait bien sûr pas partie de l'Anti-Peuple. Il est *le* Peuple, *dans le* Peuple, *du côté du* Peuple, non pas malgré mais bel est bien grâce à son expertise. Cela met bien en exergue l'ambigüité du rapport entretenu par l'imaginaire complotiste et populisme avec les savoirs experts. Le Bon renvoie au topos du sage, du docteur héroïque engagé dans un combat pour la vérité, envers et contre tous. Comme le rappelle Alexandre Klein (2014), le « mythe épistémologique » du bon médecin – avec ses deux versants complémentaires, celui du « savoir expert cohérent » et de la « morale praticienne » – a été consubstantiel à la construction identitaire du travail médical moderne. En prolongeant cette réflexion, on peut également considérer que ce mythe a accompagné l'essor de la rationalité scientifique moderne et du volontarisme du bien-être spécifique aux sociétés du risque.

Le populisme épistémologique va investir les deux versants de la figure du bon médecin. Pour Klein (2014), ces deux versants renvoient aux dimensions techniques et morales du travail médical. Un médecin doit d'abord tenir la promesse d'un savoir technique (donc expert, donc nécessairement élitiste) sûr, efficace et cohérent. C'est en cela qu'il est pleinement « expert ». Mais les qualités scientifiques du médecin demandent à être complétées par des qualités morales : honnêteté, probité, empathie et engagement. L'association de cette dimension morale qui déborde du champ des compétences techniques est d'une influence symbolique cruciale sur le folklore du geste médical et sur l'identité de la profession. Il semble naturel que le populisme épistémologique soit plus à l'aise dans le maniement de ce discours moral, vu que son propre registre est essentiellement axiologique (bien contre bal, vertu contre corruption). Qui plus est, tandis que le savoir-faire particulièrement pointu du médecin tend à le séparer du Peuple, en le plaçant sur une position de surplomb, ses aptitudes morales servent justement à opérer sa réintégration dans celui-ci. L'analyse de notre échantillon a mis en exergue plusieurs passages où la dimension morale de la figure du médecin prend le pas sur la dimension experte. Un scénario classique est celui de l'abandon du statut social prestigieux et lucratif de médecin afin de protester contre l'oppression organisée par le système : ainsi, dans un article publié sur le blog traditionnaliste *Le Salon Beige*, est présenté le cas d'un médecin, la docteure Magali Roussilhe, qui choisit de démissionner plutôt que de mettre en œuvre les injonctions de « fichage » de la population requises par les autorités afin de dépister plus rapidement les cas contacts des malades (Janva, 2020).

Ce choix est construit comme éminemment moral, par le recours à la première personne et à des verbes relevant de la subjectivité tels que « choquer », « vouloir », « refuser », etc. : « Ce procédé m'a choquée », « je suis profondément choquée par ce fichage »,

« Je ne veux pas participer à cette entreprise », « En conscience je dis non ! ». Le même registre moral domine lorsqu'est évoquée la question des vaccins, que la docteur Roussilhe dit rejeter : « Je refuse également le vaccin à ce sujet », « Mais je suis mal à l'aise de savoir qu'il n'est pas admis qu'on puisse critiquer les vaccins […] ». La conclusion de l'entretien est par ailleurs éclairante : « Je souhaite simplement être en paix avec moi-même ». L'homme de science apparaît ici non pas comme détenteur d'un savoir expert, mais simplement comme sujet moral confronté à un dilemme. Ce type de cadrage pourrait devenir individualiste et donc potentiellement démobilisateur, si cette démarche morale du bon docteur n'était pas constamment réinscrite dans un discours politique de dénonciation de la « dictature sanitaire ».

La lutte contre l'oppression systémique permet au discours populiste et complotiste de réinvestir avec succès la dimension experte de la figure du bon docteur. Effectivement, mener le combat épistémologique contre l'*establishment* demande une série de connaissances, de savoirs, une technicité particulière qui revalorise le statut non pas d'expert, mais celui de *contre-expert*. L'esprit du complot rencontre la science dans une implacable volonté de savoir, de comprendre, d'expliquer tout en éliminant toute possibilité de hasard.

Tributaire d'une « conception policière de l'histoire et de la réalité » (Sperber, 1957), le récit conspirationniste a besoin d'un *détective*, et donc d'une expertise particulière, pour mener à bien ce projet de démasquage. C'est ainsi que le topos du bon médecin dévoué à la vérité, armé d'un savoir qui lui permet de voir au travers de la propagande du système et décidé à briser l'omerta s'impose comme incontournable dans la mythologie du populisme épistémologique. Fin juillet 2020, une vidéo d'environ 45 minutes mettait en scène un collectif de médecin se présentant comme « America's Frontline Doctors » : y était affirmé l'efficacité du traitement à l'hydroxychloroquine, contre laquelle un grand complot orchestré par les compagnies pharmaceutiques se déployait, mais également l'inefficacité du port du masque ou des mesures de confinement. L'intervention, organisée par le mouvement pro-Trump des *Tea Party Patriots* et diffusée en direct par le site d'extrême droite Breitbart, a explosé en popularité. Relayée par les réinfosphères nord-américaines mais aussi françaises et européennes, la vidéo est distribuée sur Twitter par le président américain Donald Trump et son fils Donald Jr. ; la chaîne conservatrice *Fox News* en diffuse des extraits. Finalement, malgré ses dizaines de millions de vues, Facebook, Twitter et YouTube décident de supprimer la vidéo de leurs plateformes, estimant que ces affirmations médicales non-étayées enfreignaient leurs politiques contre la désinformation sur la COVID (Le Monde, 2020). La vidéo est toujours disponible sur la plateforme Vimeo (Vimeo, 2020) ou des sites de streaming « alternatifs » tels que BitChute, où il existe une version doublée en langue française (BitChute, 2020a).

La vidéo démarre par l'intervention de Simone Gold, médecin urgentiste. Loin d'embrasser une posture anti-système explicite, la docteure Gold met en avant sur le site du collectif *America's Frontline Doctor* son parcours professionnel élitiste au sein de l'*establishment* scientifique nord-américain : diplôme de la *Chicago Medical School*, doctorat à Stanford, fonctions auprès de l'administrateur de la santé publique des États-Unis (America's Frontline Doctors, 2020). Les premiers mots de la vidéo, par ailleurs, nous éclairent sur le rapport valorisant à l'expertise savante que le collectif prétend incarner :

> *Nous sommes donc ici car nous croyons que le peuple américain n'a pas entendu parler de toute l'expertise qui existe dans tout le pays. Nous avons des experts qui parlent, certes, mais il y a beaucoup d'experts à travers le pays. Alors certain d'entre nous ont décidés de se réunir : nous sommes les Médecins de Première Ligne des États-Unis. [...] Et nous avons beaucoup d'informations à partager* (BitChute, 2020a).

La mise en scène de la vidéo est également révélatrice d'une stratégie de focalisation sur l'identité professionnelle du médecin et/ou de l'homme de science : les hommes et les femmes qui prennent la parole sont en tenue « de travail », donc en blouse blanche, et en cravate pour les hommes. Ces blouses portent en écusson le caducée d'Esculape, symbole de la médecine (voir fig. 1). L'effort de s'approprier l'imaginaire traditionnel de la fonction médicale, jusque dans ces marqueurs externes un peu désuets, dénote une stratégie de communication qui ne peut être cataloguée comme banalement « anti-scientifique », bien au contraire.

Figure 1. Capture d'écran de la vidéo du collectif America's Frontline Doctors, publiée le 27 juillet 2020, https://www.americas frontlinedoctors.com/mission-statement/; Copyright : America's Frontline Doctors ; Licence : CC-BY-NC-ND.

Sur le site des America's Frontline Doctors, se déploie également une rhétorique résolument pro-science : « maintenant plus que jamais, les patients ont besoin d'un accès transparent et libre, fondés sur des faits, à l'information médicale » ; « AFLD croit que le peuple américain a le droit d'être correctement informé à partir de données de confiance recueilles au cours de décennies d'expérience pratique sur le terrains, et non de science politisée ou d'informations contrôlées par les géants du Web» ; « nous militons pour l'inclusion dans le débat public de médecins praticiens travaillant en première ligne » ; « [la docteur Gold] est une voix du bon sens et de la cohérence scientifique dans la lutte contre la COVID-19 », etc. (America's Frontline Doctors, 2020). Nous constatons que la dimension « experte » et la dimension « morale » du bon médecin finissent par être fondues dans un profil idéal de *médecin-artisan*, proche des patients, maniant à la fois le bon sens populaire et les savoirs techniques de pointe, et surtout en lutte contre l'omerta du système. Deux figures ont coagulé au cours de la dernière année cet imaginaire populiste du bon médecin : le docteur Didier Raoult en France et Judy Mikovits aux États-Unis.

La carrière scientifique de la virologue Judy Mikovits s'est interrompue brutalement lorsque la revue *Science* décide de retirer l'un de ses articles controversés et qu'elle est licenciée par le *Whittemore Peterson Institute* dont elle était la directrice. C'est alors qu'elle se rapproche des cercles anti-vaccination, alors que son exclusion de la communauté médicale est consommée (Chicago Tribune, 2011). Mais si Mikovits est actuellement une authentique *outsider* de l'establishment scientifique – un statut qui est normalement valorisant dans le récit populiste – cette ancienne chercheuse continue paradoxalement à se légitimer par son identité professionnelle et à revendiquer une autorité morale à partir de son parcours au sein de ce même *establishment*. Dans la description d'une de ses vidéos sur la plateforme BitChute, Mikovits (identifiée avec ses titres scientifiques : Dr. Judy Mikovits, PHD) a droit à tous les superlatifs :

> Au cours de sa quête de plus de 35 ans pour comprendre et guérir les maladies chroniques, elle a écrit et co-écrit de nombreuses études scientifiques phares [...]. Dr. Mikovits a publié plus de 50 études évaluées en comités de lecture dans les plus prestigieuses publications médicales ; elle a fait l'objet d'articles dans Discover Magazine, Wall Street Journal ou le New York Times. [Les thérapies qu'elle a découvert] constituent encore une référence de soin 25 ans plus tard et ont sauvé la vie de millions de personnes dans le monde » (BitChute, 2020b).

L'utilisation d'un jargon médical dense (Mikovits est créditée pour « la découverte de la modulation de la machinerie de méthylation de l'ADN par les retrovirus humains et développement du concept de réponse inflammatoire des cytokines et de signature de chimiokine des infections et maladies ») et l'appel à l'autorité d'institutions épistémologiques académiques, scientifiques ou médiatiques reconnues peuvent sembler des stratégies populistes pour le moins paradoxales. Mais l'on retrouve un récit très similaire dans la présentation de l'ouvrage de Mikovitz – dénommé *Plague of Corruption : Restoring Faith in the Promise of Science* (*Le Fleau de la Corruption : Restaurer la Foi dans la Promesse de la Science*) : sur la plateforme de vente en ligne Amazon, Mikovits est décrite comme « à la pointe de la recherche scientifique », dont les découvertes vont inaugurer un « nouvel Âge d'Or de la médecine ». Certes, Mikovits est complaisamment dépeinte comme un agent perturbateur, une « Erin Brokovitch avec un doctorat en biologie moléculaire », en fronde contre le « vieux club macho de la science » (Amazon, 2020). Mais cette fronde s'inscrit dans une pratique qui se veut vertueuse de la science, et non dans un refus épistémologique de celle-ci.

Un dispositif narratif similaire se met en place autour de la figure de Didier Raoult, infectiologue à l'IHU de Marseille. Bien entendu, les profils ne sont pas comparables : le docteur Raoult est, contrairement à Mikovits, un spécialiste reconnu et très cité dans le champ des maladies infectieuses, et nullement un outsider discrédité. Mais ces prises de positions concernant l'hydroxychloroquine lui ont valu des critiques dures de la part de ses pairs et une plainte auprès de l'Ordre des Médecins de France. En radicalisant son discours anti-establishment, Didier Raoult prétend tout d'abord formuler une revendication d'autonomie intellectuelle du « médecin artisan », praticien, présent sur le terrain, par rapport aux méthodologues et aux nouvelles élites scientifiques (Raoult, 2020b). Mais le discours du professeur Raoult reste profondément structuré par une mise en scène de la performativité scientifique, selon des marqueurs de l'excellence somme toute assez traditionnels : publications, citations, indicateurs bibliométriques, etc. Dans un tweet publié en novembre, Raoult partage ainsi le classement des chercheurs le plus cités par leurs pairs dressé par l'incontournable référence en la matière, le *Clarivate Web of Science*, au sein duquel figurent neuf membres de son équipe dont lui-même (Raoult, 2020c). Son indice H (indice bibliométrique des citations dans des revues scientifiques) est parmi les plus élevés au monde, ce qui peut surprendre de la part de celui qui s'autodéfinit comme un « renégat » dans un entretien accordé à *Valeurs Actuelles* (Raoult, 2020d). La même publication le cataloguait de chercheur « le plus brillant de sa génération », appartenant censément à ce « petit cercle de Français que le monde entier nous jalouse » :

> Son nom est l'un des plus cités dans les revues scientifiques. On lui doit la découverte de virus géants, le séquençage du génome de Mimivirus, la découverte de Spoutnik, le premier virophage

Figure 2. Raoult contre Big Pharma, https://www.egaliteetreconcilia tion.fr/Les-dessins-de-la-8e-semaine-de-confinement-59253.html; Copyright : Egalité et Réconciliation ; Licence : CC-BY-NC-ND.

capable d'infecter un autre virus pour se reproduire. Avec son équipe, il a identifié et décrit une centaine de nouvelles bactéries pathogènes — deux d'entre elles portent son nom, la Raoultella planticola et la Rickettsia raoultii —, contribué à des avancées majeures dans la connaissance de certaines maladies comme la fièvre Q ou la maladie de Whipple. Didier Raoult est tout sauf un hurluberlu tombé de son nid en même temps qu'apparaissait le nouveau coronavirus (Stainville, 2020).

La force du personnage public de Didier Raoult tient justement dans cette capacité à jouer sur deux tableaux, qui correspondent à la dimension experte et la dimension morale de la mythologie du bon docteur. Parfois transformé en figure victimaire, sacrificielle, quasi-christique – une caricature publiée sur le site d'extrême droite « Égalité et Réconciliation » le montre en train d'être mis à mort par une brute brandissant une seringue estampillée 'Big Gates Pharma' (voir fig. 2) – Raoult se voit toutefois aussi investi de valeurs plus virilistes. Dans la « raoultsphère », l'infectiologue

Figure 3. Raoult en Léonidas, même détournant le peplum "300",
https://image.noelshack.com/fichiers/2020/13/1/1584955688
-maiyarien3003.png; Copyright : CPY ; Licence : CC-BY-NC-ND.

apparaît d'ailleurs sous les traits d'un guerrier spartiate (fig. 3)
ou d'un Gaulois farouche déclarant crânement que « l'hypocrisie
de la COVID-19 ne passera pas !!! » (fig. 4). Il est remarquable de
constater à quel point le qualificatif de « Gaulois » revient fréquemment dans notre corpus. Elle permet de camper une figure

Figure 4. le docteur Raoult en gaulois énervé, https://resistance71 .files.wordpress.com/2020/10/raoultgaulois.jpg, Copyright : Resistance71 ; Licence : CC-BY-NC-ND.

profondément ancrée de point de vue identitaire et de point de vue moral dans un espace idéalisé, celui de la France profonde, qui charrie un idéal d'insoumission, de résistance et de hardiesse virile. Au croisement de l'imaginaire méritocratique associé à l'excellence scientifique et de l'imaginaire populaire teinté d'antiélitisme, le docteur Raoult est devenu une représentation emblématique du rapport complexe et ambigu qu'entretient le populisme épistémologique avec la science et l'expertise savante.

Les topos complémentaires de la « Brute » et du « Truand »

Mais la mythologie du bon médecin génère aussi un *Doppelgänger* maléfique, écho des angoisses socio-politiques croissantes entourant l'interventionnisme scientifique moderne. Savants fous, médecins criminels, experts affairistes et corrompus sont les facettes d'une *légende noire de la science* et de son emprise sur le tissu intime de l'individu, légende noire qui stimule bien entendu les réflexes du conspirationnisme et du populisme. Or il faut rappeler que le pouvoir est au cœur de la fiction complotiste, et tout discours conspirationniste est un discours – délirant – sur le pouvoir :

le docteur corrompu fonctionne comme une métaphore puissante des dangers du pouvoir. Le pouvoir sur les corps est le pouvoir le plus absolu qui soit, et la Brute est donc une figure de pouvoir, davantage que d'expertise (même dévoyée). Les espaces médicaux deviennent des espaces de coercition, de violence symbolique et physique s'exerçant sur les individus. Dans un article publié sur la plateforme InfoWars, l'avocat libertaire John W. Whitehead déplore que « les hôpitaux deviennent, avec les caméras Google et Nest contrôlant le flux des patients, des centres de surveillance 24h/24. On peut dire adieu à la protection de la vie privée des patients » (Whitehead, 2020).

Des angoisses plus irrationnelles surgissent quant à l'extension d'un « biopouvoir » des médecins : un article paru sur le site néo-nazi Daily Stormer suggère, dans un registre qui est davantage celui du *body horror* que du reportage de presse, que les docteurs injecteraient délibérément de l'œstrogène aux patients hommes atteints de Coronavirus, résultant en la poussé de seins et d'autres mutations corporelles. Le texte se clôt sur un avertissement clair : « Ils vont continuer d'inventer toute sorte de choses tordues auxquelles soumettre la population » (Quixote, 2020). Le pronom personnel de la troisième personne du pluriel a ici valeur de marqueur d'altérité et d'exclusion. Effectivement, dire « ils », c'est déclarer que ce n'est pas « nous » (Chapelan, 2012). Le régime d'écriture conspirationniste utilise également l'indétermination spécifique du pronom « ils » – qui rejoint celle d'autres termes du vocabulaire conspirationniste comme le « Système » ou les « Powers-That-Be » (PTB) – pour évoquer l'idée d'une omniprésence terrifiante.

Pour inscrire la figure du scientifique dans l'anti-Peuple, la rhétorique conspirationniste a recours aussi aux expériences traumatiques passées du dernier siècle. Le nazisme, notamment, permet de mettre en accusation une forme perverse de rationalisation scientifique ; avec le docteur Mengele et ses savants génocidaires, il offre également la mise en scène la plus puissante de la figure répulsive de la « Brute ». Sans surprise, le discours conspirationniste mobilise abondamment la référence au totalitarisme nazi pour rejeter la « dictature sanitaire ». Un groupe Facebook américain dénommé « Sabre Church of Christ »

Figure 5. « Juste parce que quelqu'un est médecin ne veut pas dire qu'il met ses compétences au service du Bien » : Joseph Mengele, Jack Kevorkian (défenseur du suicide médical assisté) et Anthony Fauci, https://www.facebook.com/Sabre-Church-of -Christ-987237478142480/photos/1371279686404922; Copyright : Sabre Church of Christ : Licence : CC-BY-NC-ND.

partage un mème qui juxtapose l'image de Joseph Mengele et d'Anthony Fauci (voir fig. 5) ; une autre image montre Fauci coiffé de la casquette militaire du célèbre docteur militaire d'Auschwitz, avec la légende « Fauci, seigneur mondial de la Mort ». Fauci est accusé d'être le « Mengele Américain » et d'« utiliser depuis des décennies les Américains comme de rats de laboratoire » (Imgflip, 2020). La nature précise de cette expérience varie, allant d'un projet à caractère eugéniste (ainsi que suggère la figure 5) à une entreprise génocidaire pour éradiquer la population mondiale, en

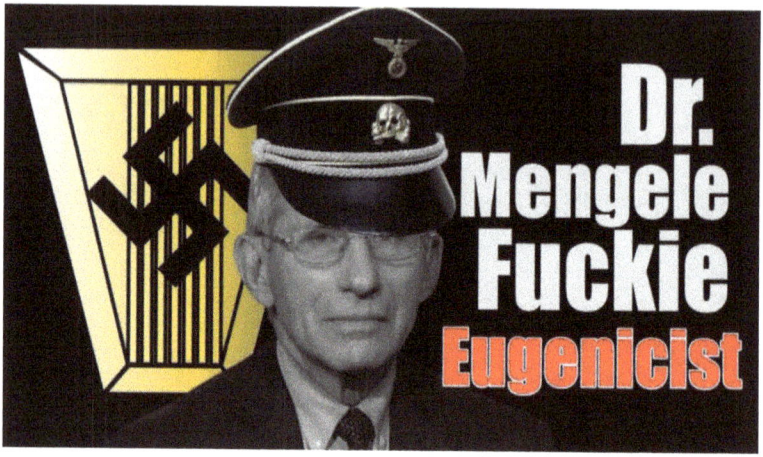

Figure 6. Fauci (Fuckie) en tenue nazie, https://truthbits.blog/2020/03/25/dr-mengele-fauci-global-death-lord/, Copyright : Truthbits Blog ; Licence : CC-BY-NC-ND.

accord avec le malthusianisme attribué à certaines personnalités publiques telle que Bill Gates.

Dans la complosphère, les appels à l'arrestation de Fauci pour génocide et crime contre l'humanité se multiplient (1prophetspeaks7, 2020). Fin mai, une rumeur circule quant à l'inculpation d'Anthony Fauci, de Bill Gates et de plusieurs responsables de l'OMS pour « génocide de masse » (sic) par un Tribunal International des Droits de l'Homme, une instance fictive. Celle-ci circule assez sur les réseaux sociaux pour que plusieurs grandes agences de presses interviennent pour la démentir (Reuters, 2020). La prétendue généalogie nazie permet également par ailleurs d'articuler une critique plus globale de la « dictature sanitaire » : le militant libertaire Ammon Bundy déclarait en avril 2020 que « ce n'est pas la première fois que qu'une question de SANTE PUBLIQUE (sic) a été utilisée pour qu'un pays entier accepte l'inimaginable. Oui, l'Allemagne en 1933 – on a eu recours à la même excuse, la SANTE DE LA NATION. » Bundy explique par ailleurs dans le même billet Facebook – en citant le site du Musée de l'Holocauste – que « sous le vernis de légitimité offert par les experts scientifiques, le régime nazi a mis à exécution un vaste plan de stérilisation forcée et d'euthanasie », et partage deux ouvrages historiques au sujet de la médecine d'État dans l'Allemagne nazie (Bundy, 2020). En faisant appel à l'imaginaire horrifique du savant fou nazi, la narration conspirationniste inscrit la figure de l'expert dans une généalogie du Mal absolu, de l'immoralité totale.

Ce discours intègre aussi le traditionnel motif anti-ploutocratique. L'argument mythopolitique d'une conspiration des « forces de l'argent » fonctionne particulièrement bien dans l'univers médical. Cette rhétorique de la corruption permet une variation d'angle étant susceptible d'attirer des publics qui n'auraient pas été réceptifs aux motifs plus ésotériques (tel que celui du savant fou ou du complot satanique). Le thème d'une immense opération économique et financière organisée par les Big Pharma est une variation déjà traditionnelle sur le thème du grand complot mondial (Blaskiewicz, 2013). Cette narration permet de fusionner deux figures centrales de la démonologie populiste : celle du « grand patron » et celle de l'expert, soit les élites économiques et les élites scientifiques. Nous retrouvons cette connivence dans la majorité des grands récits complotistes intégrateurs, tel que le mythe de la synarchie (Dard, 2012). L'analogie privilégiée dans ce cas est celle de la Mafia, et le champ lexical du complotisme est saturé de mots évoquant l'univers du crime organisé : Fauci est décrit comme le « parrain de la mafia médicale », comme un « tueur à gage » ou un « infiltré » préparant son prochain « coup » (voir figure 7).

Si la Brute est tout d'abord une figure du pouvoir – un pouvoir violent, intrusif, expansionniste, qui marque les corps dans leur chair, comme le suggère la multiplication du vocabulaire du crime et du meurtre –, elle reste aussi néanmoins une figure d'expertise. Un statut d'expert et une « compétence » technico-scientifique lui sont reconnus dans le Mal. Il s'agit de ce que l'on pourrait dénommer une *expertise inversée*, connotée négativement et qui fonde la dangerosité des figures médicales dans l'imaginaire complotiste. Cependant, il existe également une autre posture, qui consiste en la négation pure et simple de l'expertise. C'est en cela que nous avons identifié un troisième archétype, plus marginal mais bien présent dans notre corpus : le « Truand ». Le Truand incarne le pseudo-expert, incompétent, arrogant et intellectuellement

The Medical Mafia Don contemplates his next hit.

The Most Corrupt Career NIH Criminal Ever to Head the NIAID

Figure 7. Anthony Fauci, parrain de la « Mafia Médicale », http://1prophetspeaks7.blogspot.com/2020/05/faucigate-operation -covid-19-point-man.html, Copyright : 1prophetspeaks7 ; Licence : CC-BY-NC-ND.

médiocre. Dans le discours populiste non-conspirationniste ou conspirationniste « *light* », il fonctionne principalement comme un révélateur de l'imposture élitiste, qui constitue un trope commun.

La dichotomie entre les pseudo-élites et le peuple travailleur est mis en exergue par une mème représentant Anthony Fauci et dont la légende lit : « Si mes prédictions s'avérerons totalement erronées et que l'économies sera à terre... n'ayez crainte, j'aurais toujours mon job » (fig. 8). Le message veut clairement construire une opposition entre d'une part les travailleurs, les sans-grades, les petits exposés aux aléas économiques du confinement et d'autres part une caste privilégiée de bureaucrates et d'experts protégés. Ceux-ci bénéficient non seulement d'une sécurité de l'emploi mais

Figure 8. Fauci et la sécurité de l'emploi, https://imgflip.com/i /3va67r; Copyright : sharps45 ; Licence : CC-BY-NC-ND.

aussi d'une impunité professionnelle totale. La critique populiste aux accents libertarienne de l'expert incompétent se construit également grâce à la superposition de la figure de l'expert et de celle du bureaucrate, cette dernière charriant une série de représentations négatives : incompétence, médiocrité, inefficacité, déconnexion de la réalité.

La dichotomie entre le « vrai » docteur-artisan et le bureaucrate distant s'impose ainsi. « Bureaucrate à succès, docteur raté : pas étonnant qu'il se cache le visage de honte », explique un autre mème à propos d'Anthony Fauci, surpris se couvrant le visage avec la main (fig. 9). Ici se rejoignent une critique populiste et une méfiance libertaire-néolibérale des experts (surtout des experts publics), qui ne remet pas en cause l'expertise en soi mais sa « cooptation » par les structures bureaucratiques.

Figure 9. Fauci bureaucrate, https://imgflip.com/i/3xvorn; Copyright : anonymous ; Licence : CC-BY-NC-ND.

Néanmoins, plus le discours complotiste se durcit et s'éloigne donc de la simple dénonciation populiste des élites, plus le motif du Truand prend un sens plus sinistre. Effectivement, le pseudo-expert apparaît comme la marionnette idéale, son incurie et sa cupidité facilitant sa manipulation. Le Truand est donc l'idiot utile dans une bataille qui le dépasse, à la merci d'acteurs autrement plus puissants : patrons milliardaires, agents de l'État-Profond,

responsables politiques corrompus, sociétés secrètes. Cette asymétrie entre acteurs « mineurs » et « majeurs » du grand complot
mondial offre un éclairage précieux sur les logiques de la pensée
conspirative : l'imaginaire conspirationniste est fortement vertica-
lisé, pyramidal. C'est justement la stratification et multiplication
des rôles qui décuple la capacité intégratrice spécifique à ce que
Pierre André Taguieff (2005) ou Michael Barkun (2003) appellent
des « méga-complots ».

Ces méga-complots constituent des récits à double fond, tra-
versés par une obsession des *envers* de l'histoire, des masques, des
faux-semblants. L'expert public joue souvent le rôle de « candidat
mandchou » de forces occultes. Ses titres universitaires et scientifiques servent de façade respectable à des agendas caché : ainsi,
le site www.1prophetspeaks7.com entend révéler la « construction » de l'expert Anthony Fauci par l'élite financière mondiale.
Selon l'auteur,

> [...] la Noblesse Noire italienne a tiré toutes les ficelles pour que
> Fauci ait un pedigree impeccable de grand docteur. [Elle] lui a
> donné les plus hautes récompenses et distinctions, [...] l'ont placé
> dans des postes à responsabilité, où il peut être facilement compro-
> mis financièrement et professionnellement, et d'où il « contribue »
> à des projets clé tels que la vaccination et les recherches sur le sida.
> [...] Par la suite, ses marionnettistes cachés l'ont poussé sur la voie
> d'une carrière parfaite pour qu'il soit toujours au bon endroit au
> bon moment. (www.1prophetspeaks7.com, 2020).

Fauci, qui auparavant était décrit comme le cerveau d'une sinistre
opération totalitaire, apparaît ici comme une simple « prostituée
médicale » et un « candidat mandchou » (www.1prophetspeaks7
.com, 2020) totalement manipulé par des groupes infiniment plus
puissants ; cette idée revient dans un autre article paru sur le site
Truth News Network, où Anthony Fauci et Deborah Birx (médecin et diplomate américain, collègue avec Fauci au sein du groupe
de travail sur le coronavirus de la Maison-Blanche) sont décrits
comme des hommes de paille : « Il faut creuser plus profond. Ça
va plus loin que Fauci, Birx et Gates. Fauci et Birx sont bien sur
des pions dans tout ça. Ils ne sont pas des joueurs de poids. »
(Newman, 2020).

5. Conclusion

À l'orée de ce parcours critique, nous pouvons dégager – à titre encore provisoire – quelques propositions centrales sur la nature du populisme épistémologique et de ses rapports à l'expertise. Tout premièrement, nous pouvons affirmer que le populisme épistémologique constitue une configuration affectivo-idéologique particulière, fondée sur une partition de l'espace du savoir entre un peuple pur et vertueux et des élites corrompues. Le conspirationnisme se développe au sein de ce populisme épistémologique et en constitue une radicalisation : si le populisme n'est pas nécessairement toujours complotiste, le complotisme est populiste dans ses logiques de construction de l'ennemi, de l'Anti-Peuple. Le populisme épistémologique coagule un discours qui est de nature morale, voire « hypermorale ». Il se structure inévitablement comme une indignation, et c'est pour cette raison que les archétypes qu'il utilise, le « Bon », la « Brute » et le « Truand », sont essentiellement des postures morales caricaturées et hypertrophiées.

Dans un second temps, l'examen de notre corpus apporte un éclairage stimulant sur les processus de construction de la figure de l'expert dans la grammaire politique populiste et conspirationniste. Nous pouvons à nouveau constater que l'expert est saisi avec des catégories qui révèlent davantage de la morale que de la compétence technique. Pour autant, il faut dépasser le cliché d'un discours populiste systématiquement hostile aux savoirs expert, assimilé aux élites. Populisme et conspirationnisme réinvestissent de manière forte une rhétorique pro-science (du moins nominalement), qui s'incarne dans des figures glorifiées de « bons » experts, tel que Judy Mikovitz ou Didier Raoult. Les revendications d'existence dans l'espace public de ses personnages se fondent indiscutablement sur un discours méritocratique, de la compétence et de l'excellence scientifique, étayé souvent par la mise en avant de signes de reconnaissance institutionnelle (cursus universitaire et professionnel, publications scientifiques, citations de pairs, etc.). Non seulement le populisme scientifique ne désire pas s'exclure des circuits symboliques d'une expertise que l'on pourrait nommer « traditionnelle » voire même « institutionnelle », mais il va opérer une véritable mise en scène de la compétence de ses propres figures expertes. Comme le rappelle pertinemment Yla-Antilla (2018), nous sommes *in fine* moins dans le rejet de la scientificité que dans une logique de construction méthodique de la nouvelle légitimité épistémologique d'une « alter-science ».

La figure de l'expert infuse par ailleurs à tous les niveaux le méta-récit conspirationniste : en haut, comme éminences grises, en bas comme exécutants et idiots utiles, en deçà comme lanceurs d'alertes héroïques. Il n'y a donc pas une expertise monolithique, mais des expertises différentes sur lesquelles est porté un regard moral différencié. Le « Bon » y incarne la possibilité d'une *contre-expertise* (ou *alter-expertise*) rédemptrice ; la « Brute » représente *l'expertise inversée* dans le Mal, le « Truand » la *pseudo-expertise*. Fonctionnant toutes trois de façon complémentaire, ces trois hypostases idéales de l'expert dessinent en filigrane une cartographie plus fine et complexe de l'imaginaire populiste. Il serait nécessaire, à partir d'un corpus plus large, de tenter d'élargir cette problématique au-delà de l'épisode paroxystique de la COVID-19 et d'offrir une ouverture vers d'autres débats, tels que la crise environnementale. Cela ouvre un chantier de taille, mais néanmoins indispensable pour mieux saisir les nouvelles dynamiques de la société du risque qui arrive désormais à sa pleine maturité.

Déclaration de conflits d'intérêt

Rien à déclarer. Les illustrations sont libres de droits (Licence : CC-BY-NC-ND).

Bibliographie

Aksoy, C. G., Eichengreen, B., & Saka, O. (2020). Revenge of the Experts: Will COVID-19 Renew or Diminish Public Trust in Science? *Banque Européenne pour la Reconstruction et le Développement.* https://www.ebrd.com/publications/working-papers/revenge-of-the-experts

Antonelli, F. (2020). Emerging Aspects in Technocratic Politics at the Time of the SARS COVID19 Crisis. *Revista Trimestrale di Scienza dell'Amministrazione, 67*(2). https://rtsa.eu/RTSA_2_2020_Antonelli.pdf

Barkun, M. (2015). Conspiracy Theories as Stigmatized Knowledge. *Diogenes*, 62(3–4), 114–120.

Barkun, M. (2003). *A Culture of Conspiracy: Apocalyptic Visions in Contemporary America*. Berkeley: University of California Press.

Bauman, Z. (1993). *Modernity and Ambivalence*. London: Polity Press.

Beck, U. (1992). From Industrial Society to the Risk Society: Questions of Survival, Social Structure and Ecological Enlightenment. *Theory Culture Society*, 97(9), 97–123.

Beck, U. (2001). *La société du risque. Sur la voie d'une autre modernité*. Paris: Audier.

Belfour, V. (2019). Me, we and them: Compassionate communities and misinformation ghettos. *Griffith Review*, 64, 1–4.

Bell, D. (1962). *The End of Ideology: On the Exhaustion of Political Ideas in the Fifties*. Glencoe: Free Press.

Berlivet, L., & Löwy, I. (2020). Hydroxychloroquine Controversies: Clinical Trials, Epistemology, and the Democratization of Science. *Medical Anthropology Quarterly*. https://anthrosource.online library.wiley.com/doi/epdf/10.1111/maq.12622

Bherer, L., Dufour, P., & Montambeault, F. (2016). The participatory democracy turn: An introduction. *Journal of Civil Society*, 12(3), 225–230.

Blaskiewicz, R. (2013). The Big Pharma conspiracy theory. *Medical Writing*, 22(4), 45–59.

Bobel, C. (2002). *The Paradox of Natural Mothering*. Philadelphia: Temple University Press.

Bristielle, A. (2002). Vaccins: La Piqûre de Défiance. *Fondation Jean-Jaurès*. https://jean-jaures.org/nos-productions/vaccins-la-piqure -de-defiance

Bronner, G. (2015). L'espace logique du conspirationnisme. *Esprit*, 419. http://esprit.presse.fr/article/gerald-bronner/l-espace-logique -du-conspirationnisme-38509

Burdeau, G. (2009). *L'État*. Paris: Seuil.

Burnham, J. (1941). *The Managerial Revolution*. New York: John Day Company.

Callon, M. (1998). Différentes formes de démocratie technique. *Annales des Mines – Responsabilité et environnement, 9*, 63–79.

Chapelan, M. (2012). De l'identité du pronom 'ils' dans les régimes totalitaires. In: S. Berbinsky, D. Dobre, & A. Veliu (Eds.), *Langues et Traduction* (pp. 145–158). Bucarest: Editura Universității din București.

Clarke, S. (2007). Conspiracy Theories and the Internet: Controlled Demolition and Arrested Development. *Episteme: A Journal of Social Epistemology, 4*(2), 167–180.

Dard, O. (2012). *La Synarchie. Le mythe du complot permanent.* Paris: Perrin.

Darwin, H., Neave, N., & Holmes, J. (2011). Belief in conspiracy theories. The role of paranormal belief, paranoid ideation, and schizotypy. *Personality and Individual Differences, 50*(8), 1289–1293.

Dousset, Laurent (2022). Invisible Agents. Framework for a Comparative Approach to Fundamental Uncertainty. *Revue des sciences sociales, 67*, 26–33.

Duverger, M. (1972). *Janus: Les Deux Faces de l'Occident.* Paris: Fayard.

Elias, N. (1990). *La dynamique de l'Occident.* Paris: Press Pocket.

Encinas de Munagorri, R. (2002). Quel statut pour l'expert? *Revue française d'administration publique, 103*(3), 379–389.

Epstein, S. (1995). The Construction of Lay Expertise: AIDS Activism and the Forging of Credibility in the Reform of Clinical Trials. *Science, Technology & Human Values, 20*(4), 408–437.

Ewald, F. (1996). *Histoire de l'État-providence.* Paris: Grasset.

Fairclough, N. (2001). *Language and Power.* London: Routledge.

Flaherty, D. (2011). The Vaccine-Autism Connection: A Public Health Crisis Caused by Unethical Medical Practices and Fraudulent Science. *Annals of Pharmacotherapy, 45*(10), 1302–4.

Foucault, M. (2004). *La Naissance de la biopolitique. Cours au Collège de France 1978–1979.* Paris: Seuil.

Furet, F. (1978). *Penser la Révolution Française.* Paris: Gallimard.

Galbraith, J. K. (1967). *The New Industrial State*. Boston: Houghton Mifflin Harcourt.

Giddens, A. (1990). *Consequences of Modernity*. Redwood City: Stanford University Press.

Goertzel, T. (1994). Belief in Conspiracy Theories. *Political Psychology, 15*(3), 731–742.

Gosa, T. L. (2011). Counterknowledge, racial paranoia, and the cultic milieu: Decoding hip hop conspiracy theory. *Poetics, 39*(3), 187–204.

Guigo, P. E. (2017). La communication digitale élyséenne sur les réseaux sociaux face aux attentats de novembre 2015. *Sciences de la société, 102*, 179–191.

Habermas, J. (1973). *La science et la technique comme idéologie*. Paris: Gallimard.

Hobbes, T. (2017). *Leviathan*. London: Penguin Classics.

Hofstadter, R. (1964). The Paranoid Style in American Politics. *Harper's Magazine*. http://harpers.org/archive/1964/11/the-paranoid-style-in-american-politics/

Hornsey, M. J., Finlayson, M., Chatwood, G., & Begeny, Ch. T. (2020). Donald Trump and vaccination: The effect of political identity, conspiracist ideation, and presidential tweets on vaccine hesitancy. *Journal of Experimental Social Psychology, 88*(103947), 665–698.

Kalichman, S. (2009). *Denying AIDS: Conspiracy Theories, Pseudoscience, and Human Tragedy*. Berlin: Springer.

Klein, A. (2014). La figure du bon médecin. *Recherche & Formation, 76*, 61–78.

Knight, F. (1964). *Risk, Uncertainty and Profit*. New York: Kelley.

Lasco, G., & Curato, N. (2019). Medical populism. *Social Science & Medicine, 221*, 1417–1429.

Laudone, S., & Ramontano, M. (2018). Intensive Mothering and Vaccine Choice: Reclaiming the Lifeworld from the System. *Journal of Mother Studies, 3*, 159–167.

Lavazza, A., & Farina, M. (2020). The role of experts in the COVID-19 pandemic and the limits of their epistemic authority in democracy. *Frontier in Public Health, 8.* https://www.frontiersin .org/articles/10.3389/fpubh.2020.00356/full

Lefebvre, H. (1967). *Position: contre les Technocrates.* Paris: Editions Gonthier.

Lenoir, Y. (1977). *Technocratie française: la démarche technocratique de Louis XIV à l'atome.* Pauvert: Paris.

Lippman, W. (1922). *Public Opinion.* New York: Harcourt, Brace & Company.

Lippman, W. (1925). *The Phantom Public.* New York: Harcourt, Brace & Company.

Lyotard, J.-F. (1979). *La Condition Postmoderne. Rapport sur le Savoir.* Paris: Editions de Minuit.

Marcuse, H. (1964). *One-Dimensional Man.* Boston: Beacon Press.

Merkley, E. (2020). Anti-intellectualism, populism, and motivated resistance to expert consensus. *Public Opinion Quarterly, 84*(1), 24–48.

Mielkzarke, N. (2020). The Situation Room Icon and its Internet Memes: Subversion and the Osama Bin Laden Raid and Fragmentation of Iconicity in Remix Culture. *First Monday,* 25(6). https://journals.uic.edu/ojs/index.php/fm/article/view /10531

Moatti, A. (2013–2014). L'Avenir de l'anti-science. *Les Carnets des Dialogues du Matin, Institut Diderot.* http://www.institutdiderot .fr/wp-content/uploads/2015/03/Lavenir-de-lanti-science.pdf

Monnier, A. (2020). COVID-19: de la pandémie à l'infodémie et la chasse aux fake news. *Recherches et Educations.* https://journals .openedition.org/rechercheseducations/9898

Motta, M. (2018). The dynamics and political implications of anti-intellectualism in the United States. *American Politics Research, 46*(3), 465–498.

Mudde, C. (2004). The Populist Zeitgeist. *Government and Opposition, 39*(4), 541–563.

Murard, L., & Zylberman, P. (2003). Mi-ignoré, mi-méprisé : le ministère de la santé publique, 1920–1945. *Les Tribunes de la santé, 1,* 19–33.

Nguyen, A., & Catalan-Matamoros, D. (2020). Digital Mis/ Disinformation and Public Engagement with Health and Science Controversies: Fresh Perspectives from COVID-19. *Media and Communication, 8*(2). http://www.cogitatiopress.com/mediaand communication/article/view/3352

Nouaille-Degorce, L. (2020). L'expertise scientifique au défi de la crise sanitaire. *Les Papiers de Recherche de l'ENA.* http://www .ena.fr/Ecole/L-ENA-dans-l-actualite/Les-actualites-de-l-Ecole/L -expertise-scientifique-au-defi-de-la-crise-sanitaire

Oliver, J. E., & Wood, Th. (2014). Medical Conspiracy Theories and Health Behaviors in the United States. *JAMA Internal Medicine, 174*(5), 817–818.

Pappon, P. (2020). *La démocratie a-t-elle besoin de la science?* Paris: CNRS Editions.

Paris, B., & Donovan, J. (2019). *Deepfakes and Cheap Fakes. The Manipulation of Audio and Visual Evidence.* Data and Society. http://datasociety.net/library/deepfakes-and-cheap-fakes/

Robert, C. (2003). L'expertise comme mode d'administration communautaire : entre logiques technocratiques et stratégies d'alliance. *Politique européenne, 11*(3), 57–78.

Rosanvallon, P. (2020). *Le Siècle du populisme – Histoire, théorie, critique.* Paris: Le Seuil.

Rosenberg, C. (1989). What Is an Epidemic? AIDS in Historical Perspective. *Daedalus, 118*(2), 1–17.

Rosenberg, C. (1992). *Explaining Epidemics.* Cambridge: Cambridge University Press.

Saurette, P., & Gunster, S. (2011). Ears wide shut: Epistemological populism, argutainment and Canadian conservative talk radio. *Canadian Journal of Political Science, 44*(1), 195–218.

Smallman, S. (2015). Whom do You Trust? Doubt and Conspiracy Theories in the 2009 Influenza Pandemic. *Journal of International & Global Studies, 6*(2), 1–24.

Sperber, M. (1957). *Le Talon d'Achille.* Paris: Calmann-Lévy.

Taguieff, P.-A. (2005). *La Foire aux Illuminés.* Paris : Arthème Fayard.

Tasnim, S., Hossain, M., & Mazumder, H. (2020). Impact of Rumors and Misinformation on COVID-19 in Social Media. *Journal of Preventive Medicine & Public Health* 53(1), 171–174.

Touraine, A. (1992). *Critique de la modernité*. Paris : Fayard.

Van Dijk, T. (1998). *Ideology : A Multidisciplinary Approach*. London: Sage Publishing.

Van Zoonen, L. (2012), I-Pistemology : Changing truth claims in popular and political culture. *European Journal of Communication* 27(1), 56–67.

Windholz, E. (2020). Governing in a Pandemic: From Parliamentary Sovereignty to Autocratic Technocracy. *The Theory and Practice of Legislation* 8(1–2), 93–113.

Wodak, R., & Meyer, M. (eds.) (2009). *Methods of critical discourse analysis*. London : Sage Publications.

Yla-Anttila, T. (2018). Populist knowledge: "Post-truth" repertoires of contesting epistemic authorities. *European Journal of Cultural and Political Sociology* 5(4), 356–388.

Sources primaires

@mikesays. (2020). #StopTheStupid. Twitter. https://twitter.com /mikesays/status/1290649376742932484 (consulté le 13 février 2023)

1prophetspeaks7. (2020). FAUCIgate: OPERATION COVID-19 Point Man Tony Fauci Must Be Arrested and Prosecuted for Genocide. https://1prophetspeaks7.blogspot.com/2020/05 /faucigate-operation-COVID-19-point-man.html (consulté le 13 février 2023)

3M. (2020). State of Science Index Survey. http://www.3m.com/3M /en_US/state-of-science-index-survey/ (consulté le 13 février 2023)

America's Frontline Doctors. (2021). Mission Statement. https:// www.americasfrontlinedoctors.com/mission-statement/ (consulté le 13 février 2023)

Amazon.com. (2021). Plague of Corruption: Restoring Faith in the Promise of Science (Children's Health Defense) – Book Description.

https://www.amazon.com/Plague-Corruption-Restoring-Promise
-Science/%20dp/1510752242/ (consulté le 13 février 2023)

Bundy, A. (2020). What Would You Have Said A Year Ago?.
Facebook. https://www.facebook.com/permalink.php?story_fbid
=10220955493373154&id=1115723640 (consulté le 13 février
2023)

Capsali, I. (2020). Nu există conspirații? Active News. https://www
.activenews.ro/stiri/Nu-exista-conspiratii-162407 (consulté le 13
février 2023)

Change.org. (2020). Make Dr. Anthony Fauci People Magazine's
Sexiest Man Alive. https://www.change.org/p/people-magazine
-make-dr-anthony-fauci-people-magazine-s-sexiest-man-alive
(consulté le 13 février 2023)

Chan4Chan. (2021). World Monarch – Crown Council of 13
(World's Richest, most powerful families) – Committee of 300 –
Thank Tanks (Round Table) – World Financial Control – World
Resource Control – World Population Control – *Workers*. http://
chan4chan.com/archive/104724/ (consulté le 13 février 2023)

Chicago Tribune. (2011). Science journal retracts controversial
research paper. https://www.chicagotribune.com/lifestyles/health
/ct-met-science-journal-retraction-1223-20111223-story.html
(consulté le 13 février 2023)

DrsViewsOnVaccines. (2020). Critical Views on Immunology and
Vaccines. *BitChute*. https://www.bitchute.com/video/XQUiu
QGgKyo4/ (consulté le 13 février 2023)

Fils de Pangolin. (2020). Conférence de Presse des White Coats
(America's Frontline Doctors) Censuré. BitChute. https://www
.bitchute.com/video/VUzwb3e3s1wd/ (consulté le 13 février 2023)

Funk, C., Kennedy, B., & Johnson, C. (2020). Trust in Medical
Scientists Has Grown in U.S., but Mainly Among Democrats.
Pew Research Center. https://www.pewresearch.org/science
/2020/05/21/trust-in-medical-scientists-has-grown-in-u-s-but
-mainly-among-democrats/ (consulté le 13 février 2023)

Health Foundation. (2020). Public perceptions of health and social
care in light of COVID-19 (May 2020). https://www.health.org
.uk/publications/reports/public-perceptions-of-health-and-social
-care-in-light-of-covid-19-july-2020

IFOP. (2019). Enquête sur le complotisme. https://www.jean-jaures
.org/publication/enquete-complotisme-2019-les-grands-enseigne
ments/ (consulté le 13 février 2023)

ImgFlip. (2021). DR. ANTHONY FAUCI; The American Mengele;
Angel of Death. https://imgflip.com/i/4b4y8h (consulté le 13
février 2023)

Janva, M. (2020). Obligé de ficher la population, un médecin
démissionne. Le Salon Beige. https://www.lesalonbeige.fr/oblige-de
-ficher-la-population-un-medecin-demissionne/ (consulté le 13
février 2023)

Le Monde. (2020). Désinformation et coronavirus : une vidéo
supprimée aux États-Unis après un succès fulgurant. https://www
.lemonde.fr/international/article/2020/07/29/coronavirus-la
-medecin-d-une-video-retweetee-par-trump-croit-aux-humains
-reptiliens_6047546_3210.html (consulté le 13 février 2023)

Macron, E. (2020). Adresse aux Français. https://www.elysee.fr
/emmanuel-macron/2020/03/12/adresse-aux-francais (consulté le
13 février 2023)

McCharty, J. (2008). *Mother Warriors: A Nation of Parents Healing
Autism Against All Odds*. New York: Dutton Penguin.

Ministry of Health. (2019). Ministry of Health Act. https://www
.legislation.gov.uk/ukpga/Geo5/9-10/21/enacted (consulté le 13
février 2023)

Newman, D. (2020). How Deep Is It and What's at the Bottom?
Truth News Network. https://truthnewsnet.org/how-deep-is-it-and
-whats-at-the-bottom/ (consulté le 13 février 2023)

OmniJournal. (2020). final_video. Vimeo. https://vimeo.com/442
781232 (consulté le 13 février 2023)

Onzichtbaremacht. (2021). The System is about Power and Money.
https://www.onzichtbaremacht.nl/the-system/?lang=en (consulté
le 13 février 2023)

Organisation Mondiale de la Santé. (2020). L'OMS met un terme à
l'étude de l'hydroxychloroquine et du lopinavir/ritonavir comme
traitements potentiels de la COVID-19. https://www.who.int/fr
/news/item/04-07-2020-who-discontinues-hydroxychloroquine
-and-lopinavir-ritonavir-treatment-arms-for-COVID-19 (consulté
le 13 février 2023)

Quixotte, P. (2020). Doctors Now Injecting Estrogen and Progesterone Into Male Coronavirus Patients. *The Daily Stormer*. https://dailystormer.su/doctors-now-injecting-estrogen-and-pro gesterone-to-male-coronavirus-patients/ (consulté le 13 février 2023)

Raoult, D. (2020). L'éthique du traitement contre l'éthique de la recherche, le Pr Didier Raoult critique les 'dérives' de la métho dologie. *Le Quotidien du Médecin*. https://www.lequotidien dumedecin.fr/specialites/infectiologie/lethique-du-traitement -contre-lethique-de-la-recherche-le-pr-didier-raoult-critique-les -derives-de (consulté le 13 février 2023)

Raoult, D. (2020). Didier Raoult: L'hypercentralisation amène à amplifier les conneries. Entretien avec Raphael Stainville. *Valeurs Actuelles*. https://www.valeursactuelles.com/clubvaleurs/societe /didier-raoult-lhypercentralisation-amene-amplifier-les-conneries -124635 (consulté le 13 février 2023)

Raoult, D. (2020). Le classement des chercheurs highly-cited du Web of Science est maintenant accessible... *Twitter*. https://twitter.com /raoult_didier/status/1330803102270812174 (consulté le 13 février 2023)

Raoult, D. (2020). Regardez l'intégralité de l'interview exclusive du Pr Raoult ce matin dans « Morandini Live » sur CNews en direct de Marseille – VIDEO. JeanMarcMorandini.com. https://www .jeanmarcmorandini.com/article-442882-regardez-l-integralite-de -l-interview-exclusive-du-pr-raoult-ce-matin-dans-morandini-live -sur-cnews-en-direct-de-marseille-video.html (consulté le 13 février 2023)

Reuters. (2020). Fact check: Bill and Melinda Gates, Anthony Fauci, WHO, CDC are not due at a tribunal for war crimes. https:// www.reuters.com/article/uk-factcheck-tribunal/fact-check-bill-and -melinda-gates-anthony-fauci-who-cdc-are-not-due-at-a-tribunal -for-war-crimes-idUSKBN2351N8 (consulté le 13 février 2023)

Riposte Laïque. (2012). Pyramide de la domination. https://ripo stelaique.com/48-heures-avec-hollande-en-banlieue-le-cauchemar -de-la-france-de-terra-nova-et-dattali-video.html/pyramide-de-la -domination (consulté le 13 février 2023)

Shepard, K. (2020). Who is Judy Mikovits in "Plandemic". the coronavirus conspiracy video just banned from social media?.

The Washington Post. https://www.washingtonpost.com/nation/2020/05/08/plandemic-judy-mikovits-coronavirus/ (consulté le 13 février 2023)

Stainville, R. (2020). Didier Raoult, l'ennemi public numéro 1. *Valeurs Actuelles*. https://www.valeursactuelles.com/clubvaleurs/societe/didier-raoult-lennemi-public-numero-1-120144 (consulté le 13 février 2023)

u/garrymccreadie. (2020). r/Trumpvirus. *Reddit*. https://www.reddit.com/r/Trumpvirus/comments/hhkhhr/ (consulté le 13 février 2023)

u/NFLinPDX. (2020). Dr. Anthony Fauci unveils a mask that could save millions of lives. *Reddit*. https://www.reddit.com/r/pics/coments/fow9w9/dr_anthony_fauci_unveils_a_mask_that_could_save/ (consulté le 13 février 2023)

Whitehead, J. W. (2020). Slippery Slope To Despotism: Paved With Lockdowns, Raids, And Forced Vaccinations. *InfoWars*. https://www.infowars.com/slippery-slope-to-despotism-paved-with-lockdowns-raids-and-forced-vaccinations/#inline-comments (consulté le 13 février 2023)

World Health Organisation. (2020). Managing the COVID-19 infodemic: Promoting healthy behaviours and mitigating the harm from misinformation and disinformation. https://www.who.int/news/item/23-09-2020-managing-the-COVID-19-infodemic-promoting-healthy-behaviours-and-mitigating-the-harm-from-misinformation-and-disinformation (consulté le 13 février 2023)

2. Représentations sociales de la COVID-19 dans dix pays du monde : le discours public à plusieurs voix des experts, des leaders politiques et des institutions à travers différents médias

Annamaria Silvana de Rosa, Terri Mannarini,
Lorena Gil de Montes, Andrei Holman, Mary Anne Lauri,
Lilian Negura, Andréia Isabel Giacomozzi,
Andréa Barbará da Silva Bousfield, Ana Maria Justo,
Martha de Alba, Susana Seidmann, Risa Permanadeli,
Karabo Sitto-Kaunda & Elizabeth Lubinga

Abstract

The role of expert, institutional and media communication in the pandemic emergency is crucial, since it contributes to spread collective interpretations of the crisis that drive community responses. Based on *social representations theory* approach, and specifically relying on the notions of *collective symbolic coping* and *polemical social representations*, the study presents 10 country-based case studies of public communication with the aim of exploring the social representations of COVID-19 during the first wave of the outbreak. Multiple communication sources from ten countries in five geo-cultural contexts (Europe, North America, Latino America,

Comment citer ce chapitre:
de Rosa, A. S., Mannarini, T., de Montes, L. G., Holman, A., Lauri, M. A., Negura, L., Giacomozzi, A. I., da Silva Bousfield, A. B., Justo, A. M., de Alba, M., Seidmann, S., Permanadeli, R., Sitto-Kaunda, K., & Lubinga, E. (2024). Représentations sociales de la COVID-19 dans dix pays du monde : le discours public à plusieurs voix des experts, des leaders politiques et des institutions à travers différents médias. In: Premat, C., De Waele, J.-M., & Perottino, M. (eds.), *Comparing the place of experts during the first waves of the COVID-19 pandemic*, pp. 75–194. Stockholm: Stockholm University Press. DOI: https://doi.org/10.16993/bco.c. License: CC BY-NC 4.0.

Asia, Africa) were selected and analysed: institutional websites; international/national/local newspapers and news channels; national/international press agencies; and social media platforms. Results highlighted the prevalence of multi-vocality and polemical social representations, along with outgroup blaming and stigmatisation processes, the use of military and naturalistic metaphors, antinomies, and discourse polarisation. Implications for effective public communication in crisis management are discussed.

1. Introduction

L'épidémie de COVID-19 est allée de pair avec une « infodémie », une épidémie d'information qui combine faits, spéculations et fausses nouvelles (Chapelan et Costea, 2024). Cette infodémie a touché tous les domaines de la communication, non seulement les médias et les réseaux sociaux, mais aussi les systèmes institutionnels (Lovari et al., 2020). Effectivement, une recherche mondiale menée par Brennen et ses collègues en 2020 a démontré que des personnalités publiques de renom peuvent également jouer un rôle dans la propagation de fausses informations (Brennen et al., 2020). Bien que moins fréquentes, leurs affirmations résonnent à travers les plateformes de réseaux sociaux, amplifiant ainsi leur impact.

Le rôle de la communication revêt une importance cruciale au cours de la crise pandémique. Dans le contexte communautaire, il est évident que la gestion de la crise repose principalement sur la manière dont nous pouvons répondre à cette situation. Cette réponse est influencée par des processus d'interprétation collective qui modèlent notre compréhension de la nature de la maladie, de son origine, des personnes responsables de sa propagation et de son contraste, ainsi que de la crédibilité des experts et des institutions. Cela s'inscrit dans le cadre de la théorie épistémique profane (Kruglanski et al., 2010). Les gens forment leur savoir en se basant sur des sources sociales internes et externes. Parmi ces dernières, et plus encore en période d'incertitude comme les crises, les dirigeants politiques, les experts et les chaînes d'information peuvent servir d'autorités épistémiques. Lors des situations de crise, les institutions s'engagent constamment dans des efforts de communication afin d'influencer le comportement des gens (MacLeod, 2014).

Assurément, la façon dont les objets sociaux pertinents, la pandémie étant indéniablement l'un d'entre eux, sont encadrés et représentés dans le discours institutionnel, le débat politique, la sphère scientifique, les médias, et les conversations sur les réseaux sociaux, influe sur la pensée, les émotions et les comportements des individus (Idoiaga et al., 2018). En retour, les gens contribuent activement à reproduire ces représentations dans des communications privées, en adoptant également différentes formes d'exposition de leurs positions sur les réseaux sociaux pendant la pandémie de COVID-19 (Nabity-Grover et al., 2020). Au cours des vingt dernières années, un ensemble précis de connaissances est produit par la *sociologie des pandémies*, offrant l'occasion de mieux comprendre la relation science-société dans des périodes de crise fortuites (Dingwall et al., 2013). Ces crises représentent un défi pour la conception moderne d'un progrès unilinéaire irréversible basé sur le contrôle et la domination de la nature par les êtres humains au nom du pouvoir scientifique, technologique et économique.

L'influence réciproque et le dialogue dynamique dans les médias et la société en ce qui concerne les représentations, le sens commun, la communication experte et institutionnelle à de multiples niveaux et par divers canaux sont un postulat au cœur de la théorie des représentations sociales (TRS) (Moscovici, 2000), théorie basée sur le rôle primordial que la communication joue dans la production et la reproduction des processus collectifs de représentation. Dans ce chapitre, nous nous appuyons spécifiquement sur deux notions qui peuvent être rattachées au cadre théorique plus large de la TRS, à savoir la notion d'adaptation symbolique (Wagner et al., 2002) et la distinction entre les types hégémonique, émancipé et polémique de représentations sociales (Moscovici, 1988). Ces deux concepts sont les grilles d'interprétation qui guident notre analyse de la communication publique dans dix pays différents. L'objectif de cette analyse est d'illustrer – à travers des exemples de communication institutionnelle et médiatique dans ces pays – que, dans la première vague de l'épidémie, l'activité symbolique collective de survie s'est figée dans un état de « divergence » caractérisé par l'existence d'une représentation sociale multiple, antinomique et polémique de l'épidémie de COVID-19.

2. Représentations sociales et processus communicatifs de l'information-désinformation dans notre société à plusieurs voix

La théorie des représentations sociales (TRS) (de Rosa, 2013, 2019 ; de Rosa et al., 2018, Emiliani et Palmonari, 2019 ; Jodelet, 1989, 2015 ; Lo Monaco et al., 2016 ; Moscovici, 1961/76, 2000, 2001 ; Sammut et al., 2015) explique comment la formation de la compréhension publique des événements menaçants et perturbateurs, l'impact émotionnel associé, la remémoration d'événements traumatisants antérieurs, et la formation de mémoires collectives résultent des processus communicatifs. Ces processus, qui sont à la fois la source et la cible de la connaissance sociale, servent d'infrastructure pour élaborer des ressources sémiotiques tout en présentant également des vulnérabilités susceptibles de les affaiblir. (de Rosa, 2007). En outre, cette perspective théorique offre une interprétation de la manière dont les communautés réagissent à des événements menaçants. Cette interprétation est fondée sur des processus collectifs de création de sens (plutôt que sur des besoins, des motifs et des cognitions individuels), ce qui permet de mettre en lumière les forces symboliques qui motivent le comportement collectif et de dépasser l'approche psychologique conventionnelle basée sur l'analyse des crises au niveau individuel.

Les pratiques communicatives sont essentielles à la formation, à la circulation et à la transmission des connaissances sociales, sous toutes les formes disponibles : micro-interactions (c'est-à-dire les conversations quotidiennes, en face à face ou par ordinateur), publicité, normes ou discours public et médiatique. Plus précisément, les dynamiques qui relient la science et le sens commun par l'intermédiaire de la communication à travers plusieurs canaux sont au cœur des représentations sociales. L'approche des représentations sociales fournit donc une explication du dialogue entre les experts et les profanes, la science et le sens commun, la connaissance réifiée et consensuelle (de Rosa et Mannarini, 2020). Depuis l'*Opera Prima* de Serge Moscovici (1961/1976) et le suivi et le prolongement des recherches réalisées 50 ans plus tard dans deux pays européens (de Rosa et al., 2016), de nombreuses études ont été menées dans le domaine de la compréhension de la science par le public (Bauer et Gaskell, 2002 ; Castro et Gomes, 2005 ; Christidou et al., 2004 ; Uzelgun et Castro, 2015).

2.1 Communication d'experts, connaissances scientifiques et sens commun

Depuis les années 1960, le modèle de communication a subi d'importantes transformations. La numérisation croissante et les avancées technologiques ont facilité l'émergence de formes de communication synchrones et interactives. Cela a élargi les flux traditionnels de communication "un à plusieurs" vers des échanges plus diversifiés "plusieurs à plusieurs", permettant à des millions de personnes de communiquer sur une multitude de sujets grâce aux réseaux sociaux et aux systèmes de messagerie instantanée. Parmi tous les autres objets sociaux, la science est également devenue un point d'intérêt clé dans le nouveau scénario communicatif de la société en réseau et des réseaux sociaux multicanaux (Castells, 1996, 1997, 1998 ; Castells et Cardoso, 2005 ; Brossard, 2013 ; Brossard et Schefeule, 2013) améliorant l'accès à une quantité impressionnante d'informations. Dans le même temps, ces informations sont difficiles à traiter non seulement par les profanes, mais aussi par les scientifiques. Ces derniers, parfois fascinés par la science axée sur les données *(data driven science)*, lancent des hypothèses telles que « la fin de la théorie: le déluge de données rend la méthode scientifique obsolète » (Anderson, 2008 notre traduction).

Le nouveau modèle de la *société des algorithmes* (Knorr Cetina, 2009; MacKenzie, 2019), où de nombreux aspects de la culture contemporaine (finance, contrôle mondial des flux de vols, élections politiques...) sont régis par la technologie et l'intelligence artificielle, a également contribué à générer ce que l'on appelle la « société de la désinformation » (Marshall, 2017 ; O'Connor et al., 2019), ainsi que des phénomènes de fausses nouvelles (Riva, 2018) et une défiance à l'égard des scientifiques en tant qu'autorités épistémiques dans un monde de post-vérité (Guareschi et al., 2017). En effet, un nombre croissant de personnes suivent les contenus scientifiques des réseaux sociaux (Hitlin et Olmestead, 2018) et s'engagent dans des conversations profanes sur des questions scientifiques.

Lors de la crise pandémique de la COVID-19, la crainte du coronavirus a permis de redécouvrir et de revaloriser le pouvoir des experts, qui sont devenus dans certains cas des « stars des médias » de la communication scientifique. Ils se présentent au public en tant que virologistes, immunologistes, épidémiologistes, responsables de la santé publique, etc. et/ou en tant que membres de comités désignés par les gouvernements de nombreux pays pour donner des conseils et légitimer les politiques. Cette réévaluation du rôle de la science dans la société a clairement constitué une nouvelle tendance, dans une certaine mesure, qui contraste avec la vision anti-scientifique qui a dominé au cours des dernières décennies (Holton, 1993), comme le révèle l'exemple frappant du phénomène d'hésitation dans l'utilisation des vaccins (Larson, 2018 ; de Rosa et al., 2023).

Cependant, d'un autre point de vue, la COVID-19 a également fait l'objet de communications non scientifiques ou anti-scientifiques. Ce phénomène conduit à la création de connaissances qui ne repose pas sur le processus de validation suivi dans les domaines institutionnels de la science. En ce qui concerne le court-circuit de communication entre les experts en tant que « stars des médias » et les dirigeants politiques en quête de consensus, il est intéressant de rappeler le concept de « populisme médical » comme style politique utilisé lors des urgences sanitaires (Chapelan et Costea, 2024). Le populisme médical est proche du concept de « populisme épistémologique » (Brubaker, 2017), étant souvent accompagné d'un anti-intellectualisme explicite, dévalorisant la complexité (connaissances abstraites loin du contexte commun et de l'expérience quotidienne des profanes) par des pratiques rhétoriques qui valorisent le sens commun et l'expérience directe. Lasco (2020), à travers l'analyse de l'action politique menée par Bolsonaro, Duterte et Trump respectivement au Brésil, aux Philippines et aux États-Unis, résume les traits du populisme médical en quatre points communs aux trois différentes gestions des urgences sanitaires :

1. *La simplification de la pandémie.* Exploitant la nécessité d'ancrer un problème inconnu dans une situation d'urgence sanitaire, les populistes ont tendance à

préconiser la réponse la plus rapide possible, en proposant des solutions de « sens commun » à des « problèmes complexes ». Les stratégies rhétoriques comprennent : la minimisation de la virulence ou de la gravité de l'épidémie, la promesse de solutions rapides telles que la commercialisation imminente d'un médicament ou d'une solution vaccinale efficace, ou des arguments simplistes qui opposent des concepts tels que la liberté et l'économie à la santé publique (Lasco et Curato, 2019).

2. *La spectacularisation de la crise.* Adoptant la stratégie opposée du déni, les populistes utilisent également d'autres stratégies rhétoriques pour dramatiser les menaces en prétendant protéger la population afin d'obtenir des pouvoirs et des droits de décision supplémentaires (Flusberg et al., 2018). En particulier dans les premiers stades de la pandémie, les dirigeants ont eu tendance à minimiser la situation puis à en faire tout un spectacle en utilisant le langage du complot, de l'urgence et de la guerre.

3. *La division dichotomique de la société en deux camps.* Le populisme médical renforce l'idée commune selon laquelle les individus subissent des désavantages en raison de défaillances dans le système. Contrairement à d'autres formes de populisme axées sur l'insécurité culturelle et économique, le populisme médical met l'accent sur les menaces pesant sur la santé et la sécurité publiques. Les « autres » contre lesquels le peuple doit s'opposer, selon eux, sont en l'occurrence les entreprises pharmaceutiques, les organisations supranationales, l'« establishment médical » représenté par exemple par l'Organisation mondiale de la santé. Les migrants, souvent accusés de la crise et considérés comme des sources de contagion, peuvent également être considérés comme « les autres dangereux » (Lasco et Curato, 2019). Par exemple, pendant la pandémie, Duterte et Bolsonaro ont affirmé que leurs citoyens étaient moins sensibles au virus, tandis que Trump, invoquant l'exceptionnalisme américain, a déclaré que les Américains sont la population la plus forte et la plus

résistante de la planète. La *division dichotomique de la société en deux camps opposés* comme stratégie rhétorique pour générer des représentations sociales polarisées est cohérente avec la propagande populiste, qui propose une description manichéenne de la société au sein de laquelle le destin des gens honnêtes s'oppose à la volonté d'une élite corrompue et frauduleuse, désireuse de préserver l'intérêt personnel de quelques privilégiés au détriment du bien-être du plus grand nombre (Mudde, 2004 ; Mudde et Rovira Kaltwasser, 2017). Dans la lignée d'autres études similaires (Boberg et al., 2020), un programme de recherche en cours visant à analyser les représentations sociales de la pandémie de COVID-19 et la relation avec le populisme dans différents partis politiques italiens est mené par Sensales en collaboration avec des collègues (Sensales et al., 2020) et des étudiants en master (Tornese, 2020 ; Marzari, 2020).

4. *Les revendications de connaissances.* Dans le cas de la COVID-19, les dirigeants politiques ont eu recours à des déclarations sur l'origine du virus (comme l'origine présumée d'un laboratoire en Chine), sur les traitements et solutions proposés, ainsi que sur des projections et des prédictions sur l'avenir. Le langage utilisé, riche en images scientifiques, bien que traitant d'arguments frisant la fausse nouvelle, avait comme fonction de placer les dirigeants politiques en question au même niveau que les experts en biomédecine (Lasco, 2020 ; Calvillo et al., 2020).

Dans une étude empirique de l'ère pré-COVID-19 sur la diffusion différentielle de toutes les vraies et fausses nouvelles vérifiées distribuées sur Twitter de 2006 à 2017, il a été prouvé que « le mensonge se diffuse beaucoup plus loin, beaucoup plus vite, beaucoup plus profondément et beaucoup plus largement que la vérité dans toutes les catégories d'information » ((Vosoughi, Roy et Aral, 2018, p. 1147 notre traduction), bien que les effets aient été plus prononcés pour les fausses nouvelles politiques que pour les fausses nouvelles scientifiques.

Des exemples de ce type de connaissance sont illustrés à la fois par la diffusion de théories du complot et de fausses nouvelles.

Les théories du complot, en particulier celles qui tournent autour de l'action malveillante des élites malintentionnées, ont été classiquement invoquées comme des explications profanes de l'origine d'une grande variété de maladies infectieuses (Franks et al., 2013; Eicher et Bangerter, 2015 ; de Rosa et al., 2023).

Les théories actuelles du complot liées à la COVID-19 concernent principalement la genèse du virus, comme dans les exemples suivants (Viola, 2020) : une « invention délibérée » de magnats tels que Bill Gates afin de faire de l'argent avec le vaccin; une « forme de cancer » provoquée par les nouvelles installations d'antennes 5G, qui provoquerait des symptômes similaires à ceux associés au coronavirus ; une « arme bactériologique » produite en laboratoire pour déclencher une crise économique et sociale ; « une fuite fortuite d'un laboratoire chinois », engagé dans une expérimentation qui a commencé il y a des années et a accidentellement échappé à tout contrôle (de Rosa et Mannarini, 2020 ; de Rosa et al., 2023 ; voir aussi Allington et al., 2020 ; Pizarro et al., 2020).

Les fausses nouvelles, qui font partie intégrante de la société de l'information (ou de la désinformation) (Marshall, 2017), ont proliféré sur les réseaux sociaux (Bruns, 2019), de telle sorte qu'il est difficile pour le public de distinguer les sources d'information fiables (van Bavel et al., 2020). La distinction entre les fausses nouvelles et les informations scientifiques fiables, source de représentations sociales controversées, devient particulièrement floue lorsque, au sein d'une communauté scientifique donnée, les chercheurs expriment des perspectives divergentes, parfois opposées, toutes prétendument étayées par des preuves. À titre d'exemple, on peut citer le cas de l'interview du virologue français Luc Montagnier, prix Nobel de 2008, qui a déclaré qu'il y avait eu une manipulation sur le virus classique, qui provient principalement des chauves-souris, mais auquel ont été ajoutées des séquences de VIH [virus de l'immunodéficience humaine] (…) (CNEWS, 2020). Cette hypothèse a été démentie dans les jours qui ont suivi par d'autres scientifiques, qui ont invité le public à ne pas tenir automatiquement pour acquises les affirmations qui discréditent la science saine (Acerbis, 2020)[2]. En Italie, le chef de l'unité d'anesthésie générale et de soins intensifs de l'hôpital San Raffaele de Milan, Alberto Zangrillo, est devenu en mai 2020 un cas médiatique lorsqu'il a affirmé que le virus n'existait pas d'un point de vue clinique. Des cas similaires de prises de position controversées exprimées par des experts se sont produits dans presque tous les pays.

En France – comme exemple parmi tant d'autres dans le monde –, « Hold-up », se présentant le 11 novembre 2020 comme un documentaire scientifiquement accrédité au service de thèses complotistes sur la COVID-19[3], est devenu

> ultra viral sur Internet, promu par des célébrités : Hold-Up décline en 2H40 sa thèse selon laquelle une vaste 'manipulation' des gouvernants est à l'œuvre autour de la COVID-19. Imitant les codes de l'investigation journalistique, cette vidéo aligne pourtant infox et allégations sans preuves. Virus fabriqué en laboratoire, gravité de la COVID-19 exagérée, masques inutiles, efficacité prouvée de l'hydroxychloroquine, liens avec la 5G… : cette production à la réalisation léchée recycle de nombreuses infox plusieurs fois démystifiées par de nombreux experts[4].

Même en ce qui concerne la vaccination – attendue comme la stratégie de sortie de la pandémie et la victoire des sciences collaboratives sur les fausses nouvelles – certains experts dans de nombreux pays ont déclaré avoir des doutes sur l'approbation trop rapide du vaccin par rapport aux règles traditionnelles d'approbation finale par les institutions nationales ou internationales responsables de la santé publique. Plutôt que de persuader les citoyens d'accepter les vaccins et d'être responsables envers eux-mêmes et envers les autres en se faisant vacciner, ils sont devenus des vedettes médiatiques de l'incertitude et de la méfiance même face aux scientifiques. La désinformation est un exemple de cas où la science et le sens commun sont en désaccord.

La communication scientifique en tant que « communication politique » (Scheufele, 2014) nécessitant une réponse politique est encore plus visible en cas de pandémie.

Selon Bauer, Pansegrau et Shukla (2018),

> la bonne volonté de la société peut diminuer sur des questions scientifiques spécifiques qui sont fortement politisées. L'autorité culturelle de la science peut rester élevée dans l'ensemble pour une nation, mais elle peut être mise en péril sur une question particulière ou dans un secteur particulier de la société. (…) La réputation

disciplinaire ou professionnelle peut être compromise lorsque des scientifiques expriment des opinions qui s'opposent à d'autres opinions sur des questions controversées ou politisées (Metcalfe et al., 2020, p. 3, notre traduction).

Dans cette perspective, la contribution classique d'Elcheroth et al. (2011) est toujours pertinente pour la compréhension des relations entre la connaissance de la politique et la politique de la connaissance lorsqu'il s'agit de réfléchir sur le rôle de la théorie des représentations sociales pour repenser le sujet de la psychologie politique. Il demeure actuellement essentiel de considérer les quatre éléments cruciaux des représentations sociales, comme le préconisent Elcheroth et ses collègues (2011). Ces composantes doivent être harmonisées avec les concepts de la tradition de l'identité sociale, mettant en avant l'importance des constructions individuelles et collectives, afin de générer des perspectives novatrices sur les phénomènes psychologiques politiques.

Les quatre points clés sont les suivants :

Premièrement, les représentations sociales sont des connaissances partagées, et la manière dont les interprétations du monde sont élaborées collectivement est essentielle à la manière dont les gens sont capables d'agir dans le monde. Deuxièmement, les représentations sociales sont des méta-savoirs, ce qui implique que ce que les gens supposent que les autres connaissent, pensent ou apprécient fait partie de leur propre grille d'interprétation, et que le comportement collectif peut souvent être influencé plus puissamment au niveau des méta-représentations que des croyances intimes. Cela signifie que l'influence sociale est exercée par les facteurs qui contraignent les pratiques sociales autant que par le discours qui interprète ces pratiques. Quatrièmement, les représentations sociales sont des hypothèses qui font le monde : les compréhensions collectives ne reflètent pas seulement les réalités existantes, mais font souvent naître la réalité sociale (Elcheroth et al., 2011, p. 729, notre traduction de l'original en anglais).

2.2. Adaptation symbolique collective

Le terme « coping » est utilisé pour désigner la façon dont les gens gèrent les exigences d'un environnement difficile et y répondent (Lazarus et Folkman, 1984). Par extension, l'adaptation symbolique collective fait référence aux efforts entrepris par les personnes pour donner un sens à un nouveau phénomène : comment elles le perçoivent et comment elles peuvent symboliquement répondre à ses exigences, trouvant ainsi des solutions pour y faire face (Wagner et al., 2002). Les discours publics provenant de différentes sources (médias, experts, autorités, etc.) déclenchent ce processus, qui est censé se développer en quatre étapes :

a) *La sensibilisation.* Dans cette phase initiale, le nouveau phénomène est créé et communiqué comme étant pertinent. La pertinence réside dans le fait que le nouvel objet contienne ou suppose certaines implications perturbatrices ou provocatrices pour les habitudes et les règles établies, ou pour les modes de pensée institués. L'affirmation de la pertinence sociale sensibilise alors le public.

b) *La divergence.* En raison de la nature perturbatrice et provocatrice du nouveau phénomène, des interprétations sont nécessaires afin de le rendre compréhensible et gérable. Un ensemble d'interprétations, d'images et de métaphores multiples et même alternatives émerge au sein des groupes, en partie ancré dans des répertoires de connaissances préexistants.

c) *La convergence.* De manière séquentielle et graduelle, les interprétations divergentes en concurrence ont tendance à diminuer en nombre, à mesure que certains individus se retirent, pour converger finalement vers une ou plusieurs représentations partagées acceptées par une majorité. Les groupes parviennent à un consensus autour d'une interprétation dominante, bien que différents groupes puissent accepter et adopter des interprétations variées.

d) *La normalisation.* Enfin, une ou plusieurs interprétations se consolident entre les groupes ; les images menaçantes et alarmantes s'estompent progressivement et sont remplacées par des représentations moins émotionnelles du phénomène.

On peut s'interroger sur la linéarité séquentielle et normative de ces phases (telles qu'elles sont parfois présentées dans les écrits).

En fait, comme le montrent les recherches sur la polyphasie cognitive (Moscovici, 2000 ; Jovchelovitch, 2007 ; de Rosa, 2010 ; De-Graft Aikins, 2012 ; de Rosa et Bocci, 2013a), elles peuvent aussi coïncider simultanément et être l'expression du positionnement idéologique et politique qui sous-tend les positions prises par les individus et les groupes, voire par les mêmes individus, à différents moments de leur vie, sur le plan expérientiel et émotionnel.

2.3 Des représentations sociales hégémoniques, émancipées et polémiques

La classification des représentations sociales de Moscovici (1988) a été diversement développée et utilisée dans la recherche empirique (Pop, 2012 ; de Rosa et Smith, 1998 ; de Rosa et Bocci, 2013b ; de Rosa et al., 2023). Selon la proposition initiale, les représentations sociales se présentent sous trois formes principales, selon le degré de consensus auquel elles parviennent au sein des groupes et entre les groupes :

a) Les représentations *hégémoniques* sont partagées dans une certaine mesure par tous les membres d'un groupe ou d'une société et sont uniformes et coercitives, exprimant l'identité du groupe ; très peu de degrés de liberté sont disponibles pour permettre aux individus de s'écarter de ce type de représentations.

b) Les représentations *émancipées* sont créées par des sous-groupes, des segments spécifiques d'une société. Ils coexistent pacifiquement, jouissent d'une certaine autonomie et reflètent les différences entre les sous-groupes au sein du tissu social plus large.

c) Les représentations *polémiques* sont générées par des sous-groupes au cours d'un conflit ou d'une controverse sociale, et sont censées s'exclure mutuellement. Elles expriment l'antagonisme ou l'incongruité entre les représentations.

Cette classification, qui est liée à la notion de *polyphasie cognitive* (Moscovici, 2000 ; Jovchelovitch, 2007 ; de Rosa, 2010 ; de Rosa et Bocci, 2013a), rend compte de trois typologies de représentations sociales : la nature floue des connaissances sociales, leur fluidité et leur variabilité, et la possibilité que différentes formes de connaissances se rencontrent et se contaminent les unes les autres, même au sein des mêmes groupes et chez les mêmes individus. Si la séquence des différentes étapes du *coping* symbolique collectif était incontestablement linéaire, on passerait toujours de représentations polémiques aux représentations émancipées ou hégémoniques : au contraire, elles peuvent toutes continuer à coexister au sein des groupes et entre les groupes, et aussi chez un même individu, comme le démontrent empiriquement les études sur la *polyphasie cognitive*.

3. L'étude

En utilisant les concepts de *coping* symbolique collectif et de la multi-vocalité présente dans les représentations sociales polémiques, nous avons entrepris une analyse exploratoire de la communication publique, impliquant des experts et les médias, dans divers pays. Cette analyse est la continuation d'une étude pionnière menée en Italie qui a montré le passage du stade de la sensibilisation à celui de la divergence. Notre étude a permis de questionner la thèse de l'établissement d'une « convergence » absolue une fois dépassée la phase initiale de « sensibilisation » avec l'affirmation des représentations sociales dominantes. En effet, nos analyses ont révélé – du moins par rapport à l'horizon temporel considéré en 2020 à partir de l'apparition de la COVID-19 – la permanence de représentations sociales, d'images et de métaphores divergentes entre différents groupes ancrées dans leurs répertoires de savoirs préexistants. De manière remarquable, les divergences ont caractérisé la communication des experts et des non experts, confirmant par l'analyse des sources l'intuition perçue en tant que chercheurs exposées au contexte communicatif et médiatique que des discours divergents et des antinomies (c'est-à-dire des représentations sociales polémiques) ont caractérisé les représentations sociales de la pandémie de COVID-19 lors de la première vague de l'épidémie, en restant figés au stade de la divergence du processus d'adaptation symbolique collective (de Rosa et Mannarini, 2020).

Dans cette nouvelle étude élargie à 10 divers contextes géo-culturels, nous nous sommes plus particulièrement intéressés à répondre aux questions de recherche suivantes :

1. Les représentations polémiques étaient-elles le type de représentation dominant de la pandémie pendant la période considérée ? Comme indiqué plus haut, il s'agissait de l'hypothèse principale de notre étude, et nous nous attendions à la confirmer, puisque les sociétés étaient confrontées à un phénomène nouveau.

2. Quels contenus de base caractérisent les représentations sociales polémiques ?

2.1. Quelles étaient les métaphores les plus utilisées ?

2.2. Quelles étaient les antinomies récurrentes ?

2.3. Quelles ont été les principales explications fournies ?

3.1 Méthode

Une méthodologie qualitative d'étude de cas a été adoptée. Cette méthodologie a été construite sur l'hypothèse (Baxter et Jack, 2009) que les représentations sociales polémiques de la pandémie de COVID-19 caractérisent la communication publique pendant la première vague de l'épidémie. En utilisant une approche théoriquement guidée, nous avons choisi *10 études instrumentales de cas*, chacune correspondant à un pays touché par la pandémie. Les études de cas instrumentales sont utilisées pour donner un aperçu d'un problème ou aider à perfectionner une théorie ; dans notre étude, les cas ont servi à illustrer la théorie (Stake, 1995 ; Flick, 2011 ; Flick et al., 2015). Chaque cas constitue une « unité d'analyse » (Miles et Huberman, 1994).

Les dix pays/cas ont été délibérément sélectionnés selon le principe de l'échantillonnage à variation maximale (Patton, 1990), de manière à inclure la plus grande variété de contextes géopolitiques possible pour les principaux auteurs par l'intermédiaire de leurs réseaux de collaboration internationaux. En effet,

les médias fournissent de riches archives que nous pouvons étudier pour mieux comprendre comment la science est communiquée et débattue, et comment les histoires des médias sont amplifiées par divers canaux médiatiques – (Metcalfe et al., 2020, p. 2, notre traduction).

Dans chaque pays, de multiples sources ont été utilisées (tableau 1) : sites web institutionnels, journaux et chaînes d'information internationaux/nationaux/locaux, agences de presse nationales/internationales et multiples plateformes de réseaux sociaux. Le nombre et le type de sources ont varié dans chaque pays, en fonction de la spécificité de chaque contexte de communication. Pour chaque source, les textes (respectivement les lois/ordonnances, les articles de journaux, les interviews, les flash infos et les messages sur divers réseaux sociaux) ont été sélectionnés en fonction de leur importance. La saillance a été évaluée en fonction de la récurrence des mêmes informations dans plusieurs sources. Les sources ont été contrôlées chaque semaine, en commençant dans chaque pays au moment où le premier cas de COVID-19 a été constaté (tableau 1) et en terminant le 31 août 2020, quel que soit le scénario épidémiologique suivi par chaque pays à ce moment. Les textes sélectionnés pour chaque source ont fait l'objet d'une recherche de métaphores, d'antinomies et d'explications profanes sur la pandémie. Les chercheurs ont recueilli et analysé les données relatives à leur pays, puis ont partagé leur interprétation avec le groupe de recherche élargi. S'il y avait des équipes nationales au lieu de chercheurs individuels (comme en Italie, au Brésil et en Afrique du Sud), les chercheurs ont partagé leurs interprétations des données au sein de l'équipe nationale et successivement avec le groupe de recherche élargi, conformément à la *technique auto-ethnographique* événementielle et réflexive (Bryman, 2012 ; Metcalfe et al., 2020).

L'étude s'inscrit donc dans la perspective comparative évoquée par Jean-Michel De Waele dans l'*Avant-propos* :

> Sartori once said, to understand, we must compare. Comparing how different States manage this crisis can provide a better understanding of the global crisis and national specificities (…) If everyone remains focused on their national case, they run the risk of confusing general trends with national or regional specificities and of downplaying the overall scope of the crisis and, by logical and mechanical effect, its solutions (De Waele et al., 2024, p. XVI)

L'adoption d'une méthodologie partagée d'utilisation des sources – guidée par des questions épistémologiques structurellement interconnectées au cadre théorique commun avec l'approche

« modélisation (modelling) » à l'étude des représentations sociales (de Rosa, 2014a ; 2014b ; 2022) répond à la nécessité de ne pas réduire l'approche comparative à une logique purement cumulative des données collectées pays par pays. De plus, les éclairages croisés sur les résultats illustrés et commentés dans ce chapitre complètent la contribution d'autres chapitres inclus dans ce livre, notamment ceux centrés sur des pays et des réalités géoculturelles pris en compte dans notre étude, comme l'Italie (Caselli et al., 2024), l'Espagne (Bermejo-Casado, 2024) et le Canada (Negura et al., 2024) parmi les 10 pays/cas examinés dans différentes contextes géoculturelles et continents (Europe, Amérique du Nord, Amérique Latine, Asie and Afrique).

4. Résultats

Cette section commence par l'Italie, premier pays de l'UE à être touché de manière spectaculaire par la pandémie, et se poursuit avec d'autres pays sur différents continents, classés selon l'ordre chronologique du « patient zéro » certifié dans chaque pays (tableau 1). Les références aux sources et les textes de communication spécifiques analysés [n] sont indiqués dans l'annexe. Pour chaque pays, le contexte dans lequel l'épidémie s'est propagée est décrit. Les constatations sont rapportées selon un registre discursif, de manière à décrire chaque cas de manière exhaustive.

4.1 L'Europe

Italie

Dans la période allant de début janvier à la première moitié du mois de mai 2020, la communication institutionnelle et médiatique s'est développée selon deux grandes phases. Après la période initiale de diffusion du virus, allant de début janvier au 11 mars 2020, date à laquelle les mesures de confinement ont été établies [1], la première phase correspond à la période pendant laquelle les mesures restrictives étaient en vigueur. La période de confinement s'étend du 11 mars au 3 mai 2020, date à laquelle les premières restrictions ont été levées [2] et certaines activités économiques ont repris, tandis que la transition vers la deuxième phase couvre la courte période comprise entre le 3 mai et le 17 mai 2020,

Tableau 1. Sources pour l'analyse institutionnelle et médiatique.

Contextes géo-culturels	Pays	a. date du «patient zéro»*. b. cas confirmés** c. les décès	Sources institutionnelles (sites web/documents)	Presse nationale / Chaîne d'information nationale	Presse internationale / Chaînes d'information internationales	Presse locale	Agences de presse	Plateformes de médias sociaux
Europe	Italie	a. Le 31 janvier 2020 b. 265,409 c. 35,472	Gouvernement italien (www.governo.it/sites/new.governo.it; https://www.gazzettaufficiale.it) Pacte transversal pour la science (www.pattoperlascienza.it/)	La Stampa, Il Fatto Quotidiano, Libero, Il Tempo, La Repubblica, Corriere della Sera, Huffington Post Italia, StartMagazine, Informazione.it	Financial Times, New York Post	BariToday, Giornale di Sicilia, Il Nordest Quotidiano, Il Faro, Il Mattino	AGI, ADNKronos, ANSA	Facebook, Twitter
	Espagne	a. Le 31 janvier 2020 b. 439,286 c. 20,011	Gouvernement espagnol (https://administracion.gob.es) Médicos sin Fronteras – (https://www.msf.es)	La Vanguardia, Cadena Ser, elDiario.es, El Plural, El Independiente, El Global, El Mundo, El Economista, RTVE, Público	//	Diario Vasco //		//

(Continued)

Tableau 1. Continued.

Contextes géo-culturels	Pays	a. date du « patient zéro »*. b. cas confirmés** c. les décès	Sources institutionnelles (sites web/documents)	Presse nationale / Chaîne d'information nationale	Presse internationale / Chaînes d'information internationales	Presse locale	Agences de presse	Plateformes de médias sociaux
	Roumanie	a. Le 26 février 2020 b. 85,833 c. 3,507	Gouvernement roumain (http://www.dsu.mai.gov.ro /hotarari-cnssu/) Site du Président de la Roumanie (https://www.presidency.ro) CNSSU (*Comitetul National pentru Situații Speciale de Urgență* – https://www.cnssu.ro/) Le Journal officiel de la Roumanie (https://rm.coe.int /cets-005-rom-en-military-ordi nance-no-10-04-05-2020 /16809e4626)	*G4media, Ziarul Financiar, Radio Europa Libera România, Hotnews, Spotmedia, ValahiaNews, Digi24*	//	//	*Agerpres, Mediafax*	//
	Malte	a. Le 7 mars 2020 b. 1,847 c. 10	Ministère de la santé (https://deputyprimeminister.gov .mt/en/ ; https://www.facebook .com/sahhagovmt) OMS (https://COVID-19.who .int/)	*Broadcasting Authority, Times of Malta, Newsbook The Malta Independent Malte aujourd'hui*	//		*Reuters*	*Facebook*

(Continued)

Tableau 1. Continued.

Contextes géo-culturels	Pays	a. date du « patient zéro »*. b. cas confirmés** c. les décès	Sources institutionnelles (sites web/documents)	Presse nationale / Chaîne d'information nationale	Presse internationale / Chaînes d'information internationales	Presse locale	Agences de presse	Plateformes de médias sociaux
Amérique du Nord	Canada	a. Le 27 janvier. 2020 b. 129,342 c. 9,155	Gouvernement canadien (www.canada.ca/fr/nouvelles.html) Gouvernement du Québec (www.fil-information.gouv.qc.ca/Pages/Articles.aspx) Gouvernement de l'Ontario (news.ontario.ca/newsroom/fr?lang=fr)	Radio-Canada, CBC, National Post, The Globe and Mail	//	Le Devoir, La Presse, Le Journal de Montréal, Toronto Star	La Presse Canadienne	//
	Brésil	a. Le 20 février 2020 b. 3,804,803 c. 119,504	Ministère de la santé (Ministério da Saúde – saude.gov.br/) Journal officiel de l'Union (Journal officiel de l'Union – www.in.gov.br/servicos/diario-oficial-da-uniao) Gouvernement fédéral (Planalto – www.gov.br/planalto/pt-br) Sénat fédéral (Senado Notícias – www12.senado.leg.br/noticias)	Portail G1, Folha de São Paulo, Uol	CNNBrasil	//	//	Facebook

(Continued)

Contextes géo-culturels	Pays	a. date du « patient zéro »*. b. cas confirmés** c. les décès	Sources institutionnelles (sites web/documents)	Presse nationale / Chaîne d'information nationale	Presse internationale / Chaînes d'information internationales	Presse locale	Agences de presse	Plateformes de médias sociaux
	Mexique	a. Le 28 février 2020 b. 585,738 c. 63,146	Journal officiel de la Fédération (Diario Oficial de la Federación – www.dof.gob.mx/) Site officiel du gouvernement sur les coronavirus (coronavirus.gob .mx) Site du président du Mexique (presidente.gob.mx/) Conseil national pour l'évaluation de la politique de développement social (Consejo Nacional de Evaluación de la Política de Desarrollo Social – www.coneval.org.mx) Centre régional de recherche multidisciplinaire, Université nationale du Mexique (Centro Regional de Investigaciones Multidisciplinarias–CRIM – www.crim.unam.mx/web/) Organisation panaméricaine de la santé (www.paho.org)	*La Jornada, El Financiero, El Universal, Diario AS México, El Sol de México, Revista Nexos El poder del consumidor*	*New York Times, BBC, Deutsche Welle, CNN, Los Angeles Times*	//	//	//

(Continued)

Tableau 1. Continued.

Contextes géo-culturels	Pays	a. date du « patient zéro »*. b. cas confirmés** c. les décès	Sources institutionnelles (sites web/documents)	Presse nationale / Chaîne d'information nationale	Presse internationale / Chaînes d'information internationales	Presse locale	Agences de presse	Plateformes de médias sociaux
	Argentine	a. Le 3 mars 2020 b. 392,009 c. 8,271	Gouvernement argentin (Boletín Oficial de la República Argentina – www.boletinoficial.gob.ar) Administration nationale de la sécurité sociale (ANSES – https://www.anses.gob.ar/) Sistema Argentino de Información Jurídica (SAIJ – http://www.saij.gob.ar/)	La Nación, Página doce, Infobae, Clarín, El cronista, Crónica	//	La Voz, La Capital, Los Andes, Río Negro, Diario de Cuyo	Telam, Noticias argentinas, Reuters Argentine	Facebook, Twitter, Instagram
Asie	Indonésie	a. Le 2 mars 2020 b.169,195 c.7,169	Discours présidentiel pour la journée de l'indépendance du 14 août 2020 (RCTIplus.com)	Kompas, Detik, The Jakarta Post, Tirto.id, Liputan6, Tempo, Bisnis Indonesia, RCTIplus	CNNIndonésie, CNBCIndonésie, BBC, South China Morning Post	//		Instagram, Twitter, WhatsApp

(Continued)

Tableau 1. Continued.

Contextes géo-culturels	Pays	a. date du « patient zéro »*. b. cas confirmés** c. les décès	Sources institutionnelles (sites web/documents)	Presse nationale / Chaîne d'information nationale	Presse internationale / Chaînes d'information internationales	Presse locale	Agences de presse	Plateformes de médias sociaux
Afrique	Afrique du Sud	a. Le 5 mars 2020 cb 620,132 c. 13,743	Gazette du gouvernement (www.greengazette.co.za/) Ministère de la santé (https://nationalgovernment.co.za/units/view/16/department-of-health-doh) Institut national des maladies transmissibles (NICD) (www.nicd.ac.za/) Service de police sud-africain (SAPS) (www.saps.gov.za/) Statistiques Afrique du Sud (http://www.statssa.gov.za)	TimesLive, News24, EWN, eNCA, Mail & Guardian, CGTN Afrique		Daily Maverick, Cape Town Etc.	Agence de presse africaine (ANA)	Twitter

*Source : Tableau de bord COVID-19 du Center for System Science and Engineering (CSSE) de l'université Johns Hopkins (JHU) : https://coronavirus.jhu.edu/map.html – consulté le 29 août 2020.

date à laquelle toutes les restrictions ont été levées [3]. La nouvelle des deux premiers cas en Italie s'est répandue à la suite de l'identification de deux touristes chinois infectés [4]. Cette histoire a suscité des réactions stigmatisantes à l'égard des communautés chinoises en Italie, comme en témoigne le président de l'Union des entrepreneurs italo-chinois [5]. Le chef du parti de la Ligue, Matteo Salvini [6], a contribué au sentiment anti-immigrant en associant l'épidémie de virus aux immigrants qui débarquaient dans les ports italiens. Comme lors des épidémies passées (de Rosa et Mannarini, 2021), la responsabilité de la maladie a été attribuée à un exogroupe stigmatisé, et la stigmatisation a servi de barrière sémantique par laquelle cette représentation sociale polémique a rejeté le dialogue avec les discours alternatifs (Gillespie, 2008).

Le Premier ministre italien s'est adressé aux Italiens et aux pays européens avec des mots rassurants (« L'Italie a adopté un ensemble de mesures de précaution qui sont les plus efficaces en Europe et peut-être même au niveau international. Les citoyens italiens doivent donc rester calmes et tranquilles, nous faisons face à la situation avec le plus grand sens des responsabilités ») [7]. Le binôme *menace-réassurance* (Ungar, 1998 ; Washer, 2004) a caractérisé la première phase de la communication institutionnelle sur la pandémie en cours.

Le débat scientifique a été pluraliste dès le début et, dans cette phase, il a tourné autour de la fracture *dangerosité-sécurité*. Les scientifiques se sont divisés en « alarmistes » et « optimistes » : le 23 février 2020, Maria Rita Gismondo, directrice du laboratoire de virologie de l'hôpital Sacco de Milan, a minimisé le danger du virus en définissant la COVID-19 comme « une infection un peu plus grave qu'une grippe » [8]. D'autres scientifiques ont souligné la gravité de la situation et ont accusé Maria Rita Gismondo de diffuser des informations basées sur des preuves insuffisantes [9].

Dans la première phase, la communication politique a utilisé un ton alarmiste comme stratégie de prévention. Les *métaphores de guerre* ont dominé la communication :

> Un tyran a bouleversé nos vies, et il s'appelle le coronavirus. Nous allons nous battre partout, dans les foyers, sur les lieux de travail.

Nous aiderons les plus faibles et nous nous sacrifierons pour un avenir meilleur. Et ensuite, nous nous rattraperons. Coronavirus, tu ne gagneras pas !

a tweeté le virologiste Roberto Burioni [10], en recueillant plus de 4 000 retweets. Langage et métaphores de guerre (Sabucedo et al., 2020) ont été utilisés en présentant les médecins et les professionnels de la santé comme des « soldats au front » (paroles du pape François [11]) ; dans l'isolement des « zones rouges » contaminées (une réminiscence de la « zone rouge » française pendant la Première Guerre mondiale : Thornton, 2014) ; dans les prescriptions strictes de quarantaine pour les personnes infectées et leurs proches ; dans la fermeture des écoles, des industries, des cinémas, des théâtres, des églises, des musées, des stades, des auditoriums ; dans les règles strictes de comportement ; dans la directive de confinement ; et enfin, dans les images impressionnantes de 70 véhicules militaires transportant les corps des victimes du virus au cimetière.

Une communication ambiguë et paradoxale a marqué cette phase : un discours « à plusieurs voix » a émergé, bien que toujours sous des formes latentes, l'accent étant mis alternativement sur la santé ou sur l'économie. Par exemple, le chef de la protection civile a répondu aux journalistes : « les masques de protection sont réservés aux porteurs du virus, pas aux personnes en bonne santé » [12], plutôt que d'admettre qu'il n'y a pas assez de masques pour tout le monde. Le message a changé au cours des mois qui ont suivi, lorsque les équipements sont arrivés et que les masques ont pu être vendus à un prix raisonnable. Sur le plan économique, le débat politique s'est concentré sur l'importance des investissements nécessaires à la reprise économique du pays.

Une telle multivocalité allait forcément exploser dans la dernière partie de cette phase. L'escalade de cette dynamique a conduit le gouvernement à procéder progressivement à de nouveaux investissements qui, en août, ont atteint 223,1 millions d'euros pour 2020 et 74,4 millions d'euros pour 2021 [13]. En effet, au début, l'accent fut mis sur la peur en raison des preuves de l'infection, ce qui a conduit à l'application de mesures de confinement. Malgré l'émergence d'un discours à plusieurs voix, la situation de « guerre » et l'accent mis sur la *peur pour la vie* ont servi de cadre unificateur à la réponse publique, et la terreur suscitée par la contagion a aidé les citoyens à respecter les restrictions. Lors du passage à la deuxième phase, avec la réouverture progressive, les divergences ont explosé, au Parlement [14] et au sein de l'opposition [15]. L'unité entre les gouverneurs des régions a diminué [16]. Un affrontement entre les régions et l'État [17], et entre les maires et les gouverneurs de région, a également eu lieu [18] dans les deux semaines précédant la levée des restrictions. En outre, différents acteurs économiques ont exprimé des positions diverses sur la réouverture en fonction de leurs secteurs spécifiques (entrepreneurs, syndicats, détaillants et artisans, propriétaires de restaurants et de bars [19]).

Ce chœur polyphonique a accru l'incertitude cognitive et existentielle et a simultanément suscité la recherche de symboles d'unité capables de contrebalancer le paysage chaotique d'informations divergentes : le président de la République et le Pape ont été reconnus comme des autorités morales et des leaders symboliques de l'unité nationale, capables de donner aux gens un sentiment d'identité partagée et d'espoir collectif. Dans le contexte de communication de la deuxième phase qui approche, les représentations sociales polémiques qui étaient auparavant centrées sur *la peur pour la vie* se sont déplacées vers la *peur de la pauvreté* (*pandémie* contre *famine*), sous la pression des acteurs économiques et des politiciens qui ont exploité les besoins des gens ordinaires pour tenter de renverser le gouvernement. Comme l'a dit le rédacteur en chef d'un journal de droite lors d'un débat télévisé, « nous sommes tiraillés entre l'alternative de mourir de faim ou d'attraper le coronavirus » [20]. Simultanément, des discours nuancés et non binaires qui se sont développés le long de la ligne de *dangerosité-sécurité* sont apparus dans la phase initiale, ont été proposés par les scientifiques, qui ont averti que « le diable est dans les détails » [21] et ont incité à la prudence lors de la réouverture. L'élaboration symbolique de la pandémie au cours des deux phases a semblé tourner autour de représentations polémiques, fondées sur des priorités opposées et dictant des réponses qui reflétaient un positionnement politique. Un tel positionnement a été dans certains cas polarisé et même contradictoire, comme le révèlent ces quelques exemples supplémentaires : (a) dans la première phase, le leader du parti de la Ligue, Matteo Salvini, critiquant la décision du Premier ministre de fermer les « zones rouges », prétendait « tout ouvrir », puis « tout fermer » en quelques jours [22]. (b) Comme acte symbolique de lutte contre la stigmatisation et comme signe d'inclusion symbolique, en réponse à la demande de Salvini de fermer les écoles aux enfants chinois, le président Mattarella a visité une école multiculturelle dans le quartier Esquilino à Rome [23]. (c) Dans la deuxième phase, les représentations polémiques ont exposé les priorités antinomiques opposées – économie contre santé – et les exigences – « ouvrir tout immédiatement » contre « ouvrir pas à pas avec prudence ». Comme la stigmatisation, les oppositions rigides sont un moyen supplémentaire pour les représentations sociales d'empêcher le dialogue avec les représentations *alternatives* (Gillespie, 2008).

La polarisation a été évidemment liée au positionnement politique. Les dirigeants populistes ont utilisé des représentations sociales polémiques pour stimuler la peur chez les citoyens, induisant ainsi le besoin d'être rassuré par des hommes forts (de Rosa et al., 2020). Pendant la pandémie, en Italie, ce rôle a été principalement joué par les dirigeants des partis de la Ligue, mais les médias ont rapporté de nombreux exemples internationaux de dirigeants qui ont profité de la peur des gens pour consolider leur pouvoir [24].

Espagne

La COVID-19 étant une nouvelle infection jusqu'alors inconnue, la population espagnole a soudain été obligée de lui donner un sens et de construire des représentations sociales à son sujet pour savoir comment la gérer dans la vie quotidienne et dans la communication avec les proches. En se basant sur ce besoin de sens, les médias de masse sont apparus comme le principal outil pour transmettre des informations scientifiques sur la COVID-19 ainsi que sur ses effets sur la population. Comme il s'agissait d'un phénomène inconnu, les connaissances scientifiques et les connaissances non scientifiques sur le virus semblaient liées. Dans ce cas, la limite entre les connaissances scientifiques et les connaissances non scientifiques était floue. Cependant, les médias ont également été utilisés pour communiquer les normes sociales concernant « ce qu'il faut faire » pour éviter les infections. Dans ce cas, les univers réifiés ont utilisé un discours prescriptif et principalement unidirectionnel dans la communication (Batel et Castro, 2009).

Le premier cas de personne infectée en Espagne a été connu le 31 janvier 2020 [25]. Les gens devaient faire face à une maladie inconnue qui semblait venir de Chine. La Chine a été représentée dans la population espagnole comme l'un des endroits les plus éloignés du monde et comme ayant des habitudes alimentaires et des modes de vie différents. À ce stade, la population se représentait les citoyens chinois comme étant l'autre, et peu après que les infections aient commencé à se répandre en Espagne, une première agression contre un citoyen nord-américain d'apparence chinoise a eu lieu en Espagne [26]. À cette époque, la population a ancré la COVID-19 en fonction de sa ressemblance avec une simple grippe [27], même si bientôt ses conséquences se sont manifestées bien pires.

La première phase en Espagne a débuté par l'une des mesures de verrouillage les plus restrictives d'Europe après que le président espagnol Pedro Sánchez eut instauré l'état d'urgence le 9 mars 2020 [28]. Au cours de cette phase, la communication médiatique sur la COVID-19 en Espagne a présenté trois caractéristiques principales. Les médias ont commencé à ouvrir les premières pages avec le nombre d'infections et de décès. Chaque jour pendant la période de confinement, du 15 mars au 20 juin, les médias ont fait état du nombre de personnes infectées et de décès dans les différentes régions d'Espagne. Ensuite, des chiffres accompagnés d'images ont été utilisés pour rendre compte des personnes vulnérables qui étaient infectées dans les maisons de retraite et montraient l'effondrement du système sanitaire [29]. Des images impressionnantes de cadavres conservés dans le palais de glace de Madrid ont été diffusées à la télévision [30]. La population espagnole est, selon Bloomberg (31) (Fullman et al., 2018), très fière d'avoir l'un des meilleurs systèmes sanitaires au monde. Cependant, les informations concernant les personnes décédées dans les maisons de retraite ont été à la fois surprenantes et dévastatrices. De plus, des cas de mauvais traitements ont été mis au jour et publiés dans les journaux [32]. Cette situation a réduit la confiance que les gens avaient dans le système de santé.

Après la phase de restriction, l'Espagne est entrée dans une période que les médias ont qualifiée de « nouvelle normalité » [33]. « La nouvelle normalité » signifiait métaphoriquement que le mode de vie traditionnel des gens était loin de revenir à la normale. Au lieu de mettre l'accent sur la situation sanitaire, les médias ont commencé à insister sur les implications économiques de la phase de confinement strict [34]. En fait, certains médias ont tenté d'expliquer pourquoi les conséquences de la maladie ont été et sont plus graves en Espagne que dans d'autres pays du monde [35]. Même si de multiples facteurs étaient susceptibles d'expliquer cette situation, selon la correspondance envoyée par plusieurs médecins au Lancet (García-Basteiro et al., 2020), l'une des explications résidait dans l'inégalité sociale. Ainsi, les implications de la maladie n'étaient pas réparties de manière égale dans la population et elles semblaient être plus intenses au sein des classes socio-économiques inférieures dans les zones à forte densité de population. Il semblait donc qu'un regard social sur la maladie pourrait aider à expliquer, du moins en partie, sa prévalence dans certaines zones défavorisées [36]. En ce sens, les implications de la maladie ont semblé transcender la biologie pour devenir une question sociale ou politique.

Certaines des recherches effectuées au Pays Basque ont suggéré que les reportages des médias ont eu des conséquences importantes sur l'état émotionnel de la population. Des recherches empiriques menées en Espagne pendant l'épidémie ont montré que le mot le plus fréquent qui venait à l'esprit des personnes de plus de soixante ans lorsqu'elles pensaient à la COVID-19 était la peur (Ozamiz-Etxebarria et al., 2020), liée aux concepts associés au risque, au danger de ses conséquences et aux doutes sur la manière de le prévenir. De plus, la déception à la lecture des rapports sur l'effondrement sanitaire des établissements de soins de santé a créé de la méfiance. Les recherches menées pendant les trois mois de la phase de confinement (Castelo et al., 2020) ont montré que, surtout chez les personnes âgées, la confiance dans le système de santé, dans les soignants et dans les réseaux de relations était réduite. Les résultats semblent indiquer que la confiance sociale des personnes âgées (un indicateur de bien-être) était associée à la confiance qu'elles avaient dans les institutions de soins de santé et qu'elles y sont plus sensibles.

Roumanie

Le premier cas de coronavirus a été signalé en Roumanie le 26 février 2020. Du 16 mars au 15 mai, l'État a imposé l'état d'urgence avec des règles strictes de confinement. Jusqu'à la fin de l'état d'urgence, le nombre de cas de COVID-19 est passé à 16 437, ce qui restait un taux d'infection faible par rapport à de nombreux autres pays. Depuis le 16 mai 2020, un état d'alerte a été mis en place, ce qui a entraîné la réouverture progressive des églises et des commerces qui avaient été fermés, mais aussi le port obligatoire de masques dans les espaces publics fermés. Le taux d'infection a augmenté de manière exponentielle pendant cette période : jusqu'à la fin du mois d'août 2020, la Roumanie a confirmé plus de 85 000 cas et plus de 3 500 décès liés à la COVID-19, se classant parmi les cinq pays européens ayant la plus forte croissance du nombre de cas par habitant [37].

Cette aggravation draconienne est probablement liée non seulement à l'incapacité des autorités à juguler la propagation du virus, mais aussi à l'adhésion incomplète de la population aux mesures de distanciation sanitaire et sociale requises. Un des facteurs pertinents ici a été l'externalisation de la source de la contamination et la protection par la localisation de la menace du virus à l'extérieur du pays. Le discours public roumain sur la pandémie a très vite pris une dimension d'identité sociale, opposant les « vrais Roumains », c'est-à-dire ceux qui résident encore dans le pays, à la « diaspora contaminée », c'est-à-dire les Roumains vivant à l'étranger et rentrant chez eux, en raison des difficultés économiques dans leur pays d'adoption. Les premiers cas roumains de COVID-19, largement médiatisés, ont concerné des Roumains qui étaient revenus de l'étranger, notamment d'Italie, où l'incidence de COVID-19 était déjà élevée, ce qui a alimenté la division idéologique entre *nous* et *eux*. À l'approche de la Pâque orthodoxe, l'anxiété face au retour massif annuel de la diaspora s'est accrue, et le président Klaus Iohannis a exhorté les Roumains vivant à l'étranger à ne pas rentrer chez eux pour Pâques [38]. Cela illustre l'extension de la crise sanitaire dans le domaine de l'identité sociale et de l'idéologie, la diaspora roumaine ayant joué un rôle symbolique et actif dans les protestations publiques contre la corruption. Par conséquent, la crise du coronavirus a été utilisée par les critiques du mouvement

#resist pour redéfinir cette catégorie comme étant infectée et le pays comme étant assiégé, critiques culminant avec un texte d'un membre de l'Académie roumaine déclarant qu'« il est inouï que les personnes en bonne santé appellent les rats porteurs de la peste à mourir dans leur ville » [39]. Cette représentation idéologique de l'épidémie roumaine a comporté également un aspect nationaliste, lié notamment à un positionnement symbolique de l'Italie : comme il s'agissait du pays dans lequel résidait une importante diaspora roumaine, le danger sanitaire représenté par la diaspora en général a été cumulé avec celui associé au taux d'infection élevé de l'Italie pendant la première phase de l'épidémie roumaine ; de plus, le premier cas d'infection par la COVID-19 en Roumanie a été associé à un citoyen italien en visite en Roumanie. Une manifestation symbolique claire de ce statut implicite de l'Italie dans la perception du public roumain a été que la plupart des médias ont qualifié le premier point chaud des infections à coronavirus, à savoir le comté de Suceava, de « Lombardie roumaine » [40].

Deuxièmement, les fonctionnaires ont communiqué publiquement sur la pandémie et les mesures d'une manière propre aux militaires (de haut en bas). Dès le début, la situation a été présentée comme une bataille épique qui nécessitait un contrôle de type militaire sur tous les aspects de la vie sociale, comme l'a déclaré le président Iohannis : « Nous devons gagner cette bataille de vie et de mort » [41]. Ce cadre de guerre a servi à justifier les mesures draconiennes de confinement (« nous ne nous arrêterons pas et nous imposerons des mesures encore plus sévères lorsqu'elles deviendront obligatoires » [42]), mais en même temps, il a placé la responsabilité du contrôle de la pandémie entre les mains des autorités et moins à la portée des citoyens. L'approche militariste a été accentuée par le fait que toute la gestion de l'épidémie a été régie non pas directement par des représentants spécifiques de l'État, mais par une institution spécialement conçue à cet effet, le Comité national pour les situations d'urgence spéciales (CNSUS) [43]. La gouvernance pendant l'épidémie a été exécutée par l'intermédiaire d'ordonnances militaires, avec douze de ces ordonnances émises jusqu'à août 2020 [44], saluées par le ministre de l'Intérieur, Marcel Vela, comme « consolidant le mur contre cet ennemi invisible et agressif » [45]. Dans la même approche militariste, la gestion civile des hôpitaux dans lesquels des zones sensibles au coronavirus ont été découvertes a été remplacée par une gestion par des officiers militaires, et tous les communiqués de presse quotidiens de la CNSUS incluaient le nombre de personnes qui ont été sanctionnées la veille pour avoir violé la loi anti-pandémique, et la valeur globale des amendes émises.

Le chœur des positions publiques critiquant la pertinence des mesures imposées pour contrôler l'épidémie a été polyphonique, des professionnels de la santé [46] à l'Église orthodoxe roumaine qui a insisté sur l'utilisation du même calice et de la même cuillère dans l'eucharistie pour tous les croyants et s'est opposée à l'interdiction des services religieux [47], en passant par le président de l'Académie roumaine qui a qualifié le règlement permettant aux personnes de plus de 65 ans de ne quitter leur domicile que pendant un intervalle de deux heures de « mise en laisse » [48]. En outre, l'ancien parti gouvernemental a publiquement qualifié d'abusif le règlement gouvernemental imposant la quarantaine et l'hospitalisation des personnes infectées par le nouveau coronavirus et a introduit un recours devant la Cour constitutionnelle, qui a été accepté. Cela a conduit à un vide législatif de près d'un mois (jusqu'au 21 juillet), pendant lequel plus de 900 patients infectés ont quitté les hôpitaux sur demande [49]. Par ailleurs, des personnalités du parti d'opposition ont exprimé leur opposition au port de masques de protection, comme le président d'un parti pendant les sessions du Parlement et deux autres parlementaires qui ont été condamnés à une amende parce qu'ils refusaient de porter le masque dans un restaurant [50].

Enfin, l'image des gouverneurs publics et du système médical comme étant des institutions corrompues a également contribué à la méfiance croissante à l'égard de la pertinence des mesures prises et des appels à l'adhésion du public. Pendant l'épidémie, elle a été amplifiée par des nouvelles concernant l'achat suspect par des fonctionnaires de l'État d'équipements de protection ou de dispositifs médicaux sans respecter les procédures d'acquisition publique, fonctionnaires qui demandaient également l'immunité contre les poursuites judiciaires [51]. De plus, les appels publics des professionnels de la santé de première ligne à la population pour qu'elle respecte les règles de distanciation sociale ont souvent été accueillis avec incrédulité. L'une des raisons en est que ces professionnels ont été soupçonnés d'avoir un intérêt personnel à souligner la gravité de la maladie et à mal diagnostiquer la COVID-19 comme première cause de décès, puisqu'ils avaient reçu une prime mensuelle de cinq cent euros pendant la pandémie. Ce qui a alimenté les soupçons de corruption endémique, c'est que des préférences injustifiées dans les tests de dépistage du coronavirus ont été accordées à certaines personnes proches des responsables des hôpitaux locaux [52].

Malte

Comme dans d'autres pays, la COVID-19 a été un choc pour la société maltaise. Lorsque Malte n'était pas encore touchée par ce coronavirus, les gens suivaient les médias pour obtenir des informations. Certains pensaient qu'il s'agissait d'une simple frayeur, tandis que d'autres prenaient la chose plus au sérieux et commençaient à accumuler de la nourriture et des articles de toilette essentiels. Lorsque le premier cas a été diagnostiqué le 7 mars 2020, ce qui pour beaucoup était un événement lointain est devenu réel, car il a atteint leur petite île. Le Premier ministre, le docteur Abela et le ministre de la Santé, le docteur Fearne, sont apparus dans les médias pour donner des informations. Le docteur Abela a minimisé la gravité de l'événement et a déclaré : « Ce n'est pas la peste » [53]. Le docteur Fearne, en revanche, s'est montré plus prudent et a souligné l'importance de la vigilance [54]. Les partis d'opposition ont soutenu la position vigilante du docteur Fearne.

Lorsque le nombre de cas a augmenté, un confinement partiel a été annoncé. Les personnes de plus de 80 ans ont ancré leur compréhension de la pandémie en la comparant à la *Seconde Guerre mondiale*. En plus de la *guerre*, la pandémie a également été conceptualisée comme une *vague*. Les autorités médicales ont parlé d'aplatir la courbe, ce qui est devenu un aplatissement de la vague. La *vague* est devenue une métaphore de la COVID-19. Cette image a également été reprise par les politiciens qui ont fait référence à la vague de COVID-19 ou simplement à « la vague ».

Tout au long de la phase de confinement, des bulletins de santé quotidiens ont été émis par la professeure Gauci, la directrice de la Santé publique de Malte. À 12 h 30 chaque jour, madame Gauci donnait les chiffres du nombre de personnes ayant reçu un diagnostic de COVID-19 et du nombre de personnes guéries. Elle est devenue la personnification du général à la tête de l'armée dans la guerre contre la COVID-19. Ses apparitions étaient suivies par un nombre record de personnes, ce qui a conduit à la moyenne nationale la plus élevée jamais enregistrée d'heures d'écoute sur la chaîne nationale [55]. Beaucoup ont connu la peur. Ceux qui avaient de grandes maisons et des jardins ont ressenti moins la pression que ceux qui vivaient dans de petits appartements. Les professionnels et les urbanistes ont vite compris l'importance des espaces ouverts pour le bien-être mental des personnes.

La rhétorique utilisée par les autorités a été divergente, les messages transmis par le Premier ministre différant de ceux du ministre de la Santé. Les médias ont repris cette rhétorique et l'ont fait remonter à la lutte pour le leadership au sein du *Partit Laburista* (PL, parti travailliste) en janvier 2020, lorsqu'il y a eu une élection pour le chef du PL et pour la fonction de Premier ministre. Les deux candidats étaient Abela et Fearne, et Abela a remporté l'élection. La divergence du discours de ces deux leaders politiques sur la COVID-19 a été considérée comme le reflet des dissensions politiques entre eux. Abela a parlé d'une « petite vague », tandis que Fearne a évoqué le « tsunami » qui pourrait mettre à mal le système de santé maltais [56].

Beaucoup de gens ont travaillé à la maison. Des écoles et des universités ont fermé et des enseignants et des conférenciers ont donné des cours et des conférences en ligne. Plus de 300 églises et chapelles ont fermé dans les îles maltaises et l'archevêque a célébré la messe et récité le chapelet tous les jours. Cet événement a été diffusé à 17 h 30 sur la chaîne nationale et sur les médias de l'église. Même les personnes qui ne fréquentaient pas régulièrement l'église ont ressenti le besoin de prier avec l'archevêque.

La crainte de la contagion a suscité des réactions de stigmatisation. Dans le cas de Malte, l'exogroupe stigmatisé a été celui des immigrants en situation irrégulière qui arrivaient par bateau. Ils sont devenus un élément central du discours de blâme alimenté par les actions et les paroles du Premier ministre. Affirmant que les immigrés pouvaient être une menace pour les Maltais, Abela a loué trois grands bateaux, qui étaient normalement utilisés pour les voyages autour des îles maltaises, et a gardé les immigrés en situation irrégulière en mer [57].

Le Premier ministre, avocat de profession, et le ministre de la Santé, médecin, ont montré d'avoir des priorités différentes. L'avocat, qui devait diriger un pays, était très conscient de l'économie. Le médecin, en revanche, était préoccupé par la disponibilité des lits et des respirateurs. Comme dans le pays voisin, l'Italie, la représentation sociale polémique, qui se concentrait auparavant sur la peur pour la vie, s'est déplacée vers la *peur de la pauvreté*. L'industrie hôtelière a fait pression sur Abela et la crainte de perdre des emplois a été utilisée pour expliquer la nécessité de passer à autre chose et de lever les mesures de confinement.

En juin, Abela a affirmé que tout était maîtrisé et que la vie pouvait revenir à la normale. Il a constamment minimisé la gravité de la pandémie, se moquant de « la vague » et ne portant pas de masque chaque fois qu'il apparaissait dans des événements. Il a annoncé que « nous avons gagné la guerre ». Pressé de dire si l'évaluation des risques serait rendue publique, Abela a déclaré que le directeur de la Santé publique avait rédigé le document. Il a lancé un appel aux médias pour qu'ils ne transmettent pas la peur aux gens. Se référant peut-être à Fearne, il a déclaré qu'« il semble, malheureusement, que certaines personnes ne soient pas heureuses du fait que nous revenons à la normale » [58]. Les restrictions ont été ensuite levées. Le port maritime et l'aéroport ont été ouverts et le Premier ministre a annoncé qu'il tenait sa promesse de donner au peuple maltais « un bon été ». Il a déclaré que « les vagues sont dans la mer et il n'est pas nécessaire de susciter la crainte d'une deuxième vague dans l'opinion publique ». [59]. Il a également déclaré que la meilleure chose que les gens pouvaient faire était d'aller à la mer et de s'amuser. En deux semaines, Malte est devenue l'île de la fête avec le lancement de quatre grands festivals internationaux de musique auxquels ont participé des dizaines de milliers de touristes et de Maltais. Fin juillet, Abela a annoncé triomphalement : « J'avais exprimé ma détermination de voir les gens profiter de l'été – et beaucoup ont dit que nous ne savions pas ce que nous faisions alors […] Et j'ai tenu ma promesse envers vous. » Cette annonce a été accueillie par les applaudissements nourris de son public [60]. Le premier événement de masse, une fête qui a duré tout un week-end – en quelque sorte la prise de contrôle de l'hôtel – a entraîné une résurgence des cas de COVID-19. Peu de temps après, de nouveaux cas liés à la fête du village de Santa Venera ont été signalés. Le nombre de cas a continué à augmenter. Malte a rejoint une liste croissante de pays obligés de réintroduire des contrôles dans les aéroports après les premiers succès dans la lutte contre la maladie [61]. L'association des médecins (MAM) et l'association des infirmières et des professionnels de la santé ont reproché au Premier ministre la façon grossière dont il a mené la transition vers la phase suivante. Abela avait déclaré que tout était maîtrisé, mais, en quelques semaines, le nombre de cas actifs était passé de 3 à plus de 600, Malte devenant l'un des pays considérés comme étant dangereux pour les voyageurs. À Malte, du 7 mars au 25 août 2020, il y a eu 1 612 cas confirmés de COVID-19 et 10 décès [62].

4.2 Amérique du Nord

Canada

Au Canada aussi la phase initiale, qui s'est étendue de début janvier à la mi-mars 2020, a couvert la période d'incertitude concernant l'impact sanitaire et économique de la COVID-19. La phase suivante a couvert la période de confinement de la mi-mars à la mi-mai, et la dernière phase de cette vague a compris la sortie progressive du confinement et les nouvelles mesures sanitaires mises en place. Le 11 janvier 2020, le premier décès lié à la COVID-19 en Chine a été rapporté dans les médias canadiens, désignant pour la première fois le virus comme un coronavirus [63]. Un premier ancrage représentationnel a été remarqué lorsque, dès les premiers jours de cette phase, les journaux ont établi de nombreux parallèles avec l'épidémie de coronavirus du SRAS à Toronto en 2003. Les médecins et les chercheurs ont souligné la similitude entre la COVID-19 et le SRAS, estimant que le danger pour les Canadiens restait faible, même pour les voyageurs revenant de Wuhan, le premier centre d'épidémie de la COVID-19 en Chine [64]. Vers la fin du mois de janvier, des représentations polémiques sont apparues. D'une part, les médias canadiens ont qualifié l'épidémie de COVID-19 de « crise », malgré l'absence de cas confirmés dans le pays [65]. D'autre part, les scientifiques et les chercheurs ont décrit la situation comme « à faible risque », mais sont restés « attentifs » à la propagation du virus (66). La crainte d'une crise économique émergeait également à cette époque [67], créant une tension entre la santé et la prospérité économique. Les autorités provinciales de santé publique se préparaient au pire dans les hôpitaux [68] et les centres de soins de longue durée [69]. La tension entre « nous » et « l'autre » s'est accrue en raison de nouvelles craintes. L'une des craintes durant cette phase concernait la communauté chinoise et le rapatriement de nombreux Canadiens d'origine chinoise piégés dans la région de Wuhan. Certaines sources médiatiques ont fait état de commentaires et de gestes stigmatisants de la part de certains citoyens. Le Premier ministre Justin Trudeau a appelé au calme et au respect des communautés chinoises face à la montée des messages racistes sur les réseaux sociaux [70]. Cependant, le ton changeait, comme le montre le cas des Canadiens qui se trouvaient à bord du navire de croisière Diamond Princess, principal centre d'épidémie en dehors de la Chine. Les mesures de rapatriement des Canadiens à l'étranger spécifiaient que ceux qui présentaient des symptômes ne seraient pas autorisés à rentrer chez eux à ce moment-là [71]. La peur s'est encore accrue lorsque Sophie Grégoire-Trudeau, épouse du Premier ministre, a annoncé qu'elle avait reçu un diagnostic de COVID-19 après un événement en Angleterre. La décision du Premier ministre de s'isoler a fait naître des inquiétudes quant à la propagation du virus [72]. Le virus ne pouvait plus être associé uniquement à l'autre – même si après les Chinois, les Américains ont commencé à jouer le rôle de l'étranger coupable.

La phase du confinement a commencé lorsque des mesures ont été prises par les gouvernements provinciaux pour limiter les rassemblements, fermer les écoles et interdire les visites à l'hôpital [73]. Un premier scandale, lequel démontre la nature ambiguë et contradictoire de l'environnement informationnel dans lequel la genèse de la représentation s'est produite, a été déclenché lorsque, le 12 mars, le Premier ministre de l'Ontario, Doug Ford, a encouragé les familles à « partir en vacances » pendant les congés de printemps. Le lendemain, le gouvernement ontarien a annoncé que les écoles seraient fermées pendant au moins deux semaines supplémentaires. Le message de Ford a été critiqué par les responsables de la santé publique, qui ont invité tous les Canadiens à éviter les voyages non essentiels [74].

Certains journalistes ont utilisé un langage rappelant la guerre. Les termes « zone de guerre », « combat » et « effort de guerre » ont été utilisés pour décrire la situation dans les hôpitaux et les centres de soins de longue durée du Québec et de l'Ontario [75], qui ont dû demander l'aide de l'armée pour soutenir les aides-soignants et les infirmières [76]. La population craignait de plus en plus les problèmes d'approvisionnement alimentaire au pays. Les gouvernements provinciaux et fédéral ont dû appeler au calme pour résoudre cette situation [77]. Une autre pénurie qui a fait la une des journaux est celle des équipements médicaux de protection individuelle, dont il ne restait que quelques semaines de réserve. Les médias ont fait état quotidiennement des réserves restantes dans les provinces, tandis que les médecins craignaient un manque d'équipement [78].

Certains experts, médias et politiciens ont estimé que l'épidémie a mis en évidence les inégalités sociales au Canada, les plus vulnérables, les personnes âgées, les malades et les pauvres étant plus touchés par le virus et l'arrêt d'une grande partie de l'économie canadienne [79]. Face aux méchants, aux responsables de l'épidémie et de sa mauvaise gestion, des héros sont apparus dans le discours. Au Québec, les infirmières ont été surnommées « anges gardiens » à cette époque par le Premier ministre François Legault pour souligner le courage de ces travailleuses de la santé. Des messages de compassion et de soutien sont apparus fréquemment dans les journaux pour ces héros : médecins, infirmières et autres travailleurs essentiels, mais aussi pour le nouvel acteur du discours médiatique : les victimes, les familles de ceux qui sont morts de la COVID-19 [80].

Dans la phase suivante, les cas confirmés de COVID-19 ont été concentrés principalement dans deux provinces, le Québec et l'Ontario. Dans ces provinces, la majorité des cas se sont produits dans des établissements de soins de longue durée. L'attention s'est alors tournée vers la protection des personnes âgées, et les scandales dans la gestion de cette crise sanitaire dans les centres de soins de longue durée ont entraîné une réévaluation de la relation de la société avec les personnes âgées. Chez les responsables gouvernementaux, la décision de rouvrir l'économie et certains services comme l'école avait permis d'éviter de faire face aux effets pervers de l'enfermement (augmentation de la violence domestique, isolement social, faillite d'entreprise, etc.) [81]. Les écoles du Québec ont été parmi les premières à rouvrir. Les enfants des garderies et des écoles primaires ont été renvoyés à l'école pour les deux mois restants de l'année scolaire et ont dû suivre des mesures d'éloignement physique et de lavage des mains. La réponse n'a pas été la même dans les autres provinces, par exemple en Ontario, où le gouvernement – en accord avec l'opinion publique – a décidé de fermer les écoles pour le reste de l'année scolaire [82]. Malgré la réouverture de l'économie, certaines entreprises du pays ont craint que les mesures mises en place pour assurer l'éloignement physique ne leur permettent pas de rester viables. Les gouvernements et les experts ont également craint qu'une deuxième vague de COVID-19 ne se produise. Aucune controverse majeure n'est semblée avoir affecté le début de la réouverture de l'économie.

Cependant, des mesures économiques supplémentaires et l'ouverture de commerces, tels que les bars, en plus de l'obligation de porter un masque dans certaines villes et provinces, ont, dans une certaine mesure, relancé un débat dans l'opinion publique [83]. Le rassemblement de certains jeunes a été accusé de mettre la population en danger lors de la réouverture des bars. Un nouveau groupe a donc commencé à être visé par la stigmatisation.

Au Canada, le verrouillage et la réouverture ont eu lieu à différentes échelles selon les provinces. Les principaux scandales et les événements majeurs se sont produits dans les deux provinces les plus touchées, l'Ontario et le Québec, notamment dans les établissements de soins de longue durée. L'opinion des différents acteurs (politiciens, journalistes, experts, public) sur la pandémie n'a cessé d'évoluer au cours des différentes phases, notamment sur les mesures à prendre et les dangers de propagation du virus. Malgré une évolution relativement stable et sans débordement de l'opinion publique sur la mise en œuvre des mesures de confinement (et de réouverture), certains événements ont marqué l'imaginaire et interpellé le public sur la contribution du pays à certains services sociaux, comme les soins aux personnes âgées.

4.3 Amérique latine
Brésil

Depuis le début de la pandémie de COVID-19, les réseaux sociaux ont joué un rôle particulier dans la diffusion de l'information sur cette maladie auprès des Brésiliens. L'aggravation des cas a déclenché la diffusion de plus d'informations et de directives par les autorités sanitaires du pays. Au Brésil, les phases de l'épidémie n'ont pas été aussi claires que dans d'autres pays. Les premières actions préventives ont eu lieu avant que le cas 1 n'a été signalé en février 2020, avec le rapatriement des Brésiliens (9 février) qui vivaient à Wuhan, la ville chinoise qui était l'épicentre de l'infection. En 11 jours, le pays a confirmé le cas 1 (20 février), ce qui n'a pas empêché la plus grande fête du pays, le Carnaval, de se dérouler en quelques jours (le 24 et le 25 février). Le ministère de la Santé a notifié seulement après le Carnaval ce premier cas de COVID-19 au Brésil [84]. Environ quinze jours plus tard, le même ministère, sous l'administration du ministre de la Santé, le médecin Luis Henrique Mandetta, a commencé à diffuser des directives à la population concernant les méthodes de protection pour faire face à l'urgence de santé publique, jugée d'importance internationale, causée par la pandémie (restrictions des voyages et des événements et imposition du télétravail pour les groupes à risque). À partir de ce moment, le ministre a lancé des transmissions télévisées quotidiennes à l'échelle nationale sur les données épidémiologiques au Brésil, les lignes directrices et les réponses aux questionnements des médias et de la population en général. Les lignes directrices [85] suivaient les normes émises par l'Organisation mondiale de la santé (OMS). Sur la base de l'expérience du développement de la maladie dans d'autres pays, la distanciation sociale a été déterminée comme la stratégie à suivre pour prévenir la contamination (Ferguson et al., 2020). La phase de confinement commençait.

Les autorités locales, telles que les maires et les gouverneurs d'État, ont suivi les directives du ministre de la Santé et ont décrété des normes de distanciation sociale dans tout le pays. Cependant, malgré toutes les informations scientifiques diffusées par les autorités sanitaires du monde entier et par le gouvernement brésilien, le président Jair Bolsonaro a commencé à prendre position contre la distanciation sociale et a émis des doutes sur le nombre de personnes touchées par la maladie au Brésil. Il a déclaré que les médias exagéraient les informations sur le nombre de décès et de personnes infectées et avaient provoqué la panique au sein de la population. Le président a également qualifié la pandémie de « grippe insignifiante » [86] et a déclaré que les gens devraient affronter la « pluie » et qu'ils ne devraient pas rester chez eux par peur. Ils devraient continuer à vivre normalement pour éviter une crise économique, qui serait très grave pour le Brésil. Ses interventions dans les réseaux sociaux ont suscité des doutes sur le nombre de victimes. Après quelques jours, plusieurs messages Twitter, Facebook et Instagram ont été supprimés par les réseaux sociaux en raison du préjudice causé à la santé publique [87]. Les contradictions entre le discours du gouvernement fédéral et le communiqué quotidien du ministère de la Santé fourni par les médias ont produit deux phénomènes. Le premier est une augmentation de l'influence sociale de l'information puisque, dans une attitude très ambiguë, nous cherchons chez les autres la source d'information qui guidera nos activités (Sherif, 1935 ; Moscovici, 1976). Ce processus a eu pour résultat une augmentation significative du partage d'informations par l'intermédiaire des réseaux sociaux. Cependant, ces informations n'avaient pas toujours une source fiable et elles contribuaient à la diffusion de fausses nouvelles. En d'autres termes, dans le contexte d'une situation de crise marquée par des incertitudes, on accordait moins d'importance à la source d'information et plus d'importance à la diffusion des nouvelles.

Cependant, dans le conflit entre le président de la République brésilienne et celui du ministre de la Santé, le premier est sorti victorieux. Le ministre de la Santé, Mandetta, a été démis de ses fonctions et a été victime de fausses nouvelles de la part des admirateurs de Bolsonaro, qui l'accusaient de corruption. Après la destitution de Mandetta, un autre médecin, Nelson Teich [88], a été nommé. Après un mois, il s'est rendu compte que la réconciliation entre les connaissances scientifiques et le discours du président était impossible. Ce dernier a insisté sur l'établissement d'un protocole médical rendant obligatoire l'utilisation de l'hydroxychloroquine comme traitement pour la COVID-19 au Brésil [89], même si aucune efficacité scientifiquement connue n'avait été attribuée à ce médicament.

Lorsque le nombre de décès au Brésil a atteint 2 575 et que 40 581 cas de personnes infectées par la COVID-19 ont été confirmés, le président Jair Bolsonaro a déclaré qu'il n'était pas un fossoyeur [90] lorsqu'on l'a interrogé sur le nombre de décès. Lorsque 5 017 décès ont été signalés, il a répondu : « Et alors ?! » [91]. Après la destitution de Teich, Eduardo Pazzuelo, général militaire sans aucune formation médicale, a été nommé ministre de la Santé pour une courte durée. Sa première activité a été l'institution du protocole COVID-19 sur l'hydroxychloroquine [92] [93]. En conséquence, la Cour suprême de justice a demandé des explications sur l'utilisation du protocole [94]. Une autre mesure prise par le ministre militaire a été l'arrêt de toute diffusion sur le nombre de morts ou de personnes infectées au Brésil [95], mesure très critiquée par les secteurs législatif et judiciaire [96] (Justo et al., 2020). Le 8 août 2020, le Brésil pouvait se vanter d'avoir traversé 85 jours sans ministre de la Santé et avait atteint le terrible score de 100 000 morts et de trois millions de personnes infectées [97].

La polarisation des informations et des prescriptions sur la pandémie de COVID-19 a favorisé l'émergence de doutes et de fausses nouvelles, ce qui s'est répercuté sur les pratiques de prévention chez les Brésiliens (Giacomozzi et al., 2022), qui se sont révélés très hétérogènes dans un pays de la taille d'un continent. D'autre part, les différents comportements face à la pandémie ont été dus à des décisions sur les stratégies de distanciation et de verrouillage social déterminées par les gouverneurs des États et les maires des municipalités. En effet, en avril 2020, la Cour suprême a garanti cette autonomie aux gouverneurs et aux maires pour ce qui concerne la détermination des règles de lutte contre la pandémie sur leurs territoires respectifs [98]. En outre, il convient de souligner l'intense polarisation politique au sein du pays (Giacomozzi et al., 2022 ; 2023), laquelle peut avoir contribué à la construction de différentes formes de représentation de la pandémie et de pratiques de prévention de l'infection qui semblent être directement liées aux processus identitaires.

Mexique

La pandémie est arrivée au Mexique à un moment où d'importantes transformations étaient en cours. Le président Andrés Manuel López Obrador et son équipe ont mis en œuvre d'importants changements dans tous les domaines du gouvernement depuis décembre 2018. Les résultats de ces changements n'étaient pas encore visibles lorsque la COVID-19 est arrivée dans le pays en février 2020. Les analystes et spécialistes financiers [99] ont annoncé que le Mexique faisait face à la pandémie tout en étant confronté à un taux de pauvreté élevé (touchant près de la moitié de la population [100]), à d'importants problèmes de santé (obésité, hypertension et diabète [101]), à une économie faible et à une polarisation politique accrue en raison de la crise mondiale du pétrole. Le président a annoncé, jour après jour, des mesures d'« austérité républicaine » de plus en plus nombreuses (102), qui se sont traduites par d'importantes réductions budgétaires pour les agences de service public. La fermeture temporaire de grandes, moyennes et petites entreprises a provoqué du chômage et laisse présager une reprise économique ardue et une augmentation des taux de pauvreté (103). La dépréciation du peso mexicain a aggravé les prévisions pour le pays. Au début de la pandémie, les Mexicains ont vu l'augmentation exponentielle des cas d'infection en Asie et en Europe comme un cauchemar lointain, mais potentiellement menaçant. La première série de patients mexicains infectés avait voyagé sur ces continents, ce qui associait la COVID-19 à des personnes de haut niveau socio-économique. Le gouverneur de Puebla a tenu à mentionner que la COVID-19 était une maladie de riches [104]. L'expansion rapide du virus a mis en évidence que la COVID-19 n'avait aucun respect pour les frontières ou le statut social. Depuis la fin de février 2020, une équipe d'experts dirigée par Hugo López-Gatell présente un rapport quotidien sur le développement de la pandémie et les actions du gouvernement pour réduire les dommages [105]. Le gouvernement a établi trois phases ou scénarios d'urgence pour prévenir la propagation de COVID-19 (106) :

Phase 1 : Les premiers cas de contagion importés sont survenus du 27/02/20 au 23/03/20. Les mesures adoptées pour prévenir la contagion étaient : réduire les contacts physiques, se laver constamment les mains, surveiller les cas détectés, divulguer les informations pertinentes dans les bureaux et les écoles et être à l'écoute des médias officiels.

Phase 2 : La transmission communautaire s'est déroulée du 24/03/20 au 20/04/20. Les mesures adoptées pour prévenir l'augmentation des contagions étaient : distanciation sociale, éviter les poignées de main, les baisers et les étreintes, suspendre temporairement les activités non essentielles et scolaires, événements de masse dans des espaces ouverts et fermés, contrôle sanitaire à l'entrée des bâtiments, mesures d'hygiène de base, étiquette en matière d'éternuements, soins aux groupes vulnérables, confinement volontaire. Les activités essentielles étaient : celles liées à la santé, à la sécurité publique, à l'entretien des infrastructures essentielles, aux programmes sociaux et aux secteurs clés de l'économie.

Phase 3 : Le stade épidémiologique s'est déroulé du 21/03/20 au 01/06/20. Les mesures adoptées pour prévenir l'augmentation des contagions étaient : les mêmes mesures que lors des phases précédentes, en plus de la diffusion intensive et permanente des mesures d'atténuation, des symptômes et des signes d'alerte de COVID-19, de la suspension des contacts avec les personnes atteintes ou suspectées d'être atteintes de la maladie, de la suspension indéfinie des activités non essentielles et des événements publics.

Après la phase 3, le gouvernement a mis en place un éclairage hebdomadaire du risque épidémiologique par région afin de relancer les activités économiques, sociales et productives (107). Les cartes officielles de COVID-19, produites quotidiennement, montraient que les feux de circulation étaient passé du rouge à l'orange presque partout dans le pays, indiquant que la situation de la pandémie était toujours dangereuse (108). Partant du principe que la croyance dans la science engendrerait la confiance et le calme au sein de la population mexicaine, López-Gatell et son équipe ont concentré leurs efforts pour fournir des explications sur le type de virus COVID-19, sa façon de se comporter et de se transmettre, son taux de létalité et l'absence de traitement pour guérir la maladie. En transposant des connaissances scientifiques dans des programmes de santé et dans des mesures préventives urgentes, le gouvernement a créé des représentations sociales spécialisées sur la COVID-19, inspirées des informations internationales (principalement communiquées par l'OMS) et du bilan de l'évolution du virus au Mexique ainsi que de l'expérience acquise lors de précédentes situations de pandémie. Afin de comprendre la COVID, la population dépend de la traduction du langage scientifique en langage de sens commun par les journalistes, les communicateurs et dans tout ce qui est publié ou exprimé dans les réseaux sociaux. Le manque de certitude sur la COVID-19, les communications gouvernementales ratées et les interprétations de sens commun ont créé de la confusion et de l'incertitude. Certains journalistes ont commencé à remettre en question le nombre officiel de décès et de personnes infectées sur lequel le gouvernement s'appuie pour prendre des mesures et faire des projections statistiques sur la pandémie (109).

Il n'y a pas eu de consensus sur la nécessité d'utiliser ou non un masque, car le docteur López-Gatell disait parfois que ce n'était pas nécessaire, mais d'autres le recommandaient [110]. Dans les médias, il a été difficile de comprendre les phases de contrôle établies par le gouvernement pour gérer les actions visant à faire face à la pandémie, surtout en ce qui concerne les critères permettant de définir la phase la plus critique. Une polémique a été générée sur le triage des personnes qui devraient être traitées en priorité dans les hôpitaux. Cette situation a créé un conflit sur la question de savoir qui avait le droit de vivre, les plus jeunes, les moins malades, etc. [111]. La peur a commencé à s'étendre au sein de la population, en particulier la peur des uns envers les autres, ce qui a conduit à la discrimination des personnes infectées ou même soupçonnées d'avoir été contagieuses par la COVID-19 [112]. Les attaques contre le personnel médical dans les rues ont commencé à être dénoncées sur les réseaux sociaux (113). Malgré les efforts déployés par les experts pour communiquer des représentations sociales spécialisées sur la COVID-19, sur ses risques et sur ses taux de mortalité, celles-ci ont été ignorées ou mal comprises. Le président Andrés Manuel López Obrador n'a jamais porté de masque facial et a mis beaucoup de temps à arrêter ses tournées de travail [114]. Il s'est montré tout le temps entouré de personnes qu'il touchait et dont il serrait la main. On l'a même vu embrasser un enfant [115]. Comme conséquence, au début du mois de mai 2020, la plupart des gens ne restaient pas chez eux et ne respectaient pas la distanciation sociale. Même en juillet 2020, beaucoup de personnes n'utilisaient pas de masque [116].

Les recommandations sur la pandémie, les avertissements sur sa morbidité et les dommages causés dans d'autres pays n'ont pas suffisamment sensibilisé la majorité de la population mexicaine. Beaucoup de Mexicains ont continué de croire que la pandémie n'existait pas vraiment et qu'il s'agissait d'une conspiration politique [117]. Certaines fêtes religieuses et sociales traditionnelles ont eu lieu dans tout le pays pendant la pandémie (118).

Les entreprises sont restées ouvertes au début, d'une part pour des raisons économiques et d'autre part parce que la vie continuait. Les gens ont gardé leur routine jusqu'à ce que les mesures de confinement soient plus strictes pour les « activités non essentielles ». En matière de représentations sociales, les gens ont été obligés de réfléchir à leurs actions en fonction de cette nouvelle classification dichotomique (activité essentielle/non essentielle), de la distance sociale et des habitudes d'hygiène inhabituelles. L'obligation de gagner un revenu quotidien en exerçant une activité quelconque, essentielle ou non, a continué de jeter à la rue les personnes les plus démunies. Le confinement pour préserver la santé est devenu un luxe auquel tout le monde ne peut aspirer au Mexique, même lorsque la pandémie est devenue plus dangereuse et plus grave (119). La crise sanitaire a pris un tournant inattendu et sans précédent dans la vie des gens, dans la dynamique socio-économique et dans le fonctionnement des institutions mexicaines. Fin juillet 2020, à l'échelle mondiale, le Mexique occupait le troisième rang pour ce qui concerne le plus grand nombre de décès, et le sixième rang pour ce qui concerne la contagiosité, selon les données sur la COVID-19 de l'université Johns-Hopkins. Les ravages de la crise économique et sanitaire laissaient présager un avenir incertain pour le peuple mexicain [120].

Argentine

La pandémie a amené les Argentins à faire face à une situation étrange, inattendue, choquante, qui n'avait jamais été imaginée auparavant. Face à cette situation, la première réaction des citoyens argentins a été de chercher des informations, de lire les nouvelles, de comparer leur propre expérience avec celle déjà vécue dans d'autres pays, de trouver un point d'ancrage. Est-ce que cela se passe vraiment ? Est-ce que cela m'arrive à moi ? Étrangeté, désorientation, perplexité.

Comme chronologiquement l'épidémie s'est d'abord produite en Chine et, étant donné la distance géographique, elle a été considérée comme grave, mais localisée, cette situation a diminué son importance sociale. Mais dans l'environnement mondialisé, les gens, les objets et les virus ont une grande vitesse de circulation. La pandémie s'est propagée alors en Europe, aux États-Unis et enfin en Amérique latine. L'Argentine a pu tirer parti de l'expérience acquise dans d'autres domaines, notamment en Europe. Des mesures précoces de prévention et de contrôle ont été mises en œuvre pour contrôler l'épidémie, dès son apparition (décret 641/2020) [121]. Quelques jours après le premier cas confirmé, le 3 mars 2020, une quarantaine stricte et un confinement à l'échelle nationale ont été mis en place le 19 mars 2020, puis progressivement étendus à la mi-avril, puis au 26 avril, puis au 10 mai 2020. « Restez chez vous, nous prenons soin de vous » était la devise entendue partout [122].

Avant la propagation en Amérique latine, le ministre de la Santé de la nation l'avait décrite comme « une grippe légère ». Il a ensuite dû modifier sa première évaluation, à mesure que l'épidémie se propageait. Les mesures qui ont été prises étaient des décisions du Président de la nation [123] prises avec les gouverneurs des différents districts et une équipe de conseillers, d'épidémiologistes et de spécialistes des maladies infectieuses, et étaient le résultat de négociations et d'accords interinstitutionnels, qui ont toujours été rendus effectifs par des décrets présidentiels. Les experts ont commencé à exercer une forte influence politique sur le président de la nation. Durant la période étudiée, ces décrets étaient adoptés tous les 15 jours, à partir du 20 mars 2020. Ce rôle central du président était une source d'amélioration de son image, de la confiance qui lui était accordée et de son pouvoir. Des aides économiques ont été décrétées pour les populations vulnérables [124], des interdictions de licenciements et de suspensions [125] et des aides aux petites et moyennes entreprises [126]. Des avantages ont été formulés pour protéger le personnel travaillant dans la santé publique, mais ils n'ont pas été respectés. Mais la quarantaine extrêmement longue a sapé le prestige présidentiel, ce qui, ajouté à une énorme crise économique, a signifié une crise générale de grande envergure. En même temps, à l'ombre de la quarantaine, de profonds changements ont commencé à apparaître dans la structure judiciaire, avec une teinte manifestement antidémocratique. La quarantaine excessivement longue a généré, en raison de la fatigue et de l'épuisement [127], de nombreux déséquilibres et transgressions des normes imposées [128]. Pendant la quarantaine, on a remarqué des différences significatives dans le respect des règles. Les transgressions ont produit, comme dans d'autres régions du monde, d'importantes flambées, qui ont été vécues comme l'existence sans fin de la pandémie.

Les ruptures dans le comportement des hauts dirigeants ont conduit au chaos et aux affrontements entre les solutions rationnelles et les solutions « magiques ». Les déclarations de personnes qui se trouvaient dans un rôle de pouvoir ont semé la confusion et ont favorisé la transgression des normes sanitaires établies, par exemple la consommation d'hydroxychloroquine, qui a entraîné une perte de confiance envers les dirigeants. En analysant le processus dynamique de constitution des représentations sociales lié à la COVID-19 en Argentine, comme dans d'autre pays, on trouve ce qui suit :

(a) *Le processus d'objectivation* (du concept abstrait à une image concrète) dans le dessin du coronavirus représenté par l'émoticône d'un visage avec un masque qui représente l'isolement émotionnel et social. Le virus a également été objectivé en tant qu'ennemi extérieur qu'il faut combattre : à cet égard, la conviction du président américain Donald Trump concernant le virus dans le cadre de la lutte bactériologique menée par la Chine, en tant que concurrent commercial des États-Unis, a été exemplaire. Certains éléments communs à travers les âges sont apparus : l'objectivation de la représentation de la COVID-19 en héros : experts scientifiques, microbiologistes, épidémiologistes, travailleurs de la santé ; en vilains de l'élite : journalistes et médias, accusés d'utiliser la peur dans leur propre intérêt et d'être des marionnettes des classes dominantes et des sociétés pharmaceutiques, gouvernements inefficaces, groupes de riches cosmopolites qui voyagent, infectent et contaminent les autres ; les vilains ordinaires : personnes négligentes avec peu de contrôle sur soi, masses inconscientes, personnes qui font des achats excessifs et irrationnels et finalement des victimes : personnes âgées, pauvres, etc…

(b) Le *processus d'ancrage* soutenu par la littérature classique (y compris par des auteurs comme Boccaccio, Defoe, Camus, Thomas Mann, García Márquez, entre autres), qui rend compte de la façon dont diverses épidémies ont été affrontées dans le passé, en parlant des modèles d'adaptation des êtres humains, du plus misérable de l'existence au sublime de la solidarité. Au cours des différents siècles, les réactions humaines face au risque de maladie, aux menaces de mort et aux tragédies sont extrêmement similaires dans les différentes périodes historiques : la peur, l'éloignement, la discrimination contre les malades, la violence, la désobéissance civile, mais aussi la solidarité et la contagion de l'espoir. Il y a une différence importante dans le sens attribué à la maladie entre le Moyen-Âge, où celui-ci est déterminé par des croyances religieuses, et les XXᵉ et XXIᵉ siècles marqués par une vision sécularisée où prévalent des explications rationnelles et scientifiques.

Cependant, les groupes fermés ayant de fortes convictions religieuses et une vision fataliste (« c'est la volonté de Dieu ») ne se conforment pas aux mesures de protection officielles et violent les restrictions sanitaires. Ils ont été par la suite plus nombreux à tomber malades. La maladie a également été associée aux sous-groupes ethniques, les Chinois, dans un processus de catégorisation manifestement discriminatoire.

(c) Les *thémata*, en tant qu'idées primaires, pensées préexistantes, archétypes liés à la culture et à l'histoire, oppositions thématiques, contradictions entre les différents types de connaissances existant dans le monde. En particulier, on a pu trouver les données suivantes :

1. dans les pratiques sociales : aide/rejet, approche/ distance, obéissance aux mesures officielles/violation de la quarantaine ;
2. en valeurs : solidarité/misère ; acceptation de ce qui est différent/stigmatisation ;
3. dans les émotions : amour et recherche de la proximité/ terreur, rejet et isolement accru.

La pandémie de coronavirus a placé les citoyens argentins et du monde entier devant la tâche de développer la capacité à faire face à des situations extraordinaires, la force éthique et la solidarité comme des qualités humaines de grande valeur.

4.4 Asie

Indonésie

Face à la COVID-19, plusieurs représentations ont émergé qui révèlent comment des éléments du passé sont réactivés. Les relations avec l'Occident ont révélé dans le cas de la COVID-19 le complexe d'infériorité de l'Indonésie vis-à-vis de l'Occident. L'Occident en tant que représentation est devenu un objet générique pour toutes les nations blanches (Nandy, 1988 ; Fanon, 1952 ; Chen, 2010) et la communauté internationale au-delà des seuls Pays-Bas – le pays qui a colonisé l'Indonésie pendant 3,5 siècles. Cette représentation a fait principalement surface parmi les personnes au pouvoir et est devenue une zone de tension qui traverse le passé jusqu'au temps présent, et montre en même temps l'aspect sociogénétique des représentations (Kalampalikis et Apostolidis, 2020 ; Jodelet, 1989, 2015) mobilisées pour faire face aux crises mondiales.

Lorsque le virus est apparu en janvier 2020, l'Indonésie a pris la voie opposée de l'Occident [129]. Dans un effort pour maintenir l'économie à flot, le gouvernement a d'abord tenté de nier que le virus avait frappé le pays. Le discours religieux a fait partie de la plateforme initiale de résistance à l'Occident, qui a fourni de manière intensive des informations scientifiques. Le ministre de la Santé Terawan A. Putranto a même déclaré que l'Indonésie devait à Dieu sa protection contre le virus [130]. Le vice-président a ensuite souligné que chaque prière lue par les musulmans lors des prières de l'aube avait tenu le virus à distance [131]. Lorsqu'un certain nombre de cas ont été refusés comme victimes de COVID-19 de la fin janvier à février 2020, l'OMS a averti le gouvernement indonésien de communiquer immédiatement les chiffres réels [132], comme l'a fait une équipe de recherche de l'université de Harvard. Ce fait a été perçu en Indonésie comme un avertissement fait par l'Occident (à travers l'OMS et les États-Unis) ce qui a réactivé l'expérience passée de la domination coloniale. Le ministre Terawan a ouvertement révélé son ressentiment, déclarant que ces commentaires équivalaient à des insultes envers les Indonésiens [133]. Une telle résistance reflétait également l'absence d'arguments fondés sur la connaissance scientifique de la part du gouvernement indonésien [134].

Dans la phase suivante, les déclarations soulignant la souveraineté de l'Indonésie pour faire face à la pandémie elle-même ont fait référence au bon sens des Indonésiens. Le chef du groupe de travail national sur la COVID-19 a déclaré que la proximité quotidienne avec la pauvreté et avec la coutume de consommer des boissons aux herbes parmi les pauvres [135] pourrait immuniser la population contre toute forme de maladie. Cependant, le vice-président a fait remarquer à la blague que le virus pouvait être tué automatiquement par la consommation de lait de chevaux sauvages [136] – une expression humoristique populaire synonyme d'impossibilité.

Le rejet de toutes les informations scientifiques provenant de l'Occident a été rendu encore plus clair par le ministre de l'Intérieur, qui a affirmé que le nombre de décès dus à la COVID-19 dans le pays était très faible et que les Indonésiens avaient une forte résistance physique [137]. Le ministre coordinateur des affaires maritimes et des investissements a ajouté que la situation de l'Indonésie le long de l'équateur tuerait automatiquement le virus.

Fin février 2020, le public avait développé des attitudes et des connaissances diverses sur l'épidémie [138]. Au milieu de tant de déni et d'attitudes détendues, un jeune militant et médecin a utilisé les médias audiovisuels pour exprimer la nécessité pour le public de rester vigilant et les efforts de l'État pour éviter une nouvelle détérioration de la situation (139), ce qui a conduit à une pression publique sur le gouvernement. Début mars 2020, le président a annoncé les premiers cas confirmés de COVID-19 dans le pays [140]. L'annonce a conduit à la stigmatisation des personnes affectées par la COVID-19.

Diverses réactions sont apparues [141]. Parmi les personnes non éduquées et les classes populaires, qui constituent la majorité de la nation, les représentations exprimées par les autorités sur la base de la religion sont devenues facilement la référence de la majorité. Au-delà du gouvernement, des oulémas, des célébrités et de nombreuses autres personnalités ont également joué un rôle dans la production de représentations [142]. Une célébrité qui est devenue une figure populaire du mouvement islamique wahhabite a même déclaré que la COVID-19 était un guerrier de Dieu envoyé pour éradiquer les maux du monde. Les patients ont enduré alors le double stigmate d'être affligés par la COVID-19 et par la punition de Dieu [143]. Au sein des classes supérieures et moyennes, la maîtrise des langues étrangères a permis d'accéder à une information abondante en provenance de l'étranger, ce qui conduit à l'élaboration d'une représentation plus diversifiée. Cependant, la représentation de COVID-19 en tant que stigmate est apparue plus forte parmi ces classes aisées. Les personnes se sont méfiées de la violation de leur privilège social d'être une classe sans faille. Là où la classe populaire dont la subsistance repose sur le salaire quotidien n'a pas arrêté ses activités pour chercher des revenus, alors que l'État manquait de ressources pour répondre à ses besoins, des mouvements de solidarité ont facilement émergé en même temps que la prise de conscience de la classe moyenne supérieure [144]. La représentation de l'identité sociale qui divisait clairement les caractéristiques des classes aisées et populaires a émergé dans la déclaration du porte-parole du groupe de travail national COVID-19, Ahmad Yurianto : « Les riches protègent les pauvres afin qu'ils puissent vivre décemment, et les pauvres protègent les riches contre les maladies » (145).

Ces expressions expliquaient également leur insistance à rejeter les approches scientifiques perçues comme provenant de l'Occident. Au lieu de cela, le gouvernement a fourni des incitations au secteur du tourisme, déclarant que le pays était sûr d'être visité par les touristes [146] (des réductions d'environ 48 % pour les billets d'avion [147] et des fonds pour les personnes influentes qui diffusent le message que l'Indonésie méritait d'être visitée [148]). Jusqu'à la fin du mois de mars, l'Indonésie est restée ouverte, avec seulement des contrôles territoriaux limités pour éviter la contamination. Jakarta, la capitale, n'a appliqué les restrictions territoriales que le 6 avril 2020.

La stigmatisation du virus a touché également les dirigeants de chaque province (149). Chaque province a contrôlé le nombre de tests effectués sur les échantillons, de sorte que le nombre de cas positifs est resté faible (150) : pas de test, pas de cas (151). Le gouvernement central lui-même s'est efforcé de montrer qu'il contrôlait la situation en déclarant constamment que le nombre de décès était en baisse [152].

En réponse à l'approche du gouvernement, le public a continué à utiliser ses expressions habituelles – la satire – qui, sous le régime colonial, apparaissaient sur les scènes des comédies traditionnelles appelées *ketoprak*, *ludruk* ou *lenong* pour se moquer du pouvoir (Hatley, 2008 ; Hefner, 1996 ; Peacock, 1968). L'utilisation de la technologie pour produire ces identités culturelles montrait que les représentations étaient évidentes pour accueillir les nouveaux éléments de la vie quotidienne. Les mèmes distribués par les groupes de WhatsApp étaient les expressions les plus utilisées pour se moquer des conditions dans le pays. Voici un exemple : après le mois de jeûne du Ramadhan en juin 2020, les gens étaient enfermés depuis des mois non seulement physiquement mais aussi mentalement par la confusion et l'ignorance, alors ils ont commencé à gérer leur stress en sortant. Une activité répandue et intensive était le cyclisme [153], ce qui justifiait le sens commun quant à la vulnérabilité du virus en cas de chaleur [154]. Lors de la réouverture d'une grande artère de Jakarta, les gens sont venus en masse faire du vélo, violant les protocoles relatifs à l'éloignement physique et au port de masques (155). Un même est apparu en utilisant des images d'Hillary Clinton (HC) et de Barack Obama (BO), qui se servaient du vélo pour se moquer de l'oubli du danger par le public. Le dialogue se déroulait ainsi : HC : « Savez-vous ce que font les Indonésiens pour lutter contre le coronavirus ? ». BO : « Que font-ils "mbak" [grande sœur] ? ». HC : « Ils font du vélo ensemble ! ». BO : « Wkkkk... ambyar » [156]. L'expression du mot *ambyar* est un terme introduit par un chanteur populaire qui est mort pendant la pandémie, pour exprimer un état d'effondrement face à l'impuissance et à la perte de contrôle. Le mot exprimait ainsi le sens collectif de la façon dont les gens devaient faire face à la COVID-19. L'état d'*ambyar* s'est également exprimé par la façon dont les gens doutaient des protocoles de l'OMS, par exemple lors des rituels d'enterrement (157). Le sens de l'*ambyar* était donc le véritable virus auquel la nation était confrontée.

Le sentiment *ambyrique* d'effondrement total montrait le récit répété parmi le public. En javanais, un terme reflétant le remords collectif et l'impuissance due à une épidémie aux pertes de vies colossales est *pagebluk*. Ce mot a refait surface [158] ; ce qui était intriguant, c'était la représentation faisant référence à *pagebluk*, qui était ancrée à Joyoboyo, un Nostradamus javanais du royaume Kediri du 12e siècle, et comment *pagebluk* est devenu le sens commun pour justifier la calamité. Dans ce cadre, on voie comment les gens se familiarisent avec la COVID-19 en fonction de leur propre répertoire de connaissances. Dans ce répertoire, ils se souviennent de l'événement précédent des *pagebluk* – la grippe espagnole, qui a tué près de 5 millions de personnes dans l'Indonésie (159). Les gens croyaient que les chiffres des « années jumelles » (comme en 1919 et 2020) signifiaient des périodes de catastrophes, qui entraîneraient toujours des *pagebluk*. Le 14 août 2020, le président Joko « Jokowi » Widodo a déclaré qu'alors que toutes les nations du monde sont confrontées à la pandémie dans laquelle l'Indonésie est à nouveau mise à genoux, il était temps de « rattraper le retard » [160]. L'expression s'est développée en tant que jargon pendant plus de 50 ans depuis l'indépendance, lorsque les Indonésiens ont senti que le régime colonial avait pratiquement submergé la nation. Le ton positif de l'expression contenait une déclaration symbolique qui ne sera jamais visible, mais qui restera la notion fondamentale des efforts pour construire la nation : que l'Indonésie est à la traîne par rapport à l'Occident.

4.5 Afrique
Afrique du Sud

Pendant la période initiale de la diffusion du virus, les Sud-Africains ont connu la COVID-19, mais l'engagement et les discours sur le virus ont été retirés du contexte local. Pour de nombreux Sud-Africains, il était représenté comme un virus chinois, dont l'épicentre était alors la ville de Wuhan. Les citoyens s'émerveillaient de la vitesse à laquelle la Chine avait construit les hôpitaux COVID-19 pendant la nuit et de leurs mesures de confinement (161). Des messages de solidarité et de soutien ont été envoyés à Wuhan, y compris un don de masques par la société U-Mask (162). Cependant, comme aucun cas actif n'a été recensé en Afrique du Sud jusqu'en février 2020, il semblait presque improbable pour les citoyens que le virus atteigne les côtes du pays (163). En février 2020, l'Institut national des maladies transmissibles (NICD) a fait part des conseils d'experts sur la réaction du ministère sud-africain de la Santé (DoH) au coronavirus, déclarant que l'Afrique du Sud était prête à affronter le virus [164]. Le NICD est un institut de santé publique qui fournit des connaissances et une expertise en matière de maladies transmissibles au gouvernement, aux pays de la région et au continent. Au cours de cette phase, les principaux ports d'entrée ont été surveillés, la température des arrivants étant surveillée, en particulier en ce qui concerne les arrivants en provenance de Chine. Ensuite, le gouvernement sud-africain a lancé des plans pour rapatrier ses citoyens de Wuhan [165]. Le « patient zéro » sud-africain a été confirmé le 5 mars 2020 [166]. L'homme faisait partie d'un groupe de 10 personnes qui avaient voyagé pour des vacances au ski en Italie, y compris sa femme et huit amis, dont la moitié ont eu par la suite un diagnostic de COVID-19. Les citoyens ont réagi en s'indignant de l'imprudence du groupe de dix personnes qui avaient voyagé pour leurs loisirs, malgré l'augmentation des cas de COVID-19 dans le monde [167]. Les premiers cas ont déclenché une réponse du gouvernement, avec un débat parlementaire d'urgence sur le virus tenu le soir de la confirmation. Le 11 mars 2020, cinq autres cas de COVID-19 ont été signalés chez des personnes ayant voyagé dans divers pays européens, ce qui a peut-être alimenté la perception nationale selon laquelle le virus était une maladie des Blancs et des privilégiés (Murtagh et al., 2012).

Le 15 mars 2020, le président sud-africain Cyril Ramaphosa a déclaré un état de catastrophe nationale, avec à l'époque 61 cas confirmés de personnes infectées par le virus [168]. Un confinement national de 21 jours au niveau d'alerte 5 (forte propagation de la COVID-19 avec un faible état de préparation du système de santé) [169] a commencé du 27 mars au 30 avril 2020, fermant tous les ports d'entrée sud-africains et limitant la circulation aux frontières municipales et provinciales. Le 27 mars 2020, le ministre de la Santé, le docteur Zweli Mkhize, a annoncé le premier décès confirmé en Afrique du Sud dû à la COVID-19 [170]. L'objectivation, qui consiste à utiliser la guerre et d'autres métaphores démontrant le contrôle gouvernemental, tout en favorisant le sens de l'action collective, mais aussi en justifiant la lutte contre l'ennemi à tout prix (Sanderson et Meade, 2020), a été courante. Les métaphores liées à la guerre et à la météo ont été utilisées à différents niveaux de gouvernance, les dirigeants l'appelant « l'ennemi invisible », exhortant les citoyens à utiliser les armes disponibles telles que la distanciation sociale, le port de masques et, au moment le plus critique, faisant référence à l'arrivée de la *tempête* COVID-19 [171]. La communication sur le virus a commencé véritablement avec la diffusion du dépistage des arrivées dans les ports, et a été poursuit avec des briefings télévisés et les statistiques COVID-19 du ministère de la santé rapportées quotidiennement par divers médias (172).

Les cinq niveaux de confinement introduits le 27 mars 2020 comprenaient la restriction de l'alcool et des cigarettes, la réglementation de l'activité économique, la limitation des déplacements intra et interprovinciaux, la distanciation sociale, le port obligatoire de masques en public et l'imposition de couvre-feux [173]. Outre le niveau d'alerte 5, d'autres niveaux ont été introduits : niveau d'alerte 4 le 1er mai 2020 (propagation modérée à forte de la courbe COVID-19 avec un état de préparation du système de santé faible à modéré) ; niveau d'alerte 3 le 1ᵉʳ juin 2020 (propagation modérée de la courbe COVID-19 avec un état de préparation du système de santé modéré) ; niveau d'alerte 2 le 18 août 2020 (propagation modérée de la courbe COVID-19 avec un état de préparation du système de santé élevé) et niveau d'alerte 1 (propagation faible de la courbe COVID-19 avec un état de préparation du système de santé élevé).

L'Afrique du Sud est l'une des sociétés les plus inégales au monde, en grande partie sur le plan racial, avec plus de la moitié des citoyens vivant sous le seuil de pauvreté alimentaire, la majorité de la population étant noire, et les plus touchés par les inégalités étant les membres les plus pauvres de la société (BusinessTech, 2019). « Les représentations sociales sont dans l'histoire et ont une histoire » (Jodelet, 2015, p. 9), ce qui a été évident dans la réponse sud-africaine au nouveau virus. Avec la fermeture de l'économie, les inégalités sociétales ont été exposées. Celles-ci ont toujours eu en Afrique du Sud une existence socialement représentative et polyphasique parallèle entre les privilèges et la pauvreté. Depuis la fermeture du pays, les privilèges ont été représentés par des citoyens aisés faisant la queue pour faire des provisions, poussant des chariots remplis de provisions, d'alcool et de cigarettes [174], tandis que la majorité des personnes vivant dans la pauvreté ont lutté pour se procurer les produits de base en raison des perturbations économiques. La plupart d'entre eux ont fait la queue pendant plusieurs kilomètres pour obtenir des colis alimentaires et ont attendu de 1h00 à 9h00 l'ouverture des bureaux de l'agence gouvernementale de sécurité sociale sud-africaine (SASSA) afin d'avoir accès à 350 R (17 €/20 $) par mois d'aide sociale sous forme de subventions de détresse [175].

Les écoles ont été fermées en mars 2020, mais les élèves privilégiés des écoles privées ont continué à apprendre en ligne, tandis que la majorité des élèves des écoles publiques ont manqué des mois d'apprentissage dont le retour était prévu pour la fin août. L'approche du gouvernement qui a consisté à donner la priorité au sauvetage de vies a été importante, mais avec la fermeture de l'économie suite au confinement national, cela a signifié que les gens n'ont pas pu gagner leur vie. Le système de santé sud-africain est divisé en fonction de l'accessibilité financière, les citoyens aisés payant une assurance médicale (16,4 %) pour les établissements de santé privés, la majorité d'entre eux ayant recours aux établissements de santé publics (83,6 %) [176], dont le traitement est gratuit ou peu coûteux. Cependant, à l'échelle nationale, les établissements de santé publics qui desservent la majorité des Sud-Africains sont surchargés, manquent de personnel, d'hygiène et de ressources, ce qui met la vie des patients en danger [177].

Les réalités des représentations sociales de la santé peuvent être mieux comprises par une compréhension composite d'une myriade d'objets tels que le risque, le corps, la société et la maladie qui sont liés aux représentations sociales et à la santé (Aim et al., 2018). Depuis la déclaration du niveau d'alerte 5, en mars 2020, et l'assouplissement consécutif des différents niveaux d'alerte, jusqu'à l'annonce du niveau d'alerte 2, les inégalités socio-économiques se sont aggravées. La polyphasie cognitive donne un aperçu important de la nature en constante évolution de la communication sociale, des émotions, de la cognition et de la réflexion lorsque les gens sont confrontés à ce qui ne leur est pas familier (de-Graft Aikins, 2012), comme le nouveau coronavirus. Cela a été évident dans les représentations sociales sud-africaines qui reconnaissent que le coronavirus tuait, tout en croyant qu'il ne tuait que les personnes d'une certaine race (blanche) et/ou d'un certain âge (vieux).

Les mesures de confinement à cinq niveaux prises par l'Afrique du Sud en réponse au nombre de cas positifs, au comportement des citoyens et à la pression exercée sur le système de santé national ont soulevé des représentations sociales polyphasiques. La réouverture de l'économie, l'augmentation de l'activité économique, les voyages nationaux, la réouverture des ventes d'alcool et de cigarettes autorisées au niveau d'alerte 2, en vigueur le 18 août 2020, ont accru les craintes d'une augmentation du nombre de cas de COVID-19 au niveau national (178). Les représentations sociales, dans une perspective de contenu et de processus, constituent un savoir qui se manifeste dans les discours quotidiens (Moscovici, 1988) produits, partagés et créés collectivement. Les représentations sud-africaines de la pandémie mondiale de COVID-19 ont resté polyphasiques, des représentations sociales simultanément contradictoires coexistant alors que la lutte du gouvernement pour réduire le nombre de cas se poursuivait contre le nombre croissant de décès.

5. Discussion

L'aperçu des médias et de la communication entre experts présenté dans cet ouvrage collectif atteste que dans le processus de représentation du nouveau virus, les discours de différentes sources, et même au sein d'une même source, n'ont pas convergé en une seule représentation de la maladie. Au cours des six à huit mois qui ont suivi le début de l'épidémie, les tentatives du public pour donner un sens au virus, c'est-à-dire pour faire face collectivement à cet événement perturbateur et menaçant (Wagner et al., 2002), sont passées du stade de la prise de conscience à celui de la divergence et s'y sont attardées sans passer au stade suivant. Ces controverses largement répandues – dont l'importance varie dans chaque pays en fonction du degré de polarisation politique et de manipulation de la peur collective – n'ont pas été élaborées au nom d'un bien supérieur (comme l'intérêt pour le bien-être de l'humanité entière). La concurrence entre pays superpuissants est emblématique à cet égard, comme en témoigne l'annonce le 11 août 2020 par le président russe Vladimir Poutine de la livraison du vaccin Spoutnik à l'automne 2020 (contre les doutes de la communauté scientifique internationale), dont le nom évoque le climat de la guerre froide [179].

Si certains contextes culturels, sociaux et politiques au sein de l'espace européen peuvent être comparés jusqu'à un certain point (par exemple, Italie, Espagne, France, Allemagne, etc. ont été très actifs dans la promotion des mesures de solidarité de l'Union Européenne pour soutenir les pays les plus touchés par le virus par le biais de fonds de relance et d'autres mesures économiques, en contraste avec la résistance des États membres dirigés par des souverainistes), d'autres éléments de comparaison au niveau transcontinental peuvent être observés concernant la fracture culturelle entre l'Ouest et l'Est et l'activation de la dynamique inverse des préjugés de la majorité et de la minorité concernant les riches Européens blancs (identifiés comme source de la contagion) et

les Africains noirs (qui se perçoivent comme victimes de l'infection). Outre la multi-vocalité et la prévalence des représentations
polémiques – qui ne sont pas un problème en soi si elles sont
reconnues comme une véritable expression des opinions pluralistes
au sein d'une société démocratique – d'autres points communs
sont apparus.

a)   Le blâme et la stigmatisation des exogroupes, qui
      constituent l'un des schémas explicatifs classiques des
      maladies infectieuses émergentes, se sont produits dans
      presque tous les pays/cas inclus dans cette étude, avec
      des cibles différentes et multiples selon le contexte :
      surtout dans la phase initiale, des exogroupes divers ont
      été ciblés, comme les Chinois (Italie, Espagne, Canada)
      ou les immigrants en situation irrégulière (Italie, Malte).
      Puis, lorsqu'il est devenu évident que tout le monde
      pouvait être infecté et infecter les autres, des groupes plus
      proches ont été blâmés et considérés comme responsables
      de la contagion : les concitoyens émigrés à l'étranger
      et ayant ramené le virus « chez eux » (Roumanie), les
      riches voyageant en Europe (Afrique du Sud, Mexique),
      les personnes infectées (Mexique, Indonésie, Canada),
      mais aussi les systèmes sanitaires (Espagne, Roumanie,
      Mexique) et politiques (Indonésie, Argentine). La
      racialisation du virus en tant que « chinois » et
      « européen blanc » (comme dans le cas de l'Afrique du
      Sud) ou personnifié en tant qu'« immigrant envahisseur »
      (comme dans les représentations polémiques suite à
      l'augmentation des débarquements sur l'île de Lampedusa
      en août 2020 [180]) a montré comment le processus
      d'inversion est possible en fonction des différents
      positionnements culturels et socio-géopolitiques.
      Au tout début, le Coronavirus a joué le rôle de
      catalyseur du racisme, détournant l'attention des médias
      des cibles traditionnelles des préjugés (immigrants,
      Noirs, Asiatiques...) vers le « nouvel autre invisible ».
      Cependant, surtout dans les pays où la peur de

l'étranger a continué à être exploitée par les dirigeants souverainistes et populistes pour renforcer leur pouvoir stratégique en défaveur de la protection des citoyens contre les risques pour leur santé – les deux cibles médiatiques (c'est-à-dire le nouvel inconnu COVID-19 et les exogroupes) ont été associées, refusant souvent au premier de recentrer l'attention sur les cibles traditionnelles de la peur et de la haine. Il n'est pas surprenant que les campagnes de haine qui se cachent derrière le discours politique sur la sécurité et le contrôle social aient conduit à une nouvelle explosion de tensions et de violences raciales. La sénatrice Kamala Harris, première femme noire d'origine indienne à être nommée candidate démocratique à la vice-présidence dans l'histoire des États-Unis, a mentionné dans son discours d'acceptation (181), en examinant les dimensions raciales du fardeau de la COVID-19, qu'un nombre disproportionné de minorités raciales étaient touchées par la maladie en raison du « racisme structurel » : « (…) il n'y a pas de vaccin contre le racisme » (182).

b) Métaphores militaires et naturalistes. Mi-ancrage dans les expériences passées (par exemple, la Seconde Guerre mondiale), mi-objectivation, le langage de la guerre était largement utilisé, surtout dans les pays où les gouvernements et les dirigeants politiques reconnaissaient la gravité de la situation (Italie, Roumanie, Canada, Afrique du Sud) et ne cachaient pas la situation réelle à la population. Des métaphores naturalistes à connotation plus douce, telles que la vague (Malte) et la pluie (Brésil), ou plus catastrophiques comme la tempête (Afrique du Sud) et le tsunami (Malte) ont été davantage utilisées dans les pays où il y avait de fortes divisions au sein du gouvernement ou où une stratégie de licenciement a été adoptée (surtout au Brésil, au Mexique et en Indonésie, mais aussi à Malte). Les métaphores naturalistes ont transmis le message que la diffusion du virus est un destin inévitable que les gens ne peuvent accepter qu'avec résignation et endurer avec foi (sinon une « punition de Dieu » méritée, comme en Indonésie).

c) Les antinomies et la fracture sociale. L'antinomie santé-pauvreté, qui dans certains pays (Italie, Malte, Canada) a été explicitement évoquée comme un dilemme majeur et l'un des cadres des représentations sociales de COVID-19, est indirectement apparue également dans d'autres pays, notamment ceux qui étaient caractérisés par des disparités et des inégalités sociales prononcées avant l'épidémie (Mexique, Afrique du Sud, Brésil, Indonésie) : alors que la santé est la priorité des riches, qui peuvent se permettre des mesures de confinement, le revenu est la priorité des pauvres, qui ne peuvent pas s'arrêter de travailler s'ils veulent vivre et faire vivre leur famille.

d) La polarisation. Bien que ce ne soit pas le cas dans tous les pays, les représentations polémiques et la multivocalité ont été liées à la polarisation politique (c'était manifestement le cas de l'Italie, de la Roumanie, de Malte et du Brésil), ce qui a conduit à la circulation de représentations opposées et mutuellement exclusives qui ont servi les objectifs de dirigeants populistes du monde entier (Devlin et Connaughto, 2020). Là où ces processus se sont produits, les gens étaient confus et dans une plus grande incertitude, et leur réaction à la crise était moins stable et moins cohérente dans le temps.

Pour conclure, la polyvalence et la polyphasie cognitive ont caractérisé la communication liée à la COVID-19 dans tous les pays considérés, mettant en évidence les divergences entre les dirigeants politiques et les experts, entre les profanes et les experts, entre les médias et les gouvernements, et entre les pauvres et les riches. La multi-vocalité est un univers consensuel intégré, mais dans cette crise pandémique, elle semble affecter également les connaissances des experts et surtout les leaderships institutionnels. Les divergences dans les représentations se sont alignées sur les différentes réponses à l'épidémie, tant au niveau macro que micro, c'est-à-dire à la fois dans les politiques et dans la vie quotidienne des citoyens. Le paysage d'une telle polyvalence a changé au fil du temps et des lieux à mesure que les pays traversaient les différentes phases de l'épidémie, et il est appelé à changer encore tant que l'épidémie continuera à se propager. Les représentations polarisées transversales – au sein des différents pays et continents – se retrouvent dans l'opposition entre les dirigeants et les experts qui s'inquiètent sérieusement des risques (tant pour la santé des citoyens que pour les conséquences des restrictions sur tous les aspects de la vie socio-économique) et les « négationnistes de la COVID-19 », qui qualifient d'« alarmistes » les scientifiques qui conseillent les gouvernements sur le risque de contagion pandémique et ses nouvelles vagues potentielles.

Les positions des deux côtés de l'Atlantique sont exemplaires : le président Donald Trump aux États-Unis, qui a accusé en juillet 2020 le docteur Anthony Fauci, le plus grand expert en maladies infectieuses du pays et chef du groupe de travail de la Maison-Blanche sur les coronavirus, d'être « un peu alarmiste » [183] ; le président Bolsonaro au Brésil, qui a provoqué le licenciement récurrent des ministères de la Santé ; le président Andrés Manuel López Obrador au Mexique ; le Premier ministre Boris Johnson au Royaume-Uni, qui pendant longtemps n'a pas suivi les conseils des experts, ni pour la sécurité de la population ni pour lui-même, jusqu'à ce qu'il soit personnellement infecté (comme Bolsonaro de l'autre côté de l'océan) ; la position du chef du parti de droite la Ligue, Matteo Salvini, en Italie, contre les mesures gouvernementales ; le Premier ministre Abela à Malte, qui a lutté contre le ministre de la Santé Fearne pour la direction du parti travailliste (pour ne citer que quelques pays). L'effet d'écho de la communication paradoxale est également impressionnant, comme le montrent les manifestations « contre le masque » des négationnistes de la COVID-19 organisées le 29 août 2020 dans de nombreuses capitales de l'UE, dont Londres, Zurich, Paris et Berlin (où ont été observés des symboles de l'extrême droite nazie), motivées par de théories du complot sur la COVID-19 en tant qu'invention d'élites politiques autoritaires corrompues pour priver les citoyens de leur liberté et les contrôler [184]. À cet égard, notre analyse est synergique avec celle présentée par Alexis Chapelan and Vladmir Adrian Costea dans le premier chapitre de ce livre qui démontrent le lien entre la défiance envers les institutions politiques et scientifiques comme deux versants de la défiance anti-establishment, par une corrélation positive entre méfiance à l'égard de la science et certaine proximité partisane : « les électeurs de Jean-Luc Mélenchon, Marine le Pen, François Asselineau ou Donald Trump seraient ainsi, par exemple, beaucoup plus réceptifs aux anti-vaccins et aux anti-masques. » (Chapelan et Costea, 2024, p. 39).

L'absence d'une image partagée et d'une représentation sociale hégémonique n'a pas facilité le consensus pour l'adoption collective des trois pratiques sociales de base préconisées comme mesures de prévention (masques, distanciation physique et lavage des mains) avec pour conséquence de nouvelles vagues de contagion suite à la réouverture partout des activités.

L'utilisation de la technologie pour tracer les personnes par l'intermédiaire d'applications pour téléphones portables lancées dans plusieurs pays pour suivre les infections a également été un autre sujet de controverse, entraînant différentes réactions et pratiques sociales, ainsi que des préoccupations concernant la protection de la vie privée et ses implications politiques dans les régimes démocratiques par opposition aux régimes plus centralisés qui contrôlent fortement leurs citoyens. Des contrastes similaires – influençant la recherche d'un consensus politique et influencés par cette recherche – ont concerné l'adoption ou le rejet de mesures restrictives pour aplatir les courbes de contagion, s'opposant au droit des citoyens à la santé ou à leur survie économique, ou le débat public sur la fermeture-ouverture des écoles, ou, fin 2020/début 2021 sur la décision volontaire ou obligatoire de vaccination, ce qui a soulevé des questions controversées concernant la liberté individuelle par rapport au droit ou obligation collective de protéger la santé. Ces disputes sur l'éventuelle obligation de vaccination ont même impliqué les experts de santé publique eux-mêmes [185], activant même des menaces sur les réseaux sociaux par des médecins no-vax contre des infectiologues, des virologues et des médecins spécialistes consultés en tant qu'experts dans les émissions de télévision [186] (de Rosa et al., 2013).

En ce qui concerne les synergies de résultats qui se dégagent d'autres contributions à ce livre, l'intérêt d'approfondissements ne se limite pas à l'autre chapitre inclus dans la Première Partie spécifiquement consacré à la genèse de l'expertise dans une perspective comparative, mais s'étend à une lecture croisée avec des résultats présentés dans des chapitres axés sur les pays inclus parmi nos 10 études de cas. Nous nous référons en particulier au chapitre 6 de ce livre, de Caselli, Mozzana, Piccio et Saracino : « No hero outside the hospital lane. Governmental Committees, Pop Star Experts and Conflicts of Expertise in COVID-19-ridden Italy » dans lequel les auteurs analysent « la politisation de la science » comme corolaire de la « la scientification du politique » comme source de « chaos » dans le processus décisionnel en Italie (traduit de l'original, pp. 297–338).

Poussé par l'intérêt d'enquêter sur les dynamiques de la science et de la société à travers la communication multimédia et multimodale entre experts, dirigeants politiques, décideurs politiques, journalistes, citoyens de plus en plus interconnectés au niveau mondial et avec des effets d'écho au niveau transnational liés à des dynamiques identitaires fortement interconnectées avec le positionnement idéologico-politique, les auteurs analysent la formation d'une forme spécifique de scientification de la politique à travers l'utilisation de 21 indicateurs développés par le CTS (*Comité technique scientifique*) pour surveiller la propagation de la propagation de la COVID 19 en Italie au niveau national et régional d'indicateurs pandémiques (section 5), le rôle des médias dans la promotion de la politisation de la science (section 6) et la perception et l'évaluation de ces processus par les citoyens (section 7).

Conformément aux résultats que nous avons observés, les auteurs qui ont étudié la dynamique entre la science politique et les citoyens dans les premiers stades de la pandémie de COVID-19 en Italie en 2020, ont constaté que

dès que les restrictions d'urgence les plus critiques ont été assouplies et que les priorités du pays se sont déplacées vers la nécessité d'une reprise économique, la politique a pris le relais des avis scientifiques. Dès la mi-avril, les autorités politiques ont commencé à utiliser l'expertise scientifique de manière symbolique et instrumentale. En d'autres termes, une politisation de l'expertise s'est amorcée, avec une combinaison de politisation (par la politique des faits contestés et la montée de différents types de contre-expertise) et de dépolitisation (par des formes d'hyperpolitisation et la politique des faits incontestables). Une telle tendance est devenue endémique dans la relation entre les experts et les autorités dans les phases qui ont suivi, une relation qui a été caractérisée par des contrastes et des rejets de responsabilité, ce qui, sans surprise, a créé une grande confusion parmi les citoyens. (Caselli et al., 2024, traduit en français, pp. 297–338).

L'Espagne, en tant qu'autre pays européen inclus dans notre étude et choisi comme contexte géoculturel par l'auteur du chapitre 7, offre d'autres opportunités intéressantes – en termes de références croisées – pour approfondir les résultats à partir d'analyses de communication liées au système complexe d'expertise. Ce dispositif s'est progressivement articulé dans la gestion des différentes vagues de la pandémie de COVID-19 en 2020, après la crise sanitaire déclenchée par Ebola en 2014, à travers la mise en place d'un réseau de comités consultatifs pluridisciplinaires d'experts et de techniciens en santé, économie, experts fonctionnel et experts processus, avec diverses dénominations et compositions.

Contrairement à ce qui a été mis en évidence en Suède (Premat, 2020 ; Premat 2024), Bermejo-Casado en analysant l'apparition médiatique des experts en Espagne ne trouve aucune collision entre la personnification de la gestion de crise, avec un super-expert, Fernando Simón, et la mise en place de comités spécialisés et d'experts et de conseils consultatifs (Bermejo-Casado, 2024).

En commentant ce résultat, les éditeurs du livre observent dans leur *Introduction* : *La légitimité des experts de l'espace public pendant la pandémie* que

l'Espagne a montré une configuration très originale avec un 'super-expert' conseillant le gouvernement et informant le public et la création de différentes sortes de comités afin de préparer les réponses politiques du gouvernement et renforcer la décentralisation de la gestion de la crise (Premat, De Waele et Perottino, 2024, p. 26, traduit en français).

Bien que l'Espagne ait mis en place un système de santé très décentralisé au cours des 35 dernières années au niveau des nombreuses 17 régions différentes, déléguant une large autonomie dans les mesures à prendre même en cas de pandémie, la coordination centrale est toutefois apparue comme cruciale pendant la pandémie. Cependant, si lors de la gestion de la première vague cette responsabilité assumée au niveau central a servi de justification et de légitimation des mesures adoptées pour contrer la pandémie inattendue, dans une phase ultérieure la prolongation de l'état d'urgence face aux citoyens fatigués due aux restrictions a suscité un antagonisme détecté en Espagne entre les décisions du gouvernement central et les collectivités locales comme Madrid parmi les plus combatives qui ont revendiqué leur autonomie dans le plan de désescalade pour accélérer le retour à la « nouvelle normalité ».

Cette dynamique entre les organes centraux et régionaux s'est avérée particulièrement intéressante non seulement pour l'Espagne (notamment avec la création d'un nouveau conseil consultatif composé de membres du gouvernement central et de la communauté et de la mairie de Madrid pour désamorcer les conflits), mais aussi dans d'autres pays européens comme l'Italie en raison de conflits similaires entre le gouvernement central et les présidents de régions et dans une certaine mesure aussi dans le contexte Nord-Américain des différentes provinces du Canada, toutefois caractérisée par différentes solutions identifiées pour tenter une harmonisation entre la continuité des experts publics et la gestion décentralisée de la pandémie.

En ce qui concerne le Canada, Lilian Negura et ses co-auteurs Yannick Masse et Nathalie Plante, expliquent comment la construction de la pandémie de COVID-19 comme un problème social par les autorités publiques et politiques Canadiennes est façonnée par l'évolution et les contradictions du discours expert dans une dynamique de naturalisation représentationnelle d'une nouvelle réalité sociale. Ces considérations réaffirment l'intérêt de poursuivre la réflexion sur nos résultats concernant la multi-vocalité même entre experts – contre une vision uniformément consensuelle et monolithique des savoirs experts et des sciences – et leur usage politique et médiatique et son impact sur dans différents systèmes politiques en fonction de leur niveau de confiance dans les institutions politiques et scientifiques... (Premat, De Waele & Perottino, 2024)

6. Conclusions et perspectives pour les développements de la recherche

L'étude des représentations sociales de la COVID-19 dans la communication des experts, des institutions et des médias dans dix pays d'Europe, d'Amérique du Nord, d'Amérique latine, d'Asie et d'Afrique a contribué à mettre en lumière le comportement social dans le contexte de la pandémie, en soulignant le lien entre les modèles d'interprétation de la pandémie et le blâme des exogroupes, la polarisation politique et le non-respect des mesures d'urgence. Certains des résultats de nos analyses sont cohérents avec les remarques finales présentées dans un article publié le 14 décembre 2020 et consulté en début janvier 2021 (Metcalfe et al., 2020), alors que notre étude était déjà terminée. Cet article présente un compte-rendu descriptif des interactions entre la science et la société telles qu'elles émergent, évoluent et se rétractent dans 11 pays (Australie, Canada, Allemagne, Inde, Italie, Kenya, Mexique, Afrique du Sud, Espagne, Suède, Royaume-Uni). Cinq de ces pays (sur les 10) sont les mêmes que les pays sur lesquels nous avons basé les analyses dans ce chapitre, l'article se référant à la même période de propagation de la pandémie (mars-mai 2020).

Les communications dans les médias qui visent la science sont souvent autour de thèmes similaires dans les différents pays, bien qu'elles aient lieu à des moments différents selon « l'horloge interne du virus » (« inner or local clock » or. ed. in English, Metcalfe et al., 2020: 6). Les douze coauteurs de l'article « *The COVID-19 mirror : reflecting science-society relationship across 11 countries* » – experts de la communication scientifique – situent leur analyse dans la théorie des représentations sociales. Ces auteurs concluent, comme nous, que

> la communication scientifique par les médias a joué un rôle essentiel dans tous les pays : de l'information sur les symptômes du virus aux discussions plus philosophiques sur le changement d'avenir qui ont eu lieu dans certains pays alors qu'ils 'pliaient la courbe' avec des taux d'infection en baisse (Metcalfe et al. 2020 : 17, notre traduction).

L'autorité de la science dans la majorité des pays s'est accrue ou s'est maintenue pendant les deux premières phases de leur période d'étude.

Les communicants scientifiques de différents types ont gagné en importance durant la période où les scientifiques et les politiciens ont visiblement travaillé en étroite collaboration. Cependant – comme l'a également révélé notre enquête, qui a détecté des représentations polémiques dès leur stade embryonnaire –

> lorsque les restrictions ont été assouplies et que les arguments se sont multipliés sur les actions possibles pour relancer les économies en difficulté, la confiance dans la science a diminué dans certains pays et pour certains segments de la société. Les débats publics, communs à de nombreux pays, se sont concentrés sur l'efficacité des masques, les remèdes potentiels et les vaccins possibles. Les reportages des médias ont souvent mis en évidence les désaccords entre les experts et, avec les diverses théories du complot, ont peut-être contribué à réduire encore la confiance dans la science (Metcalfe et al. 2020 : 17, notre traduction).

Notre approche a certaines limites, notamment sur le plan méthodologique. En particulier, il convient de mentionner : les pays/cas ont été sélectionnés en fonction des collaborations dans le cadre de notre réseau de recherche. Nous avons donc dû renoncer à inclure certains pays intéressants pour la genèse, la diffusion et la gestion de la pandémie de COVID-19 dans différents autres contextes géoculturels et politiques, comme la Chine, les États-Unis, le Royaume-Uni, la France, l'Allemagne, l'Inde, entre autres. Cependant, les différentes périodes pendant lesquelles les pays analysés ont été touchés par la contagion ont rendu possible l'observation d'une diversité des phases de la communication publique dans chaque pays. De l'autre côté, l'utilisation du critère de la pertinence pour la sélection des textes peut avoir conduit à l'omission d'autres informations pertinentes, bien que nous ayons accordé une attention particulière à toutes les sources médiatiques analysées et commentées par les chercheurs participants dans leur propre contexte culturel spécifique, ce qui a réduit la partialité des interprétations des auteurs.

Nous reconnaissons que les études de cas par pays sont particulièrement complexes, car elles combinent une analyse du contexte social et politique avec l'analyse des textes spécifiques sélectionnés pour les besoins de cette étude. Les contraintes de temps ont pu aussi limiter l'exhaustivité de l'analyse. Les efforts de recherche complémentaires de nombreux chercheurs et même de réseaux internationaux de spécialistes des sciences sociales ont pu toutefois contribuer à approfondir les analyses intégrées et plus représentatives des dimensions psychosociales et des processus communicatifs qui façonnent les relations entre les connaissances des experts, le sens commun, la science, les médias et la société dans une période aussi pertinente de l'histoire que celle où l'impulsion de la recherche dans le domaine médical a produit le résultat jamais connu de grande accélération de la création et de la production du vaccin. La complémentarité de ces efforts de recherche dans différentes perspectives disciplinaires est essentielle pour stimuler non seulement le développement des sciences médicales/biologiques/épidémiologiques/immunologiques, mais aussi leur intégration et leur assimilation culturelle au sein des sociétés, qui ont été confrontées aux différentes réactions des populations aux campagnes de vaccination de masse, qui devaient faire face à une deuxième et troisième vagues de contagions virales accrues (Cajolova et al., 2020 ; Escolà-Gascón et al., 2020). La création d'un nouveau vaccin n'aura pas l'effet attendu si les gens (y compris certains médecins) résistent à être vaccinés, en raison de la coexistence persistante de la pensée scientifique et magique, en d'autres termes de la polyphasie cognitive.

Deux principales implications pratiques peuvent être tirées de cette étude visant à améliorer la communication publique dans la gestion des crises : contenir les informations polarisées et mettre en perspective la désinformation. Les informations polarisées, c'est-à-dire les messages controversés provenant de différentes sources, voire d'une même source (par exemple, des politiciens ou des scientifiques approuvant des mesures et des recommandations contradictoires), amènent les gens à tirer des conclusions différentes sur la menace et sur la manière d'y répondre. La polarisation politique perçue a renforcé l'impression que la réponse des institutions à la COVID-19 est chaotique et désorganisée. De plus, une information polarisée déclenche des réactions affectives qui diminuent la confiance sociale (Hetherington et Weiler, 2015) et augmentent les mécanismes de défense qui animent les représentations désobligeantes des « autres ». Des recherches ont montré que les leaders institutionnels qui s'engagent dans des discussions bipartites peuvent contribuer à réduire la polarisation (Bolsen et al., 2014), et cela peut aider les personnes et les communautés à accepter les règles sanitaires liées à la COVID-19. La persistance de la multi-vocalité enflammée et les représentations mutuellement exclusives de la pandémie sont susceptibles – involontairement ou intentionnellement – de promouvoir la désinformation et les fausses nouvelles, y compris les théories du complot connexes et l'adoption de schémas explicatifs de l'épidémie qui stigmatisent les exogroupes. Dans une recherche sur les représentations sociales des maladies infectieuses émergentes Eicher et Bangerter (2015) avaient déjà identifié trois schémas explicatifs classiques sur les agents responsables du virus : (a) causé par des sous-groupes stigmatisés, ou (b) par des élites malfaisantes, ou (c) comme une punition de Dieu.

La désinformation doit être mise en perspective, notamment en raison de ses conséquences néfastes sur le comportement social (Larson, 2018 ; Marshall, 2017 ; van Bavel et al., 2020), par exemple en conduisant les gens à des actes autodestructeurs et à d'autres actes préjudiciables tels que – en situation de pandémie – le refus de se protéger, l'hyperprotection, la remise en question des traitements médicaux, la méfiance à l'égard des professionnels de la santé et des connaissances des experts. Il ne fait aucun doute que

> la pandémie mondiale de COVID-19 a mis l'accent sur la science et a mis en lumière la relation entre la science et la société. Les médias et les réseaux sociaux ont permis au public d'avoir accès à l'information (de recherche) sur la COVID-19, ce qui a permis aux gens d'examiner le rôle de l'autorité scientifique et de débattre des implications des politiques et des règlements. La COVID-19 a permis de suivre et de documenter la conversation sociétale dynamique, intense et multiforme sur la science qui a cours dans le monde entier (Metcalfe et al. 2020 : 1, notre traduction).

En accord avec d'autres réseaux de chercheurs en sciences sociales engagés à clarifier comment une approche de la représentation sociale peut croiser de manière fructueuse les recherches en communication (voir Metcalfe et al., 2020 ; ou les différentes contributions de Pizarro et al. ; Apostolidis et al. ; Justo et al. ; de Rosa et Mannarini ; Sitto et Lubinga ; Colì et al. ; Fasanelli et al. ; Emiliani et al. ; Jodelet ; publiés dans le numéro spécial sur la COVID-19 de la revue Papers *on Social Representations*, éditée par Paez et Perez et en décembre 2020; ou Idoiaga et al., 2020 ; Jaspal et Nerlich, 2020 ; Kouame et al., 2020 ; parmi beaucoup d'autres également issus d'autres champs disciplinaires des sciences sociales), nous espérons que les recherches futures adoptant cette perspective paradigmatique supra-disciplinaire, qui est la théorie des représentations sociales, fourniront davantage de résultats et de suggestions allant au-delà des micro-paradigmes individualistes-rationnels qui négligent les processus psychosociaux sous-jacents à la manière dont les personnes et les communautés connaissent, jugent, perçoivent et ressentent les crises collectives et comment elles y répondent.

Il est clair que les résultats de recherche présentés et discutés dans ce chapitre doivent être historicisés et contextualisés dans la période spécifique considérée et dans les pays de référence pour les aires géoculturelles considérées. Les recherches longitudinales dans les phases successives de l'évolution de la pandémie visant à étudier la persistance ou le changement des conclusions auxquelles aboutit notre étude représentent une opportunité précieuse d'investigation approfondie pour les chercheurs en sciences sociales.

Il sera ainsi possible de vérifier si la multi-vocalité et la polyphasie cognitive qui a concerné les dynamiques entre représentations sociales et communication – mise en évidence par nos résultats sur des données collectées dans 10 pays dans 5 aires géoculturelles à l'occasion de la première vague de la pandémie en 2020 – a également caractérisé ses phases ultérieures. En particulier, si la communication non seulement « de » et « entre » dirigeants politiques, mais aussi celle « de » et « entre » experts a continué à être polyphonique même face à la deuxième et troisième vague d'infections massives ; et si le rôle de la légitimation-délégitimation par les experts des mesures adoptées par les gouvernements centraux et / ou les autorités régionales / locales pour faire face à l'impact inattendu de COVID-19 était également cohérent sur la base des effets qui ont eu lieu avec l'assouplissement de mesures restrictives après les différentes restrictions et avec la propagation de variants du virus associés aux pays d'origine (anglais, brésilien, indien, etc.), ou suite à l'annonce de la découverte, de l'expérimentation et de l'application des différents vaccins et des dynamiques associées (parfois controversées) entre les états des pays producteurs ou entre les structures nationales et supra-nationales comme l'Union européenne avec ses organes de décision pour l'achat et la distribution de vaccins entre ses pays membres et au-delà de ses frontières (de Rosa et al., 2023).

Une recherche longitudinale systématique sur la communication médiatique adressée par le panthéon des « experts dans leurs domaines respectifs » (santé, économie, politique, environnement, éducation, etc.) aux « non-experts dans ce même domaine » et aux gens ordinaires pourront vérifier si, et dans quelle mesure et dans quelles phases de la pandémie, a eu lieu un transfert de marges de confiance de la part des citoyens vers l'autorité épistémique des scientifiques et l'autorité décisionnelle des politiciens gouvernementaux. Il est plausible de supposer que les citoyens dans le climat d'incertitude sur le présent et l'avenir déterminé par la pandémie cherchent la sécurité et placent leur confiance dans les politiciens gouvernementaux faisant autorité qui ne délèguent pas la décision politique à des experts, mais qui utilisent diverses expertises, assumant des responsabilités et risques de décisions orientées vers les actions les plus appropriées pour répondre au système complexe de besoins sociaux, économiques, sanitaires, etc. Et il est intéressant d'étudier dans quelle mesure ce transfert de confiance est corrélé à la dynamique évolutive des événements à la fois d'un point de vue national (par exemple le changement de la structure du pouvoir gouvernemental par rapport à la composition politique du gouvernement précédent, réouverture des activités pour redonner du souffle aux l'économie et la vie sociale des citoyens, etc.), tant dans une perspective transnationale (par exemple l'effet des décisions politiques prises dans des pays comme USA, Israël, Grande-Bretagne par rapport à l'accélération intensive des campagnes de vaccination avec un avantage temporel sur le fin du confinement ; ou des initiatives visant à attirer les touristes annoncées comme *Sans COVID* d'abord en Grèce et en Espagne puis progressivement en Italie et dans d'autres pays ; ou des questions liées aux contrats de l'Union européenne avec les cas produisant des vaccins et les controverses pour ne pas avoir introduit des pénalités pour non-livraisons ; ou les différentes formes de délégitimation de l'autorité scientifique à l'égard des reportages médiatiques très contradictoires et à fort impact sur les effets secondaires graves et mortels de certains vaccins, bien que rares et non pertinents pour un critère purement statistique, et / ou sur le changement de cible par rapport à l'âge des sujets à vacciner ; ou le débat politique sur l'opportunité pour les fabricants de renoncer aux brevets de vaccins, etc.).

Ce type de recherche pourrait trouver des réponses à un certain nombre de questions telles que : Quel a été le rôle des experts de la santé dans ces étapes ultérieures ? Les scientifiques ont acquis une crédibilité supplémentaire pour la capacité d'avoir produit (et testé) divers vaccins dans des termes inimaginables dans le passé, surmontant la résistance de « *l'infodémie no-vax* » qui s'est répandue ces dernières années parmi diverses couches de la population, également grâce à la chambre d'écho des médias sociaux et dans certains cas alimentés par des formes de « populisme médical » et de « populisme épistémologique » (Brubaker, 2017) ? Ou la voix de scientifiques – traversant les murs de leurs laboratoires de recherche – et de divers experts (immunologues, virologues, épidémiologistes, statisticiens et médecins de diverses spécialités cliniques engagées dans le traitement des patients) – lorsqu'ils ont été convoqués par des politiciens ayant des responsabilités gouvernementales ou impliqués par divers médias dans la communication publique – a-t-elle contribué à créer la désorientation et la confusion parmi les citoyens pour leurs thèses parfois divergentes, entrant en tension avec une représentation sociale de la science comme connaissance monolithique et statique (Moscovici, 1993) ? Dans quelle mesure cette désorientation chez les gens ordinaires est-elle liée à une certaine représentation de la science (également dans le domaine de la santé) comme exacte, univoque et non aussi sujette à des débats internes suite à de nouvelles études de laboratoire et investigations cliniques jusqu'à des révisions paradigmatiques ? Ces divergences, alimentées dans certains cas par la concurrence entre pop stars, se sont poursuivies et dans quelle mesure ont divisé certains des experts populaires des médias encore en 2021 entre alarmistes et optimiste, comme dans les phases où le débat politique en 2020 s'est focalisé autour de la fracture fermeture-ouverture, priorité santé, priorité économie?

Dans certains pays – comme le démontrent déjà les données relatives à 2020 de nos recherches – le conflit entre les politiciens au sein du gouvernement des États et / ou des régions / provinces (dans les cas où la santé est décentralisée) et des « experts » en termes de légitimité ou non des choix politiques effectués ont parfois conduit à un changement des conseillers experts des ministres de la Santé ou des membres des comités technico-scientifiques. Un cas intéressant pour étudier l'évolution de la dynamique décisionnelle de la prérogative de ceux qui gouvernent au regard des indications des experts est celui qui s'est produit en Italie, après la démission du gouvernement Conte II le 26 janvier 2021. Après l'issue négative des deux consultations pour le reconstituer, tant du mandat exploratoire pour vérifier l'existence d'une solide majorité, le président de la République Sergio Mattarella a confié la tâche de former un nouveau gouvernement à un économiste de renommée internationale faisant autorité (indépendant des affiliations au parti) Mario Draghi[5].

Le Premier ministre Draghi a pris ses fonctions avec le nouvel exécutif, obtenant une très large majorité le 17 février 2021 dans les deux chambres du Parlement, également grâce à l'implication de partis politiques de centre-droit piliers du précédent gouvernement d'opposition. Depuis le début, la réputation du nouveau Premier ministre en que leader d'autorité et d'estime, tant par les citoyens italiens qu'à l'international, a monopolisé la communication médiatique – malgré avoir choisi un style plus orienté vers l'action que vers la communication –, contribuant substantiellement à la restauration de la priorité de l'expertise politique, capable d'assumer des choix de responsabilité décisionnelle qui affectent fortement la vie des citoyens. 100 jours après son investiture en tant que Premier ministre, Draghi a gagné la confiance de plus de 60% des citoyens, bien qu'en tant qu'indépendant et sans sa propre base électorale, il ne pouvait pas compter sur les membres d'un parti. Il est donc intéressant de comprendre dans quelle mesure l'influence prédominante des « experts », notamment dans le domaine de la santé publique, a eu un impact sur la gestion inattendue de la pandémie en

2021 sous le gouvernement Draghi. Cela s'est manifesté par une réduction des activités de communication, mettant davantage l'accent sur l'expertise politique. Par exemple, le rendez-vous quotidien où les experts présentaient les données pandémiques à un horaire fixe a été annulé, bien que ces données aient continué à être régulièrement divulguées, surveillées et utilisées par le gouvernement pour prendre des décisions politiques concernant la fermeture ou l'ouverture des activités commerciales et culturelles. Certains responsables du Comité technique scientifique ont été remplacés, et la gestion de la campagne de vaccination a été confiée à une autorité militaire d'État spécialisée dans la logistique d'urgence.

Le « risque calculé » annoncé par le Premier ministre Draghi le 17 avril 2021[6] a pris la perspective de prendre en charge les décisions concernant la réouverture progressive à partir du 26 avril 2021 des écoles, musées, cinémas, restaurants pour le déjeuner et le dîner et ainsi de suite économique, activités culturelles, sportives, récréatives, etc.[7]. Un risque assumé et déclaré, malgré la tension polyphonique des voix tant des chefs de partis politiques prêts à revendiquer la paternité des décisions politiques pour accroître leur consensus électoral que de ces experts plus prudents qui ont cru qu'en fin de compte le risque plus que raisonné, il pourrait s'avérer « mal calculé ». Cette position a été clairement exprimée par exemple le 16 avril 2021 par le prof. Massimo Galli, l'un des experts cliniques bien connus souvent invité à la télévision, bien que ne faisant pas partie du Comité technique scientifique – qui a déclaré rester alerte et avec une grande inquiétude, considérant qu'à la mi-avril 2021 en Italie la courbe de contagion a vu une légère baisse, et qu'il est à craindre que cela reprenne sa montée, à moins de pouvoir vacciner autant de personnes pour nous mettre en sécurité rapidement, concluant alors « mais cela ne me semble pas être le cas »[8]. Des préoccupations similaires ont été exprimées le 17 mai 2021 par un autre expert bien connu, le professeur Stefania Salmaso : « La létalité de la maladie diminue, mais le risque existe toujours ». Sa déclaration sur la relation entre les experts de la santé, les politiciens et la communication médiatique était emblématique: « Si les scientifiques ne parlent pas 'ils sont dans la tour d'ivoire', s'ils vont à la télévision, ils disent ce qu'ils pensent ... que devons-nous faire ? » un cadre de référence commun entre hommes politiques et experts[9].

En vue de situer les positions exprimées par les « experts de la santé » dans une perspective historique temporelle et culturelle, il serait intéressant d'étendre les enquêtes *Reputation Science*, comme celle menée en Italie sur les déclarations publiques de virologues, de médecins et d'experts au sujet de COVID -19 apparus sur le Web entre le 1er février et le 20 novembre 2020. Les données sur l'exposition médiatique de ces experts concernent la cohérence / l'incohérence et l'orientation (alarmiste / prudentielle / jusqu'à des positions enclines à refuser la possibilité de se faire vacciner immédiatement). En particulier :

- l'indice d'alerte – indique l'opinion du sujet sur les solutions pour contenir la pandémie selon une échelle allant de –5 (situation pandémique non grave, mesures minimales d'endiguement) à +5 (situation pandémique grave, endiguement maximal) ;
- l'indice de cohérence – exprimé sur une échelle de 0 à 10 – montre le degré de cohérence / incohérence des déclarations publiques au cours de la période d'analyse[10].

Il serait également intéressant d'étendre la comparaison des données sur les experts de la santé non seulement aux phases suivant la première vague de la pandémie, en Italie et aux autres pays où les analyses présentées dans ce chapitre ont été menées, mais aussi à d'autres domaines des expertises telles que l'économie, la politique, l'environnement, l'éducation, etc. afin de reconstruire une représentation polyphonique de la science de la réputation dans les différents contextes géoculturels.

On sait que dans certains pays, le conflit entre le pouvoir politique (et sa légitimité par le consentement des électeurs) et les experts a conduit au changement des conseillers experts des ministres de la Santé ou des membres des différents comités technico-scientifiques. Lavazza et Farina (2020) ont examiné deux études de cas lors de la diffusion 2020 de la pandémie pour montrer le rôle que, dans certains cas, l'autorité experte peut jouer pour une évaluation non neutre, impliquant des choix éthiques, comme :

1) le cas britannique de l'immunité collective, quand au début de la pandémie de COVID-19 en 2020, le Premier ministre Boris Johnson était très sceptique quant à la possibilité d'une contagion épidémique à grande échelle en Grande-Bretagne, s'opposant à la mise en œuvre de mesures de prévention draconiennes, soutenues par certains experts, dont le conseiller scientifique en chef du gouvernement et le conseiller médical en chef du gouvernement britannique. Contrairement à la suggestion de l'OMS et aux mesures anti-contagion strictes adoptées dans d'autres pays, non seulement en Asie en raison des politiques restrictives du gouvernement très centralisé (Chine, Corée du Sud….), mais aussi en Europe (comme en Italie, premier pays de l'UE où la COVID-19 a atterri) – a justifié leur conseil de ne pas imposer de restrictions de liberté aux citoyens britanniques en attente de l'immunité collective, un certain coût devant être payé en termes de vie humaine uniquement par les personnes âgées. Cependant, au lendemain de la publication d'un document de travail par l'équipe d'intervention COVID-19 de l'Imperial College estimant 550 000 décès en l'absence de toute mesure de contrôle et de changement de comportement individuel, le gouvernement britannique a changé sa stratégie en annonçant des mesures drastiques pour empêcher la contagion, a maintenu jusqu'à ce que la campagne de vaccination réussie jusqu'en 2021, le Royaume-Uni atteigne zéro décès ;

2) le cas américain d'exclusion des personnes handicapées des soins dans certains États comme le Tennessee pour les personnes atteintes d'amyotrophie spinale ou pour les patients COVID-19 pour lesquels les médecins ont dû évaluer les capacités générales et intellectuelles avant d'intervenir avec des procédures de réanimation : une mesure également adoptée dans l'État de Washington,

l'État de New York, l'Alabama, l'Utah, le Minnesota, le Colorado et l'Oregon.

Dans les deux cas, les auteurs affirment que ces décisions ont une forte implication axiologique affectant profondément les gens et ne peuvent être justifiées comme « la meilleure solution technique » au nom de l'autorité épistémique des experts, qui deviennent très controversées et non neutres. L'intention de l'auteur n'est pas dans ce cas de donner une voix à la tendance généralisée de dévaloriser l'expertise, mais de revendiquer la nécessité de construire des « épistémologies civiques » « permettant d'évaluer les procédures et les décisions concernant de nouveaux aspects de l'application des connaissances scientifiques à la vie des gens » (Lavazza et Farina, 2020, p. 10).

Revendiquer la nécessité de construire des épistémologies civiques experts – au-delà les frontières de chaque discipline académique ou de leurs cercles scientifiques – et les citoyens avec leurs besoins autrement exprimés, interprétés et abordés par les dirigeants politiques selon leur vision axiologique du monde. C'est précisément l'intérêt pour ce type de dynamique entre les acteurs et agents des univers « réifié » et du « sens commun » (Moscovici, 1961/1976, 2000) au cœur de la genèse et du développement de la théorie de la représentation sociale (voir section 2), – qui justifie largement le choix de la perspective épistémologique et méthodologique qui a conduit l'enquête empirique illustrée dans ce chapitre et, espérons-le, pour les recherches futures.

Pour de futures recherches, deux cas exemplaires mis à jour en 2023 (parmi tant d'autres intéressants) méritent certainement l'attention des chercheurs intéressés par les relations entre la gestion de l'urgence (sanitaire, environnementale, militaire...), la politique, l'expertise pluridisciplinaire et la communication médiatique et leurs effets pour les collectivités locales, nationales et transnationales dans la construction des « épistémologies civiques » :

a. l'évolution des politiques décisionnelles et de communication sur les stratégies anti-COVID-19 en Chine ;

b. le remplacement dans l'agenda médiatique de l'urgence sanitaire COVID-19 et des variations par l'urgence de guerre suite à l'explosion de la guerre en Ukraine.

A. *Le cas de la Chine* : Le mercredi 7 décembre 2022, la Commission nationale chinoise de la santé a annoncé un assouplissement majeur de la stratégie rigide « zéro COVID », avec laquelle le pays a fait face à la pandémie ces dernières années, qui prévoyait l'élimination complète de toutes les épidémies avec des confinements très sévères et prélèvements massifs des données épidémiologiques sur la population. Cette annonce est intervenue après les grandes manifestations sans précédent de la population dans les dernières semaines de 2022 contre les confinements et les restrictions, parfois même violents, qui ont été la plus grande forme de dissidence en Chine envers le régime du président Xi Jinping[11].

La communication – entre infodémique, désinformation et/ou manque d'information – a continué à jouer un rôle essentiel aux niveaux communautaire, national et transnational.

Vingt jours après, au niveau international, on apprend que « le gouvernement chinois ne publiera plus de données quotidiennes sur les nouvelles infections à coronavirus après que les calculs officiels ont été sévèrement remis en question ces derniers jours à la suite d'une nouvelle vague de COVID-19 affectant le pays »[12]. Des communications par *Bloomberg* sont diffusées sur les risques de la nouvelle vague d'infections en Chine, estimant chaque jour des millions de nouvelles infections parmi la seule population partiellement immunisée qui pourrait favoriser l'arrivée de nouveaux variants du virus[13].

Le 26 janvier 2023 – l'agence ANSA à Pékin a communiqué : « La Chine a déclaré que les nouvelles infections quotidiennes ont culminé à plus de 7 millions par jour vers le 22 décembre, tandis que les décès à l'hôpital ont atteint un sommet quotidien de 4 273 le 4 janvier. » Le *Center for Disease Control and Prevention* (CDC) publiant les dernières mises à jour sur son site Web après que son épidémiologiste en chef Wu Zunyou a publié sur Weibo,

le Twitter chinois, au cours du week-end, que « 80% de la population totale de 1,4 milliard de personnes avaient déjà été infecté faisant la possibilité d'un large rebond de COVID-19 dans les deux à
trois prochains mois » [14].

Cependant, la guerre de l'information entre information et
contre-information – en l'absence de données officielles jugées
fiables par des instances scientifiques internationales libres d'intérêts politiques nationaux et de structures géopolitiques mondiales
– a suscité une grande inquiétude au niveau international.

B. *Le cas de la guerre entre la Russie et l'Ukraine* – qui
a officiellement éclaté le 24 février 2022, après des
années de haute tension (définie par Vladimir Poutine
comme une « opération spéciale ») – peut s'avérer
emblématique par son caractère tragique pour une
étude de la dynamique de coexistence ou de substitution
dans l'agenda médiatique de l'urgence sanitaire (de
la COVID-19 à de multiples variants dans les années
suivantes) par l'urgence militaire avec de graves
répercussions sur l'équilibre géopolitique à un niveau
mondial. Le cauchemar de la Troisième Guerre mondiale
avait été prédit par le pape François dans un message
vidéo en espagnol envoyé aux participants de la 23e
Journée de pastorale sociale dans sa dénonciation du 4
décembre 2020 dénonçant « Nous vivons la Troisième
Guerre Mondiale en morceaux » [15].

Pour comprendre les co-implications directes entre la guerre en
Ukraine et la COVID-19, il est intéressant d'analyser ne serait-ce
que les titres et les dates qui apparaissent sur les nombreux liens
à travers les pages de recherche sur Internet en insérant à la fois
l'expression « guerre en Ukraine » et « COVID-19 » comme mots-
clés [16]. Une recherche effectuée le 31 janvier 2023 – environ un an
après le déclenchement de la guerre – a donné les titres suivants
(à l'origine en anglais) et les dates associées :

–   18 février 2022 : *Crise ukrainienne : la menace de guerre
    et la COVID* [17]

- 2 mars 2022 : *COVID et l'invasion russe : la double crise de l'Ukraine*[18]
- 2 mars 2022 : *Qui a dit que la guerre en Ukraine augmenterait la transmission de la COVID*[19]
- 6 mars 2022 : *Les conditions de guerre en Ukraine deviennent un terrain fertile pour les épidémies de maladies infectieuses. Les réfugiés échappent à la guerre pour affronter un autre ennemi qui attend dans les coulisses*[20]
- 14 mars 2022 : *La propagation de la COVID-19 pendant la guerre russo-ukrainienne inquiète les responsables de l'OMS*[21]
- 16 mars 2022 : *La COVID-19 reste une menace pendant la guerre en Ukraine*[22]
- 18 mars 2022 : *Le contrôle des maladies en Ukraine est une causalité de la guerre- une augmentation des cas de Covid est donc probable*[23]
- 6 avril 2022 : *COVID-19 et la guerre en Ukraine – Norwich University*[24]
- 17 avril 2022 : *Impact de la guerre sur la dynamique de la COVID-19 en Ukraine*[25]
- 30 avril 2022 : *La guerre en Ukraine et la pandémie de COVID-19 pourraient signifier la fin de la mondialisation*[26]
- 25 Janviers 2023 : *Covid, l'inflation, la guerre en Ukraine et la crise climatique conspirent tous pour freiner la croissance économique mondiale cette année*[27]
- 31 Janvier 2023 : *La guerre en Ukraine, les escroqueries et les conspirations Covid* [28]
- no date : *Une reprise économique fragile après la pandémie de COVID-19 bouleversée par la guerre en Ukraine*[29]

Sans pouvoir approfondir ici du fait des limites imposées au chapitre, il est au moins intéressant de noter que deux mois après le début officiel de la guerre, l'attention à la pandémie n'apparaît plus dans les recherches sur Internet entre la COVID-19 et la guerre en Ukraine – avec un trou d'information dans les liens relevés entre le 30 avril 2022 et 25 janvier 2023, même si les trois raisons identifiées en mars 2022 sont toutes restées valables même dans les 9 mois suivants :

- « Les taux de vaccination contre la COVID-19 étaient plus faibles en Ukraine que dans de nombreux autres pays avant le début de la guerre, ce qui exposait de nombreuses personnes au risque de contracter et de transmettre le virus. »
- « À cause des attaques russes, des infrastructures importantes, comme des hôpitaux, ont été endommagées ou détruites. »
- « Un manque de soins et de fournitures médicales posera des problèmes de santé publique au-delà de la propagation de la COVID-19 »[30].

Évidemment, dans le but d'approfondir les thématiques abordées dans cet ouvrage, des recherches futures sur les deux cas emblématiques évoqués seraient intéressantes non seulement pour analyser en profondeur la mise à l'agenda des médias par rapport aux deux mots-clés du binôme pandémie et guerre, à la fois pertinentes au niveau mondial, mais surtout les déclinaisons portant sur le rôle et la typologie des experts dans le débat public et sur la multivocalité de la communication. En ce sens, il est impossible de ne pas prendre en compte, à travers des recherches comparatives de plus en plus solides, les contextes géopolitiques et les positionnements identitaires des différents experts face à la résurgence d'oppositions qui après la Seconde Guerre mondiale semblaient endormies entre Est-Ouest, régimes dictatoriaux-sociétés démocratiques : des oppositions qui semblaient n'avoir plus de sens dans un monde de plus en plus interconnecté à l'échelle mondiale si elles s'inspiraient d'une culture tournée vers le développement de l'humanité entière dans une coexistence pacifique fondée sur la collaboration solidaire au lieu de la concurrence entre États/empires.

Conformément à l'objectif de ce livre visant à comparer le rôle des experts pendant la pandémie de COVID-19, nous espérons que ce chapitre du livre – avec les autres – ouvrira la voie à de multiples niveaux d'analyse comparative : entre experts de différents domaines, entre experts d'un même domaine, entre différents pays et contextes géoculturels et linguistiques ; et enfin et surtout, la référence à différentes approches et théories paradigmatiques, telles que les représentations sociales et l'analyse du discours, au-delà des frontières des disciplines individuelles des sciences sociales. Grâce à l'intérêt de la communication pour la genèse, le partage, la négociation et la diffusion des représentations sociales, le type de recherche proposé ci-dessus pour les développements futurs peut intégrer de manière fructueuse la théorie de la représentation sociale avec l'approche épistémologiquement compatible de l'analyse du discours. Puisque l'analyse du discours est une école de pensée et de recherche articulée et variée plutôt qu'une simple technique, il est important de prendre en compte le potentiel d'intégration avec des approches telles que les versions théorisées par van Dijk (1997a, 1997b) ou révisées par Orvig (2003) basé principalement sur la tradition française de « l'analyse du discours » en tant que sous-discipline de la linguistique.

Déclaration de conflits d'intérêt

Ce chapitre est une version largement enrichie d'un article paru originalement en anglais dans le numéro spécial de la revue internationale Community Psychology in Global Perspective en 2021 et mis à jour au contexte géopolitique surtout dans les « Conclusions et perspectives d'évolutions de la recherche : trois ans après l'apparition du Covid -19…, et au-delà » et par des renvois aux résultats illustrés dans d'autres chapitres de ce livre par des auteurs et aux réflexions présentées par les éditeurs dans l'introduction :

de Rosa, A.S. Mannarini, T. Gil de Montes, L. Holman, A. Lauri, M.A. Negura, L. Giacomozzi, A.I. Silva Bousfield, A.B. Justo, A.M. de Alba, M. Seidmann, S., Permanadeli, R., Sitto, K., Lubinga, E. (2021). Sense making processes and social representations of COVID19 in multi-voiced public discourse: illustrative examples of institutional and media communication in ten countries, *Community Psychology in Global Perspective*, Special Issue on "Community responses to COVID19 pandemic", 7(1), 13–53. http://siba-ese.unisalento.it/index.php/cpgp/issue/view/1770

Bibliographie

Acerbis, A. (2020, April 22). Sul virus ascoltiamo la scienza. Ma gli esperti si bastonano. Per il Premio Nobel Montagnier il virus è nato in laboratorio. Solo dopo giorni di silenzio qualcuno ha smentito. La Notizia. https://www.lanotiziagiornale.it/sul-virus -ascoltiamo-la-scienza-ma-gli-esperti-si-bastonano-per-il-premio -nobel-montagnier-il-virus-e-nato-in- laboratorio/

Aim, M. A., Decarsin, T., Bovina, I., & Dany, L. (2018). Health and social representations: A structural approach. *Papers on Social Representations*, 27(1), 3.1–3.21.

Allington, D., Duffy, B., Wessely, S., Dhavan, N., & Rubin, J. (2020). Health-protective behavior, social media usage and conspiracy belief during the COVID-19 public health emergency. *Psychological Medicine*. doi: https://doi.org/10.1017/S003329172000224X

Anderson, C. (2008, June 23). The end of theory: The data deluge makes the scientific method obsolete. *WIRED Magazine*, 16.07. https://www.wired.com/2008/06/pb-theory/

Apostolidis, T., Santos, F., & Kalampalikis, N. (2020). Society against COVID-19: Challenges for the socio-genetic point of view of social representations. *Papers of Social Representations*, 29(2), 3.1–3.14. http://psr.iscte-iul.pt/index.php/PSR/article/view /551/470

Batel, S., & Castro, P. (2009). A social representations approach to the communication between different spheres: An analysis of the impacts of two discursive formats. *Journal for the Theory of Social Behaviour*, 39(4), 415–433. doi: https://doi.org/10.1111/j .1468-5914.2009.00412.x

Bauer, M. W., & Gaskell, G. (2002). Researching the public sphere of biotechnology. In M. W. Bauer & G. Gaskell (Eds.), *Biotechnology: The making of a global controversy* (pp. 1–20). Cambridge, UK: Cambridge University Press.

Bauer, M. W., Pansegrau, P., & Shukla, R. (2018). *The cultural authority of science: comparing across Europe, Asia, Africa and the Americas*. Abingdon, U.K.: Routledge. doi: https://doi.org /10.4324/9781315163284

Baxter, P., & Jack, S. (2008). Qualitative case study methodology: Study design and implementation for novice researchers. *The Qualitative Report*, 13(4), 544–559.

Bermejo-Casado, R. (2024). Spain, between its waves and experts – Navigating through a complex network of advisory committees in a context of political confrontation. In C. Premat, J.-M. De Waele, & M. Perottino (Eds.), *Comparing the place of experts during the first waves of the COVID-19 pandemic* (pp. 310–352), Stockholm: Stockholm University Press.

Boberg, S., Quandt, T., Schatto-Eckrodt, T., & Frischlich, L. (2020). Pandemic populism: Facebook pages of alternative news media and the corona crisis. A computational content analysis. *Muenster Online Research (MOR) Working Paper*, 2, 1–21.

Bolsen, T., Druckman, J. N., & Cook, F. L. (2014). The influence of partisan motivated reasoning on public opinion. *Political Behavior*, 36, 235–262. doi: https://doi.org/10.1007/s11109-013-9238-0

Brennen J. S., Simon, F. M., Howard, P. N., & Nielsen, R. K. (2020). Types, sources, and claims of COVID-19 misinformation. *Reuters Institute*. https://reutersinstitute.politics.ox.ac.uk/types-sources-and-claims-COVID-19-misinformation

Bryman, A. (2012). *Social research methods*, 4th ed. Oxford, U.K.: Oxford University Press.

Brossard, D. (2013). New media landscapes and the science information consumer. *Proceedings of the National Academy of Sciences* 110 (Supplement 3), pp. 14096–14101. doi: https://doi.org/10.1073/pnas.1212744110. PMID: 23940316.

Brossard, D., & Schefeule, D. A. (2013). Science, New Media and The Public. *Science* 339 (6115), pp. 40–41. doi: https://doi.org/10.1126/science.1232329

Brubaker, R. (2017). Why populism? *Theory and Society*, 46(5), 357–385.

Bruns, A. (2019). Filter bubble. *Internet Policy Review*, 8(4), 1–14. doi: http://dx.doi.org/10.14763/2019.4.1426

BusinessTech. (2019, October 8). More than half of South Africans are living on less than R41 a day. https://businesstech.co.za/news/lifestyle/345026/more-than-half-of-south-africans-are-living-on-less-than-r41-a-day/

Cajolova, V., Srol, J., & Miskuskova, E. M. (2020). How scientific reasoning correlates with health-related beliefs and behaviors during the COVID-19 pandemic? *Journal of Health Psychology*. doi: https://doi.org/10.1177/1359105320962266

Calvillo, D., Ross, B., Garcia, R., Smelter, T., & Rutchick, A. (2020). Political Ideology Predicts Perceptions of the Threat of COVID-19 (and Susceptibility to Fake News About It) *Social Psychological and Personality Science*, 11(8) 1119–1128. doi: https://doi.org /10.1177/1948550620940539

Caselli, D., Mozzana, C., Piccio, D. R., & Saracino, S. (2024). No hero outside the hospital lane. Governmental Committees, Pop Star Experts and Conflicts of Expertise in COVID-19-ridden Italy. In C. Premat, J.-M. De Waele, & M. Perottino (Eds.), *Comparing the place of experts during the first waves of the COVID-19 pandemic* (pp. 272–309), Stockholm: Stockholm University Press.

Castells, M. (1996). *The rise of the network society, The Information age: Economy, society and culture*. Vol. I. Oxford, UK: Blackwell Publishers.

Castells, M. (1997). *The Power of identity, the information age: Economy, society and culture*. Vol. II. Oxford, UK: Wiley-Blackwell.

Castells, M. (1998). *End of millennium, the information age: Economy, society and culture*. Vol. III. Oxford, UK: Wiley-Blackwell.

Castells, M., & Cardoso, G. (2005). *The network society: From knowledge to policy*. Washington, DC: Centre for Transatlantic Relations.

Castro, P., & Gomes, I. (2005). Genetically Modified Organisms in the Portuguese press: Thematization and anchoring. *Journal for the Theory of Social Behaviour*, 35(1), 1–17. doi: https://doi .org/10.1111/j.0021-8308.2005.00261.x

Castelo, U., Larrañaga, M., & Gil de Montes, L. (2020). *Trust in care practices in COVID-19 epidemic*. Unpublished manuscript.

Chapelan, A., & Costea, V. A. (2024). La crise de la COVID-19 et les ambiguïtés de la construction de la figure de 'l'expert médical' dans la grammaire politique populiste. In C. Premat, J.-M. De Waele, & M. Perottino (Eds.), *Comparing the place of experts during the first waves of the COVID-19 pandemic* (pp. 31–71), Stockholm: Stockholm University Press.

Chen, K.-H. (2010). *Asia as method. Toward Deimperialization.* London, UK: Duke University Press.

Christidou, V., Dimopoulos, K., & Koulaidis, V. (2004). Constructing social representations of science and technology: The role of metaphors in the press and the popular scientific magazines. *Public Understanding of Science,* 13(4), 347–62. doi: https://doi.org/10.1177/0963662504044108

CNEWS. (2020, April 17). « Le Coronavirus est un virus sorti d'un laboratoire chinois avec de l'ADN de VIH », selon le Prix Nobel de médecine Luc Montagnier [Video]. CNEWS. https://www .cnews.fr/france/2020-04-17/le-coronavirus-est-un-virus-sorti -dun-laboratoire-chinois-avec-de-ladn-de-vih

Colì, E., Norcia, M., & Bruzzone, A. (2020). What do Italians think about coronavirus? An exploratory study on social representations. *Papers on Social Representations,* 29(2), 7.1–7.29. http://psr.iscte -iul.pt/index.php/PSR/article/view/547/473

De-Graft Aikins, A. (2012). Familiarising the Unfamiliar: Cognitive Polyphasia, Emotions and the Creation of Social Representations. *Papers on Social Representations,* 21, 7, 1–7.

de Rosa, A. S. (2003). Communication versus discourse. The "boomerang" effect of the radicalism in discourse analysis. In J. Laszlo, & W. Wagner (Eds.), *Theories and Controversies in Societal Psychology* (pp. 56–101). Budapest: New Mandate.

de Rosa, A. S. (2006). The "boomerang" effect of radicalism in Discursive Psychology: A critical overview of the controversy with the Social Representations Theory. *Journal for the Theory of Social Behaviour,* 36(2), 161–201.

de Rosa, A. S. (2007). From September 11 to the Iraqi War. Shocking Images and the Polarization of Individual and Socially Negotiated Emotions in the Construction of Mass Flashbulb Memory. In S. Gertz, J.-P. Breaux, & J. Valsiner (Eds.), *Semiotic Rotations: Modes of Meaning in Cultural Worlds* (pp. 137–168). Greenwich, Ct.: Information Age Press.

de Rosa, A. S. (2010). Mythe, science et représentations sociales. In D. Jodelet, & E. Coelho Paredes (Eds.), *Pensée mythique et représentations sociales,* (pp. 85–124). Paris, France: L'Harmattan.

de Rosa, A. S. (2013). Taking stock: A theory with more than half a century of history. Introduction to: A. S. de Rosa (Ed.), *Social Representations in the "social arena"* (pp. 1–63). New York – London: Routledge.

de Rosa, A. S. (2014a). The role of the Iconic-Imaginary dimensions in the Modelling Approach to Social Representations. In A. Arruda, M. A. Banchs, M. De Alba, & R. Permandeli (Eds.), Special Issue on Social Imaginaries. *Papers on Social Representations*. 23, 17.1–17.27. ISSN 1819-3978 Online. Available http: http://www.psych.lse.ac.uk/psr/

de Rosa, A. S. (2014b). Social Representation paradigms: one theory, different approaches and methods. The modelling approach, Key lecture at 20th International Summer School- 25th International Lab Meeting – Summer Session 2014 "Genesis, development and actuality of the Social Representations Theory in more than fifty year (1961–2011) and beyond: overview of the main paradigms". *European PhD on Social Representations & Communication Multimedia LAB & Research Centre*, Rome-Italy (13–19 July 2014).

de Rosa, A. S. (2019). For a biography of a theory. In N. Kalampalikis, D. Jodelet, M. Wieviorka, D. Moscovici, & P. Moscovici (Eds.), Serge Moscovici. *Un regard sur les mondes communs* (pp. 155–165). Paris, France: éditions de la Maison des sciences de l'homme (collection 54).

de Rosa, A. S. (2022). The Modelling Approach to the supra-disciplinary Social Representations' paradigm: the need for integrating different approaches, constructs and multi-channel techniques in theoretically driven pluri-methodological research designs beyond the purely cumulative logic. *Invited online Key lecture at the School of Vocational Education*, Tianjin University of Technology and Education, Tianjin, China and at the Universidad Nacional de San Martin, Argentina (28th July 2022) https://zjxy.tute.edu.cn/info/1061/3148.htm

de Rosa, A. S., & Bocci, E. (2013a). Resisting cognitive polyphasia in the social representations of madness. In A. S. de Rosa (Ed.), *Social Representations in the "social arena"* (pp. 245–310). New York – London: Routledge.

de Rosa, A. S., & Bocci, E. (2013b). Polemical representations in action in two social movements (No-TAV and Occupy Wall

Street): Social Change, Political Arena and Controversial Relation Citizens-Community-Institutions. *9th European Congress of Community Psychology*, Naples, Italy, 6th–9th November 2013. https://www.conftool.com/9eccp2013/index.php?page=browse Sessions&presentations=show&abstracts=show&search =de+Rosa

de Rosa, A. S., & Mannarini, T. (2020). The "invisible other": Social representations of COVID-19 pandemic in media and institutional discourse. *Papers on Social Representations*, 29(2), 5.1–5.35. https://psr.iscte-iul.pt/index.php/PSR/article/view /548/478

de Rosa, A. S., & Mannarini, T. (2021). The COVID-19 as "invisible other" and the socio-spatial distancing within one-meter individual bubble, *URBAN DESIGN International*, Special issue on Cities and Health: COVID-19, 26: 370–390. doi: https://doi .org/10.1057/s41289-021-00151-z

de Rosa, A. S., & Smith, A. (1998). Représentations sociales polémiques et styles d'influence minoritaire, la communication publicitaire de Benetton. *Bulletin de Psychologie*, 51(4), 436, 399–416.

de Rosa, A. S., Bocci, E., & Dryjanska, L. (2018). The Generativity and Attractiveness of Social Representations Theory from Multiple Paradigmatic Approaches in Various Thematic Domains: An Empirical Meta-theoretical Analysis on Big-data Sources from the Specialised Repository "SoReCom 'A. S. de Rosa' @-library". *Papers On Social Representations*, 27, 1, pp. 6.1.–6.35.

de Rosa, A. S. Fino, E., & Bocci, E. (2016). Les réseaux sociaux, nouvel espace interactif pour les représentations sociales et l'intervention. En discutant de psychanalyse, de psychiatrie et de santé mentale sur Facebook, Twitter et Yahoo! Answers. In L. Negura (Ed.), *L'intervention en sciences humaines: l'importance des représentations* (pp. 271–297). Québec, Canada: Presses de l'Université Laval.

de Rosa, A. S., Fino, E., Holman, A. C., & Hanna-Khalil, B. (2023). Social Representations of COVID-19 Vaccines: Exploration of User-Generated Comments via Online Video Sharing During the First Year of the Pandemic. *Journal of Pacific Rim Psychology*. doi: https://doi.org/10.1177/18344909221147648

de Rosa, A. S. Mannarini, T., Gil de Montes, L., Holman, A., Lauri, M. A., Negura, L., Giacomozzi, A. I., Silva Bousfield, A. B., Justo, A. M., de Alba, M., Seidmann, S., Permanadeli, R., Sitto, K., & Lubinga, E. (2021). Sense-making processes and social representations of COVID19 in multi-voiced public discourse: illustrative examples of institutional and media communication in ten countries. *Community Psychology in Global Perspective*, Special Issue on "Community responses to COVID19 pandemic", 7(1), 13–53; http://siba-ese.unisalento.it/index.php/cpgp/issue/view/1770

De Waele J. M. (2024). Foreword. In C. Premat, J.-M. De Waele, & M. Perottino (Eds.), *Comparing the place of experts during the first waves of the COVID-19 pandemic* (pp. XV–XX), Stockholm: Stockholm University Press.

Devlin, K., & Connaughto, A. (2020). Most Approve of National Response to COVID-19 in 14 Advanced Economies But many also say their country is more divided due to the outbreak. Retrieved from https://www.pewresearch.org/global/2020/08/27/most-approve-of-national-response-to-COVID-19-in-14-advanced-economies/

Dingwall, R., Hoffman, L. M., & Staniland, K. (2013). Introduction: why a Sociology of Pandemics? *Sociology of Health & Illness*, Special Issue: Pandemics and emerging infectious diseases: the sociological agenda, 35(2): 167–173, https://onlinelibrary.wiley.com/toc/14679566/2013/35/2

Eicher, V., & Bangerter, A. (2015). Social representations of infectious diseases. In G. Sammut, E. Andreouli, G. Gaskell, & J. Valsiner (Eds.), *The Cambridge Handbook of Social Representations* (pp. 385–396). Cambridge, UK: Cambridge University Press.

Elcheroth, G., Doise, W., & Reicher, S. (2011). On the knowledge of politics and the politics of knowledge: How a social representations approach helps us rethink the subject of political psychology. *Political Psychology*, 32(5), 729–758. doi: https://doi.org/10.1111/j.1467-9221.2011.00834.x

Emiliani, F., & Palmonari, A. (2019). *Repenser la théorie des représentations sociales*. San Ouen, France : Les Editions du Net.

Emiliani, F., Contarello, A., Brondi, S., Palareti, L., Passini S., & Romaioli, D. (2020). Social representations of "normality".

Everyday life in old and new normalities with COVID-19. *Papers on Social Representations*, 29(2), 9.1–9.36; http://psr.iscte-iul.pt /index.php/PSR/article/view/552/472

Escolà-Gascón, A., Marín, F. M., Rusiñol, J., & Gallifa, J. (2020). Pseudoscientific beliefs and psychopathological risks increase after COVID-19 social quarantine. *Globalization and Health*, 16, 72. doi: https://doi.org/10.1186/s12992-020-00603-1

Fanon, F. (1952). *Peau noire, masques blancs*. Paris: Seuil.

Fasanelli, R., Piscitelli, A., & Galli, I. (2020). Social Representations of COVID-19 in the Framework of Risk Psychology. *Papers on Social Representations*, 29(2), 8.1–8.36. https://psr.iscte-iul.pt /index.php/PSR/article/view/553/476

Ferguson, N., Laydon, D., Nedjati-Gilani, G., Imai, N., Ainslie, K., Baguelin, M., ..., & Ghani, A. C. (2020). Report 9: Impact of non-pharmaceutical interventions (NPIs) to reduce COVID-19 mortality and healthcare demand. (16 March 2020); doi: https:// doi.org/10.25561/77482

Flick, U. (2010). *An introduction to qualitative research*. 4th Edition. London, UK: Sage.

Flick, U., Foster, J., & Caillaud, S. (2015). Researching social representations. In G. Sammut, E. Andreouli, G. Gaskell, & J. Valsiner (Eds.), *The Cambridge Handbook of Social Representations* (pp. 64–82). Cambridge, UK: Cambridge University Press.

Flusberg, S. J., Matlock, T., & Thibodeau, P. H. (2018). War metaphors in public discourse. *Metaphor and Symbol, 33*(1), 1–18.

Franks, B., Bangerter, A., & Bauer, M. W. (2013). 'Conspiracy theories as quasi-religious mentality: an integrated account from cognitive science, social representations theory and frame theory'. *Frontiers of Psychology*, 4, 424. doi: https://doi.org/10.3389 /fpsyg.2013.00424

Fullman, N., Yearwood, J., Abay, S. M., et al. (2018). Measuring performance on the Healthcare Access and Quality Index for 195 countries and territories and selected subnational locations: A systematic analysis from the Global Burden of Disease Study

2016. *The Lancet, 391*, 2236–71. https://www.thelancet.com/journals/lancet/article/PIIS0140-6736(18)30994-2/fulltext

García-Basteiro, A., Alvarez-Dardet, C., Arenas, A., Bengoa, R., Borrell, C., Del Val, M., & Hernández, I. (2020). The need for an independent evaluation of the COVID-19 response in Spain. *The Lancet, 396*(10250), 529–530. https://www.thelancet.com/journals/lancet/article/PIIS0140-6736(20)31713-X/fulltext

Giacomozzi, A. I., Fiorott, J. G., Bertoldo, R. B., & Contarello, A. (2023). Social Representations of political polarization through traditional media: a study of the Brazilian case between 2015 and 2019. *Postdisciplinary Humanities & Social Sciences Quarterly, 1–14*. doi: https://doi.org/10.1515/humaff-2022-2032

Giacomozzi, A. I., Silveira, A., Tavares, A. C. A., & Justo, A. M. (2022). Political Polarization and Intergroup Relations: a study on Social Representations in Brazil. *Quaderns de Psicologia, 24*(3), 1–26. doi: https://doi.org/10.5565/rev/qpsicologia.1643

Giacomozzi, A. I., Rozendo, A., Bousfield, A. B. S., Leandro, M., Fiorott, J. G., & Silveira, A. (2022). COVID-19 and Elderly Females – a Study of Social Representations in Brazil. *Trends in Psychology, 1–17*. doi: https://doi.org/10.1007/s43076-021-00089-9

Gillespie, A. (2008). Social representations, alternative representations and semantic barriers. *Journal for the Theory of Social Behaviour, 38*, 374–391. doi: https://doi.org/10.1111/j.1468-5914.2008.00376.x

Goldman, A. I. (2001). Expert: which ones should you trust?, *Philosophy and Phenomenological Research, 63*(1), 85–110; doi: https://doi.org/10.1111/j.1933-1592.2001.tb00093.x

Guareschi, P. A., Amon, D., & Guerra, A. (Eds.) (2017). *Psicologia, Comunicação e Pós-Verdade*. Porto Alegre: Evangraf.

Hatley, B. (2008). *Javanese Performances on an Indonesian stages. Contesting culture embracing change*. Singapore: NUS Press.

Hefner, C. J. (1996). *Ludruk folk theatre of East Java. Toward a theory of symbolic action*. Hawai: University of Hawai.

Hetherington, M. J., & Weiler, J. D. (2015). Authoritarianism and polarization in American politics, still? In J. A. Thurber, &

A. Yoshinaka (Eds.), *American gridlock: The sources, character, and impact of polarization* (pp. 86–112). Cambridge, MA: Cambridge University Press.

Hitlin, P., & Olmstead, K. (2018). The science people see on social media. *Pew Research Center*. https://www.pewresearch.org /science/2018/03/21/the-science-people-see-on-social-media/

Hoffman, L. M., & Staniland, K. (2013). Introduction: why a Sociology of Pandemics? *Sociology of Health & Illness, 35*(2), 167–173. https://onlinelibrary.wiley.com/toc/14679566/2013/35/2

Holton, G. (1993). *Science and anti-science*. Harvard, MA: Harvard University Press.

Idoiaga, N., Gil, L., & Valencia, J. (2018). Understanding the emergence of infectious diseases: Social representations and mass media. *Communication & Society, 31*(3), 319–330.

Idoiaga, N., Berasategi, N., Eiguren, A., & Picaza, M. (2020). Exploring children's social and emotional representations of the COVID-19 pandemic. *Frontiers in Psychology*. doi: https://doi .org/10.3389/fpsyg.2020.01952

Jaspal, R., & Nerlich, B. (2020). Social representations, identity threat, and coping amid COVID-19. *Psychological Trauma: Theory, Research, Practice, and Policy, 12*(S1), 249–251. doi: https://doi.org/10.1037/tra0000773

Jodelet, D. (Ed.) (1989). *Les représentations sociales*. Paris, France: Presses Universitaire de France.

Jodelet, D. (2015). *Représentations sociales et mondes de vie*. Paris, France: Éd. Des Archives Contemporaines.

Jodelet, D. (2020). A separate epidemic, *Papers on Social Representations, 29*(2), 10.1–10.11. https://psr.iscte-iul.pt/index .php/PSR/article/view/579/474

Jovchelovitch, J. (2007). *Knowledge in context: Representations, community and culture*. London, UK: Routledge.

Justo, A. M., Bousfield, A. B., Giacomozzi, A. I., & Camargo, B. V. (2020). Communication, Social Representations and Prevention – The Information Polarization on COVID-19 in Brazil. *Papers on Social Representation, 29*(2), 4.1–4.18. https://psr.iscte-iul.pt /index.php/PSR/article/view/533/471

Kalampalikis, N., & Apostolidis, T. (2020). Challenges for social representations theory: The socio-genetic perspective. In S. Papastamou (Ed.), *New perspectives in social thinking and social influence*. Montpellier, France: Éditions de la Méditerranée.

Knorr Cetina, K. (2009). The synthetic situation: Interactionism for a global world. *Symbolic Interaction, 32*(1), 61–87. doi: https://doi .org/10.1525/si.2009.32.1.61

Kouame, K. F., Digbeu, A. F., & Samouth, A. F. (2020). Social representations of COVID-19 and stigmatization of healthcare personnel and people attained by Abidjanese populations, Cote d'Ivoire. *Technium Social Sciences Journal, 9*, 352–363.

Kruglanski, A., Orehek, E., Dechesne, M., & Pierro, A. (2010). Lay epistemic theory: The motivational, cognitive, and social aspects of knowledge formation. *Social and Personality Psychology Compass, 4*(10), 939–950. doi: https://doi.org/10.1111/j.1751 -9004.2010.00308.x

Larson, H. (2018). The biggest pandemic risk? Viral misinformation. *Nature, 562*. https://media.nature.com/original/magazine-assets /d41586-018-07034-4/d41586-018-07034-4.pdf

Lasco, G. (2020). Medical populism and the COVID-19 pandemic. *Global Public Health, 15*(10), 1417–1429.

Lasco, G., & Curato, N. (2019). Medical populism. *Social Science & Medicine, 221*(1), 1–8.

Lavazza, A., & Farina, M. (2020). The role of experts in the COVID-19 pandemic and the limits of their epistemic authority in democracy. *Frontiers in Public Health, 8*, 1–11. doi: https://doi .org/10.3389/fpubh.2020.00356

Lazarus, R. S., & Folkman, S. (1984). *Stress, appraisal and coping*. New York, NY: Springer.

Lo Monaco, G., Delouvée, S., & Rateaux, P. (2016). *Les représentations sociales*. Brussels, Belgium: Editions de Boeck.

Lovari, A., D'Ambrosi, L., & Bowen, S. H. (2020). Re-connecting voices. The (new) strategic role of public sector communication after the COVID-19 crisis. *Partecipazione e Conflitto, 13*(2), 970–989. doi: https://doi.org/10.1285/i20356609v13i2p970

MacLeod, A. (2014). The impact of communication on human behaviour in times of crisis. *Business Continuity and Emergency Planning, 8*(2), 134–140.

MacKenzie, D. (2019). How algorithms interact: Goffman's 'Interaction Order' in automated trading. *Theory, Culture & Society, 36*(2), 39–59. doi: https://doi.org/10.1177/0263276419829541

Marshall, P. A. (2017). Disinformation society, communication and cosmopolitan democracy. *Cosmopolitan Civil Society: An Interdisciplinary Journal, 9*, 1–24. doi: https://doi.org /10.5130/ccs.v9i2.5477

Marzari, S. (2020). Rappresentazioni del populismo e della pandemia. Un'indagine su: positività, quest and loss of significance e libere associazioni. *Thesis of Master Degree in Psychology of Communication and Marketing, Sapienza University of Rome, Italy.*

Metcalfe, J., Riedlinger, M., Bauer, M. W., Chakraborty, A., Gascoigne, T., Guenther, L, Joubert, M., Kaseje, M., Herrera-Lima, S., Revuelta, G., Riise, J., & Schiele, B. (2020). The COVID-19 mirror: reflecting science-society relationships across 11 countries. *Journal of Science Communication, 19*(7), A05:1–23.

Miles, M. B., & Huberman, A. M. (1994). *Qualitative data analysis: An expanded source book* (2nd ed.). Thousand Oaks, CA: Sage.

Moscovici, S. (1961/1976). *La psychanalyse son image et son public. Étude sur la réprésentation sociale de la psychanalyse.* Paris, France: Presses Universitaires de France.

Moscovici, S. (1976). *Social influence and social change.* London, UK: Academic Press.

Moscovici, S. (1988). Notes towards a description of social representations. *European Journal of Social Psychology, 18*(3), 211–250. doi: https://doi.org/10.1002/ejsp.2420180303

Moscovici, S. (1993). Toward a Social Psychology of Science. *Journal for the Theory of Social Behaviour, 23*(4), 343–374. doi: https://doi.org/10.1111/j.1468-5914.1993.tb00540.x

Moscovici, S. (2000). *Social Representations: Explorations in Social Psychology* (edited and introduced by Gerard Duveen). Cambridge, UK: Polity Press.

Moscovici, S. (2001). Why a theory of social representations? In K. Deaux, & G. Philogene (Eds.), *Representations of the Social: Bridging Theoretical Traditions* (pp. 18–61). Oxford, UK: Blackwell.

Mudde, C. (2004). The Populist Zeitgeist. *Government and Opposition, 39*(4), 541–563.

Mudde, C., & Rovira Kaltwasser, C. (2017). *Populism: a very short introduction.* Oxford University Press, Oxford.

Murtagh, N., Gatersleben, B., & Uzzell, D. (2012). Self-identity threat and resistance to change: Evidence from regular travel behaviour. *Journal of Environmental Psychology, 32*, 318–326. doi: https://doi.org/10.1016/j.jenvp.2012.05.008

Nabity-Grover, T., Cheung, C. M. K., & Thatcher, J. B. (2020). Inside out and outside in: How the COVID-19 pandemic affects self-disclosure on social media. *International Journal of Information Management.* doi: https://doi.org/10.1016/j.ijinfomgt.2020.102188

Nandy, A. (1988). *The intimate enemy: Loss and recovery of self under colonialism.* Oxford University Press.

Negura, L., Masse, Y., & Plante, N. (2024). The construction of the COVID-19 pandemic as a social problem: expert discourse and representational naturalisation in the mass media during the first wave of the pandemic in Canada. In J-M. De Waele, M. Perottino, & C. Premat (Eds.), *Le gouvernement des experts dans la gestion de la COVID-19.* Stockholm: Stockholm University Press.

O'Connor, C., & Owen Weatherall, J. (2019). *L'era della disinformazione.* Milano, Italy: Franco Angeli.

Orvig, A. S. (2003). Éléments de sémiologie discursive. In: S. Moscovici, F. Buschini (2003) *Les méthodes des sciences humaines* (pp. 271–295), Paris: PUF.

Ozamiz-Etxebarria, N., Idoiaga, N., Dosil, M., & Picaza, M. (2020). Psychological symptoms during the two stages of lockdown in response to the COVID-19 outbreak: An investigation in a sample of citizens in Northern Spain. *Frontiers in Psychology, 11*, 1491. doi: https://doi.org/10.3389/fpsyg.2020.01491

Páez, D., & Pérez, J. A. (2020). Social representations of COVID-19. *Revista de Psicología Social, 35*(3), 600–610. doi: https://doi.org/10.1080/02134748.2020.1783852

Paez, D., & Perez, J. (Eds.) (2020). *Papers on Social Representations*, Special Issue: Social Representations of COVID-19: Rethinking the Pandemic's Reality and Social Representations, 29(2). https://psr.iscte-iul.pt/index.php/PSR/issue/view/43

Parker, I. (1987). Social representations: Social Psychology's (Mis) use of sociology. *Journal for the Theory of Social Behaviour, 17*(4), 447–470.

Parker, I. (Ed.) (1998). *Social Constructionism, Discourse and Realism*. London: Sage.

Parker, I. (1990a). Discourse: Definitions and Contradictions. *Philosophical Psychology, 3*, 189–204.

Parker, I. (1990b). Real things: Discourse, Context and Practice. *Philosophical Psychology, 3*, 227–233.

Parker, I., & Burman, E. (1993). Against discursive imperialism, empiricism and constructionism: Thirty-two problems with discourse analysis. In: Burman, E., & Parker, I. (eds.): *Discourse analytic Research: Repertoires and Readings of Texts in Action*. London: Routledge.

Patton, M. (1990). *Qualitative Evaluation and Research Methods*. Beverly Hills, CA: Sage Publications, Ltd.

Peacock, J. L. (1968). *Rites of modernization: Symbolic and social aspects of Indonesian proletarian drama*. University of Chicago Press.

Pizarro, J. J., Cakal, H., Méndez-Casa, L., Da Costa, S., Zumeta, L., Gracia-Leiva, M., Basabe, N., Navarro-Carrillo, G., Cazan, A. M., Keshavarzi, S., Lopez-Lopez, W., Yahiiaiev, I., Alzugaray-Ponce, C., Villagran, L., Moyano-Diaz, E., Petrovic, N., Mathias, A., Techio, E. M., Wlodarczyk, A., Alfaro-Beracoechea, L., Ibarra, M. L., Psaltis, C., Michael, A., Mhaskar, S., Martinez-Zelaya, G., Bilbao, M., Delfino, Carvalho, C. L., Pinto, I. R., Mohsin, F. Z., Espinosa, A., Cueto, R. M., & Cavalli, S. (2020). Tell me what you are like and I will tell you what you believe in: Social representations of COVID-19 in the Americas, Europe and Asia. *Papers on Social Representations, 29*(2), 2.1–2.38. https://psr.iscte-iul.pt/index .php/PSR/article/view/558/468

Pop, A. (2012). On the notion of polemical social representations – Theoretical developments and empirical contributions. Retrieved from http://www.europhd.net/sites/europhd/files/images/onda _2/07/27th_lab/scientific_materials/pop/pop_2012.pdf

Premat, C. (2020). Le rôle de l'expertise dans la construction du consensus suédois face à la pandémie. Retrieved from https:// halshs.archives-ouvertes.fr/halshs-02956901/

Premat, C. (2024). Le rôle de l'expertise dans la construction du consensus suédois face à la pandémie. In C. Premat, J.-M. De Waele, & M. Perottino (Eds.), *Comparing the place of experts during the first waves of the COVID-19 pandemic* (pp. 385–409), Stockholm: Stockholm University Press.

Premat, C., De Waele, J.-M., & Perottino, M. (2024). Introduction: The legitimacy of experts in the public space during the pandemic. In C. Premat, J.-M. De Waele, & M. Perottino (Eds.), *Comparing the place of experts during the first waves of the COVID-19 pandemic* (pp. 14–30). Stockholm: Stockholm University Press.

Riva, G. (2018). *Fake news. Vivere e sopravvivere in un mondo di post-verità*. Bologna: Il Mulino.

Sabucedo, J. M., Alzate, M., & Hur, D. (2020). COVID-19 and the metaphor of war. *International Journal of Social Psychology, 35*(3), 618–624. doi: https://doi.org/10.1080/02134748.2020.1783840

Sammut, G., Andreouli, E., Gaskell, G., & Valsiner, J. (Eds.) (2015). *The Cambridge Handbook of Social Representations*. Cambridge, UK: Cambridge University Press.

Sanderson, B., & Meade, D. (2020). Pandemic metaphors: Tracking the narrative. Retrieved from https://publicinterest.org.uk/part-4 -metaphors/

Sartori, G. (1991). Comparing and miscomparing. *Journal of Theoretical Politics, 3*(3), 243–257.

Sensales, G., Di Cicco, G., Molinario, E., & Kruglanski, A. W. (2020, September). Rappresentazioni della pandemia da COVID-19 e populismi. Una prima esplorazione dei cluster associativi di un campione italiano. Comunicazione presentata al convegno AIP "La psicologia sociale alla prova dell'emergenza COVID-19: ricerche, riflessioni, prospettive", Roma.

Sherif, M. (1935). A study of some social factors in perception. *Archives of Psychology, 27*(187).

Sitto, K., & Lubinga, E. (2020). A Disease of Privilege? Social Representations in Online Media about COVID-19 among South Africans during Lockdown. *Papers on Social Representations, 29*(2):6.1–6.29; https://psr.iscteiul.pt/index.php/PSR/article/view /557/469

Stake, R. E. (1995). *The Art of Case Study Research*. Thousand Oaks, CA: Sage.

Thornton, S. (2014). Red zone. *National Geographic.* https://www .nationalgeographic.org/article/red-zone

Tornese, E. (2020). Rappresentazioni del Populismo e della Pandemia: indagine su atteggiamenti populisti, valutazione di Efficacia del Governo, dell'azione del Presidente del Consiglio Giuseppe Conte e libere associazioni. *Thesis of Master Degree in Psychology of Communication and Marketing, Sapienza University of Rome, Italy.*

Ungar, S. (1998). Hot crises and media reassurance. A Comparison of Emerging Diseases and Ebola Zaire. *British Journal of Sociology, 49*, 36–56. doi: https://doi.org/10.2307/591262

Uzelgun, M. A., & Castro, P. (2015). Climate change in the mainstream Turkish press: Coverage trends and meaning dimensions in the first attention cycle. *Mass Communication and Society, 18*(6), 730–752. doi: https://doi.org/10.1080/15205436 .2015.1027407

Van Bavel, J., Baicker, K., Boggio, P. S., Capraro, V., Cichocka, A., Cikara, M., Crockett, M. J., Crum, A. J., Douglas, K. M.,

Druckman, J. N., Drury, J., Dube, O., Ellemers, N., Finkel, E. J., Fowler, J. H., Gelfand, M., Han, S., Haslam, S. A., Jetten, J., et al. (2020). Using social and behavioral science to support COVID-19 pandemic response. *Nature Human Behavior*. doi: https://doi.org/10.1038/s41562-020-0884-z

Van Dick, T. (1997a). *Discourse as Structure and Process*. London: Sage.

Van Dick, T. (1997b). *Discourse as Social Interaction*. London: Sage.

Viola, S. (2020, May 09). Da Bill Gates al 5G fino agli alieni: le teorie complottiste sul coronavirus. *Eco Internazionale*. https://ecointernazionale.com/2020/05/09/da-bill-gates-al-5g-fino-agli-alieni-le-teorie-complottiste-sul-coronavirus/

Vosoughi, S., Roy, D., & Aral, S. (2018). The spread of true and false news online. *Science, 359*, 1146–1151. https://science.sciencemag.org/content/sci/359/6380/1146.full.pdf

Wagner, W., Kronberger, N., & Seifert, F. (2002). Collective symbolic coping with new technology: Knowledge, images and public discourse. *British Journal of Social Psychology, 41*, 323–343. doi: https://doi.org/10.1348/014466602760344241

Washer, P. (2004). Representations of SARS in the British newspapers. *Social Science and Medicine, 59*, 2561–2571. doi: https://doi.org/10.1016/j.socscimed.2004.03.038

World Bank. (2017). The World Bank in South Africa. Retrieved from https://www.worldbank.org/en/country/southafrica/overview

Annexe

Note : Afin de faciliter l'identification des sources des médias et des documents analysés dans le texte, les notes ci-dessous sont ancrées au paragraphe de chacun des dix pays énumérés dans la section 3.1, et à la section de discussion 4, qui comprend également des références aux sources d'autres pays comme la Russie, les États-Unis, l'Allemagne, le Royaume-Uni et la Suisse.

Tableau 2. Sources des médias et des documents analysés.

Europe ITALIE	
	[1] Government decree (11/03/2020) – http://www.governo.it/sites/new.governo.it/files/DPCM_20200311.pdf
	[2] Government decree (26/04/2020) – http://www.governo.it/sites/new.governo.it/files/DPCM_20200426.pdf
	[3] Decree-law (20/05/2020) – http://www.governo.it/sites/new.governo.it/files/DPCM_20200517_txt.pdf
	[4] *La Stampa* (30/01/2020) – https://www.lastampa.it/cronaca/2020/01/31/news/allarme-due-turisti-cinesi-con-il-coronavirus-in-un-albergo-di-roma-1.38403808
	[5] Luca Sheng Song interviewed by AGI (30/1/2020) – https://www.agi.it/cronaca/coronavirus_ristoranti_attivit_cinesi-6978532/news/2020-01-30/
	[6] Matteo Salvini official FaceBook page (29/01/20) – https://www.facebook.com/salviniofficial/photos/a.278194028154/10157342166608155/?type=1&theater
	[7] *ADNKronos* (30/01/20) – https://www.adnkronos.com/fatti/politica/2020/01/30/virus-cina-conte-italiani-devono-stare-tranquilli_mMIoYEP5ki8WZooxGkmn1N.html
	[8] *Start Magazine* (23/03/20) – https://www.startmag.it/innovazione/coronavirus-e-influenza-chi-critica-e-perche-gismondo/
	[9] Patto per la Scienza: https://www.pattoperlascienza.it/2020/03/22/il-pts-diffida-la-prof-gismondo/
	[10] Roberto Burioni (9/3/2020): https://twitter.com/robertoburioni/status/1237122329018281987
	[11] *AGI* (10/4/2020): https://www.agi.it/cronaca/news/2020-04-10/coronavirus-papa-medici-morti-8306427/
	[12] Similar declarations were made by Walter Ricciardi, WHO member and adviser to Health Minister Speranza during the press conference with Commissioner Borrelli on 25/02/20: "Gauze masks – he reiterated – do not serve to protect the healthy, they serve as a precautionary measure" for those who are sick and for doctors: https://gds.it/articoli/cronaca/2020/02/25/coronavirus-loms-assicura-a-chi-e-sano-le-mascherine-non-servono-a-niente-fc7832b3-ffdc-4acc-85a5-4eee9a9a0542/

(Continued)

Tableau 2. Continued.

Europe ITALIE	[13] Decree-law (14/08/20, n. 104) Misure urgenti per il sostegno e il rilancio dell'economia (20G00122) – https://www.gazzettaufficiale.it/eli/id/2020/08/14/20G00122/sg
	[14] *La Repubblica* (30/04/2020) – https://www.repubblica.it/politica/2020/04/30/news/renzi_conte_reazioni-255277152/
	[15] *La Stampa* (16/05/2020) – https://www.lastampa.it/politica/2020/05/16/news/meloni-salvini-lite-sulla-piazza-anti-governo-1.38849096
	[16] *Il Tempo* (02/05/2020) – https://www.iltempo.it/politica/2020/05/02/news/coronavirus-calabria-jole-santelli-ordinanza-fase-due-regione-contro-governo-giuseppe-conte-1322219/
	[17] *AGI* (29/4/2020) – https://www.agi.it/politica/news/2020-04-29/fase-due-coronavirus-boccia-regioni-8477000/
	[18] *BariToday* (01/05/2020) – http://www.baritoday.it/politica/fase-2-aperture-anticipate-regioni-scontro-sindaci-governatori-decaro-anci.html
	[19] *Il Nordest Quotidiano* (27/04/2020) – https://www.ilnordestquotidiano.it/2020/04/27/fase-2-sollevazione-unanime-delle-categorie-economiche-contro-il-rinvio-delle-aperture/
	[20] *Libero* (18/04/2020) – https://www.liberoquotidiano.it/news/commenti-e-opinioni/22176567/vittorio_feltri_stasera_italia_morire_coronavirus_fame_3_milioni_italiani_senza_lavoro.html
	[21] *Huffington Post* (23/04/2020) – https://www.huffingtonpost.it/entry/nella-fase-2-procedere-con-cautela-il-diavolo-si-nasconde-nei-dettagli-il-parere-degli-esperti_it_5ea1d407c5b699019ff2f48e
	[22] *La Repubblica* (16/04/2020) – https://www.repubblica.it/politica/2020/04/16/news/salvini_e_i_cambi_di_rotta_sulle_aperture_attivita_-254162048/
	[23] *Il Corriere della Sera* (06/02/2020) – https://roma.corriere.it/notizie/cronaca/20_febbraio_06/presidente-mattarella-visita-sorpresa-scuola-all-esquilino-7ac4373c-48d2-11ea-91e8-775bd36e4cb6.shtml
	[24] *Financial Times* (20/04/2020) – https://www.ft.com/content/4cb87988-82df-11ea-b555-37a289098206

(Continued)

Tableau 2. Continued.

Europe ESPAGNE	[25] *La Vanguardia* (24/04/20) – https://www.lavanguardia .com/vida/20200424/48686625480/coronavirus-llego -espana-mucho-antes-deteccion-primer-caso.html
	[26] *Cadena Ser* (10/03/20) – https://cadenaser.com /programa/2020/03/10/la_ventana/1583862615 _421591.html
	[27] *El Plural* (11/04/20) – https://www.elplural.com /comunicacion/protagonistas/ayuso-nego-gravedad -coronavirus-8-marzo-tranquilidad-previsto-sintomas -menores-gripe_237554102
	[28] *El Independiente* (19/04/20) – https://www.elindepend iente.com/vida-sana/salud/2020/04/19/covid-19-por-que -espana-no-ha-controlado-la-epidemia-como-portugal -o-grecia/
	[29] *El Global* (31/03/20) – https://elglobal.es/politica/el -colapso-de-los-sistemas-sanitarios-por-el-covid-19-provoca -un-aumento-drastico-de-muertes-prevenibles/
	[30] *El Mundo* (08/04/20) – https://www.elmundo.es /espana/2020/04/07/5e8cb73521efa0b1668b46a3.html
	[31] *El Economista* (27/09/18) – https://www.eleconomista .es/economia/noticias/9400270/09/18/Espana-tiene-la-sani dad-mas-eficiente-de-Europa-y-la-tercera-del-mundo-.html
	[32] Médicos sin Fronteras (18/08/20) – https://www.msf .es/actualidad/poco-tarde-y-mal-denunciamos-inaceptable -desamparo-los-mayores-las-residencias-durante-la
	[33] Gobierno de España – https://administracion.gob.es /pag_Home/atencionCiudadana/Nueva-normalidad-crisis -sanitaria.html#.X057gdRS-M8; https://www.lamoncloa .gob.es/covid-19/Paginas/nueva-normalidad.aspx
	[34] *El Economista* (14/08/20) – https://www.rtve.es/noticias /20200814/pib-eurozona-segundo-trimestre-eurostat-pand emia-coronavirus-covid-19-crisis-espana/2040209.shtml
	[35] *RTVE* (14/08/20) – https://www.rtve.es/noticias/2020 0814/pib-eurozona-segundo-trimestre-eurostat-pandemia -coronavirus-covid-19-crisis-espana/2040209.shtml
	[36] *Público* (29/08/20) – https://www.publico.es/actuali dad/coronavirus-ataca-clase-son-barrios-propaga.html

(Continued)

Tableau 2. Continued.

Europe ROUMANIE	[37] *AgerPres* (18/08/20) – https://www.agerpres.ro /mondorama/2020/08/18/coronavirus-spania-tara -europeana-cu-cele-mai-multe-cazuri-de-covid-19 -raportate-la-populatie-in-ultimele-14-zile--558276
	[38] *Radio Europa Libera România* (03/04/20) – https:// romania.europalibera.org/a/klaus-iohannis-coronavirus -masuri/30527395.html
	[39] *Spotmedia* (01/07/20) – https://spotmedia.ro/stiri /sanatate/nu-s-a-mai-auzit-ca-cei-sanatosi-sa-cheme -sobolanii-ciumei-sa-moara-in-orasul-lor-cum-explica -academicieni-si-teologi-coronavirusul
	[40] *Mediafax* (11/05/20) – https://www.mediafax.ro /social/lombardia-romaniei-cere-ridicarea-carantinei -autoritatile-locale-cer-ridicarea-masurilor-la-6-saptamani -de-la-intrarea-in-carantina-19126713
	[41] President of Romania website (03/04/20) – https:// www.presidency.ro/ro/presedinte/agenda-presedintelui /declaratia-de-presa-sustinuta-de-presedintele-romaniei -domnul-klaus-iohannis1585912405
	[42] President of Romania website (23/03/20) – https:// www.presidency.ro/ro/presedinte/agenda-presedintelui /declaratia-de-presa-sustinuta-de-presedintele-romaniei -domnul-klaus-iohannis1584965616
	[43] NCSES – https://www.cnssu.ro/despre/
	[44] The Official Journal of Romania, Part I, No 340/27.04.2020 – https://rm.coe.int/cets-005-rom-en -military-ordinance-no-10-04-05-2020/16809e4626
	[45] *Ziarul Financiar* (13/05/20) – https://www.zf.ro /eveniment/vela-anunta-a-12-a-ordonanta-militara-se -ridica-carantinarea-in-19131173
	[46] *Mediafax* (22/07/20) – https://www.mediafax.ro /social/prof-dr-vasile-astarastoae-nu-stim-cati-morti-sunt -din-cauza-acestui-virus-19435094
	[47] *G4media* (22/07/20) – https://www.g4media.ro/bor -impartasirea-credinciosilor-dintr-un-singur-potir-sfintit -si-cu-o-singura-lingurita-sfintita.html

(Continued)

Tableau 2. Continued.

Europe ROUMANIE	[48] *Hotnews* (17/04/20) – https://www.hotnews.ro/stiri-esential-23867582-ioan-aurel-pop-presedintele-academiei-fixa-batranilor-ore-iesire-lesa-construi-tarcuri-desparti-complet-lume-este-absurd.htm
	[49] *Radio Europa Libera România* (21/07/20) – https://romania.europalibera.org/a/noile-prevederi-ale-starii-de-alerta-dup%C4%83-intrarea-%C3%AEn-vigoare-a-legii-carantinei/30738865.html
	[50] *G4media* (07/07/20) – https://www.g4media.ro/doi-deputati-psd-au-fost-amendati-de-politisti-pentru-ca-nu-purtau-masti-de-protectie-in-interiorul-unui-fast-food-iar-cand-li-s-a-atras-atentia-i-au-injurat-pe-oamenii-legii.html
	[51] *ValahiaNews* (25/4/20) – https://valahia.news/romanian-officials-ask-for-immunity-for-acquisitions-during-pandemic/
	[52] *Digi24* (31/03/20) – https://www.digi24.ro/stiri/actualitate/justitie/acuzatii-grave-la-suceava-procurori-testele-medicilor-au-intarziat-pentru-ca-alte-persoane-au-fost-testate-discretionar-1284452
Europe MALTA	[53] *Newsbook* (08/03/20) – https://newsbook.com.mt/il-coronavirus-mhuwiex-il-pesta-robert-abela/
	[54] *Times of Malta* (28/3/2020) – https://timesofmalta.com/articles/view/watch-live-10-new-confirmed-coronavirus-cases.781571
	[55] *Broadcasting Authority* (03/20) – http://ba-malta.org/0820-audience-assessment-march-2020
	[56] *Newsbook* (17/03/20) – https://newsbook.com.mt/en/everyone-must-play-a-part-fearne-insists/
	[57] *Malta Today* (08/06/20) – https://www.google.com/search?q=illegal+immigrants+covid+abela&oq=illegal+immigrants+covid+abela&aqs=chrome..69i57j33.19112j1j9&sourceid=chrome&ie=UTF-8
	[58] *Malta Independent* (01/06/20) – https://www.independent.com.mt/articles/2020-06-01/local-news/Live-PM-to-give-more-details-on-relaxation-of-Covid-19-measures-6736223753
	[59] *GuideMeMalta.com* (17/05/20) – https://www.guidememalta.com/en/pm-robert-abela-on-possible-second-covid-19-wave-the-waves-are-in-the-sea

(Continued)

Tableau 2. Continued.

Europe MALTA	[60] *Newsbook* (26/07/20) – https://newsbook.com.mt/en/watch-abela-concludes-pl-conference/
	[61] *Reuters* (07/08/20) – https://www.reuters.com/article/us-health-coronavirus-malta/malta-reimposes-curbs-as-covid-19-infections-surge-idUSKCN25320I
	[62] World Health Organisation (25/08/20) – https://COVID-19.who.int/region/euro/country/mt
Amérique du Nord CANADA	[63] *Radio-Canada* (11/01/20) – https://ici.radio-canada.ca/nouvelle/1468414/epidemie-pneumonie-chine-premier-mort; *CBC News* (11/01/20) – https://www.cbc.ca/news/world/china-virus-death-pneumonia-coronavirus-1.5423576
	[64] Iya Bañares, "Threat posed by coronavirus not yet known, scientists say; Hundreds sickened in China but health officials say rish to Canadians remains low", *The Toronto Star* (21/01/20).
	[65] Joseph Brean, "From four cases to a crisis in 21 days; Coronavirus", *National Post* (24/01/20).
	[66] Carly Weeks, Canadian health officials remain on high alert for coronavirus", *The Globe and Mail* (25/01/20).
	[67] Michael Babad, "Coronavirus will spark 'temporary stumble' in global economy, analysts say", *The Globe and Mail* (27/01/20)
	[68] Radio-Canada (30/01/20) – https://ici.radio-canada.ca/nouvelle/1498110/coronavirus-quebec-horacio-arruda-directeur-sante-publique
	[69] *CBC News* (04/03/20) – https://www.cbc.ca/news/health/covid-19-nursing-homes-seniors-1.5484196
	[70] *CBC News* (01/02/20) – https://www.cbc.ca/news/canada/toronto/racism-coronavirus-canada-1.5449023
	[71] *The Globe and Mail* (15/02/20) – https://www.theglobeandmail.com/canada/article-government-to-evacuate-canadians-from-quarantined-princess-diamond-2/
	[72] *CBC News* (13/03/20) – https://www.cbc.ca/news/politics/covid19-trudeau-premiers-coronavirus-1.5495001
	[73] *Le Devoir* (12/03/20) – https://www.ledevoir.com/politique/quebec/574788/francois-legault-annulations; *The Globe and Mail* (12/03/20) – https://www.theglobeandmail.com/canada/article-ontario-to-close-all-public-schools-for-two-weeks-after-march-break/

(Continued)

Tableau 2. Continued.

Amérique du Nord CANADA	[74] Michelle Carbert, Janice Dickson, et Molly Hayes, «Government asks Canadians to avoid all non-essential international travel», *The Globe and Mail* (14/03/20)
	[75] *La Presse* (14/03/20) – https://www.lapresse.ca/covid-19/2020-03-14/les-residences-pour-aines-sur-un-pied-de-guerre; *La Presse* (20/03/20) – https://www.lapresse.ca/affaires/entreprises/2020-03-20/covid-19-une-entreprise-montrealaise-appelee-au-combat; Sylvie Lemieux, « COVID-19 | Effort de guerre: Fe la lutte au froid au combat contre l'infection », *Le Journal de Montréal* (04/05/20)
	[76] Marc-André Gagnon avec la collaboration de Guillaume St-Pierre et Émilie Bergeron, « Legault appelle 1000 soldats en renfort », *Le Journal de Montréal* (23/04/20)
	[77] Wendy Gillis, « Province warns against hoarding; "Rest assured, we have plenty of food," shoppers told as crowds stock up », *The Toronto Star* (15/03/20). *La Presse* (23/03/20) – https://www.lapresse.ca/affaires/2020-03-23/covid-19-ruee-vers-le-beurre-d-arachides-et-le-kraft-dinner
	[78] Kelly Grant, « Masks in high demand as fears spread across Toronto », *The Globe and Mail* (28/01/20). *La Presse* (15/02/20) – http://mi.lapresse.ca/screens/43db135d-5732-4d15-8862-c276ea26d90f__7C___0.html
	[79] Joseph Brean et Chris Selley, « Most vulnerable are not protected; Ottawa isn't making sense », *National Post* (31/03/20). Jill Mahoney et al., « Nearly half of virus deaths linked to long-term care centres », *The Globe and Mail* (14/04/20)
	[80] Tom Blackwell, « Patients choosing death over ventilator; Hard decision in nursing home outbreak », *National Post* (03/04/20). *Radio-Canada* (15/04/20) – https://ici.radio-canada.ca/nouvelle/1694215/coronavirus-bilan-quebec-legault-arruda-mccann-15-avril
	[81] Lee Berthiaume, « Ontario, Quebec to outline reopening », *National Post* (27/04/20)
	[82] Les Perreaux, « Legault sees support declining as Quebec reopening ramps up », *The Globe and Mail* (12/05/20)
	[83] *CBC News* (10/07/20) – https://www.cbc.ca/news/canada/montreal/anti-mask-march-montreal-aug-8-1.5679598

(Continued)

Tableau 2. Continued.

Amérique Latine BRESIL	[84] Ministério da Saúde (26/02/20) – https://www.saude.gov.br/noticias/agencia-saude/46435-brasil-confirma-primeiro-caso-de-novo-coronavirus
	[85] Diário Oficial da União – https://www.in.gov.br/en/web/dou/-/instrucao-normativa-n-19-de-12-de-marco-de-2020-247802008
	[86] Planalto – Pronunciamento do Senhor Presidente da República, Jair Bolsonaro (24/03/2020) – https://www.gov.br/planalto/pt-br/acompanhe-o-planalto/pronunciamentos/pronunciamentos-do-presidente-da-republica/pronunciamento-em-cadeia-de-radio-e-televisao-do-senhor-presidente-da-republica-jair-bolsonaro
	[87] *Uol* (30/03/20) – https://noticias.uol.com.br/ultimas-noticias/bbc/2020/03/30/apos-twitter-facebook-e-instagram-excluem-video-de-bolsonaro-por-causar-danos-reais-as-pessoas.htm
	[88] Planalto – https://www.gov.br/planalto/pt-br/acompanhe-o-planalto/noticias/2020/4/presidente-bolsonaro-anuncia-novo-ministro-da-saude
	[89] *CNN Brasil* (15/05/20) – https://www.cnnbrasil.com.br/politica/2020/05/15/nelson-teich-pede-demissao-do-ministerio-da-saude
	[90] *Portal G1* (20/04/20) – https://g1.globo.com/politica/noticia/2020/04/20/nao-sou-coveiro-ta-diz-bolsonaro-ao-responder-sobre-mortos-por-coronavirus.ghtml
	[91] *Portal G1* (28/04/20) – https://g1.globo.com/politica/noticia/2020/04/28/e-dai-lamento-quer-que-eu-faca-o-que-diz-bolsonaro-sobre-mortes-por-coronavirus-no-brasil.ghtml
	[92] *Portal G1* (20/05/20) – https://g1.globo.com/bemestar/coronavirus/noticia/2020/05/20/ministerio-da-saude-divulga-protocolo-que-libera-uso-de-remedio-para-malaria-para-covid-19.ghtml
	[93] *Facebook* (Jair Messias Bolsonaro) (20/05/20) – https://www.facebook.com/jairmessias.bolsonaro/posts/1933606696788307
	[94] *Portal G1* (02/07/20) – https://g1.globo.com/politica/noticia/2020/07/02/celso-de-mello-da-5-dias-para-pazuello-explicar-orientacoes-sobre-uso-da-cloroquina-contra-coronavirus.ghtml

(Continued)

Tableau 2. Continued.

Amérique Latine BRESIL	[95] *Folha de São Paulo* (06/06/20) – https://www1.folha.uol.com.br/equilibrioesaude/2020/06/governo-deixa-de-informar-total-de-mortes-e-casos-de-covid-19-bolsonaro-diz-que-e-melhor-para-o-brasil.shtml
	[96] *Portal G1* (06/06/20) – https://g1.globo.com/sp/sao-paulo/noticia/2020/06/06/defensoria-da-uniao-pede-na-justica-que-ministerio-da-saude-divulgue-integralmente-dados-sobre-coronavirus-ate-19h.ghtml
	[97] *CNN Brasil* (08/08/20) – https://www.cnnbrasil.com.br/saude/2020/08/08/brasil-registra-100-mil-mortes-por-covid-19-mostra-levantamento-da-cnn
	[98] Senado Notícias – https://www12.senado.leg.br/noticias/materias/2020/04/16/decisao-do-stf-sobre-isolamento-de-estados-e-municipios-repercute-no-senado
Amérique Latine MEXIQUE	[99] Organisatión Panamericana de la Salud – https://www.paho.org/mex/index.php?option=com_content&view=article&id=1544:mexico-se-encuentra-en-una-situacion-extremadamente-compleja-por-la-pandemia-de-covid-19-dice-ops&Itemid=499
	[100] Consejo Nacional de Evaluación de la Política de Desarrollo Social – www.coneval.org.mx
	[101] *El poder del consumidor* (25/03/20) – https://elpoderdelconsumidor.org/wp-content/uploads/2020/03/d-covid19-enmedio-d-epidemia-d-obesidad-y-diabetes-presentacion-conf-prensa-200325-1.pdf
	[102] President López Obrador daily conferences – https://lopezobrador.org.mx/temas/conferencia/
	[103] *Nexos* (16/07/20) – https://economia.nexos.com.mx/?p=3192#.XxLom6rE3fM.whatsapp
	[104] *La Jornada* (25/03/20) – https://www.jornada.com.mx/ultimas/estados/2020/03/25/los-pobres-estamos-inmunes-de-coronavirus-barbosa-7821.html
	[105] The federal government created an official website to inform and present data on Covid-19 in Mexico, where the daily conferences are hosted: https://coronavirus.gob.mx/
	[106] Diario Oficial de la Federación (31/03/20; 29/05/20) – https://dof.gob.mx
	[107] Diario Oficial de la Federación (29/05/20) – https://dof.gob.mx

(Continued)

Tableau 2. Continued.

Amérique Latine MEXIQUE	[108] Official Coronavirus website – https://coronavirus .gob.mx
	[109] *New York Times* (08/05/20) – https://www.nytimes .com/es/2020/05/08/espanol/america-latina/mexico -coronavirus.html
	[110] Official Coronavirus website – https://coronavirus .gob.mx/
	[111] *Deutsche Welle* (14/04/20) – https://www.dw.com /es/covid-19-en-m%C3%A9xico-se-gesta-una-masacre-de -adultos-mayores/a-53125099; *La Jornada* (16/04/20) – https://www.jornada.com.mx/ultimas/politica/2020/04/16 /critica-la-iglesia-contenido-del-proyecto-de-guia-de-triaje -2951.html
	[112] *El Financiero* (29/04/20) – https://www.elfinanciero .com.mx/nacional/conapred-registra-213-quejas-por-actos -de-discriminacion-por-covid-19
	[113] *BBC* (18/05/20) – https://www.bbc.com/mundo /noticias-america-latina-52710304
	[114] *CNN* (24/07/20) – https://cnnespanol.cnn.com/video /amlo-uso-de-cubrebocas-coronavirus-sana-distancia-no-me -han-dicho-que-me-lo-ponga-sot/
	[115] *El Universal* (14/03/20) – https://www.eluniversal .com.mx/nacion/politica/critican-amlo-por-besar-nina-pese -recomendaciones-por-coronavirus
	[116] *Diario AS México* (05/05/20 – https://mexico.as .com/mexico/2020/05/05/actualidad/1588707520_607250 .html – *El Universal* (14/07/20) – https://www.eluniversal .com.mx/metropoli/cdmx/coronavirus-cdmx-las-colonias -con-menor-y-mayor-uso-de-cubrebocas
	[117] *El Financiero* (15/07/20) – https://www.elfinanciero .com.mx/nacional/1-de-cada-10-mexicanos-cree-que-no -existe-el-coronavirus
	[118] *El Universal* (03/05/20) – https://www.eluniversal .com.mx/estados/coronavirus-celebra-comunidad-mixe -de-oaxaca-fiesta-religiosa-multitudinaria; *El Sol de México* (16/04/20) – https://www.elsoldemexico.com.mx /mexico/fiestas-durango-tlaxcala-ecatepec-plena-emergencia -covid-19-coronavirus-5108962.html

(Continued)

Tableau 2. Continued.

Amérique Latine **MEXIQUE**	[119] *Los Angeles Times* (13/07/20) – https://www.latimes.com/espanol/mexico/articulo/2020-07-13/el-rostro-de-la-pandemia-en-mexico-los-pobres-son-los-mas-afectados#
	[120] CRIM – https://web.crim.unam.mx/sites/default/files/2020-06/crim_036_hector-hernandez_mortalidad-por-covid-19_0.pdf
Amérique Latine **ARGENTINE**	[121] Decreto 576/2020 – https://www.boletinoficial.gob.ar/detalleAviso/primera/231291/20200629
	[122] Información, recomendaciones del Ministerio de Salud de la Nación y medidas – https://www.argentina.gob.ar/salud/coronavirus-COVID-19; Decreto 297/2020 – https://www.boletinoficial.gob.ar/detalleAviso/primera/227042/20200320
	[123] Decreto 641/2020 – https://www.boletinoficial.gob.ar/detalleAviso/primera/232919/20200802
	[124] En el marco de la emergencia sanitaria, el Gobierno Nacional dispuso un Ingreso Familiar de Emergencia (IFE) para trabajadores informales y monotributistas: ANSES – https://www.anses.gob.ar/informacion/cobro-del-ingreso-familiar-de-emergencia
	[125] SAIJ – www.saij.gob.ar (Prórroga por 60 días de la prohibición de despidos y ... Decreto 624/20 (28/07/20)
	[126] Resultados de búsqueda – Resultados de la Web: 27 jul. 2020 – Ciudad de Buenos Aires, 27/07/2020. VISTO el Expediente N° EX-2020-48067418-APN-DGD#MPYT, la Ley N° 27.541
	[127] *La Nación* (06/0720) – https://www.lanacion.com.ar/sociedad/coronavirus-argentina-cinco-controversias-estricta-cuarentena-es-nid2374802
	[128] El futuro después del COVID-19 – https://www.argentina.gob.ar/sites/default/files/el_futuro_despues_del_covid-19.pdf
Asie **INDONESIE**	[129] *Detik* (06/04/20) – https://news.detik.com/berita/d-4967416/ini-daftar-37-pernyataan-blunder-pemerintah-soal-corona-versi-lp3es
	[130] *Kompas* (18/02/20) – https://www.kompas.com/tren/read/2020/02/18/195246965/indonesia-negatif-virus-corona-menkes-terawan-kami-berutang-pada-tuhan?page=all

(Continued)

Tableau 2. Continued.

Asie INDONESIE	[131] *Liputan6* (29/02/20) – https://www.liputan6.com /news/read/4190703/maruf-amin-berkat-doa-kiai-dan -qunut-corona-menyingkir-dari-indonesia
	[132] *Kompas* (13/02/20) – https://www.kompas.com/tren /read/2020/02/13/180300965/indonesia-negatif-virus -corona-ini-kata-who-indonesia?page=all
	[133] *The Jakarta Post* (12/02/20) – https://www.thejakarta post.com/news/2020/02/12/its-insulting-indonesia-criticises -us-study-concerns-over-no-coronavirus-cases.html
	[134] *Kompas* (13/05/20) – https://kompas.id/baca/human iora/ilmu-pengetahuan-teknologi/2020/05/13/ilmuwan -dan-kekuasaan/; *Twitter* : https://t.co/VMKLD17?amp=1
	[135] *Kompas* (24/02/20) – https://nasional.kompas.com /read/2020/02/24/12141771/indonesia-masih-aman-dari -virus-corona-kepala-bnpb-apa-mungkin-karena-sering
	[136] *CNNIndonesia* (11/03/20) – https://www.cnn indonesia.com/nasional/20200311170241-20-482556 /canda-wapres-sebut-susu-kuda-liar-bisa-tangkal-virus -corona
	[137] *Kompas* – https://megapolitan.kompas.com/read /2020/03/17/18463781/mendagri-sebut-dampak-kematian -karena-corona-rendah
	[138] *Kompas* (31/03/20) – https://kompas.id/baca/metro /2020/03/31/kebingungan-warga-di-tengah-instruksi -pembatasan-skala-besar/
	[139] *Instagram* – https://www.instagram.com/dr.tirta /?hl=id
	[140] *Kompas* (03/03/20) – https://nasional.kompas.com /read/2020/03/03/06314981/fakta-lengkap-kasus-pertama -virus-corona-di-indonesia?page=all
	[141] *Kompas* (05/03/20) – https://nasional.kompas.com /read/2020/03/05/07263001/kepanikan-masyarakat-soal -virus-corona-akibat-informasi-yang-kurang-jelas; *Detik* (18/05/20) – https://news.detik.com/berita/d -5018734/ramai-tagar-indonesia-terserah-tenaga-ahli -bnpb-saran-yang-harus-diterima
	[142] *Tirto* (17/06/20) – https://tirto.id/influencer-keblinger -ancam-kesehatan-publik-selama-pandemi-covid-19-fHwD

(Continued)

Tableau 2. Continued.

Asie INDONESIE	[143] *Detik* (28/03/20) – https://hot.detik.com/celeb/d -4956100/unggahan-umi-pipik-soal-virus-corona-yang -ramai-diperbincangkan
	[144] *Tempo* (12/04/20) – https://nasional.tempo.co /read/1330741/gerakan-solidaritas-lumbung-bantu -warga-terdampak-covid-19; *Kompas* (12/04/20) – https://megapolitan.kompas.com/read/2020/04/12 /07175201/bantuan-pemerintah-kurang-warga-gotong -royong-bantu-tetangga-di-tengah?page=all; in 2018 Indonesia has been nominated as the most generous country according to the World Giving Index by Charities Aids Foundation.
	[145] *BBC* (30/03/20) – https://www.bbc.com/indonesia /indonesia-52082427
	[146] *Bisnis* (15/03/20) – https://bali.bisnis.com/read /20200315/561/1213338/bali-klaim-aman-corona-festival -tanah-lot-tetap-digelar; *Times Indonesia* – https://www .timesindonesia.co.id/read/news/254554/bersih-dari-virus -corona-bandung-aman-dikunjungi-wisatawan; *Tempo* (09/03/20) – https://travel.tempo.co/read/1317505/virus -corona-mewabah-sultan-hb-x-yogyakarta-aman -dikunjungi
	[147] *CNBCIndonesia* (25/02/20) – https://www .cnbcindonesia.com/news/20200225195503-4-140445 /hore-ongkos-tiket-pesawat-10-destinasi-wisata-didiskon-50
	[148] *Kompas* (02/03/20) – https://nasional.kompas.com /read/2020/03/02/10323441/rp-72-miliar-untuk-influencer -dalam-atasi-dampak-virus-corona-pengamat-mau?page=all
	[149] *Liputan6* (13/06/20) – https://www.liputan6.com /news/read/4278516/gugus-tugas-tes-corona-covid-19-di -indonesia-masih-rendah
	[150] *Kompas* (01/08/20) – https://www.kompas.id/baca /nusantara/2020/08/01/gubernur-jateng-minta-kabupaten -kota-terbuka-akan-data/; (05/07/20) https://www.kompas .id/baca/nusantara/2020/07/05/data-yang-jelas-dan-sinkron -bantu-masyarakat-pahami-covid-19/; (29/04/20) https:// www.kompas.id/baca/kesehatan/2020/04/29/data-korona -sengkarut-membuat-persoalan-makin-kusut/

(Continued)

Tableau 2. Continued.

Asie INDONESIE	[151] *Twitter* (16/08/20) – https://twitter.com/aik_arif /status/1294956279090147333?s=21
	[152] *Twitter* (16/07/20) – https://twitter.com/septian /status/1283717151434530818; *Kompas* (20/06/20) – https://www.kompas.com/tren/read/2020/06/20/1933 00065/ahli-sebut-angka-kematian-covid-19-lebih-tinggi -dari-yang-dilaporkan-ini?page=all
	[153] *Detik* (14/06/20) – https://news.detik.com/berita/d -5053029/kadishub-dki-pesepeda-di-masa-psbb-transisi -naik-1000-persen
	[154] *CNNIndonesia* (15/04/20) – https://www.cnn indonesia.com/olahraga/20200415195429-178-493938 /manfaat-bersepeda-di-tengah-wfh-dan-psbb
	[155] *RCTIplus* (21/06/20) – https://www.rctiplus.com /trending/detail/228810/evaluasi-cfd-banyak-warga -langgar-protokol-kesehatan
	[156] WhatsApps/Anonymous/ 29th June 2020
	[157] *South China Morning Post* (21/07/20) – https:// www.scmp.com/news/asia/southeast-asia/article/3094003 /stolen-corpses-rejected-masks-indonesias-coronavirus
	[158] *CNNIndonesia* (23/03/20) – https://www.cnn indonesia.com/tv/20200323163621-405-486143/video -maklumat-terbaru-sultan-yogya-terkait-corona
	[159] *Kompas* (01/04/20) – https://kompas.id/baca /humaniora/ilmu-pengetahuan-teknologi/2020/04/01 /pagebluk/
	[160] *Kompas* (14/08/20) – https://jeo.kompas.com/naskah -lengkap-pidato-kenegaraan-presiden-jokowi-2020
Afrique AFRIQUE DU SUD	[161] *Cape Town Etc.* (30/01/20) – https://www.cape townetc.com/news/china-builds-coronavirus-hospital-in -48-hours/
	[162] *CGTN Africa* (03/02/20) – https://africa.cgtn.com /2020/02/03/south-african-manufacturer-donates-masks -to-wuhan/
	[163] *Daily Maverick* (21/02/20) – https://www.daily maverick.co.za/article/2020-02-21-coronavirus-dont -panic-but-south-africa-needs-to-be-prepared/

(Continued)

Tableau 2. Continued.

Afrique AFRIQUE DU SUD	[164] NICD (4/2/2020) – https://www.nicd.ac.za/is-south-africa-prepared-for-the-coronavirus/
	[165] *Mail & Guardian* (10/03/20) – https://mg.co.za/article/2020-03-10-flight-to-to-evacuate-south-africans-in-wuhan-finally-underway/
	[166] NICD (05/03/2020) – https://www.nicd.ac.za/first-case-of-covid-19-coronavirus-reported-in-sa/
	[167] Twitter @roxxy_amanda status (29/03/20) – https://twitter.com/roxxy_amanda/status/1244307239541899265
	[168] Government decree (15/03/20) – https://www.gov.za/speeches/statement-president-cyril-ramaphosa-measures-combat-covid-19-epidemic-15-mar-2020-0000
	[169] Government Regulation (11/08/20) – https://www.gpwonline.co.za › 43592_07-08_NationalRegulation.pdf
	[170] *eNCA* (28/03/20): https://www.enca.com/news/first-coronavirus-death-confirmed-in-sa
	[171] Minister of Police, General Bheki Cele address to SAPS members in Pretoria (10/07/2020) – https://www.saps.gov.za/newsroom/msspeechdetail.php?nid=26726
	[172] DoH official Twitter page (21/08/2020) – https://twitter.com/healthza
	[173] Government decree (18/03/2020) – https://www.gov.za/sites/default/files/gcis_document/202003/regulations.pdf
	[174] *TimesLive* (18/08/2020) – https://www.timeslive.co.za/news/south-africa/2020-08-18-live-updates-liquor-stores-open-in-south-africa/
	[175] *News24* (21/05/2020) – https://www.news24.com/news24/southafrica/news/watch-lockdown-queues-for-kilometres-as-11-000-food-parcels-distributed-in-pretoria-20200521
	[176] Statistics South Africa (29/05/2019) – http://www.statssa.gov.za/publications/P0318/P03182018.pdf
	[177] *TimesLive* (14/06/2018) – https://www.timeslive.co.za/news/south-africa/2018-06-14-eight-alarm-bells-at-south-african-state-hospitals/
	[178] *EWN* (15/08/2018) – https://ewn.co.za/video/11783/the-moment-ramaphosa-announced-level-2--booze-and-cigarette-sales

(Continued)

Tableau 2. Continued.

Section 4. DISCUSSION des références également à des sources d'autres pays comme Russie, États-Unis, Allemagne, Royaume-Uni, Suisse.	[179] https://en.wikipedia.org/wiki/COVID-19_pandemic _in_Russia – "On 11 August, President Putin said in a meeting that the first vaccine in the world against the coronavirus, developed by the Gamaleya Research Institute of Epidemiology and Microbiology, was registered in Russia and that one of his daughters was vaccinated". ["Путин объявил о регистрации вакцины от коронавируса в России". *rbc.ru*] The previous day, the Association of Clinical Research Organisations, a union of pharmaceutical companies in Russia, urged the head of the Ministry of Health to delay the registration due to incomplete testing. [*"Путин объявил о регистрации в РФ вакцины вопреки мнению экспертов". dw.com.*] The head of the RDIF stated that 20 countries had requested in total 1 billion doses of the vaccine, nicknamed Sputnik V. ["Россия получила запрос на 1 млрд доз вакцины против коронавируса". rbc.ru.]
	[180] *La Repubblica* (23/8/2020) – https://www.repubblica .it/politica/2020/08/23/news/sicilia_fonti_viminale_a_repu bblica_musumeci_non_puo_farlo_-265276094/?refresh_ce
	[181] *CNN* (20/08/20) – https://www.msn.com/en-us/news /politics/democratic-convention-highlights-7-takeaways -from-night-3/ar-BB18aNLY
	[182] *The Hindu* (20/08/20) – https://www.thehindu.com /news/international/there-is-no-vaccine-for-racism-kamala -harris-says-in-her-acceptance-speech/article32400355.ece#!
	[183] *New York Post* (19/07/2020) – https://nypost.com /2020/07/19/trump-calls-anthony-fauci-a-bit-of-an-alarmist/
	[184] AGI (29/08/20) – https://www.agi.it/estero/news/2020 -08-29/coronavirus-protesta-mascherine-europa-9521776/; *Informazione.it* (30/08/20) – https://www.informazione.it /a/2FD0CBDF-143C-4C15-B6E6-581828DDC492/Protesta -contro-le-misure-anti-Covid-a-Zurigo; ANSA (29/08/20) – https://www.ansa.it/sito/notizie/mondo/europa/2020/08/29 /polizia-berlino-scioglie-corteo-contro-norme-anti-covid _518a2e01-17e1-4671-ae3d-43919cf9cd94.html
	[185] https://www.rtl.it/notizie/articoli/polemiche-sul -possibile-obbligo-vaccinale-contro-il-coronavirus-per-gli -operatori-sanitari-i-medici-nessuno-spazio-ai-no-vax/
	[186] https://www.dire.it/02-02-2021/600054-scontro-tra -bassetti-e-amici-in-tv-linfettivologo-minacciato-sui-social/

Endnotes

2. Il est remarquable de noter qu'un an plus tard, le 26 mai 2021, le président américain Joe Biden a lancé une nouvelle enquête du renseignement américain, d'une durée de 90 jours, intensifiant les efforts pour élucider les origines de la COVID-19. Cette décision fait suite à la divulgation de détails supplémentaires sur la théorie de la fuite du laboratoire de Wuhan, visant à obtenir davantage de réponses de la part de la Chine concernant son rôle dans la pandémie mondiale. Le Dr Fauci disait à Rand Paul que la théorie du laboratoire de Wuhan est « complètement fausse ». Source : https://www.independent.co.uk/news/world/americas/us-politics/biden-wuhan-lab-COVID-leak-b1854459.html consultée le 30 septembre 2021. En réponse, le porte-parole du ministère chinois des Affaires étrangères, Zhao Lijian, a déclaré jeudi, le 27 mai 2021, aux journalistes « Certaines personnes aux États-Unis ignorent complètement les faits et la science » (Suliman, A.) La Chine riposte à la « conspiration » de fuite du laboratoire de Wuhan après que Biden a appelé à une enquête sur la COVID. Source : https://www.nbcnews.com/news/world/china-hits-back-wuhan-lab-leak-conspiracy-after-biden-calls-n1268704 consultée le 16 février 2023.

3. Consulté le 30 Septembre 2021 à https://tprod.fr/project/hold-up/; repéré le 30 Septembre 2021 à https://www.youtube.com/watch?v=P4RlG1StpDo

4. Consulté le 30 Septembre 2021 à https://www.rts.ch/info/monde/11749926-holdup-documentaire-au-service-de-theses-complotistes-sur-le-COVID.html. Wikipedia présente Hold-up comme «un film de propagande pseudo-scientifique indépendant de 2020 réalisé par le théoricien français du complot Pierre Barnérias». Repéré pour la dernière fois le 16 février 2023 à https://en.wikipedia.org/wiki/Hold-up_(2020_film)

5. Site Web institutionnel consulté le 30 septembre 2021 à https://www.governo.it/it/il-presidenthttps://www.governo.it/it/il-governo. Source en ligne populaire repéré le 30 septembre 2021 à https://en.wikipedia.org/wiki/Mario_Draghi

6. Consulté le 30 septembre 2021 à https://www.la7.it/otto-e-mezzo/video/riaperture-salmaso-la-letalita-della-malattia-sta-scendendo-ma-il-rischio-esiste-ancora-17-05-2021-381987

7. Consulté le 30 septembre 2021 à https://www.huffingtonpost.it /entry/draghi-il-rischio-era-calcolato-davvero_it_60a2355fe4b014b docadd342

8. Consulté le 30 septembre 2021 à https://www.la7.it/otto-e-mezzo /video/riaperture-il-prof-massimo-galli-rischio-calcolato-calcolato -male-16-04-2021-375750

9. Consulté le 30 septembre 2021 à https://www.la7.it/otto-e-mezzo /video/riaperture-salmaso-la-letalita-della-malattia-sta-scendendo-ma -il-rischio-esiste-ancora-17-05-2021-381987

10. Consulté le 30 septembre 2021 à https://www.repubblica.it /cronaca/2020/11/30/news/coronavirus_dagli_esperti_italiani _troppe_informazioni_spesso_incoerenti-276305771/

11. Consulté le 7 Décembre 2022 à https://www.ilpost.it/2022/12/07 /cina-abbandona-strategia-zero-covid/

12. Repéré le 26 décembre 2023 à https://www.ilpost.it/2022/12/26 /ondata-coronavirus-cina/

13. Repéré le 26 décembre 2023 à https://www.bloomberg.com/news /articles/2022-12-25/china-stops-releasing-daily-covid-data-as -accuracy-questioned?leadSource=uverify%20wall

14. Repéré le 26 janvier 2023 à https://www.ansa.it/sito/notizie /topnews/2023/01/25/covid-cina-picco-il-22-dicembre-con-oltre-7 -milioni-casi_53f62671-05e6-4e37-b2ae-cae746605cf9.html

15. Repéré le 26 janvier 2023 à https://www.agi.it/cronaca/news /2020-12-04/papa-francesco-terza-guerra-mondiale-10540085/

16. Repéré le 31 janvier 2023 à https://duckduckgo.com/?q=war+in +Ukraine+and+Covid&t=osx&ia=web

17. Repéré le 31 janvier 2023 à https://impakter.com/ukraine-crisis -threat-war-covid/

18. Repéré le 31 janvier 2023 à https://www.aljazeera.com/features /2022/3/2/covid-and-the-russian-invasion-ukraines-dual-crisis

19. Repéré le 31 janvier 2023 à https://www.cnbc.com/2022/03/02 /who-says-war-in-ukraine-will-increase-covid-transmission.html

20. Repéré le 31 janvier 2023 à https://www.foxnews.com/health /ukraine-war-conditions-breeding-ground-infectious-disease -outbreaks

21. Repéré le 31 janvier 2023 à https://www.foxnews.com/health/who-covid-19-spread-russia-ukraine

22. Repéré le 31 janvier 2023 à https://www.verywellhealth.com/russia-ukraine-war-covid-risk-5222399

23. Repéré le 31 janvier 2023 à https://theconversation.com/ukraine-disease-control-is-a-casualty-of-war-so-a-surge-in-covid-cases-is-likely-179218

24. Repéré le 31 janvier 2023 à https://www.norwich.edu/news/voices-from-the-hill/276-faculty/3727-covid-19-and-the-war-in-ukraine

25. Repéré le 31 janvier 2023 à https://reliefweb.int/report/ukraine/impact-war-dynamics-covid-19-ukraine

26. Repéré le 31 janvier 2023 à https://news.yahoo.com/war-ukraine-covid-19-pandemic-140018815.html?guccounter=1&guce_referrer=aHR0cHM6Ly9kdWNrZHVja2dvLmNvbS8&guce_referrer_sig=AQAAACEipUQybOyIteIqGclqYlERxJhLkCSGWRu bmmFqiOKvWkNNfoaa2aMDaRBZ72huvupKjlK9dZujLHaX3JE ODfxUuWyWBzJYlUCb2enwXuz94UXVxjM1P6Ngo0OYBEYMF YjoyW-8A5NcIGtEemJ_kpSoIrLWwrHSrcKaT_aGxss

27. Repéré le 31 janvier 2023 à https://fortune.com/2023/01/25/global-economic-growth-outlook-2023-covid-inflation-war-ukraine-climate-crisis-un/

28. Repéré le 31 janvier 2023 à https://kosovotwopointzero.com/en/the-war-in-ukraine-scams-and-covid-conspiracies/

29. Repéré le 31 janvier 2023 à https://www.un.org/en/desa/fragile-economic-recovery-covid-19-pandemic-upended-war-ukraine

30. Repéré le 31 Janvier 2023 à https://www.verywellhealth.com/russia-ukraine-war-covid-risk-5222399 (voir l'adresse web rapportée en note 22)

SECOND PART:
THE EXPERTISE BETWEEN
MODERNISATION AND
TECHNOCRATISATION

3. The United Arab Emirates, an Early Adopter of Global Best Practices

William Guéraiche

Abstract

The nexus between authorities and experts in the United Arab Emirates (UAE) differs from that of the Western democracies. The decision-making process is complex, a blend of Bedouin tradition, modern administration and nation branding. On the surface, it seems that the Sheikhs took all decisions during the pandemic. The reality was of course more complex. Whilst the sheikhs might still jealously guard their power, they know how to listen to outside parties (including experts in different fields) before taking important decisions. For instance, the cooperation on the coronavirus (SARS) with World Health Organisation since 2003 justified the health protocol implemented at the inception of the pandemic. The crisis was therefore no exception and revealed that the experts do not interact with decision-makers in the media. There had been no debate about the chloroquine, herd immunity or the effectiveness of the vaccines. Experts oriented the political decisions but never intervened as independent actors in the public debate.

1. Introduction

After the COVID-19 pandemic in the United Arab Emirates (UAE), academic articles exponentially increased, yet with little assessment of the performance of the federal and the local governments in 2020 during the pandemic (e.g., Abbas et al., 2021). The scope

How to cite this book chapter:
Guéraiche, W. (2024). The United Arab Emirates, an Early Adopter of Global Best Practices. In: Premat, C., De Waele, J.-M., & Perottino, M. (eds.), *Comparing the place of experts during the first waves of the COVID-19 pandemic*, pp. 197–223. Stockholm: Stockholm University Press. DOI: https://doi.org/10.16993/bco.d. License: CC BY-NC 4.0.

of the research focused on the health (Al Hosany et al., 2021; Cheikh Ismail, 2021; Radwan et al., 2021; Suliman et al., 2021), business (Aburumman et al., 2020; Alsuwaidi et al., 2021; Al Numairy et al., 2022; Kooli, 2022) and education (Al-Karaki et al., 2021; Hussein et al., 2020) sectors. Comparative politics poses questions in comparing, for instance, the British health infrastructure (Gaskell et al., 2020) or the US health infrastructure (Blumenthal et al., 2020; Francisco, 2020) with the Emirati one, asking whether the success of the Emirati model shows no systematic weakness. Such comparisons reveal that countries with long established health infrastructures and paradigms may not have fared as expected because of the combination of institutional, political, health factors (Wagschal, 2022), whereas a young health infrastructure in the UAE, supported by multiple factors, appears to have mitigated the crisis fairly successfully and quickly.

To address these questions, the link between decision-making and Gulf populations should be taken into account. Since the inception of the oil exploitation in the 1960s, the UAE has been analysed as a "rentier-state" whose social contract is to satisfy the needs of the local population in exchange for obedience to the rulers. High-levels of oil revenue led to an increasingly passive attitude (by the local population) from a political point of view (Mahdavi, 1970; Gengler, 2015; Najmabati, 2015). A recent bibliography has also questioned the nature of the local powers. When the British announced their withdrawal in 1968, observers wondered if the local sheikhs could survive (Friedman, 2020, p. 8). They did. Is it because they have gained 'autocratic legitimacy' (Dukalskis & Gerschewski, 2017, p. 253)? Gulf leaders may share the same claims for legitimacy as authoritarian regimes: foundation myth, personalism ('extraordinary personality'), performance (ability to satisfy the people's needs), and international engagement[31] (Von Soest & Grauvogel, 2017, pp. 290–291). Yet, all regimes, regardless of their nature, justify their rule to assure their longevity (Kailitz & Stockemer, 2015). Of course, this rentier-state evolved to maintain its legitimacy in the long run (Kailitz & Stockemer, 2017). Gregory Gausse and Sean Yom's distinction stands true here: the Emirati sheikhs have not reigned but they have ruled by establishing cabinets, authorising consultative bodies and managing the administration – through the appointment of experts. Thus, did this "resilient royalism" (Yom & Gausse, 2012, p. 77) which had escaped the ripple effects of the Arab Spring do the same with the COVID crisis?

What was the exact role of the experts in the shadow of the decision-makers? The answer lies in the consubstantial link between politics, the public sphere, and legitimacy in the Gulf. In a nutshell, all kinds of public actions are anchored on the legitimacy of the decision-maker. If the ruler is legitimate, his decisions are too, which can explain the longevity and stability of monarchies (Bank et al., 2014, p. 164; Khalaf, 2003, p. 8). This stability is also the result of various strategies implemented by the ruling families (Bryman & al., 1999). Like in foreign policy, as Stephen Wright rightly points out, decisions and politics in general tend to be personalised and epitomised in some leading figures. They involve a smaller number of individuals (Wright, 2011, p. 79) or families. This reliance on family members restricts government capabilities and action (Peterson, 2001, pp. 26–27). This statement, while valid for the Gulf Cooperation Council (GCC), is not necessarily true for the UAE, federation of seven local emirates. After independence, the UAE became a federation formed with seven local emirates. Each ruler (Sheikh) wanted to keep full control over their people within the territories which were delineated. As a result, local powers survived in a complex game with the federation. Even rulers with three at the forefront (Abu Dhabi, Dubai and Sharjah) generate a power dynamic that we cannot find within the other GCC states. The stalwart determination toward modernity and globalisation ushered in state-of-the-art communication systems, thereby reorganising the decision-making process, inevitably based on global expertise and think-tanks (Wright, 2011, p. 80).

The complex relationship between Emirati authorities and the Emirati population (Emirati citizens and residents living in the country with a visa) relies on open sources and follows the methodology of open sources intelligence (Os-Int) (Hérodote, 2022/23; Steele, 2007, pp. 130–133), which gleans information from different kinds of open sources but from one source in particular, the Emirati press agency WAM (*Wakalat Anba'a al Emarat*). Between January 2020 and December 2021, more than 3,600 dispatches informed the media and the public about the situation in the country (half of them on the situation abroad). We have to be careful though with this material. If WAM is a press agency, the federation strictly monitors the content of the dispatches. Consequently, instead of waiting for circulation of information, the readers are able to understand the official discourse of the Emirati authorities. Used as official documents, their analysis reveals the place of experts in trying times, and how the authorities selected the advisers to turn the crisis into an opportunity. Finally, the vaccination campaign underlines the tensions between authority and expertise, allowing for an assessment of the performance of the Emirati authorities.

2. A country ready for a major crisis

Seeking international credibility on the global stage, the UAE has increasingly participated in more partnerships and engagements in multilateralism (Antwi-Boateng & Alhashmi, 2022, pp. 13–14). Unlike the states which showed reluctance to cooperate with the World Health Organisation (WHO) during the pandemic (Cockerham, 2022, p. 195 sq), the UAE increased its cooperation. To what extent did these "functional experts" encroach on the UAE decision-makers' authority? And, equally, how did the historically successful model of rule rather than reign incorporate the health experts to legitimise monarchical rule and provide successful governance strategies during a local and global crisis?

2.1 The WHO expertise

The cooperation between the UAE and the World Health Organisation (WHO) stems from spring 2003 and the Severe Acute Respiratory Syndrome (SARS) outbreak. According to the WHO, 2,600 cases had been registered in 17 countries, including the UAE. To actively combat the coronavirus, the federation joined the International Communication Disease Committee (CDC), a branch of the UN agency. In May, the federal authorities anticipated the dangerous virus with the establishment of a Management Plan in coordination with the private sector (WAM, 2003). Dr. Mahmoud Fikri, Assistant Under-Secretary for Preventive Medicine at the UAE Ministry of Health, announced that the MoH would strictly follow the WHO in diagnosing and classifying potential SARS cases (Bathish, 2003).

From the very start of the coronaviruses in Asia, the federation adopted a transparent attitude. Because of its central location in the networks of globalisation (hub for trade between Asia and Europe as well as a multi-modal platform for regional markets, the result of an aggressive marketing strategy on all commercial fronts including Emirates and Etihad airlines), Emirati officials had anticipated the federation's vulnerability. SARS was a reminder that a pandemic could paralyse the country. The food crisis in Asia (2007–2008) reinforced this feeling (Guéraiche, 2017, pp. 163–171; Degefa, 2022, pp. 89–98). In 2014, the Middle East Respiratory Syndrome (MERS) strengthened relations between the UAE and the WHO. Between March and May 2014, the UAE counted a total of 37 cases. However, from 12 September 2013 to 16 April 2014, the country reported 253 confirmed cases and 93 deaths[32]. The WHO advised vigilance, especially regarding returning travellers. Patients were required to have a nasopharyngeal swab test and preferably samples from the lower respiratory tract. People working with animals (MERS was also called the "Camel flue") had to adhere to general hygiene measures such as regular hand washing. In June 2014, the WHO sent six experts in epidemiology, infection prevention and control, food safety, the human-animal interface and risk communication on a five-day mission to Dubai and Abu Dhabi. The head, Peter Ben Embarek, was impressed with the data collected by the Emirati health authorities. In order to better assess the risk and better understand the "routes of transmission from animals to humans", the WHO encouraged the local health authorities to investigate MERS further (WAM, 2014). The main interlocutors of the UN agency were Abdul Rahman Al Owais, Minister of Health since 2011, and Farida Al Hosani, manager of the communicable diseases department of the Health Authority Abu Dhabi (HAAD). The two officials, already aware of the possible threat of coronaviruses, played a key role at the beginning of the pandemic in January 2020. Abdul Rahman Al Owais, still the Minister of Health, was familiar with UN bureaucracy. In 2018, Tedros Ghebreyesus, Director-General of WHO, appointed him as a member of the WHO Commission on Non-Communication Diseases. For her part, Farida Al Hosani was promoted official spokesperson for the UAE health sector. Both individuals, one an expert in process and the other in medicine, became the figureheads of the federal authorities during the regular press conferences held in 2020.

Therefore, and with good reason, prior to 2020, the Emirati authorities, like the South-Korean's ones, paid a great deal of attention to the spread of new viruses. They were particularly concerned by trans-boundary threats and zoonotic diseases. Although medical research has been limited in the UAE, focusing mostly on genetic diseases, the Emirates were open to global solutions for controlling and managing communicable diseases. In a symposium held in Abu Dhabi in April 2018, local actors discussed a "one health" cooperation under the guidance of the Abu Dhabi Department of Health (DoH), which "ensures the implementation of best practices in communicable disease controls aligned with the highest international standards in collaboration with relevant partners" (WAM, 2018). The Ministry of Health, renamed Ministry of Health *and Prevention* (MOHAP), significantly emphasised prevention as an intentional strategy, reassuring the public two days after Xi Jinping's speech (20 January 2020) that the country was free of the mysterious virus:

> The UAE has an effective integrated system and plans for emergency and crisis to address public health risks and that the country is in constant touch with the World Health Organisation, WHO, to find out the latest updates, recommendations and procedures taken in this matter.

The MOHAP took the threat seriously. It called a meeting on 22 January with the Dubai Health Authority (DHA), the Department of Health-Abu Dhabi (HAD), the National Emergency Crisis and Disaster Management Authority (NCEMA), the General Authority of Ports, Borders and Free Zones Security, and UAE Airports (the same structures that coordinated their efforts during the crisis) to review the situation (WAM, 22 January, 2020). The UAE raised the alert level on 26 January and eventually announced the first case of coronavirus on 29 January. A Chinese family coming from Wuhan tested positive (WAM, 29 January, 2020). The prompt and transparent reaction of the authorities maintained calm until the confinement on 26 March. The main issue in the UAE (and worldwide) was to manage the crisis effectively with the guidance of health experts. Nothing was publicised about the internal debate within the health authorities and the political authorities, which maintained public confidence in the governmental agencies. The international debate concerning the strategies (herd immunity) or the seriousness of the coronavirus looked far different from the daily preoccupations of a global hub. Like in many other countries, the UAE population thought that the Emirates would be spared from the pandemic, while the authorities immediately placed visible and invisible barriers to the virus in the form of closures and cooperation.

2.2 Authority and expertise

The dominant figures of authority, namely Sheikh Mohamed bin Zayed Al Nahyan, Crown Prince of Abu Dhabi, *de facto* president of the UAE, and Sheikh Mohammed bin Rashid Al Maktoum, Prime Minister and ruler of Dubai, screened the experts in the media. The exceptional situation did not jeopardise the structures of the Emirati society and state. Simply said, the Emiratis owe obedience to their sheikh in their emirate, and the ruler, in return, is responsible for the familial well-being of his people and the preservation of tribal traditions (Rugh, 2007, pp. 1–14). During the crisis, the patronage system remained unquestioned, and the trust in the rulers was also reinforced. However, the exceptional circumstances with a confinement of an overwhelming majority of foreigners (more than 85%) blurred a major distinction. "Locals", common names given to the Emiratis, and foreign residents were put on an equal footing under the protection of the two sheikhs (Guéraiche, 2022, p. 276).

From an operational point of view, the pyramidal system was applied more strictly in 2020. The top decision-makers merged the two categories of "process" and "decision" expertise unabashedly. At the top, they had coordinated the federal and local governments. If, in theory, the federal ministries and *ad hoc* committees such as the Supreme Council for National Security (SCNS) or the National Emergency Crisis and Disaster Management Authority

(NECDAM) had precedence over the local governments (ministries in the local emirates are called "departments"), in reality, they had to cope with entities like the Dubai police, instrumental in the application of the top decisions. The different tasks were dispatched according to the domain of competence. The head of ministries, committees or local agencies could communicate publicly when their administration was involved. For instance, Hussain Al Hammadi, Minister of Education, was the functional expert on distance learning. Lead experts (process and functional on health), Abdul Rahman Al Owais, Minister of Health and Prevention, and Farida Hosani, spokesperson for the UAE health sector, became familiar figures in the Emirati media. The first press conferences were called when clarification was needed regarding policy on testing, vaccine safety, etc., while Farida Hosani was the regular contact person for the media (Guéraiche, 2022, p. 273). But even if the officials were empowered during the crisis, they were perceived as being the representatives of Sheikh Mohamed bin Zayed Al Nahyan and Sheikh Mohammed bin Rashid Al Maktoum. Indeed, the structure of power and the coordination of communications with the public appeared very coherent as a result. Without exception, the rulers of Dubai and Abu Dhabi were ultimately responsible for all major decisions made in the country.

3. Thinking of a crisis as an opportunity

Two kinds of functional experts were heard during the crisis. There were those who specialised in health (Al Hosany & al., 2021) but, even before the end of the confinement, on 24 April (beginning of Ramadan), business experts were already preparing for the "day after" (Aburumman, 2020). With the administration, they tried to turn the crisis into an opportunity (Alsuwaidi et al., 2021).

3.1 "Preventive actions", a confinement without confinement?

From 26 January to 26 March, the official discourse used the leitmotiv of "preventing actions", which justified action without alarming the population. While international public opinion debated the lethality of COVID-19, the Emirati authorities communicated the anticipation of a possible – albeit not yet acknowledged – crisis.

First, Abdul Rahman bin Mohammad bin Nasser Al Owais, Minister of Health and Prevention, pointed out that the country had enough resources to detect new cases. Five hundred medical staff already screened possible infected people with enough surgical masks, medical gloves, goggles, and protective clothing. Ahead of the game, and in line with WHO protocols, the authorities installed thermometers at airports and border crossings as soon as the virus was reported from China. The National Operations Centre made sure that all actors played their role (WAM, 11 February 2020). A month later, the authorities had not lowered the guard. On the contrary, they capitalised on their experience and remained open to WHO suggestions. In March, Dr. Badreya Al Harmi, Director of the Public Health Protection Department at the Dubai Health Authority stated that DHA had implemented an effective monitoring system for detecting individuals infected by COVID-19. This system helped to identify not only the confirmed cases but also the people who had been in contact with them (WAM, 11 March 2020).

Second, whereas the authorities were vigilant with contaminated passengers going through arrivals and departures at airports, the main threat was healthy carriers of the virus. Accordingly, attention was focused on schools and the workplaces. The closure of educational institutions was rapidly suggested. As business cities, Abu Dhabi and Dubai host merchants travelling to and from destinations in Asia, Africa, and Europe. If travellers were a-symptomatic upon arrival in the UAE, they could contaminate their children and the latter their classmates who could in turn expose their family to the virus, and so on. Instead of coercion, the authorities suggested comminatory measures. On 5 March, the Emiratis and the residents were advised to avoid travelling. Directly after, on 10 March, the MOHAP issued a statement notifying UAE residents that should travel be necessary, "preventive measures would be taken upon the traveller's return to the UAE" (WAM, 10 March 2020), implying quarantine. Ultimately, "preventive and precautionary measures" led the Ministry of Education to announce a four-week break, anticipating the spring holidays. Officially, the ministry explained that it would conduct massive operations of sterilisation in schools, universities and buses in accordance with "the international standards for health, safety and hygiene". On the one hand, it broke the chain of contamination, and on the other, it gave instructors the time to learn the necessary skills to teach online (WAM, 4 March 2020). "Agility", an attribute used and sometimes overused to describe the UAE (Guéraiche, 2017, p. 10) could characterise the approach of the Emirati authorities from January to March. Distance learning also provided an opportunity to promote state-of-the-art educational tools. In early March, the ministry highlighted that 23,000 students from Higher Colleges of Technology, Zayed University and UAE University (the three major public higher education institutions) completed experimental programmes in distance learning. The same could be said about remote work. Leading by example, the Emirati administration launched remote work from 15 March to 26 March (WAM, 26 March 2020).

In other words, the official decisions designed a confinement without confinement to preserve the merchant identity of Dubai and Abu Dhabi. Before the implementation of the confinement, all public activities and events were cancelled, including gatherings in the mosques – an unprecedented necessitation in a very religious country (WAM, 19 March 2020). These decisions were barely discussed in the public domain because they were coherent and appeared justified. The alignment of the federation's policies and guidelines with international standards, notably by the WHO, and the anticipation of a global escalation of crisis exacted public policy that was rapid yet measured, decisive while informed. Consequently, functional experts in health and business always justified the decisions – without exception, and the population trusted the authorities. The crisis also confirmed to the population that the traditional patronage was as efficient as democracy (cf. the US or the UK) during crises. Furthermore, the commercial open-door policy of Dubai and Abu Dhabi during the crisis, precautionary as it was, did not jeopardise the reputation of the UAE as a safe heaven.

The federation officials made head against ill-fortune. Through these trying times, Sheikh Mohamed bin Zayed Al Nahyan and Sheikh Mohamed bin Rashid Al Maktoum were faithful to the long tradition of Arab rulers. They acted as community leaders as well as protectors of those residents forced to stay in the seven emirates. Experts played their part as well, but without encroaching on the political spheres, rather working symbiotically with them. At the same time, the rulers also tried to take advantage of the global crisis to benefit from the opportunities caused by the disruption. Like in many other countries, the crisis revealed not only the resilience of states but also their "deep-state" (understood here as the positive aspects of politics deeply entrenched in governance). For two decades, the UAE has used the nation-branding methods to enhance its role in the region and beyond.

3.2 Branding the crisis

Official statistics released daily followed a pattern (synthesis of the situation, major fact of the day, if any, number of new cases, deaths and recovery), and reiterated the basic principles of containment. However, from July onwards, communications were presented via a new visual tool (doc 1 below), which streamlined and reinforced all communications and sustained the trust in the authorities. Nevertheless, the authorities went further. The crisis communication tool used some key elements of the branding policy already used to promote the country on the global stage (Guéraiche, 2017, pp. 29–31). It reinforced the UAE as a land of innovation, leadership ("We want to be the first"), and pragmatic solutions to world problems.

Figure 1. Visual used for official communication.
Source: WAM (Licence: CC-BY-NC-ND).

The UAE as an incubator for innovation, for the welfare of the people, has been part and parcel of the official discourse for decades, but it found an unexpected revival during the crisis. On 26 January 2021, Sheikh Abdullah bin Zayed Al Nahyan, Minister of Foreign Affairs and International Cooperation, expressed appreciation for his ministry's endeavour in fighting the pandemic. In one accord with the two main leaders, his brother the crown prince of Abu Dhabi and the prime minister, he praised the attitude of the Emiratis and the residents for listening to the "voice of science", thereby attributing to Emiratis and the residents of his country a forward-looking and liberal perspective. The leadership's rhetoric of adaptability and retrenchment was based on "awareness, collaboration and adoption of knowledge" (WAM, 26 January 2021). The next day, Mohammad bin Abdullah Al Gergawi, Minister of Cabinet Affairs, explained further the rationale behind the decisions taken since the inception of the crisis. COVID-19 forced governments to adopt new practices. The federation had supported international efforts to find innovative solutions in sustainable development; now it was garnering the support of its citizens and residents to take pride in the drive for innovative solutions to the virus (WAM, 27 January 2021). Transnational cooperation, instead of competition, was now the key to public support and international approbation. In July 2020, the public Khalifa

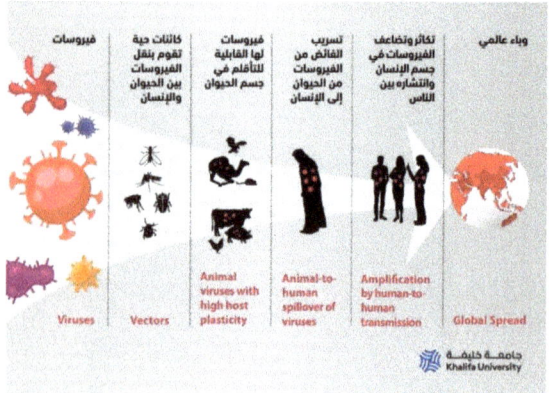

Figure 2. Promotion of international research.
Sources: WAM (Licence: CC-BY-NC-ND).

University led a multidisciplinary project with counterparts in the US, China, Singapore and Australia. A missing piece of the puzzle, epidemiologically, was the method of transmission of the coronavirus from animals to humans (WAM, 16 July 2020). In February 2018,[33] the National Strategy for Advanced Innovation already underlined the necessity for scientific breakthrough focused on public welfare and highlighted the work needed to understand the details of the transmission of COVID-19.

The second feature of the nation branding is the culture of world records, applied in this case to the pandemic. The most famous world records, Burj Khalifa and The Palm, epitomise the Emirati culture of the last few decades: "We want to be the first". For the decision-makers, especially in Dubai, the competitive drive has led the city-state to centre stage globally and has paid off commercially and politically. If the previous generations of Emiratis had been raised with the belief that they can do as well as the best, the new generation is convinced that it can be better than the rest of the world (Guéraiche, 2017, pp. 183–201). Although a global crisis hit the world, the Emirati authorities wanted to show that the country could be resilient but also could do better than the traditionally science-leading states in two sectors, testing and vaccines.

First, before the pandemic broke out, the scientific community agreed that the testing of a population allows for a better management of the spread of an infectious disease. Even before the confinement, the UAE took the lead in testing per capita. According to Our World in Data, the UAE performed 127,000 swab tests, or 13,000 per one million people. Bahrain took second place (6,165) and South Korea third (4,831) (WAM, 17 March 2020). The official statements regularly highlight these accomplishments. Within two months, more than half a million tests had been performed. Dr. Farida Al Hosani, the official spokesperson for the health sector, explained that this number underscored the government's commitment to protect "the health, safety, and wellbeing of the community" as well as the quality of the health system (WAM, 9 April 2020). In addition, the population trusted the Emirati authorities. Paul Cairney and Adam Wellstead demonstrated that, at the same time, the US and British authorities generated "distrust" in elected leaders and decisions applied (Cairney

& Wellstead, 2021, pp. 6–7 and p. 10). On 19 April 2020, the benchmark of one million was reached, rewarding public effort and making the UAE: "(…) an international model to follow for addressing crises with full transparency, due to the vision of its leadership and the cooperation between all national institutions." The reassuring message was well-perceived, confirming that the authorities were in control of the situation – a week before the end of the confinement[34]. The UAE broke the two-million mark on 25 May and the five-million mark on 3 August 2020. Finally, in October, the federation became the first country in the world where the number of tests exceeded the population (10 million).

By then, the focus of public opinion had already shifted to the vaccine. Dr. Omar Abdulrahman Al Hammadi, Official Spokesman of the UAE Government, assured the public that the vaccine trial would be administered on a voluntary basis (WAM, 6 October 2020). In early 2021, the scientific community validated the efficacy of the first vaccines, keeping in mind that they would not necessarily be the most efficient in the long run. The communication strategy was in place on 10 January 2021. A visual, similar to the one used to monitor the pandemic situation, was released on the WAM's website. One-million doses had already been administered (see visual and campaign below) (WAM, 10 January 2021). On 10 February 2021, the mark of 4 million doses was reached making the UAE the second most effective country in the world, after Israel (close to 70.00) (Bloomberg,

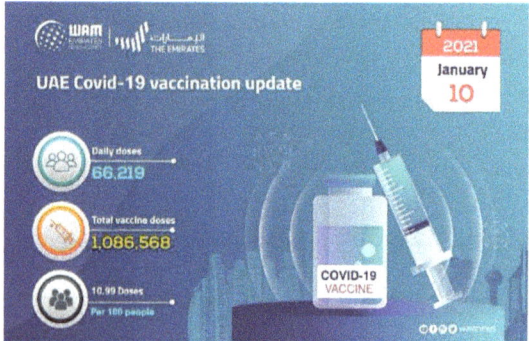

Figure 3. Visual for monitoring the vaccines in the UAE.
Sources: WAM (Licence: CC-BY-NC-ND).

2021), in terms of vaccine distribution rate for every 100 persons (47.37) (WAM, February 10, 2021).

To stimulate the public and parastatal sectors, the UAE adopted a third feature of nation branding, namely, the drive to become "solution finders" or "early adopters". The drive to excel on the global stage and the mobilisation and accessibility of budgets explains the success of targeted innovations during the year. The Federal Customs Authority (FCA) and some units of the Higher Colleges of Technology (HCT) joined forces to train sniff dogs for the detection of the coronavirus. Scientists and the customs K9 Unit carried out a promising experiment showing a strong correlation between the PCR test results and those of the customs K9 dogs. It goes without saying that this method, if applied, would be faster and cheaper than the laboratory analyses (WAM, 13 December 2020), yet the main success of the local research is the implementation of the DPI (Diffractive Phase Interferometry) test. During the initial weeks, scientists all over the world looked for a technology that would help the medical authorities to reduce the diagnosis time and allow medical staff to focus on the infected patients. In May, QuantLase Imaging Lab, an Abu Dhabi laboratory announced the development of a new technique that gives test results in a few seconds. The DPI test significantly advanced the Emirates as "a hub of research and innovation" (WAM, 19 May 2020).

The UAE has been compelled to either employ foreign researchers or rely on the transfer of technology in order to bring about scientific breakthroughs of this kind, since Emirati researchers are still in the early stages of their professional development. The crisis, however, hastened grassroots research due to the early adopter stance. The most noticeable innovation was the drive-through testing centres, based on the model of the fast-food drive through. The Koreans opened their first one on 26 February 2020[35]. The first testing station in the UAE followed shortly after in Dubai, on 7 April 2020[36]. From the first weeks of the pandemic, countries that had experienced MERS knew that testing and tracking infected people was a vital solution to containing the virus (South Korea, Taiwan, the UAE, etc.). It is worth noting that the UAE authorities were bold and open enough to look abroad for promising ideas, pilot programmes and solutions. No wonder that government related enterprises (GRE) such as Emirates Airlines also became early adopters. In partnership with Uveya, a Swiss company, the Emirates used a new method (ultraviolet technology) to sanitise the cabins (WAM, 14 December 2020). The '"We want to be the first" attitude was particularly rewarding a year into the pandemic. The UAE ranked first globally in terms of the number of indexes related to addressing the coronavirus crisis and specifically the number of tests per capita and the distribution of vaccines (from 12 January to 18 January 2021). The Emirates are also credited with excellent results globally for public satisfaction (1st in the Middle East and 3rd in the world), and the best in the Middle East for addressing the crisis by the Global Soft Power Index published by Brand Finance (WAM, 20 January 2021).

4. Vaccination campaign

The vaccination campaign illustrates the respective roles of the experts and decision-makers. There was no "expert narrative" debating past disease experiences like SARS in 2003 (Au et al., 2022). The fact that only a vaccine could end this period of uncertainty was therefore taken for granted at an early stage (Spring 2020). To reach herd immunity, confidence in the authorities to accept the Sinopharm vaccine was the determining factor (Ahamed et al., 2021). Building this confidence over the crisis was a success (Suliman et al., 2021), despite reluctant segments of the population such as college students (Alzubaidi et al., 2021). Finally, even before the end of confinement, the advent of the "new normal", de-securitisation, was already being prepared (Guéraiche, 2022, pp. 278–279). It was a matter of survival for a country whose prosperity relies on reputation and open exchange with global networks (trade, tourism, labour migrations, etc.). What then was the role of the experts in transforming the UAE into a leading model of vaccination during the COVID pandemic, vaccinating more than 70% of its "medically eligible" population?

The UAE authorities bypassed the debate about the need and effectiveness of vaccines. In mid-September, while the pharmaceutical companies were still in the development phase, the UAE defined the framework of a vaccination campaign. Abdul Rahman Al Owais, Minister of Health, announced "the emergency use of the COVID-19 vaccine" in compliance with the rules and regulations of the UAE (without mentioning the WHO) but also its intention to support "scientific progress to find effective and definitive solutions". Without mentioning the origins of the vaccine (Sinopharm from China), the minister reported that the first and second phases of the trial showed that the vaccine was safe and "effective". A strong argument to justify this exceptional process was the destination of the first doses: the medical staff, namely frontline workers, or "heroes who are more at risk of catching COVID-19", would be vaccinated as a priority (WAM, 14 September, 2020). Again, communicating the intention and vision of the government to the public was central: the purpose of the communication was to eliminate any doubt about the effectiveness of the vaccine. Two weeks later, the "frontline" staff at Sharjah International Airport received the first doses. Mohammed Abdullah Al-Zarouni, Director of Sharjah Medical District, explained that his services supervised the vaccination "in accordance with evidence-based scientific rules, quality control procedures, and the internationally approved protocols which include the constant medical follow-up and the monitoring of any side effects that may occur." The director concluded: "The confidence in the effectiveness and efficacy of the vaccine has stepped up after the front-line health workers got the first dose of coronavirus vaccine." (WAM, 29 September 2020).

The public's doubt about the safety of the vaccine was inevitable, but the leadership was confident in the vaccination campaign. Campaigns, similar to advertising campaigns, after all, have historically comprised a significant bulk of the communications between the Emiratis and residents and the rulers. Indeed, they could reflect the level of trust between the people and their ruler. Sheikh Nahyan, Minister of Tolerance, and previously Minister of Culture, a well-known figure of the Emirati cabinet, was the first personality to receive the vaccine. By late October, 31,000 volunteers "from 125 nationalities" "participated" in the trial (WAM, 28 October 2020). It was important to include foreign residents and workers in the campaign to alleviate doubts across the demographics of the country and to authenticate the rhetoric of shared well-being and safety amongst all the people living in the emirates, as well as the patronage and beneficence of the rulers. Sheikh Nahyan was followed by the global face of the federation, Sheikh Mohammed bin Rashid Al Maktoum. Accustomed to communicating on Twitter, the prime minister changed the terms of the "debate". The ruler of Dubai did not elaborate on the effectiveness of the vaccine – because he had received it – but emphasised instead that the "(...) teams have worked relentlessly to make the vaccine available in the UAE. The future will always be better in the UAE" (WAM, 3 November 2020). By the same token, in a religious country, the implicit consent of a religious scholar is unequivocally intended to reassure the population. On 22 December 2020, the UAE Fatwa Council issued a *fatwa* (Islamic ruling) explaining the *halal* nature of the coronavirus vaccines, which could be used in compliance with Sharia law, and especially the tradition referring to the human body (WAM, 22 December 2020). Therefore, on 4 January 2021, Sheikh Abdullah bin Bayyah, Chairman of the UAE Fatwa Council, received the vaccine, "in support of the country's efforts to contain

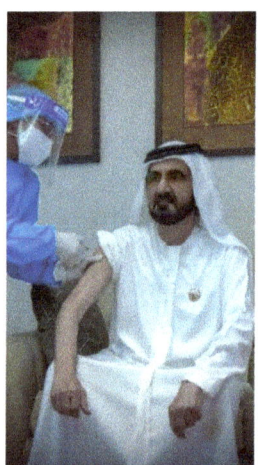

Figure 4. Sheikh Mohammed bin Rashid Al Maktoum, prime minister and ruler of Dubai receives the vaccine.

Source: WAM (Licence: CC-BY-NC-ND).

the spread of the virus" (WAM, 4 January 2021). In the case of the vaccine, the government did not put the experts on a pedestal, but rather the rhetoric of shared well-being, Emirati global leadership and securing the future, with the leaders at the forefront in the shared experience.

The rulers did not take the place of the functional and process experts because they were in two different spheres that did not overlap. Perhaps the recent irruption of expertise in the public debate in the United States and Europe forged the conviction that experts are expected, required or solicited to raise their voice. However, on the whole in the 20th century, they never interfered in politics. Andrew Rich remarks that scientific experts were not even desirable in political debate (Rich, 2005, p. 6). In American politics, John Kingdon showed as well that policy experts were even strictly separated from political people (Kingdon, 2015, pp. 417–432). The same occurred in the UAE during the pandemic. Experts may be called upon after decisions were taken, but they did not interfere in the public debate.

The rigid structure of the crisis communication left little space for the experts to shape Emirati public opinion, particularly in the case of vaccination. Dissenting voices were monitored on social media. The Ministry of Interior repeated that fake news would be harshly reprimanded (Guéraiche, 2022, p. 276). The official discourse has remained coherent with obvious coordination between the different officials, literally speaking with one voice. During the course of 2020, the communication strategy changed in compliance with mainstream information coming from the international scientific community. There had been no discussion on topics such as chloroquine for medical treatment or herd immunity. A comparison between the UAE and countries like Italy, the UK and the US suggests that the Emirati authorities unequivocally acted on forward thinking convictions. According to John Hopkins University, the death rate (per 100,000) was 10.24 on 14 February 2021 when it had reached 146.95 in the US and 175.23 in the UK[37]. Hence, John Rakolta, US Ambassador to the UAE, did not object to his countrymen remaining in the Emirates during the crisis because the UAE was a safer place than the United States (WAM, 15 April 2020).

From a different perspective, the COVID crisis revealed the nature of the link between decision-making and acceptance among the Emirati population. The Emiratis, as well the foreigners, have been used to trust, follow and respect the authorities' decisions. There have been no room for discussion. In this regard, especially for the Emirati citizens, the official decisions are necessarily "right" because it cannot be otherwise. Even if there is always a veneer of critical thinking, rational justification behind decisions, the rulers expect in return full obedience. Challenging a decision would imply to question the rulers and, beyond, God who vested his authority in them. Westerners, observers in the UAE, barely understand how religious the Emiratis are. As a result, in the federation, no public debate can occur. In 2020–2021, if experts or outsiders[38] would have expressed their opinions, the Emiratis would have perceived it as an attempt to disrupt the social (and religious) order. It does mean that the Emirati leaders could not use experts to justify their decisions but only those who confirmed their decisions.

Declaration of conflict of interest

All the pictures were authorised by the WAM.

References

Abbas Zaher, W., Ahamed, F., Ganesan, S., Warren, K., & Koshy, A. (2021). COVID-19 crisis management: Lessons from the United Arab Emirates leaders. *Frontiers in public health*, 9, 1–8.

Aburumman, A. A. (2020). COVID-19 impact and survival strategy in business tourism market: the example of the UAE MICE industry. *Humanities and social sciences communications*, 7(1), 1–11.

Ahamed, F., Ganesan, S., James, A., & Zaher, W. A. (2021). Understanding perception and acceptance of Sinopharm vaccine and vaccination against COVID–19 in the UAE. *BMC Public Health*, 21(1), 1–11.

Al Hosany, F., Ganesan, S., Al Memari, S., Al Mazrouei, S., Ahamed, F., Koshy, A., & Zaher, W. (2021). Response to COVID-19 pandemic in the UAE: a public health perspective. *Journal of Global Health*, 11.

Al-Karaki, J. N., Ababneh, N., Hamid, Y., & Gawanmeh, A. (2021). Evaluating the Effectiveness of Distance Learning in Higher Education during COVID-19 Global Crisis: UAE Educators' Perspectives. *Contemporary Educational Technology*, 13(3).

Alsuwaidi, A. R., Al Hosani, F. I., ElGhazali, G., & Al-Ramadi, B. K. (2021). The COVID-19 response in the United Arab Emirates: challenges and opportunities. *Nature Immunology*, 22(9), 1066–1067.

Al Numairy, H. A., Al Essa, S. R., Alshamsi, A. S., Ahli, H. I., Al Zarooni, S. A., & Webb, H. (2022). The Impact of COVID-19 on Bank Consumers in the UAE: A Dubai-Based Literature Review. *External Events and Crises That Impact Firms and Other Entities*, 211–225.

Alzubaidi, H., Samorinha, C., Saddik, B., Saidawi, W., Abduelkarem, A. R., Abu-Gharbieh, E., & Sherman, S. M. (2021). A mixed-methods study to assess COVID-19 vaccination acceptability among university students in the United Arab Emirates. *Human vaccines & immunotherapeutics*, 17(11), 4074–4082.

Antwi-Boateng, O., & Alhashmi, A. A. (2022). The emergence of the United Arab Emirates as a global soft power: current strategies and future challenges. *Economic and Political Studies*, 10(2), 208–227.

Au, L., Fu, Z., & Liu, C. (2022). "It's (Not) Like the Flu": Expert Narratives and the COVID-19 Pandemic in Mainland China, Hong Kong, and the United States. *Sociological Forum*, 37(3), 722–743.

Bank, A., Richter, T., & Sunik, A. (2014). Durable, yet different: Monarchies in the Arab Spring. *Journal of Arabian Studies*, 4(2), 163–179.

Bathish, H. M. (15 May 2003). Authorities follow criteria set by WHO on SARS. *Khaleej Times*.

Bloomberg. (13 February 2021). More Than 168 Million Shots Given: COVID-19 Tracker. https://www.bloomberg.com/graphics/covid-vaccine-tracker-global-distribution/ Accessed July 10, 2021.

Blumenthal, D., Fowler, E. J., Abrams, M., & Collins, S. R. (2020). COVID-19—Implications for the health Care System. *New England Journal of Medicine*, *383*(15), 1483–1488.

Bryman, D. L., & Green, J. D. (1999). The Enigma of Political Stability in the Persian Gulf. *The Middle East Review of International Affairs*, *3*(3).

Cheikh Ismail, L., Mohamad, M. N., Bataineh, M. A. F., Ajab, A., Al-Marzouqi, A. M., Jarrar, A. H., Abu Jamous, D. O., Ali, H. I., Al Sabbah, H., Hasan, H., & Stojanovska, L. (2021). Impact of the coronavirus pandemic (COVID-19) lockdown on mental health and well-being in the United Arab Emirates. *Frontiers in Psychiatry*, *12*.

Cockerham, G. (2022). The World Health Organization and COVID-19: Testing the International Health Regulations in a Global Pandemic. In *COVID-19: Cultural Change and Institutional Adaptations* (pp. 194–211). Routledge.

Degefa, B. (2022). Food Security in the UAE. In Guéraiche W. (Ed.), *Facets of Security in the United Arab Emirates* (pp. 88–98). Routledge.

Cairney, P., & Wellstead, A. (2021). COVID-19: effective policymaking depends on trust in experts, politicians, and the public. *Policy Design and Practice*, *4*(1), 1–14.

Dukalskis A., & Gerschewski J. (2017). What autocracies say (and what citizens hear): proposing four mechanisms of autocratic legitimation. *Contemporary Politics*, *23*(3), 251–268.

Friedman, B. (2020). *The End of Pax Britannica in the Persian Gulf, 1968–1971*. Palgrave Macmillan.

Francisco, C. A. (2020). Understanding the US failure on coronavirus—an essay by Drew Altman. *The bmj*, *370*.

Gaskell, J., Stoker, G., Jennings, W., & Devine, D. (2020). Covid-19 and the blunders of our governments: Long-run system failings aggravated by political choices. *The Political Quarterly*, *91*(3), 523–533.

Gengler, J. (2015). *Group conflict and political mobilization in Bahrain and the Arab Gulf: Rethinking the rentier state*. Indiana University Press.

Guéraiche, W. (2017). *The UAE. Geopolitics. Modernity and Tradition.* I.B. Tauris.

Guéraiche, W. (2022). The securitisation of the COVID 19 crisis in the UAE. In Guéraiche, W. (Ed.), *Different Facets of Security in the UAE.* Routledge.

Hérodote. (2022/23). *Osint. Enquêtes et terrains numériques* 2022/3, n°186, 192 p.

Hussein, E., Daoud, S., Alrabaiah, H., & Badawi, R., (2020). Exploring undergraduate students' attitudes towards emergency online learning during COVID-19: A case from the UAE. *Children and youth services review,* 119.

Kailitz, S., & Stockemer, D. (2017). Regime Legitimation, Elite Cohesion and the Durability of Autocratic Regime Types. *International Political Science Review,* 38(3), 332–348.

Khalaf, A. (2003). What the Gulf Ruling Families Do when They Rule. *Orient-Hamburg,* 44(4), 537–554.

Kingdon, J. W. (2015). Agendas, alternatives, and public policies. In Balla, S. J., Lodge, M., & Page, E. C. (Eds.), *The Oxford handbook of classics in public policy and administration* (pp. 417–432). Oxford: OUP.

Kooli, C. (2022). Challenges of working from home during the COVID-19 pandemic for women in the UAE. *Journal of Public Affairs,* 2829.

Mahdavi, H. (1970). Patterns and problems of economic development in rentier states: The case of Iran. In M. A. Cook (Ed.), *Studies in the economic history of the Middle East: From the rise of Islam to present day* (pp. 428–467). Oxford University Press.

Najmabadi, A. (2015). Depoliticisation of a Rentier State: the case of Pahlavi Iran. In *The Rentier State* (pp. 211–227). Routledge.

Peterson, J. E. (2001). Rulers, Merchants and Shaikhs in Gulf politics. *The Gulf family: Kinship policies and modernity* (pp. 1–36). Saqi Books.

Radwan, H., Al Kitbi, M., Hasan, H., Al Hilali, M., Abbas, N., Hamadeh, R., Saif, E. R., & Naja, F. (2021). Indirect health effects of COVID-19: unhealthy lifestyle behaviors during the lockdown in the United Arab Emirates. *International journal of environmental research and public health*, 18(4).

Rich, A. (2005). *Think Tanks, Public Policy, and the Politics of Expertise*. Cambridge University Press.

Rugh, A. (2007). *The political culture of leadership in the United Arab Emirates*. Springer.

Steele, R. D. (2007). Open source intelligence. In *Handbook of intelligence studies* (pp. 129–147). Routledge.

Suliman, D. M., Nawaz, F. A., Mohanan, P., Modber, M. A. K. A., Musa, M. K., Musa, M. B., & Moonesar, I. A. (2021). UAE efforts in promoting COVID-19 vaccination and building vaccine confidence. *Vaccine*, 39(43), 6341–6345.

Von Soest, C., & Grauvogel, J. (2017). Identity, Procedures and Performance: How Authoritarian Regimes Legitimize their Rule. *Contemporary Politics*, 23(3), 287–305.

Wagschal, U. (2022). The influence of democracy, governance and government policies on the COVID-19 pandemic mortality. *European Policy Analysis*.

Yom, S. L., & Gause III, F. G. (2012). Resilient royals: How Arab monarchies hang on. *Journal of Democracy*, 23(4), 74–88.

WAM dispatches

WAM. (5 May 2003). Strategy to prevent SARS entry.

WAM. (7 June 2014). WHO praises UAE response to MERS.

WAM. (9 April 2018). Abu Dhabi a global model in controlling MERS-CoV.

WAM. (22 January 2020). UAE completely free of Coronavirus: Ministry of Health.

WAM. (29 January 2020). UAE announces first case of new coronavirus.

WAM. (11 February 2020). Tariq Alfaham UAE medicine stockpiles "sufficient" for coronavirus outbreak, says Health Minister.

WAM. (4 March 2020). Hassan Bashir. Education Ministry announces early 4-week spring vacation, starting Sunday.

WAM. (26 March 2020). Esraa Ismail, Binsal AbdulKader, Nour Salman. MBRF invites community to use "Digital Knowledge Hub" services.

WAM. (10 March 2020). Rasha Abubaker, Nour Salman. DHA explains travel procedures in place for COVID-19.

WAM. (11 March 2020). Tariq Alfaham, Hassan Bashir. Dubai Health Authority continues strong preventive measures against COVID-19.

WAM. (17 March 2020). UAE leads global COVID-19 testing to prevent further spread.

WAM. (19 March 2020). Esraa Ismail, Nour Salman. UAE efforts to combat COVID-19 spread.

WAM. (9 April 2020). Tariq Alfaham. Daily COVID-19 media briefing: More than 500,000 coronavirus tests conducted till 7th April, more in pipeline, Minister of Health reveals.

WAM. (15 April 2020). Most of 75,000 US residents want to stay back in UAE amidst global challenge: US Envoy.

WAM. (19 May 2020). Tariq Alfaham. UAE develops a rapid coronavirus laser testing technology.

WAM. (16 July 2020). Team of Khalifa University and international researchers studying how COVID-19 virus jumps from animals to humans.

WAM. (14 September 2020). Hazem Hussein, Hassan Bashir. UAE authorises emergency use of COVID19 vaccine for members of first line of defence.

WAM. (29 September 2020). Hazem Hussein. Sharjah Airport International staff receive fist dose of COVID-19 vaccine: MoHAP.

WAM. (6 October 2020). Tariq Alfaham, Hatem Mohamed. UAE first country where number of COVID-19 tests exceeded population: Official Spokesman.

WAM. (28 October 2020). Esraa Ismail. Nahyan bin Mubarak receives COVID-19 vaccine.

WAM. (3 November 2020). Esraa Ismail, Rasha Abubaker. Mohammed bin Rashid receives COVID-19 vaccine.

WAM. (13 December 2020). UAE's Federal Customs Authority, HCT use canines in world-first COVID-19 detection study.

WAM. (14 December 2020). Hazem Hussein. Dnata to boost cabin cleaning services with cutting-edge UV technology.

WAM. (22 December 2020). Hatem Mohamed, Hazem Hussein. UAE Fatwa Council says it's permissible to use Corona vaccines; calls for cooperation with governments to ensure success of vaccination campaigns.

WAM. (4 January 2021). Esraa Ismail, Rasha Abubaker. Chairman of UAE Fatwa Council receives COVID-19 vaccine.

WAM. (10 January 2021). Esraa Ismail, Hassan Bashir. UAE vaccinates 66,219 people against COVID-19 in last 24 hours.

WAM. (20 January 2021). Esraa Ismail, Hassan Bashir. UAE ranks first globally in several indexes related to addressing COVID-19 pandemic.

WAM. (26 January 2021). With commitment, solidarity and embracing science, we can fight pandemic: Foreign Minister.

WAM. (27 January 2021). Governments have experienced new challenges that require revisiting concepts: Mohammad Al Gergawi.

WAM. (10 February 2021). Hassan Bashir, Rasha Abubaker. Availability of vaccines a key national achievement in battle against COVID-19: UAE Government media briefing.

Endnotes

31. The two others are ideology, a system which intends to create a collective identity and procedure, and institutional justification, in some cases the military.

32. Interestingly, during the COVID-19 crisis this number was reached in early May 2020 – when the confinement already ended. But there was almost no publicity for MERS, unlike COVID-19.

33. https://u.ae/en/about-the-uae/strategies-initiatives-and-awards (Last visit, 10 January 2024).

34. The end of the confinement came as a surprise. Just days before, no one could have expected such a rapid end.

35. Ivan Watson and Sophie Jeong, *CNN*, 3 March 2020. South Korea pioneers coronavirus drive-through testing station, https://edition.cnn.com/2020/03/02/asia/coronavirus-drive-through -south-korea-hnk-intl/index.html (Last visit 10 January 2024)

36. Government of Dubai, 7 April 2020. Dubai Health Authority opens drive-through COVID-19 testing centre at Al Nasr Club. https://www.mediaoffice.ae/news/2020/Apirl/07-04/Corona-vechile -test-in-Dubai (Last visit 10 Jauary 2024).

37. John Hopkins Coronavirus Resources Center, Tracking, https://coronavirus.jhu.edu/data/mortality accessed on 10 July 2021.

38. Non-Arab and non-Muslim peoples.

4. Le rôle des experts dans les politiques de lutte contre la COVID-19 au Japon

Arnaud Grivaud

Abstract

The outbreak of COVID-19 in Japan – the first country to officially report a case outside China – was an opportunity to revive the debate on the relationship between policymakers and scientific experts. The latter, selected and convened in a committee by the government, played a very important role in defining policy responses to coronavirus and in risk communication to the Japanese public. Criticism then fluctuated between the denunciation of a so-called "government of experts" lacking democratic legitimacy (scientifisation of politics) and that of "experts at the mercy of the government" whose scientific legitimacy had been manipulated (politicisation of science). In order to go beyond these two archetypal representations, this chapter analyses in detail the ways in which experts and their opinions were integrated into the decision-making process, as well as the reactions of the actors involved in the Japanese political and media ecosystem during the COVID-19 pandemic. To do so, this study draws on the literature on knowledge brokers – intermediary actors between science and politics – and on official documents (reports, legal texts, *etc.*), press articles and testimonies of experts and political actors. This study shows that the relationship between experts and policy-makers was built in a trial-and-error manner, with readjustments according to the balance of power, the perception of their

Comment citer ce chapitre:
Grivaud, A. (2024). Le rôle des experts dans les politiques de lutte contre la COVID-19 au Japon. In: Premat, C., De Waele, J.-M., & Perottino, M. (eds.), *Comparing the place of experts during the first waves of the COVID-19 pandemic*, pp. 225–261. Stockholm: Stockholm University Press. DOI: https://doi.org/10.16993/bco.e. License: CC BY-NC 4.0.

respective roles, as well as the ambivalent and paradoxical reactions of the media, the public and some external specialists. In this context of uncertainty and high "social request for expertise", although political actors have relied on experts as an essential source of legitimacy for their decisions, the latter have not hesitated to express their disagreements with the government, as well as to demand a clearer division of responsibilities and more transparency, in order to create a decision-making process that would be both more attentive to scientific research and more democratic.

1. Introduction

1.1 Le contexte initial

Premier pays hors de la Chine à avoir été exposé à la COVID-19 (avec un premier cas officiel le 14 janvier 2020), le Japon a été la cible de vives critiques internes et externes pour sa gestion de la contamination de nombreux passagers du navire de croisière *Diamond Princess*, le faible nombre de tests diagnostiques par RT-PCR réalisés, ses réticences à déclarer l'état d'urgence sanitaire dans le contexte des Jeux Olympiques de Tōkyō, *etc.* Néanmoins, il s'est illustré pour avoir relativement bien maîtrisé la propagation du virus et évité la catastrophe que sa structure démographique laissait présager. En outre, il l'a fait sans avoir recours à des mesures aussi contraignantes et intrusives que bien d'autres pays, exception faite des dispositifs extrêmement fermes aux frontières[39] (Sala, 2020 ; Scoccimarro, 2020). Diverses pistes ont ainsi été avancées pour expliquer le succès du « modèle Japonais » : la faible obésité, l'immunité croisée avec le vaccin du BCG[40], l'habitude de porter le masque et de respecter des règles d'hygiènes pour se prémunir contre les grippes saisonnières et autres maladies infectieuses, les mesures drastiques prises dans les maisons de retraites[41], l'existence d'un fort contrôle social, ou encore, « la haute qualité du Peuple japonais » (*mindo*) comme l'affirma sans sourciller le ministre des Finances Asō Tarō, habitué à verser dans la rhétorique nationaliste[42].

La situation japonaise en matière de lutte contre les épidémies n'était pourtant pas idéale. Suzuki Yasuhiro, directeur général de la santé globale (*imugikan*) – troisième plus haut fonctionnaire du ministère de la Santé, du travail et des affaires sociales (ci-après « ministère de la Santé ») –, notait ainsi que contrairement à d'autres pays d'Asie orientale, le Japon n'avait été que faiblement touché par le SARS-CoV-1 (2002) et le MERS (2012). Il regrettait également que le Japon n'ait pas su tirer les leçons de la grippe aviaire H1N1 (2009), qui avaient pourtant été listées dans un rapport (Ministère de la Santé, du travail et des affaires sociales, 2010) rédigé à la demande du gouvernement de l'époque par un comité d'experts (dont deux furent à nouveau sollicités pour cette pandémie de la COVID-19)[43]. De même, bien que le Japon dispose proportionnellement d'un très grand nombre de lits en comparaison d'autres pays de l'OCDE, il n'en a que très peu en unités de soins intensifs (4,3 pour 100 000 contre 11,6 en France) et manque cruellement de personnels de santé[44] (Ministère de la Santé, du travail et des affaires sociales 2020b). Le renforcement du système de santé fit ainsi logiquement partie des trois piliers de la stratégie gouvernementale en matière de lutte contre la COVID-19, avec l'identification des clusters et la modification de comportements individuels.

1.2 Les cadres théorique et méthodologique

C'est un comité d'experts, créé par le gouvernement pour le conseiller, qui élabora cette stratégie au début du mois de mars 2020, et qui fut par la suite à l'origine de nombreuses décisions en matière de lutte contre l'épidémie. À l'instar d'autres situations de crise marquées par l'incertitude et une temporalité de l'action politique très particulière, les avis et suggestions des experts scientifiques s'imposèrent comme source de légitimité et de « normativité décisionnelle[s] » (Lascoumes, 2002, p. 371 ; Trépos, 1996, p. 14). Cette participation d'experts scientifiques à l'élaboration des politiques publiques ne constituait ni une nouveauté ni une surprise. Ces dernières décennies ont d'ailleurs vu émerger une tendance mondiale dans les administrations et organisations internationales à considérer qu'une bonne politique publique doit se fonder sur des preuves scientifiques (*evidence-based policymaking*) et des indicateurs quantifiables (*key performance indicators*). Certaines visions « naïves » (Cairney, 2016) de la science et du processus décisionnel, estiment ainsi que l'action publique devrait reposer sur des vérités scientifiques plutôt que sur des préférences, ignorant le parti pris idéologique d'une telle conception et son impossibilité pratique[45].

Cette question de la technocratie, de la « scientifisation de la politique » et de la tension qu'elle induit vis-à-vis du principe démocratique, a fait l'objet d'une abondante littérature (e.g. Habermas, 1973, Jasanoff, 1994, Turner, 2013, p. 1–40). D'autre part, la sociologie des sciences a largement souligné le caractère sociopolitique de la production du savoir scientifique et analysé les jeux d'intérêts et rapports de force entre les acteurs de la science (e.g. Latour, 1989). Ainsi, les décideurs politiques, mais aussi les scientifiques eux-mêmes, peuvent participer à une « politisation de la science » (Pielke, 2007). La frontière entre les deux mondes apparaît donc bien plus floue que ce que certaines visions idéaltypiques avaient laissé entendre (Weber, 1963). Elle l'est d'autant plus lorsque le scientifique endosse le rôle d'expert et de conseiller d'un gouvernement, l'obligeant à naviguer entre plusieurs types de légitimités (Chevallier, 1996). De très nombreux travaux se sont justement penchés tout particulièrement sur les acteurs qui jouent un rôle d'interface entre les scientifiques et les décideurs – mais aussi le public –, en réalisant du « courtage en connaissances » (*knowledge brokerage*). Certaines contributions théoriques ont dégagé des typologies d'experts intermédiaires (Pielke, 2007), d'autres ont apporté des conseils pratiques et défini des lignes de conduites pour accéder aux décideurs, synthétiser et leur transmettre des connaissances scientifiques pouvant être intégrées aux politiques publiques, sans pour autant se substituer aux représentants élus (e.g. Oliver, Cariney 2019, Gluckmann et al., 2021). Les experts ayant conseillé le gouvernement durant cette pandémie ont précisément joué ce rôle d'intermédiaires entre science et politique.

À partir de ces questionnements relatifs aux rapports ambigus qu'entretiennent science et politique, cette étude de cas vise à analyser les modalités d'intégration des experts et de leurs avis au processus décisionnel, ainsi que les réactions des acteurs intervenus dans l'écosystème politico-médiatique japonais durant la pandémie de COVID-19. Ce chapitre débute ainsi par l'étude du processus initial de sélection et d'institutionnalisation des experts, et de la mobilisation de la communauté scientifique dans la production de conseils à l'Exécutif. Sur la base de la littérature théorique mentionnée ci-dessus, il se poursuit par l'analyse des interactions entre les experts scientifiques et le gouvernement. Il s'achève enfin par l'examen des rapports entre les experts et l'opposition parlementaire, les gouverneurs de départements et les médias, dans un contexte de confrontations avec le gouvernement. Pour ce faire, cette étude de cas se fonde sur des documents officiels (rapports, textes juridiques, *etc.*), des articles de presse, ainsi que sur des témoignages d'experts et acteurs politiques.

2. La sélection et l'institutionnalisation des experts du gouvernement

2.1 L'institutionnalisation de l'expertise par le gouvernement

Au Japon, à mesure que le nombre de contaminations augmentait, les experts en infectiologie, épidémiologie, ou encore en santé publique, virent leur place gagner en importance dans le processus décisionnel relatif à la lutte contre la propagation de la COVID-19 de janvier à mars 2020. Suite à la note publiée la veille par l'Organisation mondiale de la santé (OMS 2020a), le 6 janvier, le ministère de la Santé publia une note informative (2020a) recommandant notamment le port du masque pour les voyageurs en provenance du Hubei, en coordination avec l'Institut national des maladies infectieuses (le NIID pour *National Institute of Infectious Diseases*, un organe rattaché au ministère). Le NIID (2020a) publia ensuite quatre notes informatives du 10 au 21 janvier, date de la première réunion des ministres du gouvernement relative aux mesures contre le nouveau coronavirus. Le 30 janvier fut créé au sein du secrétariat général du Cabinet – organe de soutien du Premier ministre –, le quartier général pour la lutte contre la propagation de la COVID-19 (ci-dessous « quartier général »). Deux jours plus tard, le bateau de croisière *Diamond Princess* était mis en quarantaine pour deux jours seulement sur l'archipel d'Okinawa, puis à nouveau pour quatorze jours dans le port de Yokohama près de Tōkyō à partir du 5 février (The Independent Investigation Commission on the Japanese Government's Response to COVID-19, 2021).

Un comité consultatif (*advisory board*) réunissant neuf experts fut alors créé le 4 février dans le ministère de la Santé. Seules deux réunions se tinrent les 7 et 10 février, car dès le 14 février fut institué au sein du « quartier général » un comité d'experts de lutte contre la propagation du nouveau coronavirus (*shingata korona uirusu kansenshō senmonka kaigi*, ci-après « comité d'experts »), composé de douze membres, dont les neuf précédents (Kantei 2020). Le 14 mars, une révision de la loi sur les dispositions spéciales de lutte contre les grippes et autres infections vint octroyer au « quartier général » une assise légale (art. 15 al. 1er) et imposer au Premier ministre et aux gouverneurs de département de recueillir l'avis de spécialistes pour fixer les orientations générales des contre-mesures (art. 18 al. 4), établir leurs plans d'actions (art. 6 al. 5 et art. 7 al. 3) et demander la coopération des citoyens pour stopper la propagation du virus (art. 31–8. al. 4 et art. 45 al. 4).

On constate ainsi qu'au cours de cette période initiale, la position des experts fut rapidement institutionnalisée et leur consultation rendue obligatoire au cours du processus décisionnel. La littérature consacrée aux intermédiaires entre science et politique a montré qu'il s'agissait là d'une étape essentielle afin d'éviter les dangers d'une compétition entre les scientifiques pour avoir accès aux décideurs (Oliver, Cariney, 2019). En outre, leur place au sein des organes exécutifs fut progressivement transférée vers le cœur de la prise de décision politique, du ministère de la Santé vers le secrétariat général du Cabinet. Néanmoins, d'après leurs témoignages[46] (Wakita, 2020), les interlocuteurs privilégiés des experts demeurèrent les agents du ministère, tandis qu'ils perçurent une certaine distance avec les agents et responsables politiques du secrétariat général du Cabinet. On peut supposer que cela tenait à la plus grande connaissance et sensibilité des agents du ministère vis-à-vis des questions de santé publique, tandis que le secrétariat général du Cabinet se trouvait au carrefour d'intérêts sectoriels multiples. Par ailleurs, les experts ne se virent octroyer qu'une indemnité pour leur participation aux réunions du comité pendant les six premiers mois, alors que cette activité les occupait à plein temps, traduisant une certaine improvisation et un décalage entre le statut officiel réservé aux conseillers extérieurs au gouvernement et la réalité de leur action durant cette séquence de pandémie inédite.

2.2 La sélection des experts par le gouvernement

S'agissant de la sélection des experts, ce sont les hauts fonctionnaires du ministère de la Santé qui s'en chargèrent, comme c'est toujours le cas pour les commissions consultatives (*shingikai*) des ministères. C'est d'ailleurs là un des points qui furent vivement critiqués à la fin des années 1990, lorsque l'on accusa ces commissions – pourtant introduites après la guerre comme outil de démocratisation de l'administration –, de n'être que des instruments de légitimation de l'action des ministères soutenue par des experts présentés comme indépendants, mais en réalité minutieusement sélectionnés.

Ces commissions virent leur nombre réduit de moitié (une centaine) et furent l'objet de quelques réformes en 1999, mais ce sont toujours les hauts fonctionnaires qui désignent leurs membres (Noble, 2003 ; Nishikawa, 2007). Plusieurs d'entre eux ont expliqué à l'auteur de ce chapitre qu'ils avaient alors généralement recours à des personnes disposant de positions institutionnelles bien établies, en grande partie pour des questions de commodité, mais également pour pouvoir aisément justifier leurs choix s'ils étaient mis en doute. Ces exigences amènent souvent les ministères à choisir des spécialistes qu'ils ont déjà conviés auparavant dans des commissions traitant de thématiques similaires et qui ont apporté satisfaction. Chaque ministère s'entoure ainsi d'un réseau d'experts, dans lequel il n'est pas rare que les uns recommandent les autres auprès des agents lorsque cela est nécessaire. Outre leurs connaissances spécialisées (savoir-faire), les membres doivent montrer une certaine capacité à échanger entre eux de façon constructive et à coopérer avec l'administration (savoir-être).

Enfin, il convient de rappeler que la capacité des experts à mobiliser la communauté scientifique – grâce à leur position institutionnelle et leur réseau – est absolument essentiel afin qu'ils jouent leur rôle de conseillers. Peter D. Gluckman et ses collègues considèrent en effet qu'un

écosystème de conseil scientifique complet comprend des générateurs de connaissances, des synthétiseurs de connaissances, des courtiers en connaissances (*knowlege brokers*) et, considérant l'importance du rôle des publics, des communicants de la connaissance (2019, p. 5–6).

Les experts choisis par le ministère de la Santé sur la question de la COVID-19 s'inscrivaient ainsi parfaitement dans le schéma décrit ci-dessus. Plusieurs d'entre eux occupaient en effet des postes à responsabilité dans des organismes de recherche ou de santé (directeur du centre de recherche pour la santé et la sécurité de la ville de Kawasaki, membre du bureau de l'association nationale des médecins), dont certains sont même rattachés au ministère de la Santé (directeur de l'organisme pour le développement local du soin, directeur du NIID et directeur de son centre épidémiologique). D'autres étaient des universitaires avec des domaines de spécialités complémentaires (épidémiologie, microbiologie, infectiologie, pneumologie, santé publique). Le comité comptait également une avocate pour les conseiller sur les outils juridiques qui pouvaient être mobilisés dans le cadre de la lutte contre le SARS-CoV-2. Une bonne partie de ses membres avaient déjà appartenu à une commission consultative d'un ministère japonais par le passé. De plus, certains étaient des spécialistes mondialement reconnus, comme le président du comité Wakita Takaji, premier à réussir une culture du virus de l'hépatite C pour le développement d'un vaccin. De même, son vice-président Omi Shigeru, avait participé à la campagne d'éradication de la polio dans 37 pays en 2000, durant son mandat de directeur du bureau de la région du pacifique occidental de l'OMS. Il avait d'ailleurs occupé plusieurs autres postes au siège de l'OMS, pendant lesquels il avait été confronté au SARS-Cov-1 en 2002, à la grippe aviaire H5N1 en 2004, puis à la grippe aviaire H1N1 en 2009.

3. La mobilisation de la communauté scientifique et la production de conseils

À certaines occasions, d'autres spécialistes invités par le président du comité d'experts, Wakita Takaji, purent intervenir dans le comité comme membres non-permanents. Ce fut par exemple le cas du professeur en épidémiologie à l'université du Hokkaidō, Nishiura Hiroshi, qui était également membre de l'équipe du ministère de la Santé de lutte contre les clusters (*kurasutā taisaku-han*) à partir du 25 février. C'est d'ailleurs cette équipe de lutte contre les clusters qui fournit l'essentiel des données épidémiologiques au comité (Matsuo et al., 2021, p. 160). Le professeur Nishiura se fit connaître du public début mars pour avoir préconisé une réduction des interactions sociales de 80%, afin que le nombre de contaminations commence à baisser deux semaines plus tard, sur la base du modèle statistique qu'il avait réalisé par simulation informatique en janvier 2020 et qui avait fait l'objet d'une publication. Cela lui valut d'ailleurs d'être appelé « monsieur 80% » (*hachiwari ojisan*). Bien que certains détracteurs l'aient accusé d'avoir été alarmiste en évoquant un chiffre qui leur semblait arbitraire et assez peu pertinent pour réduire une activité difficilement quantifiable (e.g. Yonemura, 2020), cette déclaration fut très largement relayée dans les médias afin d'amener le public à prendre conscience de la situation et changer ses comportements. Le professeur en virologie du Tōhoku, Oshitani Hitoshi, membre permanent du comité d'experts et membre de l'équipe de lutte contre les clusters, fut lui aussi à l'origine d'un concept abondamment diffusé dans les médias, qui visait à modifier le comportement de la population japonaise dans cette crise. En effet, il fut le premier à avoir mis en avant l'idée qu'il fallait éviter les « 3Cs[47] » (*mitsu no mitsu*).

Sur la base des études épidémiologiques réalisées avec les membres l'équipe de lutte contre les clusters – notamment sur le *Diamond Princess* –, il mit en évidence fin février le fait que le point commun à tous les clusters était la présence de lieux clos (*mippei*), fréquentés (*misshū*) et bondés (*missetsu*), où les personnes étaient amenées à rester proches les unes des autres. Ces informations furent reprises dans l'avis du comité rendu le 9 mars (Shingata korona uirusu kansenshō senmonka kaigi, 2020) et publiées sous forme de poster par le gouvernement dix jours plus tard[48]. L'OMS, pour sa part, ne reprit cette recommandation que le 18 juillet dans une publication Twitter (2020b). De même, alors que la transmission par gouttelettes, mais aussi par aérosols, étaient déjà évoquées fin février à la télévision japonaise avec des images de simulations informatiques – lesquelles furent développées davantage par le supercalculateur Fugaku à partir de juin[49] –, 239 scientifiques demandaient encore début juillet 2020 à l'OMS de reconnaître les aérosols comme vecteurs potentiels de transmission du virus[50]. Enfin, s'agissant du port du masque chirurgical, c'est seulement à partir du 5 juin que l'OMS (2020, 2020c) révisa ses directives qui le déconseillaient jusqu'alors pour les personnes ne présentant pas de symptômes (notamment pour éviter les ruptures de stock pour les personnels médicaux). Or, au Japon, où le port du masque est fréquent en cas de simple rhume ou d'allergie, celui-ci fut encouragé dès le début de la crise.

Ainsi, au vu de l'incertitude qui régnait au début de la pandémie, les experts conseillers du gouvernement parvinrent relativement bien à mobiliser la communauté scientifique et médicale, pour générer du savoir et identifier très rapidement les principaux vecteurs de transmission du virus et les lieux à éviter pour s'en prémunir. Les experts regrettèrent néanmoins que l'équipe de lutte contre les clusters et le comité aient eu de grandes difficultés lors de la première vague à obtenir les données issues des collectivités locales[51], notamment des centres locaux de santé (*hokenjo*) qui ont joué un rôle essentiel dans la gestion de la pandémie (Matsuo et al., 2021, p. 161). En synthétisant ensuite ces connaissances – toutes partielles qu'elles fussent –, les experts purent proposer aux décideurs des mesures à adopter et les communiquer de façon plutôt claire à la population afin qu'elle modifie ses comportements. Cependant, c'est parce qu'ils jouèrent un rôle aussi central et médiatique dans cette gestion de crise, que ces experts furent parfois accusés par une partie du public d'avoir outrepassé leur rôle d'intermédiaire et de conseillers et de s'être ainsi substitués aux dirigeants politiques en devenant les véritables preneurs de décisions.

4. La délicate relation entre le gouvernement et ses experts scientifiques

4.1 Éléments théoriques

La question de la relation entre les experts scientifiques et les responsables politiques n'était en rien nouvelle au Japon. Plusieurs scandales sanitaires (sang contaminé dans les années 1980) et alimentaires (vache folle dans les années 2000, grippe porcine en 2018), mais surtout l'accident nucléaire de Fukushima (2011), avaient été autant d'occasions de questionner fortement le rôle des scientifiques, leur responsabilité et les règles qui devaient encadrer leur action auprès des gouvernements et dans la société. Le « Code de conduite pour les scientifiques » édicté par le Conseil japonais pour la science (*nihon gakujutsu kaigi*), avait ainsi été révisé en 2013 (Science Council of Japan, 2013), notamment en réponse à la forte baisse de confiance des citoyens envers les experts scientifiques qui résultait de l'accident nucléaire de Fukushima et de sa gestion par le gouvernement (Arimoto, Satō, 2012, Onai, Shirabe, 2013, OECD 2015). Avec la crise de la COVID-19, cette question des rapports entre scientifiques et décideurs fut remise au centre des débats.

Les réflexions du politiste Nishio Masaru (1995), bien que développées pour modéliser de façon assez schématique les relations politico-administratives, peuvent apporter un éclairage intéressant sur ce point. Selon lui, pour que leur relation réponde aux exigences d'efficacité et de respect du principe démocratique, les dirigeants politiques – en charge de prendre les décisions au nom du peuple souverain – et leurs conseillers (hauts fonctionnaires ou experts scientifiques), doivent trouver un point d'équilibre entre trois éléments parfois difficilement conciliables : (1) le contrôle (*tōsei*) du décideur sur le conseiller, (2) la séparation (*bunri*) entre le décideur et le conseiller, et enfin (3) la coopération (*kyōdō*) entre les deux.

La question du contrôle du décideur sur le conseiller est celle qui se trouve au fondement des analyses développées par la théorie de l'agence (e.g. Miller, 2005). Le décideur politique, parce qu'il manque de connaissances et de temps, s'en remet au savoir de l'expert, tout en cherchant par différents moyens à conserver le contrôle sur ce dernier pour pallier l'asymétrie informationnelle dont il pourrait souffrir. Une perte de contrôle du décideur politique, incapable de réaliser l'arbitrage entre une parole scientifique issue d'une source unique et les multiples intérêts qu'il doit représenter, constituerait en revanche une rupture dans le principe démocratique (Turner, 2013, p. 17). Néanmoins, une certaine distance se doit d'être conservée entre le décideur et le conseiller afin que la sphère politique ne contamine pas la sphère scientifique. Cela viendrait en effet perturber le processus scientifique supposé neutre et autonome, qui confère à l'avis de l'expert sa légitimité et une efficacité supposée pour traiter le problème concerné (Chevallier, 1996, p. 33 ; Robert, 2008, p. 316).

La confiance prêtée à la parole de l'expert, et par incidence à la décision politique qui s'appuierait dessus, serait alors rompue. Michel Callon *et al.* (2001) ont d'ailleurs documenté cette quête de la distanciation par rapport au monde chez certains scientifiques, dans le but d'éliminer au maximum les interférences humaines et naturelles de leurs résultats, en parlant de « science confinée ». Mais pour le cas des experts, une séparation trop hermétique entre les conseillers et les décideurs nuirait à leur coopération et ainsi à la prise en compte des données scientifiques par ces derniers. Aussi, pour respecter les deux points précédents, cette coopération suppose une claire répartition des tâches et des responsabilités. Or, en dépit des efforts fournis par la littérature sur les intermédiaires, celle-ci est loin d'être évidente, *a fortiori* en période de crise où les cadres normatifs sont souvent insuffisants ou inadaptés.

4.2 Un gouvernement insuffisamment ou excessivement à l'écoute des experts

Les critiques formulées dans l'espace public lors de la pandémie de COVID-19 au Japon concernant la relation entre le gouvernement et le comité d'experts peuvent être analysées sous l'angle de cette tension entre les trois pôles évoqués ci-dessus. Le premier type de critiques adressées au gouvernement visait à lui reprocher la prise en compte insuffisante ou trop tardive des avis d'experts dans les décisions. Tout d'abord, c'est la relative lenteur du gouvernement à prendre la mesure de la gravité de la situation et à agir en conséquence qui fut pointée du doigt, tandis que les experts multipliaient les mises en garde. En réponse à cela, le gouvernement décida soudainement d'annuler les grands rassemblements et de fermer toutes les écoles du pays à la fin février. Mais là encore, le fait que ces décisions ne s'appuyaient pas sur des analyses scientifiques fut largement critiqué dans la presse.

Le 10 mars, le membre du comité d'experts Okabe Nobuhiko faisait d'ailleurs part aux journalistes japonais de son regret que le gouvernement n'ait pas écouté le comité sur ces points[52]. Le lendemain, c'était au tour du vice-président du comité, Omi Shigeru, de reconnaître à la Diète que la décision de fermer les écoles était plus politique que scientifique. Après cette première vague de critiques, prenant conscience du fait que l'appui des experts devenait nécessaire dans cette séquence politique particulière, le Premier ministre souligna leur importance dans la prise de décision le 20 mars[53]. Pourtant, début mai, la déclaration du Premier ministre faisant part de son souhait de voir un médicament antiviral homologuer dans le mois pour le traitement contre la COVID-19, suscita à nouveau une vive réaction chez les scientifiques. Plusieurs observateurs soulignèrent le fait qu'aucune preuve n'existait quant à l'efficacité de l'Avigan (nom commercial du favipiravir) en tant que traitement contre la COVID-19[54]. C'est ainsi une nouvelle fois la relativisation de l'expertise scientifique par le politique et les risques que cela pouvait faire encourir qui furent sévèrement condamnés par plusieurs scientifiques, mais aussi par une partie de l'opinion, signe évident de l'existence d'une véritable « demande sociale » d'expertise (Delmas, 2011, p. 11–15) en matière de gestion de la crise. Suga Yoshihide, successeur au poste de Premier ministre souffrit d'ailleurs des mêmes critiques lorsqu'il persista à maintenir la mesure promotionnelle visant à stimuler la demande intérieure en matière de tourisme par le biais de réductions subventionnées par l'État (*GoTo travel*), alors que les experts en appelaient à la prudence[55]. À l'inverse, certains membres du gouvernement se virent parfois reprocher leur trop grande proximité avec les experts et le manque de recul vis-à-vis de leurs avis. En effet, lorsque fin novembre 2020, le ministre en charge de la lutte contre la COVID-19, Nishimura Yasutoshi, transmit au gouvernement les fortes inquiétudes des experts quant à l'impact de cette mesure promotionnelle alors que la troisième vague commençait à frapper le pays, ses remarques furent écartées et il fut critiqué d'après un haut fonctionnaire proche du Premier ministre car « dernièrement, il parl[ait] comme les médecins » (*saikin, isha to onaji yō na koto o iu*) (Tanaka, 2020). Cette mesure fut finalement suspendue du 28 décembre 2020 au 11 janvier 2021[56]. Enfin, l'on put aussi lire plusieurs critiques mettant en cause l'indépendance des experts du gouvernement[57], reprenant le sobriquet de « scientifiques à la botte du pouvoir » (*goyō gakusha*), notamment attribué aux spécialistes nommés dans les commissions consultatives des ministères mentionnées plus haut[58].

5. La confusion des rôles entre experts et décideurs politiques

Comme brièvement évoqué précédemment, le second type de critiques concerna la confusion des rôles entre le gouvernement et les experts du comité, et notamment le fait que ces derniers auraient empiété sur les prérogatives des représentants élus. Les experts, qui ont d'ailleurs largement regretté qu'il en fût ainsi, ont donné plusieurs explications à cela. Tout d'abord, l'évolution très rapide de la situation et le fait que les responsables politiques aient tardé à prendre conscience de l'urgence les auraient amenés à devenir plus proactifs dans la proposition de mesures (The Independent Investigation Commission on the Japanese Government's Response to COVID-19 2021, chapitre 5 : 5).

Le président du comité, Wakita Takaji, expliqua également qu'il était rapidement apparu aux membres du comité que la modalité habituelle des commissions consultatives des ministères, selon laquelle la haute administration fixe l'ordre du jour des discussions et sollicite l'avis éclairé des experts sur des points précis, n'était pas adaptée à la situation. Avec l'accord du ministre de la Santé Katō Katsunobu et du Premier ministre, ils purent dès le 24 février discuter plus librement de l'orientation générale de la stratégie à adopter et publier leurs avis. À partir du 19 mars, le document que le comité rendit après chaque réunion changea même de nom, passant d'« avis » (*kenkai*) à « analyse de la situation et propositions » (*jōkyō bunseki – teigen*) (Wakita, 2020, pp. 2344–2345). L'autre élément ayant largement contribué à donner le sentiment aux médias que les experts étaient devenus les réels décideurs tient au fait que, de façon tout à fait inédite, ils tinrent de longues conférences de presse après leurs réunions pour présenter des données et expliquer les mesures adoptées, sans que cette mission pourtant fondamentale de communication auprès du public ne leur ait été officiellement attribuée (Kanō et al., 2021). D'après Omi Shigeru, ce sont les journalistes détachés au ministère de la Santé qui leur demandèrent de faire ces conférences de presse[59], précisant néanmoins qu'elles se tinrent avec l'accord du ministère. C'est lors de la première conférence du 24 février, qu'Omi Shigeru expliqua aux journalistes que la situation japonaise se trouvait à un point de bascule (*setogiwa*), où « tout se déciderait dans les deux semaines à venir ». Un haut fonctionnaire du ministère confia par la suite que lui et plusieurs collègues savaient qu'une telle déclaration était nécessaire, mais que ne pouvant la faire eux-mêmes, ils avaient laissé aux experts le soin de s'en charger (The Independent Investigation Commission 2021, chapitre 5 : 6). M. Nishimura, ministre chargé de la lutte contre la COVID-19, estima plus tard que ces conférences de presse avaient eu pour avantage d'avoir été très pédagogiques, mais reconnaissait qu'elles avaient donné le sentiment désagréable aux experts qu'ils avaient dû « prendre les devants » (*mae no meri*), et avaient véhiculé l'idée qu'ils décidaient de tout (The Independent Investigation Commission 2021, chapitre 5 : 19).

On peut émettre à ce sujet l'hypothèse selon laquelle le choix par le gouvernement de ne pas avoir recours à des confinements dont le non-respect aurait été assorti de sanctions[60] (Yonemura 2020) fit de la communication des risques (*risk communication*) et de l'explication des mesures, des éléments encore plus fondamentaux qu'ailleurs pour obtenir de la population un changement drastique des comportements (troisième pilier des mesures de lutte contre la COVID-19 au Japon). Bien que le modèle de Nishio Masaru – et par extension celui de la théorie de l'agence – n'envisage guère cette possibilité, il s'agit là d'un cas où les responsables politiques relâchent volontairement leur contrôle sur les experts (scientifiques ou administratifs) afin d'échapper à leurs responsabilités (*blame avoidance*) et les abandonner aux critiques (e.g. Hood, Lodge, 2006). Mutō Kaori, une membre du comité spécialiste de santé publique fit également plusieurs fois part de son agacement vis-à-vis d'annonces de certaines mesures par le gouvernement qui les justifiait en disant avoir obtenu l'assentiment des experts (*senmonka no ryōshō o ete*). Cela aurait contribué selon elle à rendre encore plus floue la frontière entre les rôles de conseil et de prise de décision[61].

Quoi qu'il en soit, c'est sûrement le manque de transparence qui contriuba le plus à ce sentiment de confusion des genres (Onai, Shirabe, 2020). L'absence de retranscription des discussions au sein du comité fut notamment vivement critiquée par l'opposition parlementaire, certains qualifiant même cela d' « acte de trahison envers l'histoire »[62]. À la fin des années 1990, l'opacité des débats au sein des commissions consultatives des ministères avait également été fortement condamnée, si bien que la publicité des procès-verbaux avait été rendue obligatoire sauf exception. Toutefois, selon la loi de gestion des documents publics, le comité ne tombait pas dans cette catégorie. Ses membres décidèrent d'adopter la règle de Chatham House pour permettre une discussion libre. Okabe Nobuhiko expliqua le 24 juin que les membres n'étaient pas nécessairement opposés à ce que les procès-verbaux soient publiés, mais ils considéraient que c'était à l'administration de s'en charger et précisait néanmoins qu'ils auraient alors dû consacrer du temps à la vérification du contenu afin qu'il n'y ait pas de formulations pouvant être mal interprétées[63]. En réalité, d'après les témoignages des membres du comité, l'essentiel du processus décisionnel se déroulait en amont des réunions du comité, au cours de discussions et de négociations étroitement menées avec les hauts fonctionnaires, le ministre de la Santé et le ministre en charge de la lutte contre la COVID-19. Plusieurs membres du comité estimèrent ainsi qu'il aurait fallu rendre ce processus plus transparent, afin d'insister sur le fait que les experts avaient soumis des propositions, que les décideurs politiques avaient ensuite retenues ou non. Pour reprendre la typologie de Roger A. Pielke (2007), il s'agissait de montrer qu'ils s'étaient comportés en « honnêtes courtiers » en connaissances (*honest borkers*) et non en « défenseurs d'une cause » (*issue advocates*), en ne réduisant pas les choix à la place des décideurs. Cette transparence aurait permis selon les experts de dissiper un certain nombre de fantasmes et de malentendus (Wakita, 2020, Mutō, 2020, The Independent Investigation Commission, 2021).

6. La refonte du comité d'experts et la redéfinition du problème politique

Parce qu'ils étaient parfaitement conscients des dysfonctionnements et imperfections de la relation qu'ils avaient nouée à tâtons avec les responsables politiques, les membres du comité émirent le 24 juin – alors que la première vague était passée – plusieurs recommandations quant au « fonctionnement de l'organe d'expertise et de conseil en vue de la prochaine vague » (Korona senmonka yūshi no kai, 2020). Finalement, le comité d'experts fut supprimé début juillet pour être remplacé par la sous-commission dédiée aux mesures de lutte contre le nouveau coronavirus (*shingata korona uirusu kansenshō taisaku bunkakai*). La plupart des experts du précédent comité furent réintégrés dans cette sous-commission. Conformément à leur demande, de nouveaux membres spécialistes et représentants du monde économique, des collectivités locales ou encore de la communication des risques vinrent les rejoindre. Ce faisant, les experts étaient parvenus, en accord avec les décideurs, à redéfinir le cadre du problème politique (*issue framing*) que la sous-commission devait traiter, incorporant des éléments qui n'avaient jusqu'alors été pris en compte que de façon marginale. En effet, tandis que le précédent comité avait eu pour objectif principal de réduire au maximum le nombre de décès et de patients développant des formes graves de la COVID-19, la sous-commission avait, elle, pour mission d'empêcher une recrudescence des contaminations tout en réfléchissant aux mesures de relance économique (Wakita, 2020, p. 2346). Quatre partis d'oppositions exigèrent alors du ministre en charge de la lutte contre le nouveau coronavirus, qu'il s'explique sur les circonstances de cette suppression qu'ils estimaient opaques et reflétant un gouvernement pour qui l'économie primait sur la santé des concitoyens. Il est intéressant de noter ici que la composition des comités d'experts constitua un enjeu important, en ce qu'elle traduisait la délimitation du cadre du problème politique à envisager. Par ailleurs, on remarque que la question de l'opacité du processus décisionnel revint à de multiples occasions dans les débats, y compris après la création de la sous-commission[64]. Ceci n'est guère étonnant compte tenu du fait que la transparence est nécessaire aux contre-pouvoirs pour mettre en cause le gouvernement sans qu'il ne puisse instrumentaliser ses experts ni se dissimuler derrière eux (c'est sûrement aussi pour cela que ces derniers avaient prôné davantage de transparence). D'ailleurs, l'on a pu constater que lors des nombreuses confrontations entre la majorité et l'opposition, ou bien entre le gouvernement et les collectivités locales, les différentes parties s'appuyèrent largement sur des avis d'experts pour justifier leurs discours et leurs décisions.

7. Les experts comme ressources et acteurs dans les confrontations politico-médiatiques

7.1 Les experts et l'opposition parlementaire

Si pendant cet épisode de la COVID-19, l'opposition parlementaire critiqua le gouvernement sur divers aspects de sa gestion de la crise, elle ne remit globalement pas en cause la qualité de l'expertise des scientifiques chargés de le conseiller. Certes, au début de la pandémie, le Parti démocrate constitutionnel avait fait appel à Kami Masahiro pour intervenir lors d'une audition à la commission du budget de la Chambre haute de la Diète le 10 mars 2020[65]. Mais l'invitation de ce spécialiste en hématologie, en oncologie et en gouvernance médicale, était plus liée à ses prises de positions très critiques dans les médias vis-à-vis du parti au pouvoir qu'à son expertise en matière d'épidémie. Lors de l'audition, il s'était accordé avec Omi Shigeru – épidémiologiste conseiller du gouvernement – pour souligner le fait que la décision de fermer les écoles fin février avait été avant tout politique et non scientifique comme exposé précédemment. En revanche, il avait vivement critiqué le comité d'experts qui avait recommandé de réserver les tests PCR aux personnes présentant des symptômes graves. Les dépistages à plus grande échelle n'avaient pour eux que peu d'intérêt (notamment du fait des faux positifs) et ils risquaient de submerger les centres locaux de santé (*hokenjo*) et de faire s'effondrer le système de santé dans son ensemble (*iryō hōkai*). M. Kami prônait pour sa part – comme bien d'autres épidémiologistes – des dépistages précoces pour obtenir des statistiques fiables sur le nombre de contaminations au Japon[66].

Ce médecin accusait en outre le gouvernement de volontairement les sous-estimer en vue des Jeux Olympiques de Tōkyō. Il faisait d'ailleurs partie de ceux qui considéraient, à l'instar de la très médiatique épidémiologiste Okada Harue (voir ci-dessous), que si le gouvernement tardait à autoriser les établissements de santé privés à réaliser ces tests – alors que cela aurait permis d'en augmenter très largement le nombre –, c'était parce que le NIID (dont le président devint le président du comité d'experts le 14 mars) et le ministère de la Santé, par le biais des centres locaux de santé, souhaitaient monopoliser les données statistiques et réaliser une étude épidémiologique à grande échelle[67]. Le 1er mars

2020, le NIID (2020b) avait d'ailleurs dû publier sur son site un démenti vis-à-vis de ces accusations conspirationnistes, en expliquant notamment que les cas contacts étaient également testés, et non seulement les patients présentant des symptômes graves[68]. Cela étant, il est vrai que le nombre de tests PCR réalisé au Japon a été très faible en comparaison d'autres pays, malgré une augmentation sensible à partir de la fin de l'année 2020[69].

En dehors de cet épisode, les principaux partis d'opposition critiquèrent essentiellement le fait que le gouvernement ne prenait pas suffisamment en compte les avis de ses propres experts. Par cette stratégie discursive, ils se présentaient comme les partisans de la science et comme les réels protecteurs de la santé publique, tandis qu'ils dépeignaient le gouvernement comme étant avant tout soucieux de préserver l'économie (sans néanmoins accorder suffisamment d'aides aux travailleurs en difficulté selon eux). Pour autant, cette rhétorique qui visait à accroître leur capital politique et électoral en instrumentalisant parfois les experts et leurs avis eut un impact assez limité, si l'on se fie aux sondages réalisés sur la période[70].

7.2 Les experts et les gouverneurs de départements

Comme évoqué plus haut, la révision du 14 mars 2020 de la loi sur les dispositions spéciales de lutte contre les grippes et autres infections avait rendu la consultation d'experts obligatoire pour le Premier ministre (orientations générales des contre-mesures, *etc.*) mais également pour les gouverneurs de départements (*chiji*)[71] qui devaient notamment fixer les dispositifs concrets à mettre en place sur leurs territoires, en accord avec les situations locales parfois très différentes. Ces derniers s'entourèrent ainsi d'experts réunis dans des comités, à l'instar du pouvoir central avec lequel certains eurent de vives oppositions très médiatisées. Ce fut par exemple le cas de Suzuki Naomichi, jeune gouverneur du Hokkaidō (destination prisée des touristes chinois l'hiver), qui face à la rapide dégradation de la situation locale, critiqua la lenteur du gouvernement et déclara le 28 février l'état d'urgence sanitaire (sans assise légale), fermant les écoles et demandant à ses habitants de se confiner pour trois semaines. Grâce à la forte baisse du nombre de contaminations, celui-ci fut levé le 19 mars, comme initialement prévu. Le comité d'experts du gouvernement salua alors la réussite de ce « modèle du Hokkaidō ».

C'est seulement le 7 avril que le gouvernement central déclara l'état d'urgence sanitaire pour sept départements densément peuplés. Bien que le Hokkaidō n'en fît pas partie, une nouvelle augmentation des cas dans la ville de Sapporō (chef-lieu du département) amena le gouverneur a prononcé le 12 avril un second état d'urgence sanitaire plus localisé, en dehors du dispositif gouvernemental. Cinq jours plus tard se réunissait pour la première fois le comité d'experts de lutte contre la COVID-19 du département du Hokkaidō, composé de onze spécialistes. D'autres départements constituèrent également des comités d'experts composés de chercheurs et de médecins travaillant généralement dans des instituts et établissements de santé locaux[72]. On ne saurait néanmoins y voir une volonté de s'entourer d'une contre-expertise, ou du moins alternative à celle du gouvernement. En effet, certains spécialistes comme le professeur Nishiura Hiroshi évoqué plus haut (« monsieur 80% »), était expert auprès du gouverneur du Hokkaidō tout en ayant été sollicité dans le comité d'experts du gouvernement. D'autres provenaient des mêmes instituts, comme Ōmagari Norio, membre du comité d'experts de Tōkyō et directeur du centre de contrôle et de prévention des maladies au sein du centre national pour la santé et la médecine globale, établissement rattaché au ministère de la Santé, où travaille Kutsuna Satoshi, un médecin également sollicité par le gouvernement (notamment dans le cadre de la campagne pour la vaccination).

On put même voir les experts gouvernementaux s'inspirer de dispositifs préconisés par ces « experts locaux » pour les appliquer au niveau national. Le 5 mai, agacé de constater que le gouvernement avait décidé la veille de prolonger l'état d'urgence sanitaire sans fixer de seuil chiffré à partir duquel il serait levé, le gouverneur d'Ōsaka Yoshimura Hirofumi décida avec ses experts d'établir des indices (taux d'incidence, taux de résultats positifs des tests, *etc.*), en fonction desquels il modifierait progressivement les préconisations faites aux concitoyens. Il qualifia cela de « modèle d'Ōsaka », surjouant en partie l'opposition avec le gouvernement central[73]. Dix jours plus tard, la gouverneure de Tōkyō, Koike Yuriko, décida d'adopter pour sa part sept indices à surveiller (nombres de cas graves, nombres de nouveaux cas sans connaissance de l'origine de la contamination, *etc.*) en fixant trois étapes de sortie progressive de l'état d'urgence. Le 7 août, ce fut au tour du gouvernement central d'adopter six indices avec quatre niveaux de gravité. Omi Shigeru expliqua ainsi, lors de la conférence de presse successive à la réunion des experts du gouvernement, qu'il serait temps « d'appuyer sur le bouton de l'état d'urgence » lorsque le niveau 4 serait atteint.

On peut déceler derrière la mise en place de ces indices chiffrés par les gouverneurs, puis par le gouvernement central, la volonté de renforcer la légitimité scientifique de leurs décisions en les asseyant non seulement sur des avis d'experts, mais sur des éléments quantifiables et prédéterminés. Ce gouvernement par les indices et autres instruments (Lascoumes, Le Galès, 2004, Halpern, Lascoumes, Le Galès, 2014) n'était en rien une nouveauté, puisqu'il s'était déjà largement généralisé à partir des années 2000 au Japon depuis l'introduction de réformes inspirées de la nouvelle gestion publique (quasiment toute politique publique doit être aujourd'hui assorties de *key performance indicators* lors de sa conception). En soumettant ainsi leurs décisions à ces indices, les décideurs politiques leur attribuaient une certaine lisibilité et prévisibilité pour le public, mais aussi et surtout peut-être, un caractère automatique, d'apparence neutre et décorrélée de leurs choix, atténuant de ce fait leur responsabilité (Robert, 2008, p. 313). Cela transparut de façon criante lorsque le 20 janvier 2021, le Premier ministre Suga Yoshihide répondit à la Diète qu'il n'y avait pas de débat à avoir sur la date de sortie du deuxième état d'urgence puisqu'il fallait d'abord « sortir du niveau 4 »[74]

8. Les experts et les médias

Outre les luttes politiques, la pandémie de COVID-19 fut également l'occasion de voir surgir plusieurs controverses scientifiques dans l'espace médiatique. D'un côté, les attentes étaient très élevées vis-à-vis des spécialistes pour obtenir dans l'urgence des explications et préconisations, avec une propension dans certains médias à préférer des réponses immédiates aux fondements scientifiques fragiles plutôt que des aveux d'ignorance.

De l'autre, la science faisait face à de grandes incertitudes, nécessitait du temps et devait faire intervenir de multiples disciplines. La conjonction de ces deux phénomènes favorisa l'émergence d'une grande diversité d'avis d'« experts », souvent à la demande des médias mais parfois aussi de façon spontanée, au gré de l'apparition de nouvelles thématiques (tests PCR, immunité de groupe, efficacité des traitements, des masques, du vaccin, des mesures de confinement, taux d'occupation des lits en réanimation...). Catégoriser ces différents experts, dont les discours ont pu évoluer et présenter de nombreuses nuances selon les thèmes abordés, est une tâche nécessairement approximative.

Néanmoins, l'on peut identifier certains critères intéressants pour les classer schématiquement : (1) la forme adoptée pour véhiculer leurs discours, (2) les médias employés et (3) leur position vis-à-vis des mesures prises par le gouvernement. Sur le premier point, tandis que certains spécialistes insistèrent fortement sur la nécessité de s'appuyer sur des données scientifiques, d'autres mirent l'accent sur l'urgence de la crise et le besoin de prendre certaines décisions à l'aveugle, en tablant sur le « bon sens ». De fait, les experts conseillers du gouvernement furent bien obligés d'adopter parfois la deuxième approche. Ils recueillirent tantôt des critiques pour cela, tantôt l'approbation de ceux se réjouissant qu'ils aient démontré une certaine flexibilité et aient su arbitrer entre principe de précaution et paramètres économiques et sociaux. Sur le deuxième point, l'on a pu constater un large panel de plateformes médiatiques employées pour véhiculer ces « avis d'experts ». Tandis que les plus traditionnelles appelaient des discours relativement policés (journaux, émissions d'information), d'autres permettaient davantage l'expression de positions plus marginales (réseaux sociaux, émissions de divertissement, journaux en ligne), notamment grâce à leur capacité à cibler des publics spécifiques. La frontière entre ces deux catégories de médias est néanmoins loin d'être aussi nette et caricaturale (voir ci-dessous).

Sur le troisième point, la plupart des spécialistes intervenus dans les médias peuvent être globalement placés – comme dans bien d'autres pays – sur un axe allant des « rassuristes », critiquant la réponse disproportionnée du gouvernement, aux « alarmistes », critiquant au contraire son incurie (ou du moins sa lenteur), en passant par ceux soutenant l'action du gouvernement. Sans chercher à être exhaustif, l'on peut notamment évoquer le professeur de l'université de Kyōto, Kamikubo Yasuhiko parmi les premiers. Celui-ci soutenait, avec deux autres collègues, une thèse présentée dans un *working paper* rédigé le 3 mai 2020 puis révisé le 22 juin (et toujours non publié à ce jour), selon laquelle les Japonais avaient déjà acquis une immunité de groupe au début de la crise de la COVID-19 (Kamikubo et al., 2020). Ils auraient en effet été déjà confrontés à un variant peu virulent à la fin de l'année 2019, les immunisant en grande partie contre le variant survenu par la suite. Cette thèse séduisit grandement Matsuda Manabu, un ancien parlementaire du parti conservateur et nationaliste *Tachiagare Nippon* (Debout le Japon !), qui l'invita à intervenir à de multiples reprises sur sa très active chaîne Youtube[75]. Il publia également un ouvrage en septembre 2020 avec l'essayiste nationaliste Ogawa Eitarō, où il présentait à nouveau sa théorie (Kamikubo, Ogawa, 2020).

On constate globalement que ces discours n'ont pas vraiment circulé dans les médias traditionnels, contrairement à ceux des spécialistes que leurs détracteurs qualifient volontiers d'« alarmistes » (*sawagisugi-ha*). Les médias traditionnels furent d'ailleurs plusieurs fois accusés, notamment dans les réseaux sociaux, d'avoir entretenu durant cette pandémie une peur injustifiée au vu des chiffres japonais à des fins d'audience. Parmi ces « alarmistes », l'on peut citer à nouveau Kami Masahiro, la très médiatique Okada Harue (surnommée la « Reine corona »), le professeur au King's College de Londres et conseiller principal à l'OMS Shibuya Kenji, ou encore le professeur de l'Université de Kōbe, Iwata Kentarō, qui monta sur le *Diamond Princess* et critiqua fortement le ministère de la Santé et le protocole sanitaire mis en place à bord du navire. Il a depuis publié plusieurs ouvrages sur la COVID-19 et est très actif sur Twitter. Enfin, d'autres spécialistes intervenus dans les médias soutinrent globalement les recommandations des experts du gouvernement.

C'est par exemple le cas du prix Nobel de médecine Yamanaka Shin'ya, spécialiste des cellules souches, qui créa même un site internet pour aider le public à faire face à cette profusion d'informations et à la multitude d'avis émis dans les médias par les différents experts. D'ailleurs, les experts du gouvernement eurent aussi recours aux réseaux sociaux en créant un compte Twitter, suivi par 215 000 personnes en septembre 2021, et une page internet dès le 5 avril[76]. Pour qu'ils soient plus incarnés et pour souligner leurs assises scientifiques, les conseils et recommandations qui y sont diffusés sont souvent accompagnés du portrait dessiné d'un des spécialistes, lequel apparait masqué mais immédiatement reconnaissable du public. Cette initiative était née suite à la réalisation par les membres du comité d'experts de l'importance de communiquer directement et rapidement avec le public. Le 1er septembre 2021, le président de la sous-commission Omi Shigeru créa également un compte Instagram où il répond directement aux questions de ses followers (760 000 au 19 septembre)[77]. Sur ces plateformes, les experts prirent soin de ne pas faire figurer le nom des comité et sous-commission, afin de bien distinguer cette communication issue d'une initiative personnelle de la communication officielle. C'est d'ailleurs par ce biais qu'avec d'autres scientifiques, ils recommandèrent le 18 juin 2021 au Premier ministre Suga et au président du comité international olympique d'envisager l'organisation des épreuves des Jeux Olympiques sans spectateur[78], notamment parce qu'ils ne parvenaient pas à mettre cette question à l'ordre du jour de la sous-commission, d'après le témoignage de Mutō Kaori[79] (la recommandation fut retenue le 8 juillet 2021). Les experts surent ainsi user de canaux non-institutionnels et ouverts aux yeux du public (plutôt favorable) pour mettre cette proposition à l'agenda et amener le gouvernement à la considérer.

9. Conclusion

Il est indéniable que les experts scientifiques réunis en comité par le gouvernement japonais jouèrent un rôle central dans la production et la communication des politiques de lutte contre la COVID-19. Bien que le Japon ait connu – comme ailleurs – des scandales ayant suscité chez une partie de la population une forme de défiance vis-à-vis des scientifiques consultés par l'Exécutif, il existait une forte « demande sociale d'expertise » s'agissant de ce nouveau virus. En effet, à mesure que s'aggravait la situation sanitaire, s'élevèrent des voix exigeant du gouvernement qu'il fonde ses décisions sur des avis scientifiques. La rapide institution-nalisation de la position des experts dans le processus décisionnel, à l'interface entre la science et le politique, ne put dissimuler le fort sentiment d'improvisation qui caractérise généralement les épisodes de gestion de crise. Leur relation avec les décideurs poli-tiques se construisit à tâtons, avec des réajustements permanents, suivant parfois les réactions ambivalentes et paradoxales des médias, du public et de certains spécialistes extérieurs. De même, la répartition des tâches entre eux s'opéra de façon dynamique et changeante, au gré des rapports de force entre les acteurs et de la perception qu'ils avaient de leurs rôles respectifs. Enfin, la compo-sition même des comités d'experts évolua vers davantage de plu-ridisciplinarité au cours de la période, traduisant un élargissement du cadre du problème politique soumis à leurs avis.

Ces experts, en dépit de tentatives d'instrumentalisation par des acteurs politiques (gouvernement, opposition, collectivités locales) désireux de légitimer certaines positions ou d'échapper parfois à leurs responsabilités, n'hésitèrent pas à faire part de leurs limites et de leurs désaccords à l'égard du gouvernement. Cet épisode révéla ainsi une image bien plus complexe et subtile que celle des « scientifiques soumis au pouvoir » (*goyō gakusha*) ou de la repré-sentation archétypale du « gouvernement des experts ». Il permit également de mettre en évidence aux yeux du public les grandes incertitudes avec lesquelles les décideurs élaborent leurs politiques publiques. Leur action est bien souvent déterminée par leurs pré-férences, par leurs perceptions subjectives des problèmes et des risques, ainsi que par les diverses contraintes institutionnelles, y compris – si ce n'est *a fortiori* – en période de crise.

La mécompréhension du concept de « politiques fondées sur les preuves » véhicule l'illusion selon laquelle l'incertitude pourrait être complètement éradiquée de la prise de décision (Cairney, 2016), alors même que l'on sait qu'elle ne peut l'être – ni ne doit l'être – du processus scientifique. Dès lors qu'une société estime que la science peut apporter un éclairage sur une question, il semble crucial que les controverses scientifiques (Latour, 1989) soient retranscrites du mieux possible dans le débat public afin d'éviter toute instrumen-talisation politique de la science. Michel Callon et al. (2001) ont suggéré la construction d'un « espace dialogique » entre les scientifiques et les citoyens, grâce à « une recherche ouverte » (et non « confinée ») et des « forums hybrides ». Si ces propositions visant à « démocratiser la science » laissent parfois sceptique, il serait souhaitable – au Japon comme ailleurs – d'institutionnaliser davantage l'accès et la participation des scientifiques au processus décisionnel (Oliver, Cariney, 2019, Gluckmann et al., 2021) et de les rendre plus transparents et ouverts à des disciplines et courants divers.

Déclaration de conflit d'intérêts

Ce chapitre a fait l'objet de plusieurs présentations académiques :

« Le rôle des experts dans les politiques de lutte contre la covid-19 au Japon », Journées d'études : La société japonaise face à la Covid-19, 18 novembre 2021.

« Le rôle des experts dans les politiques de lutte contre la covid-19 au Japon », XIVe Séminaire Franco-Japonais de droit public, 23 février 2023.

« The role of experts in policy responses to covid-19 in japan », European Association of Japanese Studies, 18 Août 2023.

Bibliographie

Articles et ouvrages scientifiques

Arimoto, T., & Satō, Y. (2012). Rebuilding Public Trust in Science for Policy-Making. *Science*, 337, n. 6099, 1176–1177. doi: https://doi.org/10.1126/science.1224004

Cairney, P. (2016). *The politics of Evidence-Based Policy Making*. Londres: Palgrave Pivot.

Callon, M., et al. (2001). *Agir dans un monde incertain – Essai sur la démocratie technique*. Paris: Seuil.

Chevallier, J. (1996). L'entrée en expertise. *Politix*, 9, n. 36, 33–50. doi: https://doi.org/10.3406/polix.1996.1978

Delmas, C. (2011). *Sociologie politique de l'expertise*. Paris: La découverte.

Gluckman, P. D., et al. (2021). Brokerage at the science-policy interface: from conceptual framework to practical guidance

[Le courtage en connaissances à l'interface de la science et de la politique : du cadre conceptuel au guide pratique]. *Humanities & Social Sciences Communications*, 8, n. 84, 1–10. doi: https://doi .org/10.1057/s41599-021-00756-3

Habermas, J. (1973). *La technique et la science comme « Idéologie »*. Paris: Gallimard.

Halpern, C., Lascoumes, P., & Le Galès, P. (dir.). (2014). *L'instrumentation de l'action publique*. Paris: Presses de Sciences Po.

Hood, C., & Lodge, M. (2006). *The Politics of Public Service Bargains: Reward, Competency, Loyalty – and Blame*. Oxford: Oxford University Press.

Jasanoff, S. (1994). *The fifth branch: science advisers as policymakers*. Cambridge: Harvard University Press.

Kamikubo, Y., et al. (2020). Paradoxical dynamics of SARS-CoV-2 by herd immunity and antibody-dependent enhancement [article non publié]. doi: https://doi.org/10.33774/coe-2020-fsnb3-v2

Kamikubo, Y., & Ogawa, E. (2020). *Shingata korona. Koko made wakatta* [Le nouveau coronavirus. Ce que nous en savons]. Tokyo: WAC.

Kanō, H., et al. (2021). Kagakuteki jogen to paburikku komyunikēshon [Les conseils scientifiques et la communication publique], *Kenkyī gijutsu keikaku*, 36, n. 2, 128–139. doi: https://doi.org/10.20801/jsrpim.36.2_128

Lascoumes, P. (2002). L'expertise, de la recherche d'une action rationnelle à la démocratisation des connaissances et des choix. *Revue Française d'Administration Publique*, 103, 369–377. doi: https://doi.org/10.3917/rfap.103.0369

Lascoumes, P., & Le Galès, P. (dir.). (2004). *Gouverner par les instruments*. Paris: Presses de Sciences Po.

Latour, B. (1989). *La science en action. Introduction à la sociologie des sciences*. Paris: La découverte.

Matsuo, K., et al. (2021). Shingata korona uirusu kansenshō taisaku ni okeru sūri moderu o katsuyō shita kagakuteki jogen [Les conseils scientifiques qui se sont appuyés sur des modèles mathématique dans la lutte contre le nouveau coronavirus]. *Kenkyū gijutsu keikaku*, 36, n. 2, 155–168. doi: https://doi.org/10.20801/jsrpim.36.2_155

Miller, G. J. (2005). The Political Evolution of Principal-Agent Models. *Annual Review of Political Science*, 8, 203–225. doi: https://doi.org/10.1146/annurev.polisci.8.082103.104840

Nishikawa, A. (2007). Shingikaitō – shiteki shimon kikan no genjō to ronten [Situation actuelle et enjeux des comités d'examen et autres organes consultatifs]. *Reference*, 57, n. 5, 59–73. Consulté le 10 janvier 2024 sur : https://dl.ndl.go.jp/view/download/digidepo_999747_po_067604.pdf?contentNo=1

Nishio, M. (1995). Giin naikakusei to kanryōsei [Régime parlementaire et haute administration]. *Kōhō kenkyū*, 57, 26–43.

Noble, G. W. (2003). Reform and continuity in Japan's *shingikai* deliberation councils, dans Amyx, J., et Drysdale, P. (dirs.). *Japanese Governance*. Londres et New York: Routledge (pp. 113–132).

Oliver K., & Cairney, P. (2019). The dos and don'ts of influencing policy: a systematic review of advice to academics. *Palgrave communications*, 5, n. 21, 1–11. doi: https://doi.org/10.1057/s41599-019-0232-y

Onai, T., & Hondō, T. (2011). Goyōgakusha ga tsukurareru riyū [Les raisons pour lesquelles il existe des scientifiques à la botte du pouvoir]. *Kagaku*, 81, n. 9, 887–895. Consulté le 10 janvier 2024 sur https://web.tohoku.ac.jp/hondou/files/kagaku2011-9-1.pdf

Onai, T., & Shirabe, M. (dir.). (2013). *Kagakusha ni yudanete wa ikenai koto – kagaku kara « sei » o torimodosu* [Ce qu'il ne faut pas déléguer aux scientifiques. Reprendre « le vivant » à la science]. Tokyo: Iwanami shoten.

Onai, T., & Shirabe, M. (2020). Shingata koronauirusu kansenshō taisaku ni okeru kagaku to seiji [La science et la politique dans les mesures de lutte contre le nouveau coronavirus]. *Kagaku*, 90, n. 6, 489–507. Consulté le 10 janvier 2024 sur : http://t2r2.star.titech.ac.jp/rrws/file/CTT100823754/ATD100000413/

Pielke, R. A. (2007). *The Honest Broker: Making Sense of Science in Policy and Politics*. Cambridge: Cambridge University Press.

Robert, C. (2008). Expertise et action publique. In : Borraz, O., et al. (dir.). *Politiques publiques 1*. Paris: Presses de Sciences Po (pp. 309–335).

Sala, A. (2020, 17 avril). Le Japon face à l'épidémie. Gestion de crise et responsabilité civique. *La vie des idées*. Consulté le 10 janvier 2024 sur https://laviedesidees.fr/Le-Japon-face-a-l-epidemie.html

Soccimarro, R. (2020). Les échelles de la pandémie de la COVID-19 au Japon : une gestion de crise inclassable, mais efficace ?. *Outre-Terre*, 57, 177–200. doi: https://doi.org/10.3917/oute2.057.0177

Takenaka, H. (2020). *Korona kiki no seiji – Abe seiken vs. chiji* [La politique de la crise du coronavirus. Le pouvoir Abe contre les gouverneurs de département]. Tokyo: Chūō kōron.

Trépos, J.-Y. (1996). *La Sociologie de l'expertise*. Paris: PUF.

Turner, S. P. (2013). *The Politics of Expertise*. Londres et New York: Routledge.

Wakita, T. (2020). Kansenshō kiki ni okeru kagakuteki senmonka jogen soshiki no arikata [Le fonctionnement de l'organe d'expertise et de conseil scientifiques dans la crise épidémique]. *Nihon naika gakkai zasshi*, 109, n. 11, 2343–2347.

Weber, M. (1963). *Le Savant et le Politique* (1919) [en ligne], Paris: Union Générale d'Éditions.

Weinberg, A. M. (1972). Science and Trans-science. *Science*, 177, n. 4045, 209–222. doi: https://doi.org/10.1126/science.177.4045.211

Yonemura, S. (2020). Kansenshō taisaku no hōteki gabanansu to senmonka no yakuwari [La gouvernance juridique des mesures de luttes contre la pandémie et le rôle des experts]. *Hōritsu jihō*, 92, n. 6, 1–3. Consulté le 7 septembre 2021 sur https://www.web-nippyo.jp/19069/

Rapports et documents institutionnels

Institut national des maladies infectieuses. (2 octobre 2020a). Shingata korona uirusu kansenshō ni taisuru kansen kanri [Gestion de l'épidémie du nouveau coronavirus]. NIID. Consulté le 10 janvier 2024 sur https://www.niid.go.jp/niid/ja/diseases/ka/corona-virus/2019-ncov/2484-idsc/9310-2019-ncov-01.html

Institut national des maladies infectieuses. (1 mars 2020b). Shingata korona uirusu kansenshō no sekkyokuteki ekigaku chōsa ni kansuru hōdō no jijitsu goninin tsuite [À propos des erreurs factuelles relayées dans les médias sur les enquêtes épidémiologiques actives sur les infections au nouveau coronavirus]. NIID. Consulté le 10 janvier 2024 sur https://www.niid.go.jp/niid/ja/diseases/ka/corona-virus/2019-ncov/2484-idsc/9441-COVID14-15.html

Kantei. (14 février 2020). Shingata korona uirusu kansenshō taisaku senmonka kaigi no kaisai ni tsuite [Sur la création d'un comité d'experts relatif aux mesures contre la propagation du nouveau coronavirus]. Kantei. Consulté le 10 janvier 2024 sur https://www.kantei.go.jp/jp/singi/novel_coronavirus/senmonkakaigi/konkyo.pdf

Korona senmonka yūshi no kai. (24 juin 2020). Tsugi naru nami ni sonaeta senmonka jogen soshiki no arikata ni tsuite [Sur le fonctionnement de l'organe d'expertise et de conseil en vue de la prochaine vague]. Consulté le 10 janvier 2024 sur https://note.stopCOVID19.jp/n/nc45d46870c25

Ministère de la Santé, du travail et des affaires sociales. (10 juin 2010). Shingata infuruenza (A/H1N1) taisaku sōkatsu kaigi hōkokusho [Rapport du comité de réflexion sur les mesures de lutte contre la grippe aviaire H1N1. MHLW]. https://www.mhlw.go.jp/bunya/kenkou/kekkaku-kansenshou04/dl/infu100610-00.pdf

Ministère de la Santé, du travail et des affaires sociales. (6 janvier 2020a). Chūka jinmin kyōwakoku kohokushō bukanshi ni okeru gen.in fumei hai.en no hassei ni tsuite [Sur l'émergence d'une pneumonie de cause inconnue dans la ville de Wuhan dans la province du Hubei en Chine]. MHLW. Consulté le 10 janvier 2024 sur https://www.mhlw.go.jp/stf/newpage_08767.html

Ministère de la Santé, du travail et des affaires sociales. (6 mai 2020b). ICUtō no byōshō ni kansuru kokusai hikaku ni tsuite [Sur les comparaisons internationales relatives aux lits en unités de soins intensifs]. MHLW. Consulté le 10 janvier 2024 sur https://www.mhlw.go.jp/content/000664798.pdf

Organisation de coopération et de développement économiques. (20 avril 2015). Scientific Advice for Policy Making – The Role and Responsibility of Expert Bodies and Individual Scientists. OECD. Consulté le 10 janvier 2024 sur https://www.oecd-ilibrary.org/science-and-technology/scientific-advice-for-policy-making_5js33l1jcpwb-en

Organisation mondiale de la santé (5 juin 2020a). Advice on the use of masks in the context of COVID-19: interim guidance. Consulté le 10 janvier 2024 sur https://apps.who.int/iris/handle/10665/332293

Organisation mondiale de la santé [@WHO]. (18 juillet 2020b). Avoid the 3 Cs [Tweet]. Twitter. Consulté le 10 janvier 2024 sur https://twitter.com/WHO/status/1283787493096202240

Organisation mondiale de la santé (2 avril 2020c). Considerations in the investigation of cases and clusters of COVID-19: interim guidance. Consulté le 10 janvier 2024 sur https://apps.who.int /iris/handle/10665/331668

Organisation mondiale de la santé. (5 janvier 2020d). Pneumonia of unknow cause – China. WHO. Consulté le 10 janvier 2024 sur https://www.who.int/csr/don/05-january-2020-pneumonia-of -unkown-cause-china/en/

Science Council of Japan. (25 janvier 2013). Code of Conduct for Scientists – Revised Version. SCJ. Consulté le 10 janvier 2024 sur http://www.scj.go.jp/en/report/Code_of_Conduct_for_Scientists -Revised_version.pdf

Shingata korona uirusu kansenshō senmonka kaigi. (9 mars 2020). Shingata korona uirusu kansenshō taisaku no kenkai [Avis sur les mesures relatives à l'épidémie du nouveau coronavirus]. MHLW. Consulté le 10 janvier 2024 sur https://www.mhlw.go.jp /content/10900000/000606000.pdf

The Independent Investigation Commission on the Japanese Government's Response to COVID-19. (8 janvier 2021). The Independent Investigation Commission on the Japanese Government's Response to COVID-19: Report on Best Practices and Lessons Learned. Consulté le 10 janvier 2024 sur https://apinitiative.org/en/project/COVID19/

Endnotes

39. Sur le déroulé des évènements et les mesures gouvernementales, voir le site créé à l'occasion par l'Institut français de recherche sur le Japon à la Maison franco-japonaise. Consulté le 10/09/2021 sur http://COVID19-ifrjmfj-tokyo1.e-monsite.com/

40. « Pourquoi la proportion de cas graves est-elle faible au Japon ? Les 'facteurs X' de la COVID-19 ont été réduits au nombre de deux »

[en japonais], *President Online*, 13 décembre 2020. Consulté le 10/09/2021 sur https://web.archive.org/web/20210828073438 /https://president.jp/articles/-/41221?page=1

41. « La clé méconnue du 'succès' des mesures anti-COVID du Japon – Les maisons de retraites » [en japonais], *Newsweek Japan*, 16 juillet 2020. Consulté le 10/09/2021 sur https://web.archive.org /web/20210307021339/https://www.newsweekjapan.jp/stories /world/2020/07/post-93979.php

42. « Sweden and Japan are paying the price for COVID exceptionnalism », *The conversation*, 17 décembre 2020. Consulté le 10/09/2021 sur https://web.archive.org/web/20210827215402 /https://theconversation.com/sweden-and-japan-are-paying-the -price-for-COVID-exceptionalism-151974

43. « Les enseignements de la pandémie de 2009 n'ont pas été tirés – avis du conseiller du ministère de la Santé Suzuki Yasuhiro » [en japonais], *m3.com*, 5 décembre 2020. Consulté le 10/09/2021 sur https://web.archive.org/web/20201207083517/https://www .m3.com/open/iryoIshin/article/845950/

44. Il existe néanmoins de nombreux désaccords sur les méthodes de calcul. « 17 000 lits en soins intensifs. Pour le ministère de la Santé, le Japon 'dépasse le Royaume-Uni, la France et l'Italie en proportion de la population' » [en japonais], *Nihon Keizai Shinbun*, 7 mai 2020. Consulté le 10/09/2021 https://web.archive .org/web/20201205141955/https://www.nikkei.com/article /DGXMZO58798760X00C20A5CE0000

45. Alvin M. Weinberg (1972) note par ailleurs que de nombreuses questions qui résultent du désir de résoudre des problèmes de société grâce à la science sont en réalité « trans-scientifiques ». Celles-ci transcendant la science en ce qu'elles appellent une réponse d'ordre moral ou esthétique, ou bien supposent une expérience impossible à réaliser pour des raisons éthique ou pratique, ou encore parce qu'elles sont des questions de sciences sociales.

46. Voir la vidéo Youtube de l'intervention de Mutō Kaori lors d'un séminaire en ligne du 30 août 2020 intitulée : « COVID-19 no senmonka jogen soshiki no kadai [Les problématiques relatives à l'organe d'expertise et de conseil sur la COVID-19] » Consultée le 10/09/2021 sur : https://youtu.be/OiNP7VWwpUM?t=3486

47. En anglais : Closed spaces, Crowded places, Close-contact settings.

48. Poster consulté le 9/10/2021 sur https://www.kantei.go.jp/jp /content/000061868.pdf

49. Voir par exemple les deux vidéos Youtube de l'institut de recherches scientifiques « Riken » : https://www.youtube.com /watch?v=Z6EbAO3nLy8 ; https://www.youtube.com/watch?v=MY _LMJzGZ6k. Consultées pour la dernière fois le 16/02/2023.

50. « 239 Experts With One Big Claim: The Coronavirus Is Airborne », *The New York Times*, 4 juillet 2020. Consulté le 10/09/2021 sur https://web.archive.org/web/20210908232241 /https://www.nytimes.com/2020/07/04/health/239-experts-with -one-big-claim-the-coronavirus-is-airborne.html

51. Comme le note Takenaka Harukata (2020), l'absence de relation hiérarchique directe entre le gouvernement et les centres locaux de santé a participé à rendre la coordination au niveau nationale très délicate.

52. « Japan experts decry Abe's 'politics led' viral response as UK takes science-based approach », *The Mainichi*, 18 mars 2020. Consulté le 10/09/2021 sur https://web.archive.org/web /20200528170746/https://mainichi.jp/english/articles/20200318 /p2a/00m/0na/018000c

53. « Abe stresses experts' role in virus response after past criticism over school closures », *The Mainichi*, 21 mars 2020. Consulté le 2 mars 2021 sur https://web.archive.org/web/20201204223414 /https://mainichi.jp/english/articles/20200321/p2a/00m/0na/014000c

54. Les critiques remarquaient également le fait que le médicament possédait des effets secondaires bien connus mais importants sur le développement des fœtus et que le PDG de l'entreprise FujiFilm fabriquant ce médicament était un proche d'Abe Shinzō. « Les raisons pas si étonnantes pour lesquelles l'Avigan n'est toujours pas homologué » [en japonais], 13 février 2021. Consulté le 10/09/2021 sur https://web.archive.org/web/20210304154902 /https://toyokeizai.net/articles/-/410988

55. « Les experts de plus en plus frustrés par le gouvernement. Les recommandations répétées de la sous-commission ne parviennent

pas à "transmettre le sentiment de crise" » [en japonais], *Sankeibiz*, 27 novembre 2020. Consulté le 10/09/2021 sur https://web.archive .org/web/20210217110955/http://www.sankeibiz.jp/macro/news /201127/mca2011270650007-n1.htm

56. « Politics — not public health — drove Suga U-turn on Go To Travel », *The Japan Times*, 15 décembre 2020. Consulté le 11/09/2021 sur https://web.archive.org/web/20210126085154 /https://www.japantimes.co.jp/news/2020/12/15/national/politics -diplomacy/suga-go-to-travel-public-support-coronavirus/

57. Voir par exemple « Le nouveau corona. "L'imbroglio" entre le gouvernement Abe et le comité d'experts. Indépendance et publicité des débats ne sont pas assurées » [en japonais], *Gendai bijinesu*, 12 mai 2020. Consulté le 11/09/2021 sur https://web.archive.org /web/20210302073919/https://gendai.ismedia.jp/articles/-/72501

58. Pour Onai et Hondō (2011), la tendance de certains chercheurs à délaisser la rigueur scientifique pour satisfaire un client (ici, le gouvernement) peut s'expliquer par le besoin d'obtenir des fonds de recherche et autres avantages, ou encore par la volonté de promouvoir un agenda personnel. En ce sens, ils considèrent que le contrôle des conflits d'intérêts est très insuffisant au Japon. Enfin, ils estiment que ce phénomène est également lié à l'incompréhension, à la naïveté et aux attentes disproportionnées de la société vis-à-vis de la science.

59. « Entretien avec Omi Shigeru, président de la sous-commission dédiée aux mesures de lutte contre la propagation de la COVID-19. Sur l'étroite frontière avec le gouvernement. Décider avec « la détermination de franchir le Rubicon » (vol. 1) » [en japonais], m3.com, 17 décembre 2020. Consulté le 10/09/2021 sur https:// web.archive.org/web/20201217042720/https://www.m3.com/open /iryoIshin/article/854568/

60. À l'instar du Premier ministre Abe lors d'une conférence de presse du 25 mai 2020, certains juristes ont considéré que l'absence de disposition relative à un état d'urgence dans la Constitution proscrivait l'introduction de telles sanctions. Néanmoins, une autre part de la doctrine ne partageait pas cette interprétation. De fait, des amendes administratives sans inscription au casier judiciaire furent introduites en février 2021 pour les commerçants refusant de fermer ou de réduire les horaires d'ouverture de leur établissement, ainsi qu'aux personnes refusant d'être testées ou hospitalisées.

61. Voir la vidéo Youtube de l'intervention de Mutō Kaori citée plus haut.

62. « 'C'est incroyable' qu'il n'y ait pas de retranscriptions des débats dans le comité d'experts pour la lutte contre la propagation de la COVID-19. Certains experts demandent leur publication » [en japonais], *Tōkyō Shinbun*, 30 mai 2020. Consulté le 13/09/2021 sur https://web.archive.org/web/20210115133035/https://www.tokyo -np.co.jp/article/32228

63. Voir la vidéo Youtube de la conférence de presse du comité d'experts donnée le 24 juin 2020 : https://youtu.be/w4-toFcroys?t =2820. Consulté le 11/09/2021.

64. « Science and politics must work together to earn trust of Japanese public », *The Mainichi*, 12 août 2020. Consulté le 11/09/2021 sur https://web.archive.org/web/20200814135438 /https://mainichi.jp/english/articles/20200812/p2a/oom/ona/006000c

65. Procès-verbal des débats parlementaires : https://kokkai.ndl .go.jp/txt/120115262X00120200310. Consulté le 9 septembre 2021.

66. « Le conseiller principal de l'OMS Shibuya Kenji tire la sonnette d'alarme. Les points problématiques du comité d'experts qui a nous mené à une situation où il était 'presque trop tard' [en japonais], *AERAdot*, 18 avril 2020. Consulté le 11/09/2021 sur https://web .archive.org/web/20210116061313/https://dot.asahi.com/aera /2020041700078.html

67. « Le 'lobby des maladies infectieuses' qui monopolise les fonds et les informations. Le nouveau coronavirus et les études cliniques » [en japonais], Jiji.com, 7 juillet 2020. Consulté le 11/09/2021 sur https://web.archive.org/web/20210711092343/https://www.jiji.com /jc/v4?id=202007skkm30001

68. Les tests PCR furent d'ailleurs remboursés par la sécurité sociale dès les 6 mars, et dès le 13 mai pour les tests antigéniques.

69. Tous les chiffres sont disponibles sur le site du ministère de la Santé à cette adresse : https://www.mhlw.go.jp/stf/COVID-19 /kokunainohasseijoukyou.html

70. De mars 2020 à août 2021, le taux de soutien du principal parti d'opposition (Parti démocrate constitutionnel) oscilla par exemple entre 5 et 11% dans les sondages du journal *Nihon keizai shinbun*.

Consulté le 11/09/2021 sur https://vdata.nikkei.com/newsgraphics /cabinet-approval-rating/

71. Ils sont élus au suffrage universel direct (comme les maires). Forts de cette légitimité démocratique qui fait défaut aux premiers ministres, il n'est pas rare qu'ils influent sensiblement sur la vie politique au niveau national (comme Hashimoto Tōru ou Ishihara Shintarō par exemple).

72. Par exemple, le 12 mars 2020 pour Ōsaka : http://www.pref .osaka.lg.jp/iryo/2019ncov/index.html et le 7 avril 2020 pour Tōkyō : https://www.bousai.metro.tokyo.lg.jp/taisaku/saigai /1007288/index.html. Consultés le 11/09/2021.

73. « Les deux gouverneurs de l'Est et de l'Ouest du Japon sont des 'personnages de Western'. Le gouvernement, poussé dans ses retranchements, est dans une position inconfortable » [en japonais], *Asahi Shinbun Digital*, 9 mai 2020. Consulté le 11/09/2021 sur https://web.archive.org/web/20210718093811/https://www.asahi .com/articles/ASN595R5SN57UTIL04Q.html

74. « Le Premier ministre affirme qu'il 'écoutera l'avis de l'opposition' dans le cadre de la révision des lois sur la prévention des maladies infectieuses et les mesures spéciales de lutte contre les grippes concernant les sanctions des personnes refusant d'être hospitalisées » [en japonais], *Nihon Keizai Shinbun*, 21 janvier 2021. Consulté le 11/09/2021 sur https://web.archive.org/web /20210302205615/https://www.nikkei.com/article/DGXZQODE 203XN0Q1A120C2000000/

75. Voir par exemple cet entretien vidéo : https://web.archive.org /web/20200928211135/https://www.youtube.com/watch?v =hFoHBmIFWMs&t=1210s. Consulté le 27/09/2021.

76. Twitter : https://twitter.com/senmonka21 ; Page web : https://note.stopCOVID19.jp/. Consultés le 10/09/2021.

77. Instagram : https://www.instagram.com/omi.shigeru/. Consulté le 14/09/2021. Le mot-dièse utilisé est *#nēnē Omi-san* (soit « Dis, dis M. Omi »).

78. Le rapport transmis le 18/06/2021 au Premier ministre (consulté le 10/09/2021) : https://static.tokyo-np.co.jp/pdf/article /356065baf77c317f5b0899cdd2329bf6.pdf?_ga=2.96038620 .1585026554.1627146031-276476127.1627146031.

79. « "Reikishi no shinpan ni taeraru yō ni subeki da" go rin no risuku hyōka happyō e, senmonka wa mosaku o tsuzuketa… Membā ga akasu butaiura [« Il faut faire en sorte que l'on puisse faire face au tribunal de l'Histoire ». Les experts n'ont cessé de tâtonner pour l'annonce de leur évaluation des risques liés aux Jeux olympiques. L'une d'entre elle nous dévoile les coulisses] », *Yahoo news*, 27 juin 2021. Consulté le 10/09/2021 https://web .archive.org/web/20210627012119/https://news.yahoo.co.jp /articles/8b5e03c49b13fdf06108e1f672cd0bf7942ae09e

THIRD PART:
THE COLLEGIAL PROFILE
OF SYSTEMS OF EXPERTISE

5. Gestion de la COVID-19 en Suisse : expertise scientifique et démocratie de consensus en temps de crise

Céline Mavrot

Abstract

This contribution analyses the place of experts during the COVID-19 crisis management in Switzerland. In this situation, political authorities strongly emphasised that their decision relied on the scientific expertise, to an unprecedented extend in Switzerland. The government set up a double system of expertise: an independent and consultative scientific task force on the one hand, and experts from national public agencies on the other hand. This chapter has three focuses. First, it examines the function of this system of expertise for the political authorities (responsibility-sharing and blame avoidance mechanisms). By displaying its collaboration with scientific experts, the government gains some leeway to adopt potentially unpopular measures, and asserts the need to stand united in the crisis. Second, the chapter analyses the composition of these two expert panels, as well as their independence from political authorities. It shows that while external experts voiced public criticism against some political decisions, the administrative experts remained subordinated to the political hierarchy. Third, the chapter highlights the role of counter-power that scientific expertise can temporarily play in such a situation. The executive branch gained substantial power during the crisis, while legislative and judicial activities were partly suspended.

Comment citer ce chapitre:
Mavrot, C. (2024). Gestion de la COVID-19 en Suisse : expertise scientifique et démocratie de consensus en temps de crise. In: Premat, C., De Waele, J.-M., & Perottino, M. (eds.), *Comparing the place of experts during the first waves of the COVID-19 pandemic*, pp. 265–296. Stockholm: Stockholm University Press. DOI: https://doi.org/10.16993/bco.f. License: CC BY-NC 4.0.

Thus, the chapter highlights the role of expertise in crisis situations as well as, more generally, its function in democratic systems.

1. Introduction

Émergence de la COVID-19 : l'expertise médicale sous les feux de la rampe

Lorsque les échos de l'apparition d'une nouvelle maladie à coronavirus 2019 (COVID-19) à forte mortalité prennent une ampleur sans précédent au mois de février 2020, la Suisse ne fait pas exception et décrète l'état d'urgence, à l'instar de nombreux autres gouvernements dans le monde. Alors que des compétences exceptionnelles sont octroyées au pouvoir exécutif, les autres institutions de la vie démocratique suspendent temporairement leurs activités et le pays plonge dans un état de sidération. La session parlementaire du printemps 2020 est suspendue dans le cadre du premier confinement national, l'effet de surprise ayant empêché la mise en place d'une alternative en ligne. Rompant avec la logique habituelle de la délibération dans l'espace public, les médias se rangent par ailleurs fortement derrière le gouvernement lors de la première vague épidémique, offrant un très large écho au message politique concernant les mesures à prendre. Ce réflexe initial, qui est à rapporter au caractère exceptionnel de la situation, a depuis fait l'objet d'un retour critique sur le degré d'adhésion médiatique au discours gouvernemental durant la période initiale de la crise[80].

Le net affaiblissement du débat contradictoire durant cette période ainsi que la propension des institutions à resserrer les rangs derrière le gouvernement national suisse – le Conseil fédéral – ont même été jusqu'à être qualifiés de « patriotisme d'urgence » (*Notfallpatriotismus*)[81]. Ce phénomène de minimisation temporaire des critiques à l'encontre des autorités et de « rassemblement autour du drapeau » face à la menace aux débuts de l'épidémie de COVID-19 a également été observé dans d'autres pays (Zahariadis et al., 2020). En parallèle, les enjeux de santé publique ainsi que l'expertise s'y rapportant ont acquis une notoriété publique et un rôle politique sans commune mesure dans un passé récent. La crise de la COVID-19 semble même, pour un temps, avoir relégué au second plan les impératifs managériaux et économiques caractéristiques de la gouvernance contemporaine, au profit d'une reconnaissance renouvelée de l'expertise (Dunlop et al., 2020), en particulier médicale. Durant cet épisode historique qui a vu les frontières internationales se fermer et la vie socioéconomique mise entre parenthèses à l'échelle planétaire, la place prise par l'expertise mérite une analyse détaillée, pour ce que ces dynamiques révèlent de l'action publique en période de crise et en situation d'incertitude décisionnelle. L'incertitude est entendue comme une « modification temporaire du système de représentation partagé », produisant de la rupture dans les horizons d'attente (Dousset, 2019). Partant, des situations de grande incertitude collective sont susceptibles de déboucher sur des altérations des modes de gouvernance.

2. Typologies du conseil et de l'expertise

Nous définissons ici l'expertise comme un ensemble de savoirs spécialisés monopolisés par un groupe professionnel sur la base de qualifications socialement sanctionnées. Le conseil expert aux autorités publiques vise à orienter les décisions politiques sur la base de l'évidence scientifique disponible sur un phénomène. Indépendamment des pays et des cas étudiés, le conseil expert peut être divisé en deux catégories, qui se distinguent par leurs publics-cibles et leurs leviers d'action. Dans un cas, les interventions expertes visent prioritairement le grand public à travers les médias afin de renforcer le niveau général d'information sur une cause, par exemple le réchauffement climatique, cette attention publique étant destinée à opérer une pression sur les élus et créer des incitations à l'action politique (*problem advice*). Ce type d'expertise est notamment crucial dans la phase d'agenda setting. Dans le second cas de figure, l'expertise se fait plus discrète et vise prioritairement les décideurs administratifs et politiques, sa vocation étant de fournir à ces derniers des éléments ciblés, directement transposables dans leurs programmes d'action. L'expertise est alors orientée sur la définition de solutions politiques concrètes (*policy advice*) (Sager et al., 2020). Nous verrons dans ce chapitre que les différents modèles d'expertises ayant émergé durant la crise de la COVID-19 peuvent remplir des fonctions différentielles en regard de ces deux types de conseil. De plus, les expert·e·s étudié·e·s[82] ici dans le cadre de la mise en place de cellules de crise sont des « experts fonctionnels », dépositaires d'un savoir épidémiologique de pointe ; ce type d'experts se distingue des « experts en processus », dont le rôle de généraliste consiste à naviguer à travers les procédures décisionnelles et parties en présence afin d'élaborer des compromis politiques (Colebatch, Hoppe, Noordegraaf, 2010).

Enfin, dans le cadre de la gestion de la crise de la COVID-19, l'analyse gagne à mettre en lien le rôle pris par l'expertise avec les mécanismes de *blame avoidance* inévitablement mis en œuvre par les gouvernements autour des mesures drastiques de protection sanitaire mises en place durant cette période. Participant de dynamiques d'aversion au risque, les phénomènes de *blame avoidance* sont à entendre comme le comportement de préservation adopté par les autorités face au potentiel de mécontentement populaire vis-à-vis de telles décisions. Le concept est basé sur la notion de biais de négativité, qui suppose que la réaction venant sanctionner des comportements politiques jugés négativement sera plus forte que celle récompensant des comportements approuvés. Cette tendance donne ainsi davantage de relief et de visibilité au potentiel d'insatisfaction populaire, poussant les élus à prioriser les stratégies d'évitement (Hood, 2007).

3. Gestion de crise et caractéristiques politico-institutionnelles nationales

La gestion de l'épidémie de la COVID-19 en tant que problème public – soit en tant que phénomène considéré comme méritant une action de la part des autorités en vue de sa résolution – constitue par excellence un mode de mise à l'agenda de type « contraint » (Hassenteufel, 2010), caractérisé par une émergence disruptive et une rapide focalisation de l'attention publique. Il est en cela intéressant d'observer la spécificité des injonctions à agir ayant pesé sur les élus dans un tel cas. Ces derniers ne se sont en effet pas saisis d'une thématique en fonction de leur agenda politique personnel, mais ont été enjoints à agir sous le coup d'une contrainte inéluctable. Cette pression, combinée à la forte technicité d'un dossier dont la gestion requiert un savoir spécialisé, a rapidement mené les décideurs à s'adjoindre les services d'experts, qui ont alors gagné une visibilité voire un pouvoir d'influence d'un nouvel ordre. Cette configuration atypique génère des dynamiques particulières d'endossement de la responsabilité, en fonction d'une nouvelle répartition des rôles entre autorités politiques et experts scientifiques. Ces dynamiques peuvent être observées tant dans les opérations de cadrage du problème, de justification des solutions apportées que de mise en politiques publiques de la réponse des autorités (Neveu, 2017).

Dès lors, ces dynamiques ne sauraient être analysées sans être rapportées aux caractéristiques politico-institutionnelles des systèmes observés. Les variables d'ordre institutionnel, politique et procédural ont en effet été identifiées comme des déterminants importants du type de réponses apportées par les différents pays à la crise de la COVID-19 (Migone, 2020). Dans le cas de la Suisse, certaines caractéristiques distinctives doivent être mises en évidence. Nous incluons dans les variables d'ordre politico-institutionnel la structure étatique (fédérale ou centralisée), le type de régime politique (par ex. démocratie majoritaire ou de coalition), les particularités des institutions démocratiques (par ex. existence d'instruments de démocratie directe), de même que l'état du rapport de force politique (partis au pouvoir et modes d'interaction entre gouvernement et opposition). Les facteurs d'ordre processuel examinés ici concernent le type de régime d'urgence mis en place dans le cadre de la crise sanitaire (« situation particulière », puis « extraordinaire » au sens de la Loi sur les épidémies[83] (LEp) pour la Suisse) de même que les systèmes d'expertise que les autorités politiques ont mis sur pied (voir *infra*).

Le fédéralisme a premièrement constitué un élément influençant fortement les procédures décisionnelles et les débats politiques. Les nombreuses hésitations quant au partage des tâches entre Confédération et cantons ont provoqué de vives discussions tout au long de la crise, à tel point que le Conseiller fédéral en charge de la santé en a estimé lors de la deuxième vague que la crise avait « mis en évidence les limites du fédéralisme »[84]. De tels problèmes ont également été mis en évidence dans d'autres systèmes politiques fédéralistes. Il a par exemple été souligné pour les États-Unis que le fédéralisme avait en partie permis des réponses flexibles et adaptées aux situations locales, mais avait aussi donné lieu à un manque de coordination et de leardership national aux répercussions graves dans le cadre d'une pandémie (Gordon et al., 2020).

Le système fédéral suisse est fortement décentralisé avec une autonomie poussée des 26 cantons, tant en matière de formulation que de mise en œuvre des politiques (Vatter, 2004). Les cantons possèdent leur propre gouvernement, parlement et appareil administratif, ce qui se ce qui se traduit par une mosaïque de systèmes locaux. Ils jouissent par ailleurs de compétences élargies en matière de santé (Chastonay, Simos, Cantoreggi, Mattig, 2017). Cette forte autonomie locale a été mise à l'épreuve durant la crise sanitaire, ce qui n'est pas allé sans générer d'importantes tensions. Une deuxième caractéristique du système politique ayant elle aussi influencé la dynamique des débats est liée au système de concordance, caractéristique clé de la démocratie de consensus helvétique. Pour des raisons historiques liées au maintien des équilibres confessionnels et linguistiques, le système politique suisse s'est institutionnalisé sous la forme d'une représentation proportionnelle et d'une absence d'alternance politique (Linder, 2010).

Ces éléments culminent dans l'une des institutions informelles les plus caractéristiques du système suisse, la « formule magique » qui voit à peu de choses près le même équilibre des forces politiques être reconduit au sein de la coalition gouvernementale nationale rassemblant les principaux partis politiques[85]. La plupart des gouvernements cantonaux connaissent une représentation politique relativement similaire à celle du niveau national. Enfin, le principe dit de collégialité commande que tous les membres des exécutifs sont solidaires des décisions prises par le collège gouvernemental, ce qui mène à une forte dépersonnalisation des décisions, de même qu'à une certaine modération dans la critique de la part des principales forces politiques du pays.

Reste à voir comment les experts ont été intégrés à ce système fédéral et de coalition dans une période de crise au cours de laquelle les incertitudes ont induit une forte hausse de la demande en termes d'expertise. Il serait toutefois réducteur de considérer la relation entre experts et gouvernants comme elle se donne à voir *prima facie*. Si les autorités font effectivement appel à l'expertise afin d'alimenter leur réflexion, l'expertise est tout autant utilisée par elles pour justifier et rationnaliser leurs décisions (Weible et al., 2020). Ce chapitre identifie les différents registres d'expertise mis en place durant la pandémie et en détermine les capacités à contribuer à la gestion de crise. Si la COVID-19 a constitué une crise qui, par excellence, a propulsé des scientifiques qui étaient jusqu'alors d'illustres inconnus au rang de véritables « rock stars » (Boin et al., 2020), la diversité des modèles mis en place a été grande à travers les pays. Entre la starification d'individus tels que l'épidémiologiste Nils Anders Tegnell – artisan de la doctrine suédoise de l'immunité collective (Premat, 2024, pp. 421–448), la forte politisation induite par la nomination de comités d'experts concurrents par différents partis politiques en Italie (Caselli, Mozzana, Saracino, 2024, pp. 297–338) ou la mise en place de groupes d'experts collégiaux comme en Suisse, les différents modèles et leur fonctionnement sont à rapporter aux caractéristiques politico-institutionnelles des pays en question.

4. Méthodes et données

Le Conseil fédéral a tenu plus d'une trentaine de conférences de presse dans le cadre des annonces gouvernementales relatives à la lutte contre l'épidémie durant l'année 2020 et le début de l'année 2021 (moment où a été rédigé ce chapitre). Entre un et trois membres du gouvernement participent en général à ces conférences de presse. Ces dernières accueillent régulièrement des hauts fonctionnaires actifs dans différents secteurs liés à l'épidémie (par exemple Secrétariat général à l'économie, État-major de l'armée, Département fédéral des affaires étrangères, Office fédéral des assurances sociales) et comptent en particulier la présence régulière d'experts de l'Office fédéral de la santé publique (OFSP). L'OFSP a également animé plus d'une vingtaine de conférences de presse en son nom propre, destinées à informer sur l'état de l'épidémie ainsi qu'à expliquer le détail des mesures nouvellement introduites. Les enregistrements vidéo des conférences de presse constituent la première source de données recherchées dans ce chapitre[86]. La deuxième source de données s'intéresse à la couverture médiatique de ces conférences de presse. Afin d'observer la manière dont les médias reflètent l'annonce des décisions politiques, la mise en scène des liens entre décideurs et experts ainsi que le *blame game* politique, les comptes-rendus de deux des principaux quotidiens suisses de langue allemande et française ont été étudiés : le *Tages-Anzeiger* et le *24 Heures*. Le traitement des annonces gouverne-mentales y est observé en incluant au corpus les articles datés du jour-même ainsi que du lendemain des conférences de presse.

L'analyse de ce corpus s'est faite par pointage de dates clés dans la gestion de la crise. Les quatre dates sélectionnées sont les sui-vantes : le 28 février 2020, qui symbolise le lancement de l'action publique officielle du gouvernement sur le dossier de la COVID-19 avec la déclaration de la « situation particulière » ; le 16 mars 2020 avec le renforcement du rôle de la Confédération et la décla-ration de « situation extraordinaire »; le 28 octobre 2020, qui marque le lancement des mesures destinées à parer à la deuxième vague suite à la relaxe estivale ; et finalement le 13 janvier 2021, suite à la démission de l'un des membres de la taskforce visant à dénoncer l'inertie gouvernementale. La troisième source de don-nées inclut enfin la documentation produite par la taskforce scien-tifique externe spécialement mise en place au début de la crise pour conseiller le gouvernement (la *Swiss National COVID-19 Science Task Force*). Cette documentation comprend des rapports réguliers sur l'état de la situation épidémiologique ainsi que de *policy briefs*, qui exposent l'opinion de la taskforce sur des théma-tiques particulières ainsi que ses recommandations[87].

5. Système d'expertise dual de gestion de crise : expertise interne et expertise externe

Le système d'expertise mis en place en Suisse pour gérer la crise sanitaire présente deux caractéristiques frappantes : un système fortement dépersonnalisé fonctionnant sur le mode de la col-légialité d'une part, et un système dual mêlant le conseil d'ex-perts internes et externes à l'État d'autre part. L'expertise interne est fournie par le contingent de spécialistes en santé publique actifs au sein des différentes sections de l'OFSP, en particulier la division « Maladies transmissibles », la division « Contrôle de l'infection et programme de vaccination » ainsi que la structure ad hoc « Organisation de crise COVID-19 ». Les experts de l'OFSP sont des fonctionnaires fédéraux de carrière, non élus. Si tous sont des spécialistes de santé publique, la formation de base des hauts fonctionnaires peut aller de la médecine aux sciences humaines. Durant la première vague, l'expertise de l'OFSP a été fortement incarnée en la personne de Daniel Koch, chef de la division « Maladies transmissibles », un temps hissé au rang de « Monsieur coronavirus » dans la presse. Ce dernier est un médecin, actif au Comité International de la Croix Rouge dans les zones de crise avant de se lancer dans une carrière administrative. Cette personnalisation de l'expertise administrative a toutefois rapidement cessé avec le départ de cet expert en mai 2020, non pas pour cause de controverse ou de limogeage comme dans d'autres pays, mais pour simple départ à la retraite. Les spécialistes administratifs ont par ailleurs l'oreille du gouvernement via le Conseiller fédéral dirigeant le Département de l'Intérieur, et ont été au service du politique dès les débuts de la crise. Leurs principales tâches comprennent la documentation de l'évolution épidémiologique, le travail de liaison entre la Confédération et les cantons, la mise à disposition de l'information auprès du politique et de la population, ainsi que la préparation et la coordination de la mise en œuvre des mesures de lutte contre l'épidémie.

Le rôle médiatique de premier plan joué par l'OFSP depuis l'annonce des premières mesures traduit la volonté du gouvernement de concéder une visibilité importante à l'expertise dans la gestion de la crise. La prise en charge de près de la moitié des conférences de presse par l'OFSP en l'absence de toute présence politique en est caractéristique. Un tel degré d'autonomie et de présence publique pour des fonctionnaires est inhabituel dans le paysage politique suisse, et traduit une inflexion notable des routines politiques. Toutefois, les spécialistes de l'OFSP demeurent soumis à la hiérarchie exécutive sous la direction du chef du Département de l'Intérieur, et leur rôle reste limité à celui de porte-paroles de la ligne gouvernementale. Aucune critique publique ne sera jamais émise de la part de l'administration à l'encontre des décisions prises par le Conseil fédéral, son rôle consistant dans l'aide à la préparation puis à la mise en œuvre de celles-ci.

L'appartenance étatique des experts administratifs leur fournit en revanche toute une série de ressources cruciales dans la gestion de la crise, notamment une visibilité de premier plan auprès de la population, de même qu'un accès aux moyens de communication étatiques. Les experts administratifs jouissent également d'un lien d'autorité direct auprès des gouvernements cantonaux chargés de mettre en œuvre les mesures sanitaires sur leur territoire, et indirect auprès des hôpitaux et des professionnels médicaux aux premières lignes dans la gestion de la maladie. Par ailleurs, les procédures de liaison de l'OFSP sont rodées et ont permis une activation immédiate de cette expertise interne au service du politique.

D'autre part, le Conseil fédéral s'est adjoint les services de l'expertise médicale de pointe à travers la mise en place de la taskforce COVID-19 dès la fin du mois de mars 2020. Les experts de la taskforce sont nommés par le Département fédéral de l'intérieur et l'OFSP. Plusieurs experts académiques avaient alerté les autorités sur la menace que constituait le virus suite à la découverte des premiers cas en Chine, et les institutions universitaires s'étaient portées volontaires pour mettre leurs scientifiques à disposition dans le cadre de la gestion de crise. Durant la première phase de la pandémie, la taskforce est organisée en un comité directeur, un comité consultatif ainsi que dix groupes d'experts thématiques[88], totalisant environ 70 scientifiques. Mis à part les groupes « Économie » (8 membres) et « Éthique, droit et social » (5 membres), les thématiques traitées par la taskforce sont exclusivement médicales. Ses organes directeurs (comité directeur et comité consultatif) comprennent des spécialistes en microbiologie, éthique biomédicale, médecine clinique, pédiatrie, science informatique, immunologie, médecine vétérinaire et économie[89]. Les membres de la taskforce sont des scientifiques actifs dans les universités et hôpitaux universitaires suisses. Ainsi, la composition du collège est très fortement dominée par les disciplines médicales. Cet état de fait met en évidence les dimensions de la crise étant au bénéfice d'une attention prioritaire, et révèle en creux une importance moindre accordée aux conséquences sociales ou psychologiques de l'épidémie. Par ailleurs, en reprenant la typologie de Colebatch et al. (2010), la composition de la taskforce se limite à un profil scientifique, les autorités n'ayant pas inclus dans ce collège des experts en processus chargés de tâches de transmission ou de traduction de l'expertise scientifique. La taskforce collabore directement avec l'administration fédérale via l'OFSP, ce qui n'est pas allé sans créer de tensions entre ces deux acteurs. Les experts administratifs et académiques n'avaient en effet aucune expérience de collaboration préalable, et des visions parfois divergentes concernant l'ampleur de la menace et la hiérarchie des mesures à prendre. Ces tensions ont été réduites moyennant des clarifications apportées aux procédures régissant le fonctionnement de la taskforce, notamment en matière de communication publique (Hirschi et al., 2022).

L'une des caractéristiques cruciales de la taskforce, fréquemment mise en avant, réside dans son indépendance. Celle-ci se traduit par l'absence de rémunération de ses membres et le caractère volontaire de leur participation. Son mandat comprend le conseil aux autorités fédérales et cantonales sur la base des connaissances scientifiques à disposition de même que l'identification de pistes pour que la recherche suisse puisse « contribuer rapidement...à endiguer l'épidémie »[90]. La création de ce nouvel organe a été officiellement présentée par le gouvernement de la manière suivante : « La Confédération veut mieux exploiter le potentiel de la communauté scientifique suisse et entend trouver *avec elle* la meilleure approche pour maîtriser la pandémie »[91]. Cette formulation trahit le poids accordé à la parole experte durant cette période de crise, les autorités faisant ainsi état de l'autorité dont les scientifiques sont investis dans le cadre de la recherche de solutions sanitaires. Il convient enfin de relever le caractère collégial de ce cercle d'experts externes mis en place par les autorités – faisant écho en cela aux institutions politiques suisses. Le fonctionnement collégial de ce groupe de spécialistes délibérant en interne avant de produire des rapports publics a eu pour effet une neutralisation partielle des controverses médicales dans l'espace public. La délibération scientifique et la construction du consensus étant localisées au sein des collèges thématiques, peu de controverses entre scientifiques se sont fait jour dans les médias durant la crise en Suisse. Cela ne signifie aucunement que la taskforce était exempte de controverses scientifiques à l'interne. Il a été délibérément choisi de ne pas rendre public les comptes-rendus des séances de la taskforce, afin que les débats puissent se dérouler librement en son sein au cours de la pandémie. Mais le fait que les prises de position officielles de la taskforce interviennent après la consolidation d'une opinion scientifique collective a favorisé le faible niveau de controverses publiques entre expert.e.s. De même, le recrutement large de plusieurs dizaines de scientifiques au sein de la taskforce a évité les effets de personnalisation, en contraste avec les modèles privilégiés par certains autres pays. Enfin, ce cercle d'experts indépendants a conservé sa fonction critique vis-à-vis du politique, assumant un rôle complémentaire à celui des experts administratifs. Ainsi, lorsque des controverses ont éclaté concernant la gestion de la crise, celles-ci ont davantage traduit les oppositions des scientifiques aux décisions politiques que des dissensions entre scientifiques.

6. La fonction de l'expertise dans la gestion politique de l'épidémie : entre instrument de *blame avoidance* et contre-pouvoir

La gestion de l'épidémie par le gouvernement suisse s'est caractérisée par une forte prise en compte des recommandations médicales internationales durant la première vague de la COVID-19. Les autorités se sont rapidement mises au diapason des restrictions instaurées dans la plupart des pays environnants, notamment en décrétant un semi-confinement[92] entre le 17 mars et le 11 mai 2020[93]. À partir du mois de mai, à mesure de l'effritement du consensus politique interne, la réouverture des activités socioéconomique est graduellement impulsée sous la pression des intérêts économiques organisés – en particulier les faitières patronales de la restauration et de l'hôtellerie – qui disposent traditionnellement d'un accès privilégié aux processus décisionnels politiques en Suisse. Ces réouvertures sont décidées malgré un calendrier provisionnel initialement plus strict, ainsi que les réticences des syndicats et de la moitié de la population (Sager et Mavrot, 2020). Durant la période initiale de l'épidémie, deux arguments ressortaient du discours gouvernemental pour justifier la nécessité d'une action sanitaire forte : le caractère inéluctable des mesures à prendre en regard de la situation dans les pays voisins d'une part, et l'évidence médicale d'autre part. Ces deux dimensions sont au cœur de la rhétorique du Conseil fédéral lors de la communication des premières décisions aux conséquences socioéconomiques conséquentes et de nature totalement inédite. Ces éléments feront partie des outils mobilisés pour naviguer dans le jeu politique d'évitement du blâme, et permettront de légitimer la mise en place des restrictions.

Si l'on se penche sur la mise en scène de la relation entre élus et experts durant cette première séquence épidémique, la manière dont la figure publique de l'OFSP, Daniel Koch, est mis à contribution durant les conférences de presse du Conseil fédéral est révélatrice. Le 28 février 2020 correspond à la déclaration par le gouvernement de la « situation particulière » au sens de la Loi sur les épidémies, régime octroyant au gouvernement fédéral des compétences normalement détenues par les cantons – sous réserve que ces derniers soient consultés sur les décisions adoptées. La principale mesure politique annoncée le jour de la déclaration de la situation particulière par le Conseil fédéral ne concerne que l'interdiction des manifestations publiques de plus de 1000 personnes, mais ne manque pas de fortement interpeller la presse et la population en inaugurant une longue série de restrictions liées à l'épidémie. Le caractère exceptionnel et sensible de la cession de compétences par les cantons au gouvernement fédéral fait également débat. La mesure est décrite dans la presse comme ayant « déclenché une véritable onde de choc dans tout le pays »[94], et comme représentant un interdit d'une ampleur nouvelle dans la Suisse libérale[95]. Les trois personnalités présentes lors de la conférence de presse sont le ministre en charge de la santé, la directrice de la Conférence des directrices et directeurs de la santé (rassemblant les ministres de la santé des 26 cantons suisses) ainsi que Daniel Koch.

Endossant au nom du Conseil fédéral les décisions politiques prises dans ce cadre, le ministre de la santé fait nommément intervenir l'expert de l'OFSP sur trois points particulièrement délicats : les effets encore incertains des mesures décrétées (à quelle hauteur fixer le seuil des interdictions, raison d'être de la focalisation sur certaines activités et non d'autres), l'avenir incertain des mesures sanitaires dans le pays (extensions à d'autres domaines tels que les restrictions de voyage ou la fermeture des frontières), ainsi que les questions relatives à certains secteurs d'activité sensibles (éventuelles restrictions des services religieux). Sans botter en touche les questions relatives à ces dimensions, le politique s'appuie fortement sur l'expertise pour y faire face. Quant aux cantons, ils communiquent à travers la voix de leur représentante leur satisfaction de voir la situation prise en main par le gouvernement fédéral, tout en rassurant un parterre de journalistes étonnés de ce transfert de compétences de la part de cantons traditionnellement jaloux de leurs prérogatives. La représentante des cantons souligne que cette décision se fonde sur un besoin de cohérence et de coordination à l'échelle nationale. Ces passes d'armes traduisent toutefois une certaine inclinaison à éviter d'endosser la charge de mesures restrictives et le blâme pouvant y être associé.

Une quinzaine de jours plus tard, la conférence de presse du 16 mars 2020 voit le Conseil fédéral déclarer l'état de « situation extraordinaire », lui octroyant cette fois-ci le droit d'édicter des mesures valables pour l'ensemble du territoire sans obligation de consulter les cantons. Quatre membres du Conseil fédéral sont présents, de même qu'un panel d'experts administratifs de l'armée, des douanes, de la justice, du secrétariat d'État à l'économie, du Département fédéral des affaires étrangères de même que de l'OFSP. Cette date correspond à la fermeture des écoles et activités non-essentielles dans le pays et le message assortissant l'annonce des mesures insiste sur la nécessité de protection des personnes vulnérables ainsi que la lutte contre l'effondrement des capacités hospitalières. Cette fois-ci encore, Daniel Koch est mobilisé pour faire face aux critiques et questions pressantes. Ce dernier insiste sur la hausse du nombre de cas, justifiant la mise en œuvre de mesures fortes avec effet immédiat. Il est également mis à contribution par le Conseil fédéral sur la question des masques, qui suscite de vives critiques médiatiques à l'égard des autorités en raison des stocks insuffisants mettant en cause le degré de préparation du pays face à la crise. C'est Daniel Koch qui confirmera la pénurie de masque et la décision d'accorder la priorité de leur usage au personnel de santé. De manière similaire, l'expert est mobilisé pour faire face aux questions critiques des médias concernant le faible nombre de dépistages effectués dans le pays, la décision de ne pas fermer les places de jeux pour enfants comme l'a fait l'Allemagne, ainsi que la fermeture des écoles et le report de la charge de garde sur les parents. Les membres du gouvernement insistent quant à eux sur la nécessité générale d'intensifier la vigilance face à la progression de la maladie, en faisant largement appel à la responsabilité individuelle.

Suite au recul des contaminations puis à la relaxe des mesures anti-COVID-19 durant l'été, l'heure est ensuite au redéploiement des politiques sanitaires à partir de l'automne 2020. Le gouvernement national opère alors un revirement conséquent dans son mode de gestion de crise, en adoptant un discours aux antipodes de celui tenu au printemps. Alors qu'une action fédérale forte assortie d'une centralisation des compétences entre les mains du Conseil fédéral avait été privilégiée durant la première vague, la deuxième vague est abordée de manière beaucoup plus décentralisée. Le gouvernement national justifiera cette approche par la nécessité d'agir au niveau cantonal en fonction des spécificités des situations locales. Le Conseil fédéral se met alors en retrait par rapport à la phase précédente et passe en partie la main aux cantons. Il en résulte une forte hétérogénéité des mesures en fonction des rapports de force politico-économiques locaux, menant à des situations très différentes d'un canton à l'autre (ouverture ou non des restaurants, politique en matière de tests et de traçage). Plusieurs raisons rendent compte de ce changement dans l'attitude du gouvernement fédéral, en particulier la prolongation de la situation dans la durée, la diversification des modes de gestion de la crise à l'échelle mondiale, l'effritement de l'unité gouvernementale au niveau domestique avec des désaccords grandissants entre partis de droite et de gauche au sein de la coalition gouvernementale, ainsi que la fronde des secteurs concernés par les fermetures et les revendications de certains cantons les moins touchés par le virus. Dans ce contexte, le gouvernement est moins enclin à endosser la responsabilité de mesures lourdes, et le report du blâme se fait désormais non seulement en direction des experts, mais également des cantons. La phase de gestion cantonale de l'épidémie sera marquée par un fort rebond épidémique et de nombreuses difficultés de coordination nationale des politiques de lutte contre la COVID-19.

Lors de sa conférence de presse du 28 octobre 2020, le Conseil fédéral annonce ainsi des mesures relativement légères par rapport à celles du printemps. Elles concernent l'interdiction des manifestations de plus de 50 personnes et la limitation à 10 personnes des rassemblements privés, la fermeture des discothèques, ainsi que la restriction des horaires d'ouverture des restaurants (fermeture à 23 heures) et la limitation à des tables de quatre clients. Les trois membres du gouvernement présents insistent sur le fait qu'il s'agit d'une base nationale, que les cantons ont le loisir de renforcer s'ils l'estiment nécessaire. Ces propos traduisent un clair déplacement dans les attributions de responsabilité politique. Aux journalistes reprochant au Conseil fédéral d'agir trop faiblement en regard de la deuxième vague, celui-ci oppose la nécessité d'agir en concertation avec les cantons. Il souligne la nécessité de trouver un nouveau mode de gestion d'une crise qui apparaît désormais vouée à durer sur le long terme. De nombreuses questions délicates sont à nouveau redirigées vers l'expert administratif présent, le responsable adjoint de la Division droit de l'OFSP. Ce dernier intervient pour tempérer toute une série de critiques portant sur le caractère insuffisant des mesures décrétées par le Conseil fédéral. Il assure que les mesures édictées à ce jour seront évaluées dans les 10 jours afin d'y apporter les adaptations nécessaires. Il entre également en jeu pour rassurer sur le fait que les restrictions des libertés que les nouvelles mesures impliquent s'inscrivent dans le cadre constitutionnel national, en respectant les principes de proportionnalité, d'adéquation et de nécessité. L'expertise interne intervient ici non seulement sur des spécifications techniques, mais se porte aussi garante du bon respect des procédures – épidémiologique comme démocratiques.

La presse écrite commente par ailleurs abondamment les dissensions qui opposent les cantons et la Confédération quant à la gestion de la deuxième vague. La situation entre les gouvernements cantonaux et le Conseil fédéral est ainsi qualifiée de tendue. La « frilosité des autorités fédérales » est source d'agacement, le gouvernement fédéral se voyant reprocher « de ne pas vouloir affronter complètement la situation actuelle »[96]. La principale pierre d'achoppement concerne le refus du Conseil fédéral de décréter une fermeture totale des bars et restaurants, qui non seulement donnerait davantage de gages au niveau sanitaire mais offrirait également une perspective économique plus solide aux petits entrepreneurs qui se verraient ainsi dédommagés par des fonds fédéraux. Les médias soulignent ainsi le temps perdu par les différents niveaux de gouvernance à se renvoyer la balle, résultant dans un bilan épidémiologique catastrophique en regard des pays voisins à l'automne 2020[97].

De plus, si l'OFSP continue à fournir l'expertise interne au gouvernement, la taskforce d'experts externes mise en place au mois de mars fonctionne alors à plein régime et commence à endosser un rôle très différent de celui de l'OFSP. Les membres de la taskforce n'hésitent pas à formuler des critiques ouvertes concernant aussi bien les décisions que le degré d'implication générale du gouvernement dans la lutte contre l'épidémie. Les médias ne manquent pas de le constater et de s'en servir pour interpeller les autorités. Lors de la conférence de presse du 28 octobre 2020, les journalistes soulignent ainsi que les mesures modérées édictées par le Conseil fédéral – par exemple le maintien des manifestations de moins de 50 personnes – sont contraires aux recommandations de la taskforce qui préconise un reconfinement de la population. Le gouvernement reconnaît alors s'être décidé en faveur de solutions tempérées afin de trouver une solution intermédiaire à la sortie de crise. L'existence d'une contre-opinion via les experts externes de la taskforce ouvre ainsi la voie à une discussion sur les différentes options possibles, en pointant l'existence de scénarios alternatifs à ceux présentés par le gouvernement. L'un des pics dans les prises de position critiques de la taskforce s'était situé au mois de juillet 2020. La pause estivale avait correspondu à un relâchement général de la vigilance ainsi qu'à un assouplissement global des mesures anti-COVID-19. La taskforce exerce alors son rôle de sentinelle en tirant la sonnette d'alarme et en annonçant l'arrivée à bas bruit de la vague suivante.

Les critiques des experts externes à l'égard du gouvernement culminent enfin le 9 janvier 2021 avec la démission de l'un des membres de la taskforce – l'épidémiologiste Christian Althaus – sur fond d'accusation d'immobilisme gouvernemental face à la progression de l'épidémie. Depuis ses débuts, la taskforce a régulièrement pris des positions critiques à l'égard du gouvernement, notamment concernant les stratégies de déconfinement,[98] la position longtemps ambiguë des autorités vis-à-vis du port du masque[99], de même que l'insuffisance des efforts en matière de *contact tracing*[100]. Les désaccords s'intensifient néanmoins au début du mois de janvier 2021, avant qu'un retour au semi-confinement ne soit décidé. Ces critiques, de même que les inquiétudes croissantes autour des nouvelles souches du coronavirus (lesdites « variantes ») ainsi que les mesures drastiques prises dans les pays voisins, en particulier la France et l'Allemagne, poussent alors le gouvernement fédéral à reprendre la main dans la gestion de l'épidémie. Craignant de devoir porter la responsabilité d'un renforcement des mesures anti-COVID-19, près de la moitié des gouvernements cantonaux réclamaient également ce retour à une gestion fédérale de la crise[101].

Le lendemain de la démission du membre de la taskforce dont la presse et les réseaux sociaux se sont fait un large écho, le Conseil fédéral annonce ainsi un revirement de sa position sur les mesures à prendre pour contrer l'épidémie. Selon une fuite dans les médias, la feuille de route du gouvernement aurait été révisée à la hausse par rapport aux mesures initialement annoncées. Le nouveau projet d'ordonnance soumis aux cantons projette en effet désormais un retour au semi-confinement au lieu de restrictions cantonnées aux seuls établissements de loisirs et de restauration[102]. Le Conseil fédéral annonce finalement le semi-confinement (sans retour à la fermeture des écoles) lors de sa conférence de presse du 13 janvier 2021. Il souligne alors abondamment combien cette mesure est prises à contre-cœur. Ainsi, alors que l'expertise interne apporte un rôle de soutien tant symbolique que technique aux décisions prises par le gouvernement tout au long de la pandémie, le rôle endossé par l'expertise externe est celui d'un élargissement constant des perspectives au-delà des considérations politico-administratives.

7. Discussion

La gestion de la pandémie de COVID-19 en Suisse a connu deux phases fortement contrastées. La première vague au printemps 2020 a été caractérisée par un consensus politique particulièrement marqué, suivi d'une deuxième vague laissant place à de nombreuses dissensions dès la fin de l'été. Pour faire face à la situation, le gouvernement suisse s'est doté d'un système d'expertise dual – interne et externe. Le Conseil fédéral s'est d'une part appuyé sur l'expertise de l'administration nationale à travers l'Office fédéral de la santé publique du Département de l'intérieur. Les fonctionnaires fédéraux spécialisés dans la santé publique ont assuré la préparation, le suivi et la coordination des mesures relatives à l'épidémie. L'OFSP a fourni le conseil interne au gouvernement, rôle systématiquement mis en scène par la présence des plus hauts fonctionnaires de l'OFSP à l'occasion des annonces gouvernementales relatives à la gestion de la COVID-19. D'autre part, le gouvernement a rapidement nommé une taskforce externe composée de personnalités scientifiques du monde universitaire. Ce collège scientifique a fait office de conseil indépendant, apportant une contrepartie académique à l'expertise administrative interne. Ses prises de position étaient rendues publiques. L'autonomie et la liberté de parole de ces scientifiques étaient fortes, ainsi que le montrent les critiques ouvertement adressées au politique.

Le système d'expertise comprenant un collège de spécialistes externes a été relativement peu politisé durant la première phase de l'épidémie. Si les décisions gouvernementales ont bien fait l'objet de critiques au sein des arènes parlementaires et médiatiques, la parole experte a été peu assujettie aux affrontements partisans. Certaines caractéristiques du système choisi expliquent ce résultat, en particulier le recrutement large des scientifiques ainsi que le mode d'organisation collégial et délibératif de la taskforce. Au-delà de ces éléments circonstanciels, les caractéristiques institutionnelles du système politique Suisse ont également contribué de manière substantielle à la faible politisation de l'expertise. La taskforce externe a en effet été nommée par le Conseil fédéral, collège gouvernemental rassemblant les principales formations politiques nationales sur la base de la « formule magique » – élément caractéristique du paysage politique helvétique. Ainsi, l'intégration d'un large panel d'experts (médicaux) au sein d'un collège délibératif, nommé par un gouvernement inter-partisan, a évité l'éclosion des controverses entre experts dans la sphère publique. L'on est par exemple loin du cas suédois, où la concentration de l'expertise entre les mains d'un épidémiologiste individuel a

Tableau 1. Caractéristiques du modèle d'expertise durant la pandémie de COVID-19 en Suisse.

	Expertise collégiale – modèle suisse	Type d'écueil évité
Type de système	Système d'expertise dual (interne/administrative et externe/académique)	Système d'expertise unique
Type d'expertise	Collège d'experts	Expertise individuelle
Type de production de l'opinion	Délibérations au sein du collège	Affrontements d'opinions dans la sphère médiatique
Mode de nomination	Nomination inter-parti	Nominations partisanes

Systèmes d'expertise lors de la crise de la COVID-19 (2020–2022).

mené les experts en désaccord avec ses préconisations à porter le débat dans la presse. La Suisse n'a ainsi pas non plus vu émerger des « experts de partis » directement attachés à des formations politiques comme en Italie, davantage susceptibles de se trouver pris dans le feu des affrontements partisans (Caselli et al., 2024, pp. 297–338). La démocratie de consensus a également permis d'éviter des dynamiques de politisation bipartisanes polarisant les prises de position liées à la gestion de la COVID-19 comme aux Etats-Unis (Rozell et Wilcox 2020). À ce titre, les caractéristiques institutionnelles nationales pèsent sur la définition des attributs spécifiques des systèmes d'expertise, ces derniers influant les modes de (dé)politisation de l'activité de conseil. Le tableau ci-dessus récapitule les caractéristiques du système d'expertise suisse durant toute la phase aiguë de la crise de la COVID-19, jusqu'à la dissolution de la taskforce en mars 2022.

Il a été observé dans d'autres domaines que la mise en orbite des réseaux d'expertise autour des agences d'État pouvait provoquer l'affaiblissement – si ce n'est la neutralisation – de leurs discours critiques par effet de captation (Dezalay, 2015). Toutefois, un tel phénomène n'a pas eu lieu dans le cadre de l'expertise externe analysée ici. Le collège d'experts était en effet indépendant à plus d'un égard, que ce soit par son absence de rétribution, l'étanchéité relative qui sépare le champ académique des arènes politiques, le caractère éphémère de la situation de conseil ainsi que l'absence de mécanismes de responsabilité de la taskforce vis-à-vis des autorités publiques. En revanche, le système d'expertise a su assumer un rôle crucial dans la crise, en incarnant les intérêts collectifs de santé publique dont l'importance s'est soudainement manifestée sous un jour nouveau. L'expertise a fourni des lignes directrices claires pour une prise de décision sous contrainte. Dans une situation d'incertitude telle que celle de la crise de la COVID-19, des réflexes et standards professionnels ont pu ainsi venir compenser la perte de repères politiques (Malandrino et Sager, 2021). La formule du collège de spécialistes a en outre assuré une fonction d'autorégulation dans la production et la diffusion de l'expertise médicale, cette dernière ayant été peu personnalisée au cours du débat. Ce système a permis d'éviter certains écueils constatés dans d'autres pays comme le Royaume-Uni, où les autorités ont été accusées de se reposer trop exclusivement sur certaines personnalités scientifiques sans opérer de plus vastes consultations parmi les experts (Cairney et Wellstead, 2020). Il est également intéressant de relever que le système de collège scientifique délibérant en cercle fermé avant de publiciser son opinion a eu pour effet de minimiser les affrontements publics entre scientifiques. Par ailleurs, durant la première vague caractérisée par des mesures fortes pour maîtriser la pandémie, l'expertise a été mise au service de mécanismes d'évitement du blâme par les autorités en charge des décisions impopulaires.

Cet élément met en lumière un aspect encore sous-étudié des études s'inscrivant dans le cadre théorique du *blame avoidance*, à savoir la fonction potentiellement constructive de ce phénomène politique. En raison de la méfiance usuellement associée au refus des autorités à assumer la responsabilité de leurs actes, les études tendent à se focaliser sur les occurrences négatives du phénomène, attachées à des attitudes de fuite et d'évitement. Or le cas de l'expertise en période de COVID-19 met également en évidence un partage des tâches et des mécanismes d'attribution permettant au contraire l'édiction de mesures fortes bien que peu porteuses politiquement. Toutefois, ce mécanisme a montré ses

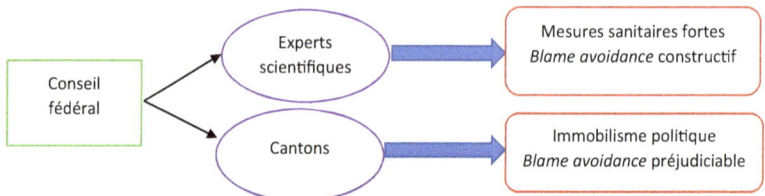

Figure 1. Mécanismes de *blame avoidance* durant la crise de la COVID-19 en contexte fédéraliste.

Source : author (Licence : CC-BY-NC-ND).

limites dans la durée, puisqu'un autre type d'évitement du blâme s'y est rapidement substitué, cette fois-ci entre la Confédération et les cantons. Ce deuxième type de *blame avoidance* s'est traduit par un fort immobilisme politique, rompant avec la dynamique précédente. Pour que le phénomène d'évitement du blâme puisse remplir un rôle constructif, la présence d'un acteur n'étant pas soumis aux mêmes normes d'action et au même type de légitimité semble donc nécessaire dans l'équation, les gouvernements cantonaux et fédéral étant soumis à des impératifs électoraux trop similaires à cet égard. Ce « *political blame game* » entre les entités infra-nationales et le gouvernement central, débouchant sur un ralentissement de la réponse politique à la crise de la COVID-19, n'est pas propre à la Suisse et a également été constaté dans des régimes régionalisés tels que l'Italie (Capano et al., 2020). Cela ne signifie toutefois pas que les pays centralisés, parfois réputés avoir une meilleure capacité d'action, aient fait preuve d'une plus grande réactivité face à la crise (voir par ex. (Hassenteufel, 2020) pour le cas de la France), mais que la réticence des autorités à prendre des mesures impopulaires a trouvé son expression privilégiée dans le jeu entre entités gouvernementales au sein de systèmes fédéralistes.

La prolongation de la crise et la réémergence des désaccords politiques venant fissurer le consensus initial ont ainsi marqué un certain retour à la normale dans les dynamiques du jeu politique. Les restrictions initiales attachées à la première vague épidémique avaient rencontré un accueil plutôt favorable, la société ayant fait corps autour de la nécessité de contrer la menace émergente ; l'expérience des premières restrictions et de leurs répercussions socio-économiques, de même que la routinisation de la menace, ont au contraire cédé la place à une remise en question accrue des mesures anti-COVID-19 (Naumann et al., 2020, cité par Colfer, 2020). C'est alors que l'on observe une certaine inertie du style politique national, menant à un retour aux routines politico-institutionnelles existantes (Capano, 2020). En Suisse, ce sont les processus néo-corporatistes avec une prédominance des acteurs économiques traditionnels (Sager et Mavrot 2020) ainsi que les jeux entre niveaux de gouvernance qui reprirent ainsi le dessus durant la deuxième phase de de la crise.

Enfin, il a été relevé que le déclenchement et la gestion des phases les plus aigües de la crise ont été davantage étudiées que les périodes de routinisation (Boin et al., 2020). La recherche pourrait gagner à porter une attention plus soutenue aux processus de sortie de crise. En ce sens, l'après-COVID-19 et les suites données non seulement aux régimes d'exception mis en place au plus fort de la pandémie mais également aux régimes d'expertise provisoirement instaurés devront encore être étudiés à l'avenir. La question de la durabilité de l'empreinte laissée dans les systèmes institutionnels par la montée en puissance de l'expertise médicale durant la crise de la COVID-19 reste encore ouverte. Les capacités d'apprentissage des gouvernements pourront être évaluées à l'aune de la mise en place – ou non – de mesures correctives ayant fait défaut lors la gestion de la COVID-19 afin de faire face aux irruptions pandémiques à venir, par exemple par la mise en place de feuilles de route sanitaires, l'institutionnalisation des comités d'experts, ou la mise en œuvre de stratégies de prévoyance en amont des crises (stocks de masques, précision des règles institutionnelles en cas d'état d'urgence).

Conclusion

Plusieurs enseignements peuvent être tirés de la mise en place de ce système dual d'expertise pour la gestion de crise. Premièrement, les instances internes et externes d'expertise ont fait preuve de complémentarité, permettant de tirer parti de leurs avantages respectifs. Les experts administratifs internes jouissent, dans leur rôle de conseil, d'une forte proximité avec le gouvernement ainsi que d'une position en surplomb dans le cadre de leur tâche de coordination de la réponse sanitaire au sein du système fédéraliste suisse. Les fonctionnaires bénéficient également d'un accès privilégié aux données nationales pertinentes pour la gestion de crise (obligation d'annonce[103]), ainsi que de la force de frappe gouvernementale (préparation des ordonnances gouvernementales et consultations inter-cantonales). Les membres de la taskforce externe sont quant à eux au bénéfice d'une expertise scientifique de pointe. Ils disposent en outre d'une liberté totale en regard de leur position d'extériorité. L'expertise interne a permis de rassembler le gouvernement et, par extension, les différents partis du collège gouvernemental, autour d'un discours de santé publique et de recommandations unanimement admises (semi-confinement, distanciation sociale et mesures d'hygiène). Elle a ainsi joué un rôle de rassemblement politique autour de normes sanitaires partagées et communément validées. Quant à l'expertise externe, outre le travail d'actualisation continue des connaissances scientifiques relative à la pandémie, elle a permis de faire entendre une voix indépendante et de formuler des oppositions aux décisions politiques. L'exercice de ce pouvoir critique externe s'est avéré crucial, l'expertise administrative interne étant quant à elle en position de subordination face au gouvernement.

Deuxièmement, dans un mécanisme d'anticipation du blâme, la mise en avant de l'expertise a permis au gouvernement de prendre des mesures fortes sans avoir à en porter l'entier de la charge politique. Lorsque les mesures sévères de la première vague ont été prises, le gouvernement a en effet activement mis en avant la parole experte pour faire valoir leur inéluctabilité. Dans une dynamique de *blame avoidance* de type anticipatoire (par opposition à réactif) (Hinterleitner et Sager, 2017) un partage des rôles a été établi entre élus et experts. Ces derniers ont partiellement endossé la responsabilité des mesures restrictives sans que cela ne porte à conséquence pour eux au vu du caractère non électif de leur fonction. Comme constaté dans d'autres pays, le recours à des figures d'autorités a permis de limiter le débat contradictoire et de favoriser une certaine unité autour des décisions prises (Premat, 2020). Alors que ce partage de la responsabilité a permis de décréter les mesures souhaitées par la plupart des experts lors de la première vague, la prolongation de la crise sur le moyen terme a vu d'autres dynamiques de *blame avoidance* se développer. Le gouvernement national s'est refusé à endosser un rôle moteur lors de la deuxième vague, insistant sur la responsabilité cantonale dans l'édiction de mesures anti-COVID-19. Contrairement aux dynamiques constatées lors de la première vague, ce deuxième type de mécanisme de *blame avoidance* a contribué à minimiser la réponse gouvernementale ainsi que l'ampleur des mesures sanitaires. En plus de reporter le blâme sur les cantons, le gouvernement national a également usé de tactiques de *blame avoidance* en direction des experts (pour leurs recommandations drastiques), et de la population (pour son respect insuffisant des mesures anti-COVID-19) (Hinterleitner et al., 2023).

Troisièmement, en prenant du recul par rapport aux enjeux de santé publique et à l'immédiateté des événements pandémiques de 2020, le rôle pris par les experts durant les événements dit également quelque chose du fonctionnement démocratique des sociétés contemporaines. L'exercice démocratique ne saurait se faire qu'à condition de la préservation d'un équilibre entre les différents pouvoirs d'état, moyennant des mécanismes de balance et de responsabilité auprès des citoyens. Ces équilibres varient évidemment en fonction des systèmes politiques nationaux, mais subissent également des inflexions à la suite d'événements collectifs traumatiques tels que des guerres (Rosser et Mavrot, 2017). Or, force est de constater que l'irruption de la pandémie a largement mis à mal les procédures institutionnelles établies en provoquant un considérable effet de sidération. Non seulement les pouvoirs exécutifs ont subitement acquis une forte prédominance dans le cadre des régimes d'urgence mis en place pour gérer la crise, mais les activités législatives ont connu une suspension provisoire dans bon nombre de pays. La temporalité brève de la crise n'a pas non plus permis aux pouvoirs judiciaires d'entrer en jeu de manière déterminante pour établir un contrôle sur les décisions d'exception prises dans le cadre de la pandémie. Même le rôle de quatrième pouvoir parfois attribué aux médias n'a pas toujours été exercé dans sa pleine ampleur compte tenu des effets de soutien au discours officiel relativement aux mesures d'urgence au début de la crise.

En tant que phénomènes collectifs venant chambouler les routines sociales, les crises, scandales et controverses sont à comprendre comme des moments d'altération des rapports de force et de redistribution des positions de pouvoir (Lemieux, 2007). Dans un contexte où le savoir expert et médical a soudainement acquis une importance centrale dans des procédures décisionnelles se déployant sur la base de paramètres nouveaux, les collèges d'experts ont alors pu remplir, pour un temps, une fonction pouvant s'apparenter à un contre-pouvoir dans leur revue critique des décisions gouvernementales. Leurs titres à parler et leur légitimité émanent alors de la détention d'un savoir spécialisé. Cette formule ne saurait toutefois constituer un substitut sur le moyen terme étant donné l'absence de représentativité démocratique et élective des experts, de même que le caractère non univoque de l'évidence scientifique qui appelle, en dernière instance, un arbitrage qui ne peut être que politique. En ce sens, l'avenir de la décision démocratique en situation de crise sanitaire devra encore faire l'objet d'une réflexion collective.

Déclaration de conflits d'intérêt

Le chapitre a été déposé sur le réseau d'archives ouvertes (*preprint*) https://serval.unil.ch/en/notice/serval:BIB_5CFDB0AA92DC, avec l'accord des éditeurs.

Bibliographie

Boin, A., Lodge, M., & Luesink, M. (2020). Learning from the COVID-19 crisis: an initial analysis of national responses. *Policy Design and Practice*, 3(3), 189–204. doi: https://doi.org/10.1080/25741292.2020.1823670

Burgos, E., Mazzoleni, O., & Rayner, H. (2009). Le gouvernement de tous faute de mieux. Institutionnalisation et transformation de la « formule magique » en Suisse (1959–2003). *Politix*, 88(4), 39–61. doi: https://doi.org/10.3917/pox.088.0039

Cairney, P., & Wellstead, A. (2020). COVID-19: effective policymaking depends on trust in experts, politicians, and the

public. *Policy Design and Practice*, 4(1), 1–14. doi: https://doi
.org/10.1080/25741292.2020.1837466

Capano, G. (2020). Policy design and state capacity in the
COVID-19 emergency in Italy: if you are not prepared for the
(un)expected, you can be only what you already are. *Policy and
Society*, 39(3), 326–344. doi: https://doi.org/10.1080/14494035
.2020.1783790

Capano, G., Howlett, M., Jarvis, D. S., Ramesh, M., & Goyal, N.
(2020). Mobilising Policy (In)Capacity to Fight COVID-19:
Understanding Variations in State Responses. *Policy and
Society*, 39(3), 285–308. doi: https://doi.org/10.1080/14494035
.2020.1787628

Caselli, D., Mozzana, C., & Saracino, B. (2024). No hero outside
the hospital lane. Governmental Committees, Pop Star Experts
and Conflicts of Expertise in COVID-19-ridden Italy. In C.
Premat, J.-M. De Waele, & M. Perottino (Eds.), *Comparing the
place of experts during the COVID-19 pandemic* (pp. 297–338),
Stockholm: Stockholm University Press.

Chastonay, P., Simos, J., Cantoreggi, N., & Mattig, T. (2017).
Health Policy Challenges in a Decentralized Federal State:
The Situation in Switzerland. *ARC Journal of Public Health
and Community Medicine*, 2(1). doi: https://doi.org/10.20431
/2456-0596.0201001

Colebatch, H. K., Hoppe, R., & Noordegraaf, M. (2010).
Understanding Policy Work. In H. K. Colebatch, R. Hoppe, &
M. Noordegraaf (Eds.), *Working for Policy*. Amsterdam
University Press.

Colfer, B. (2020). Public policy responses to COVID-19 in Europe.
European Policy Analysis, 6(2), 126–137. doi: https://doi.org
/10.1002/epa2.1097

Dezalay Yves, N. O. (2015). Le marché des savoir de réforme :
circulations de l'expertise de gouvernement et reproduction
des hiérarchies internationales. Dans J. Siméant (dir.), *Guide de
l'enquête globale en sciences sociales*. CNRS Éditions.

Dousset, L. (2019). De l'incertitude au risque : un outil heuristique.
Moussons, 34. En ligne, URL : http://journals.openedition.org
/moussons/5238

Dunlop, C. A., Ongaro, E., & Baker, K. (2020). Researching COVID-19: A research agenda for public policy and administration scholars. *Public Policy and Administration*, 35(4), 365–383. doi: https://doi.org/10.1177/0952076720939631

Eisenegger, M., Oehmer, F., Udris, L., & Vogler, D. (2020). *Die Qualität der Medienberichterstattung zur Corona-Pandemie*. Universität Zurich. Forschungszentrum Öffentlichkeit und Gesellschaft.

Gordon, S. H., Huberfeld, N., & Jones, D. K. (2020). What Federalism Means for the US Response to Coronavirus Disease 2019. *JAMA Health Forum*; 1(5): e200510. doi: https://doi.org/10.1001/jamahealthforum.2020.0510

Hassenteufel, P. (2010). Les processus de mise sur agenda : sélection et construction des problèmes publics. *Informations Sociales*, 157(1), 50–58. doi: https://doi.org/10.3917/inso.157.0050

Hassenteufel, P. (2020). Handling the COVID-19 crisis in France: Paradoxes of a centralized state-led health system. *European Policy Analysis*, 6(2), 170–179. doi: https://doi.org/10.1002/epa2.1104

Hinterleitner, M., Honegger, C., & Sager, F. (2023). Blame avoidance in hard times: complex governance structures and the COVID-19 pandemic. *West European Politics*, 46(2), 324–346.

Hinterleitner, M., & Sager, F. (2017). Anticipatory and reactive forms of blame avoidance: of foxes and lions. *European Political Science Review*, 9(4), 587–606. doi: https://doi.org/10.1017/S1755773916000126

Hirschi, C., Hornung, J., Jaton, D., Mavrot, C., Sager, F., & Schlaufer, C. (2022). *Wissenschaftliche Politikberatung in Krisenzeiten in der Schweiz: Eine Analyse der Finanzkrise, des Fukushima-Unfalls und der COVID-19-Pandemie*. Study commissioned by the Swiss Science Council. Universities of Bern, Lausanne, St. Gallen. https://wissenschaftsrat.ch/images/stories/pdf/de/SWR_2022_Wissenschaftliche_Politikberatung.pdf

Hood, C. (2007). What happens when transparency meets blame-avoidance? *Public Management Review*, 9(2), 191–210. doi: https://doi.org/10.1080/14719030701340275

Lemieux, C. (2007). A quoi sert l'analyse des controverses?. *Mil neuf cent* 1(25): 191–212. doi: https://doi.org/10.3917/mnc.025.0191

Linder, W. (2010). *Swiss democracy : Possible solutions to conflict in multicultural societies* (3rd rev. ed.). Palgrave Macmillan.

Malandrino, A., & Sager, F. (2021). Can Teachers' Discretion Enhance the Role of Professionalism in Times of Crisis? A Comparative Policy Analysis of Distance Teaching in Italy and Switzerland during the COVID-19 Pandemic. *Journal of Comparative Policy Analysis: Research and Practice*, 23(1), 74–84. doi: https://doi.org/10.1080/13876988.2020.1844544

Migone, A. R. (2020). The influence of national policy characteristics on COVID-19 containment policies: a comparative analysis. *Policy Design and Practice*, 3(3), 259–276. doi: https://doi.org/10.1080/25741292.2020.1804660

Naumann, E., Möhring, K., Reifenscheid, M., Wenz, A., Rettig, T., Lehrer, R., Krieger, U., Juhl, S., Friedel, S., Fikel, M., Cornesse, C., & Blom, A. G. (2020). COVID-19 policies in Germany and their social, political, and psychological consequences. *European Policy Analysis*, 6(2), 191–202. doi: https://doi.org/10.1002/epa2.1091

Neveu, É. (2017). L'analyse des problèmes publics. *Idées Économiques Et Sociales*, 190(4), 6–19. doi: https://doi.org/10.3917/idee.190.0006

Premat, C. (2020). Le rôle de l'expertise dans la construction du consensus suédois face à la pandémie. Blog Pouvoirs et Sociétés face à la Crise du COVID-19. https://shs.hal.science/halshs-02956901

Premat, C. (2024). Le rôle de l'expertise dans la construction du consensus suédois face à la pandémie. In C. Premat, J.-M. De Waele, & M. Perottino (Eds.), *Comparing the place of experts during the COVID-19 pandemic* (pp. 421–448), Stockholm: Stockholm University Press.

Rosser, C., & Mavrot, C. (2017). Questioning the Constitutional Order: A Comparison of the French and the U.S. Politics–Administration Dichotomy Controversies After World War II. *The American Review of Public Administration*, 47(7), 737–751. doi: https://doi.org/10.1177/0275074016661629

Rozell, M. J., & Wilcox, C. (2020). Federalism in a Time of Plague: How Federal Systems Cope With Pandemic. *The American Review of Public Administration*, 50(6–7), 519–525. doi: https://doi.org/10.1177/0275074020941169

Sager, F., & Mavrot, C. (2020). Switzerland's COVID-19 policy response: Consociational crisis management and neo-corporatist reopening. *European Policy Analysis*, 6(2), 293–304. doi: https://doi.org/10.1002/epa2.1094

Sager, F., Mavrot, C., Hinterleitner, M., Kaufmann, D., Grosjean, M., & Stocker, T. F. (2020). Utilization-focused scientific policy advice: a six-point checklist. *Climate Policy*, 20(10), 1336–1343. doi: https://doi.org/10.1080/14693062.2020.1757399

Vatter, A. (2004). Challenges to Intergovernmental Relations in Switzerland and Japan. *Swiss Political Science Review*, 10(3), 77–102. doi: https://doi.org/10.1002/j.1662-6370.2004.tb00033.x

Weible, C. M., Nohrstedt, D., Cairney, P., Carter, D. P., Crow, D. A., Durnová, A. P., Heikkila, T., Ingold, K., McConnell, A., & Stone, D. (2020). COVID-19 and the policy sciences: Initial reactions and perspectives. *Policy Sciences*, 53, 225–241. doi: https://doi.org/10.1007/s11077-020-09381-4

Zahariadis, N., Petridou, E., & Oztig, L. I. (2020). Claiming credit and avoiding blame: political accountability in Greek and Turkish responses to the COVID-19 crisis. *European Policy Analysis*, 6(2): 159–169. doi: https://doi.org/10.1002/epa2.1089

Endnotes

80. Voir par exemple le rapport de l'Université de Zurich sur la couverture de l'épidémie dans les médias suisses (Eisenegger Mark et al., 2020).

81. Expression employée par le constitutionnaliste Markus Schefer pour décrire la situation, table-ronde « Notstand nach Gebrauch zurück » (enregistré), Polit-forum, Berne, 23 juin 2020, https://www.polit-forum-bern.ch/ausstellung/ausnahme-zustand/?eventid=7407 (Consulté pour la dernière fois le 12 février 2023).

82. Afin d'alléger la lecture, le terme générique « expert » est utilisé pour désigner indistinctement tous les genres dans la suite du chapitre. Il en va de même des autres termes (élu.e.s, décideurs.euses...).

83. https://www.fedlex.admin.ch/eli/cc/2015/297/fr (Consulté pour la dernière fois le 12 février 2023).

84. Traduit de l'allemand, https://www.swissinfo.ch/ger/politik /foederalismus-und-corona_zu-viele-dirigenten-erschweren-die

-pandemiebewaeltigung/46302086 (Consulté pour la dernière fois le 12 février 2023).

85. Le Conseil fédéral n'est pas élu directement par le peuple mais désigné par l'Assemblée fédérale, à savoir les deux chambres législatives nationales. Pour une discussion critique et détaillée de la formule magique, voir (Burgos et al., 2009).

86. Les conférences de presse du gouvernement et de l'administration fédérale sont accessibles sur la chaîne youtube du Conseil fédéral : https://www.youtube.com/c/DerSchweizerischeBundesratLeConseilf%C3%A9d%C3%A9ralsuisseIlConsigliofederalesvizzero/videos (Consulté pour la dernière fois le 12 février 2023).

87. Consultables sur le site de la taskforce : https://ncs-tf.ch/fr/ (Consulté pour la dernière fois le 12 février 2023).

88. Les groupes d'experts thématiques sont les suivants : Soins cliniques, Données et modélisations, Diagnostics et tests, épidémiologie numérique, Économie, Éthique, droit et social, Plateforme d'échanges, Immunologie, Prévention et contrôle des infections, Santé publique.

89. État au 31 janvier 2021. Les compositions précédentes de la taskforce révélaient le même rapport de force. En été 2021, la taskforce a été réorganisée et le nombre de ses membres réduit à 25.

90. https://sciencetaskforce.ch/fr/mandat-de-la-task-force/ (Consulté pour la dernière fois le 12 février 2023).

91. Souligné par nous : https://www.admin.ch/gov/fr/accueil/documentation/communiques.msg-id-78626.html (Consulté pour la dernière fois le 12 février 2023).

92. Si les activités catégorisées non-essentielles ont été fermées en Suisse comme dans les autres pays d'Europe, le pays n'a connu ni couvre-feu, ni interdiction de sortie dans l'espace public.

93. Les établissements scolaires et d'enseignement supérieur ont été fermés le 16 mars, de même que les établissements de restauration et de loisirs ainsi que les commerces non-essentiels le 17 mars. À partir du 21 mars, les rassemblements de plus de cinq personnes dans l'espace public ont également été proscrits.

94. 24 *Heures*, 29 février 2020, Lucie Monnat, « Des centaines d'événements annulés ».

95. *Tages-Anzeiger*, 29 février 2020, Judith Wittwer, « Bundesrat Berset geht weit, handelt aber richtig».

96. *24 Heures*, 28 octobre 2020, Cindy Mendicino, « Crise Covid et aides à l'économie ».

97. *24 Heures*, 29 octobre 2020, Caroline Zuercher, « L'éditorial : Cessons de parler, il y a urgence ! » et *Tages-Anzeiger*, 28 octobre 2020, Janine Hosp, « Die Wut der Vernünftigen ».

98. Voir par ex. Swiss National Covid-19 Science Task Force, *Policy Brief*, 5 mai 2020, « Scénarios épidémiologiques après l'assouplissement des mesures du 11 mai 2020 » et *Policy Brief*, 3 juillet 2020, « La Task force scientifique nationale Covid-19 s'alarme de l'augmentation rapide du nombre d'infections par le SARS-CoV-2 en Suisse ».

99. Swiss National Covid-19 Science Task Force, *Policy Brief*, 1er juillet 2020, « Consensus : le port du masque est important pour lutter contre l'épidémie ».

100. Swiss National Covid-19 Science Task Force, *Policy Brief*, 26 avril 2020, Stratégie « Dépistage, identification, isolement et quarantaine ».

101. *Tages-Anzeiger*, 12 janvier 2021, Jacqueline Büchi, « Zwölf Kantone wollen das Notrecht zurück ».

102. *24 Heures*, 11 janvier 2021, Florent Quiquerez, « Sans aide, un restaurant sur deux fera faillite ».

103. Le SARS-CoV-2/COVID-19 est catégorisé comme une « maladie infectieuse à déclaration obligatoire » dans le cadre de la « surveillance des maladies transmissibles en Suisse ». Les médecins, les hôpitaux, les institutions de santé ainsi que les laboratoires sont ainsi tenus de déclarer tout cas diagnostiqué aux autorités fédérales, afin que ces dernières puissent effectuer un suivi de l'évolution du nombre de cas. https://www.bag.admin.ch/bag/fr/home/krankheiten /infektionskrankheiten-bekaempfen/meldesysteme-infektions krankheiten/meldepflichtige-ik.html (Consulté pour la dernière fois le 12 février 2023).

6. No hero outside the hospital lane. Governmental Committees, Pop Star Experts and Conflicts of Expertise in COVID-19-ridden Italy

Davide Caselli, Carlotta Mozzana, Daniela R. Piccio & Barbara Saracino

Abstract

Italian citizens have become accustomed to the recurrent presence of experts in the country's decision-making processes. As elsewhere in Europe, an increasing number of "technocrats" (i.e.: professionals with no former partisan involvement possessing recognized expertise which is directly relevant to the role occupied, see McDonnell and Valbruzzi 2014), have been holding ministerial responsibilities. Only in the last three decades, moreover, in a context of general de-structuration of the Italian political landscape, the country experienced three fully technocratic governments, a record in a comparative perspective (Fabbrini 2015). Overall, scholars have found surprisingly high levels of citizens' support for their political involvement, even in spite of the austerity measure they implemented (Bertsou and Caramani 2020; Ortoleva, 2012). Yet, never have experts played such a significant role in Italy's decision-making processes as during the first wave of the Covid-19 pandemic, when it has been the first and most hardly hit European country, currently featuring the enormous and still underestimated

---

How to cite this book chapter:
Caselli, D., Mozzana, C., Piccio, D. R., & Saracino, B. (2024). No hero outside the hospital lane. Governmental Committees, Pop Star Experts and Conflicts of Expertise in COVID-19-ridden Italy. In: Premat, C., De Waele, J.-M., & Perottino, M. (eds.), *Comparing the place of experts during the first waves of the COVID-19 pandemic*, pp. 297–338. Stockholm: Stockholm University Press. DOI: https://doi.org/10.16993/bco.g. License: CC BY-NC 4.0.

number of over 50.000 victims. The pandemic highlighted a number of significant structural problems of the Italian political and institutional fields, such as the quantitative and qualitative problems of public administration and public services and the uneven regional fragmentation of the social and healthcare system, particularly evident for the latter, marked by the scarcity of doctors and (in some regional models) the centralization of most of the activities within hospitals at the expense of territorial care (Giarelli, Vicarelli 2020, Gimbe 2019). In this context, shortly before the public recognition of the epidemic outbreak, the government declared the State of Emergency on 31st of January and, at the beginning of February 2020, the central and regional governments instituted "techno-scientific committees" (Comitato Tecnico Scientifico, CTS in Italian), i.e. collective entities charged of working with the political authorities in monitoring the epidemiological situation and adjusting and updating the emergency legislation for the sake of public health. From then onwards, Italy faced a fast sequence of emergency measures until 8 March 2020, with the declaration of the first severe nationwide lockdown in the European continent. In that context, a multiplicity of different committees were actually formed, at different levels. Apart from the CTS, over 15 national level task forces composed by over 450 experts were established at different ministries (Capano 2020) to deal with the more specific challenges posed by the Covid-19 crisis to individual policy sectors. Focusing on the scientific and medical fields, national and regional CTSs represented and still represent to this day the official, albeit territorially fragmented, expertise on Covid-19. They have been instituted and recognized by the political authorities, with which they have nevertheless had a controversial relationship, spanning from complete political submission to scientific and technical knowledge ("we will re-open economic activities only when Science agrees") to the reclamation of the primacy of the political actors ("the scientists and experts are to serve the government and not the other way around") resulting in a process of politicization of the expertise (Caselli 2020; Pellizzoni 2011). In this respect, particularly interesting is the recent construction and use of classification tools based on quantitative informational bases for assessing and defining local lockdowns: research shows the nexus between the cognitive and normative dimensions of policy making, as well as the process of politicization of expertise and depoliticization of politics (Mozzana 2019).

1. Introduction

The year 2020 will be remembered as the year dominated by the COVID-19 pandemic, but in Italy it will also be remembered as the year in which the map of political power was significantly redrawn. While a verticalisation of power in the hands of the executive took place, limiting constitutional freedoms in order to contain the spread of the virus, simultaneously a new set of experts emerged as a crucial source of authority. As we shall see in this chapter, throughout 2020 Italy experienced a mushrooming of expert committees, crisis units and task forces at different levels of the polity. The pervasiveness of expertise, moreover, went well beyond the official organs set up by the national or regional governments, as scientific experts burst onto the media sphere, becoming almost permanent guests on television shows. This in turn had an important impact on how the public perceives and evaluates experts.

Comparative analyses that focus on the way in which different countries responded to the COVID-19 emergency have unanimously stressed the importance of political and institutional contexts as key explanatory factors. Whether governments have proved able to maintain control over the situation and produce timely, coherent and effective policy responses to the crisis has been largely explained by the specific institutional assets and formal power arrangements of the individual countries. Overall, scholars have shown that countries characterised by political polarisation, a federal institutional arrangement, and weak administrative capacity – like Italy – have responded more slowly, chaotically and less efficiently (Capano et al., 2020; Jasanoff et al., 2020). While the complex and multi-level institutional arrangements in Italy undoubtedly played a role in shaping the configuration of experts that emerged during 2020, in this chapter we selectively focus on the place of experts and the ways in which they interacted with politics. We do so through the lens of two opposite processes: the politicisation of science, when politics leads decision-making processes based on scientific facts; and the scientification of politics, when experts instead take over and exercise a political authority. Therefore, what has been considered as the chaotic handling of the pandemics in Italy may be explained in the light of the instable relation between science and politics, with frequent and abrupt changes in content and direction between the two. The chapter is structured as follows. In section 2, we briefly introduce the theoretical framework that we use as a guidance throughout the chapter. In section 3, we present the main features of the Italian political and institutional context at the time of the outbreak. Section 4 describes the changing relationship between expertise and political authority during 2020, based on the two processes of the scientification of politics and the politicisation of science. Against this background, we will analyse the shaping of a specific form of the scientification of politics through the use of pandemic indicators (section 5), the role of the media in promoting the politicisation of science (section 6) and the perception and evaluation of these processes by the citizens (section 7).

2. Theoretical framework

In general terms we define experts according to three core characteristics: the applied dimension of their knowledge; the "hybrid" nature of their identity (due to the fact that they share both scientists' reliance on scientific and systematic knowledge and lay people's dependency on other actors' demands and timeframes); and the structural forms of dependence that being experts produces in their relationship with lay people (Pellizzoni, 2011). These characteristics imply that strategies used by experts in both the production and dissemination of knowledge are highly critical for understanding the knowledge-power nexus. As Eyal (2021) states:

they [experts] are given a contradictory mission. [...] They are asked policy questions – what should be the global warming target? – but told to stick only to the 'science' and the 'facts.' They are asked to provide assessments of risk, which always entail – whether explicitly or implicitly – a value-laden choice between alternative scenarios with different distributive consequences for different parties, yet they are told to remain neutral.

Overall, the technical and the political are hopelessly intertwined, and there are no accepted standards for how they should interrelate (Oppenheimer et al., 2019). The scholarly literature has often paired expertise, and technocratic decision-making more generally, with depoliticisation. Critical scholars in particular have highlighted the fact that science and expertise are crucial on two levels: first, that of discursive depoliticisation, i.e. problem-setting and problem-framing that emphasise the technical dimension of an issue, obscuring the political dimension of the problem; and, second, that of governmental depoliticisation, i.e. the delegation of political issues to non-representative institutions in the name of their overwhelmingly technical nature (Flinders & Buller 2006, Hay 2007, D'Albergo & Moini, 2019). In other words, as decision-making power is placed exclusively in the hands of competent experts, the terms of the debate are no longer open to dispute based on different values and interests, but they become a technical and undisputable matter. Other commentators have produced a more nuanced picture, showing how science and technical competence can be the vehicle for both depoliticisation and politicisation, depending on the way in which the two dimensions interact. As Pellizzoni (2011) shows, the relationship between expertise and politics can lead to four different outcomes, depending on the source of the authority (whether politicians or experts), and on the degree of politicisation of the issue at stake (whether increasing or decreasing). Figure 1 summarises the four possible outcomes representing four different policy-making styles.

The way in which we are used to conceiving policymaking under 'normal politics', is a system of authority based on elected officials whose task is to put forward policies that are comprised of

		Authority	
		Politics-based	Science-based
Politicization	Increasing	Politics of mediation	Politics of contested facts
	Decreasing	Hyperpoliticization	Politics of incontestable facts

Politicization of science ←————————→ *Scientification of politics*

Figure 1. Policy-making styles.

Source: Pellizzoni (2011), as adapted by authors.

conflicting perspectives. This ideal-typical situation is labelled the 'politics of mediation' in figure 1. At the same time, a politics-based system of authority can also produce a situation of 'hyperpoliticisation', when social imperatives are imposed with no room for different values and interests to be expressed as the politicisation of the issues decreases. As science takes the lead, there are two possible outcomes. In a depoliticised context with little space left for different values and interests to be voiced, the policy-making style can be labelled the 'politics of incontestable facts'. However, when a science-based authority is challenged by an alternative science-based authority contesting the facts on the scientific ground itself, we are in the right upper quadrant of 'the politics of contested facts', where different scientific facts are debated and in conflict with each other on a very political issue. As we shall see in the following sections, not only does this typology contribute to a better grasp of the different moments and modes of interaction between experts and politicians over the course of 2020. It also fits well into the broader processes of the politicisation of science and the scientification of politics that we discussed in the introduction. All this must be combined with a focus on the role played by the media.

Since Rae Goodell's seminal work on visible scientists (1977), the role of scientific experts in public communication has become increasingly central due to changes in the media landscape as well as in the dynamics between science and society (Maasen

& Weingart, 2005, Cheng et al., 2008, Bucchi & Trench, 2014). In the past decades, social media have provided a platform for experts to engage more actively and directly in the public debate (Peters, 2014, Schiele et al., 2012). Discussions and controversies among experts that were previously confined to specialist communication contexts have become, at least potentially, accessible to general audiences (Gregory & Miller, 1998, Horst, 2013, Bauer et al., 2019). Not only that: nowadays, when talking about the public communication of science one has to bear in mind that we may be talking about at least two different things: a "routine", consensual and unproblematic trajectory, which can be described with a continuity model; and an alternative trajectory, represented by the processes of deviation towards the public level (Bucchi, 2010, p. 143).

In contrast to the traditional and diffusionist conception of the public communication of science (Hilgartner, 1990), and to the clear distinction between science and its dissemination, Cloître and Shinn (1985) identify four main levels within the process of scientific communication: the intraspecialist level, the interspecialist level, the pedagogical level and the popular level. With the continuity model, the two authors represent a cognitive trajectory for scientific ideas consistent with theories on the construction of the scientific fact (Latour, 1987). They describe the path from the intra-specialist level to the popular level as a sort of progressively narrowing funnel, along which knowledge loses subtlety and nuance and is reduced to a few elements to which certainty and incontrovertibility are attributed. The continuity model, however, describes an ideal flow of communication under routine conditions: in some cases – such as, perhaps, that of the COVID-19 pandemic – one can speak of a 'diversion' towards the public level, because the exposition of scientific ideas does not follow the funnel trajectory and passes directly to the popular level and then influences the specialist levels from there (Gregory & Miller, 1998). In cases of diversion, the public discourse of science does not simply receive what is filtered through the previous levels, but the public communication of science becomes the continuation of the scientific debate by other means (Bucchi, 2010, pp. 140–141).

3. Setting the context

At the time of the pandemic outbreak and until January 2021, the Italian government[104] was supported by a relatively broad parliamentary majority in the Chamber of Deputies (with a margin of over forty seats) and by a thin majority in the Senate (with a ten-seat margin). Government parties were at the time divided on a plurality of issues, and yet at the initial stages of the pandemic (February-March 2020) they presented a united front when dealing with the crisis. This was to change over the course of the year, as one of the government parties, Italia Viva, became increasingly critical of the measures introduced by the government. Italia Viva ultimately withdrew its support for the country's ruling coalition, creating a government crisis[105]. Additionally, the country was significantly polarised along the government/opposition divide, both at the elite and at the societal levels. The collaboration with opposition parties in dealing with the outbreak of the pandemic did not last long. From early April 2020 onwards, when the opposition parties voted against a decree law allocating the sum of 25 billion Euro to deal with the crisis[106], the government faced a strong and vociferous opposition especially from the two far-right opposition parties, the Lega Nord (LN) and the Fratelli d'Italia (FdI). They pointed to the slow, inefficient and too partial compensation provided by the government for the lost income of small business operators and contested the way in which the government handled the re-opening of travel within the country and of the economy as the emergency started to subside.

Further contributing to intra-government and government-opposition divides was the actual concentration of decision-making powers in the hands of the executive, and of the Prime Minister in particular. Indeed, one day after the World Health Organisation (WHO) declared that the COVID-19 outbreak was a public emergency of international concern (31 January 2020), the Council of Ministers declared a public health 'state of emergency'. The state of emergency (still in force at the time of writing) allows the government to act rapidly in response to the ever-changing epidemiological situation by issuing specific emergency Prime Ministerial decrees (Decreti del Presidente del

Consiglio, DPCM)[107]. The regular course of parliamentary politics, therefore, very soon lost touch with core decision-making on the pandemic. While allowing the government to act rapidly in managing the crisis, the 'state of emergency' exacerbated the political polarisation of the country, with the opposition demanding the right to a greater say in the decision-making process[108].

An additional aspect that is crucial for understanding the country's management of the pandemic as well as for explaining the configuration of experts that we will present in the following sections, is the multi-level governance system of the Italian state. Divided into twenty regional governments with significant levels of autonomy, specifically with regard to health care matters, Italy's institutional configuration requires a process of collaboration and coordination between different institutional levels of the polity. If the central government has legislative supremacy and is responsible for the principles of the national health system, then the regional level is responsible for the organisation, provision, and sustainability of health services at the local level: a situation that "makes the concrete exercising of state supremacy in an emergency dependent on the regional legislation for its implementation" (Capano, 2020, p. 328). This complex institutional arrangement, still undefined in so many aspects (Cammelli, 2020, Di Giulio, 2020), led to a pattern of continuous tensions and overt conflicts between the national and regional levels, with regional governments becoming increasingly more vociferous in claiming their right to be involved in the decision-making process in the pandemic emergency and in the issuing of decrees, often in contradiction with national level decrees (Baldi and Profeti, 2020).

As mentioned above, this ongoing conflict over competences, with mutual accusations, buck-passing and quarrels about the jurisdictions of the national and regional levels, played a key role in fueling chaotic dynamics" in the management of the pandemics. It also contributed, as we shall see, to the involvement of an exceptionally large number of experts at the different levels of the polity, who produced conflicting recommendations and guidance and who had a changing relationship with the political authorities (see sections 4 and 5) and, finally, who contributed to build in the media a highly polarised debate that weakened the public trust in scientific expertise (see sections 6 and 7).

4. A year of experts: between the scientification of politics and the politicisation of science

As the state of emergency was declared, not only the executive but also a number of previously existing institutions increased their power, forming new commissions composed of experts from different levels of the polity. Based on the typology presented in section 2, we will show how political authority and this plethora of expert-based commissions have related to each other and how their interaction has changed significantly over the course of the pandemic. When considering the period from 31 January until the end of December 2020, we can identify five main phases.

31 January – 8 March 2020. One of the first measures taken by the government to respond to the pandemic emergency was the appointment of the Head of the Civil Protection Department[109]. The first decree issued by this body established a Technical-Scientific Committee (Comitato Tecnico Scientifico, CTS), i.e. a collective entity – chaired by the Head of the Civil Protection Department – whose task was to monitor the epidemiological situation and adjust and update the emergency legislation for the purposes of public health[110]. On 4 March 2020, the Civil Protection Department issued another decree establishing regional-level 'crisis units' with the aim of coordinating the action, control and communication between the different levels of the polity[111]. Each regional crisis unit was in turn flanked by local level task forces and scientific committees. The Civil Protection Department and the CTS, both strictly linked to the Prime Minister, became the key actors of the pandemic governance as they were responsible for over 80% of appointments to COVID-19 emergency management positions in 2020. Even more importantly, they have the power to appoint "implementing bodies" ("soggetti attuatori"), which are responsible for achieving specific goals. Furthermore, they have been authorised to act outside ordinary normative and financial constraints. Most of the experts involved in these institutions and the COVID-19 Task Forces had notably been appointed to their

public institutional role by previous governments[112]. Within the
CTS we find a mix of public managers and senior civil servants,
top medical professionals and scientific experts. Its composition
primarily followed political and bureaucratic criteria, whereby
one's institutional position played the key role.

Interestingly, despite the legitimacy that the CTS managed to
acquire as a science-based authority in the very short time since
the beginning of the pandemic, political authorities – the national
government as well as the regional government of Lombardy –
opposed the CTS recommendation to create a "red zone" (effectively a lockdown) in two small industrial villages to the north of
Bergamo (Nembro and Alzano), which had been severely hit by
the pandemic in its very early stages. In other words, the expert-
based politics of facts introduced by the CTS was calling for a
lockdown when there was still very little data for SARS-COV2,
but this call was challenged by the political authorities, who
wanted to avoid damage to the economy: a severe pause in economic activities would have resulted in too much economic loss.
This case of hyper-politicisation did not, however, last long and
it was soon followed by the implementation of the first regional,
and then nationwide, lockdown in Europe.

9 March – 15 April. The implementation of the national
lockdown on 9 March 2020 ushered in a second phase, which
lasted until the second half of April. This period was marked by
the highest rate of new infections, ICU bed occupancy (4,068 on
3 April 2020) and deaths (969 on a single day on 27 March
2020). This was also the phase in which scientific authorities took
the lead, with the strengthening of a science-based politics of
incontestable facts. In this phase, no single political or institutional
figure dared to contradict or even inquire about the recommendations of the CTS. This situation is well captured by two public
statements by important officials: the President of Lombardy (the
most severely hit region), who stated that his government would
re-open the shops and restaurants "only when Science will allow
such a decision";[113] and the Minister of Regional Affairs, who
asked the experts and scientists to "give irrefutable truths and not
three or four different opinions for each issue" because "without
clarity, there is no science"[114].

Consistent with the central role of experts and expert committees, this phase was also marked by the establishment of a new institutional role: after the CTS and the Civil Protection, an "Extraordinary Commissioner" was appointed by the Prime Minister, at the head of a task force of 32 members "for the implementation and coordination of the required measures for containing and confronting the epidemiological emergency" (DPCM 17/03/2020, art. 122). Moreover, in this phase a number of task forces and technical committees for issues other than medical expertise were established, to plan strategies for the social and economic re-opening. Hence, more than 450 new experts were appointed in different ministries to deal with the more specific challenges posed by the COVID-19 crisis for individual policy areas, including economic development, education, data and technology, challenging fake news, and gender equality (for a critical review, see Galanti and Saracino, 2021). This was the phase of the experts, where science and expertise become the bearers of incontestable facts in a sort of depoliticised context (Pellizzoni, 2011), where the lead for taking action was left to technicians and where there was little space left for different values and interests to be voiced (see also Camporesi et al., 2022).

Mid-April-mid-June. From mid-April 2020, with the pandemic emergency abating, the political and public debate started to revolve around the country's economic recovery. At this point, politics appeared to take over from science-based judgements. This phase is characterised by a purely symbolic use of experts by the political authorities, in which the discursive reference to scientific actors and tools was not followed by the actual consideration of their suggestions. This became clear when, in order to ensure that the return to 'normality' would not produce a second wave of epidemic, the CTS explicitly recommended a three-week trial before taking a final decision to reopen the country. Despite this recommendation, the government decided that after only two weeks the trial had worked, in the absence of any scientific data to support such an evaluation and without taking into account the fact that there is a delay in the appearance of SARS-COV2 symptoms, with an incubation period that can take up to three weeks to reach the peak of severe infection. These two episodes show the emerging hyper-politicisation of the appeal to economic imperatives, with a strong focus on the recovery as well as the merely symbolic use of expert groups by the political authorities. In this climate, counter-expertise rhetoric gained traction, contesting both the CTS and the government and proclaiming the "clinical death of the virus", as a well-known anaesthetist-resuscitator (see section 6) said during a television debate at the end May 2020. At this point, the scientification of politics seemed to give way to the politicisation of expertise, a process that would become more radical in the following months.

Mid-June-Mid-October. From mid-June 2020, the government declared the start of a new phase, with the reopening of all industrial and commercial activities and the launch of a contact-tracing App. In this phase, the politicisation of expertise reached its peak. In those weeks, members of the opposition organised two significant initiatives: on 27 July 2020 the Library of Senate hosted a conference with politicians, prominent scientific experts and intellectuals affirming that the pandemic was over and praising the relaxing of all emergency measures[115]. On the following day, the press conference room of the Chamber hosted a similar meeting, with speakers affiliated to the association "L'eretico" ("The Heretic") claiming the existence of a global project for imposing a "hygiene dictatorship" and demanding the end of all emergency public health measures[116].

Additionally, the independence and transparency of the CTS was questioned from two different positions. First, the government was harshly criticised for keeping secret the minutes of CTS meetings: after a long legislative battle (started in April), in September the Fondazione Einaudi, a private foundation promoting neoliberal economic policies, obtained access to the CTS meeting minutes[117]. From that point onwards, CTS meeting minutes are published with a delay of 45 days on the Civil Protection website. Second, the WHO representative on the CTS, Dr. Guerra, has been at the center of a highly critical media scandal (which also became part of a judicial investigation, still in progress) for the immediate removal from the official website of a freshly released and fully approved WHO report highlighting the "lack of preparation" and the "improvisation" that the Italian government had shown since the pandemic outbreak (WHO 2020). In particular, the report emphasised that the national pandemic plan had not been updated since 2006, implicitly pointing to the responsibilities of the highest figures in the Ministry of Health over the last 14 years, including Dr. Guerra himself. Media investigations suggested that Dr. Guerra was locked in a conflict of interest and – at the same time – was a crucial actor in the international strategy of the Ministry of Health in overlooking the lack of preparedness in the national health system. From this moment onwards, the politicisation of expertise that had emerged in the previous months became the general context from which the subsequent phases developed: see, for example, the opposition leader asking for a new CTS, elected by Parliament, at the end of October 2020. At the same time, the increase in the infection rate, which started in August, prepared the way for the return of medical expertise to the forefront of public debate.

Mid-October – End of December 2020. From October onwards, medical expertise had returned to the forefront, due to the "second wave" of the epidemic (40,092 new infections on 13 November), which led to the closure of certain commercial activities, and the first, positive, results from vaccine trials. This second appearance of the "politics of incontestable facts" is nevertheless very different from the first because it co-existed alongside an increasing trend for a politics of contested facts as well as contradictory trends of hyperpoliticisation, based either on public health or economic performance imperatives. In this context, at the beginning of November 2020, the set of indicators that had been elaborated by the CTS in April for monitoring regional trends become the basis of a three-colour classification system of the Italian regions developed by the government for defining different regional emergency regimes according to the epidemiological situation (see section 5). Finally, we note that the relationship between the government and expert groups and task forces was among the key questions raised by Italia Viva (a junior government coalition party) during the crisis, which led to the end of the Conte II government in the first half of February, with Italia Viva criticising the PM for his "excessive reliance" on "experts" at the expense of political parties and the Parliament.

5. The scientification of politics: the Italian set of indicators

So far, we have dealt with the double track of the scientification of politics and the politicisation of science, and its ambiguity and dynamics during the COVID-19 pandemic government. This section particularly focuses on the scientification of politics and in particular on another 'type' of expertise, not strictly linked to people or Committees but to public instrumentation. We will address it with reference to the actual tools that have been used to build models of action and intervention for COVID-19 pandemic management, i.e. the set of indicators that defined the confinement regimes of the Italian Regions. Since March 2020, the use and interpretation of certain indexes and indicators has become an almost daily matter for Italian citizens. In this respect, there was a massive use of quantitative data from the outset, which aimed both to provide information to the competent authorities in order to have a more or less precise snapshot of the situation, and to inform the public about the progress of the pandemic. This situation fits perfectly into the process of quantification and datification of contemporary life, which is rooted in the consideration of numbers as transparent, synthetic, objective and neutral tools for assessing situations, territories and people (Espeland and Stevens, 2008, Porter, 1995). But let us start at the beginning. In April 2020, a month after the official beginning of the pandemic, the CTS elaborated a set of 21 indicators to monitor national and regional trends for the spread of COVID-19. It aimed to "collect the data and better understand their quality, in order to achieve a rapid risk classification in the most correct way possible in consultation with the IIS (National Institute of Health) and the Regions", as the 30 April Decree of the Ministry of Health states. This determined the healthcare risk monitoring activities, which were strictly connected to the previous DPCM enacted on 26 April. Its function is to monitor the spread of the pandemic in order to assess and decide on the type of mitigation measures to be used on the basis of a risk coefficient of the health threat. The collected data are analysed through an algorithm which defines a matrix of risk, comprising a total of 5 different situations to be envisaged (from very low to very high risk). In the case of medium to very high risk situations, the Decree stipulates a review of the data conducted by the Ministry and the Region in order to investigate the local situation and decide upon the measures to be implemented. Thus, initially the system itself did not directly define the mitigation measures to be taken, nor did it regulate the pandemic response.

The situation changed at the beginning of November 2020. Given the diversification of the virus spread within Italy and the different capacities of local healthcare systems (Casula et al., 2020), the government this time acted with a different strategy that established local emergency regimes according to the epidemiological situation. These are defined on the basis of a four-color classification of the Italian regions developed by the government, each corresponding to a different set of restrictions decided by an algorithmic calculus that considers the values of all the 21 indicators and that of the R_t index[118]. The link between numbers and policies here takes interesting, even unusual, forms: the system of 21 indicators, combined with the R_t index[119], became the tool for regulating territorial lockdowns and openings on the basis of the epidemiological situation, with a shift from a normative (i.e. related to value-based choice, in this specific case the choice of defining high/low-risk zones) to a cognitive dimension (i.e. related to knowledge, in this specific case the data and the system of indicators and the Rt index used to monitor the pandemic situation) in decision-making. Soon, a State-Regions conflict arose precisely because of the decision about the indicators: when the Government chose to use the 21 indicators to define the regional risk profiles, the "Conferenza delle Regioni e delle Province Autonome" (Conference of Regions and Autonomous Provinces) released an official statement on 17 November, in which it proposed a new way for defining the risk profiles through the consideration of only 5 out of the 21 indicators[120]. The proposal was officially justified by the need to move towards a "simplification of the system", in order to provide citizens with greater clarity. Indeed, the pressure exerted by certain economic groups that were particularly affected by the lockdowns (restaurateurs, retailers, etc.) on the regional Presidents to ease the measures led them to ask for a simpler system. More specifically, the change proposed by Zaia and Toti, the Presidents of the Veneto and Liguria regions and members of the Conferenza Stato-Regioni, did not concern the system as a whole, nor the possibility of including indicators that would take into account different dimensions of those already defined, such as economic trends or the psychological wellbeing of the population, or even the existence of local services and interventions for social emergencies: the indicators chosen by the Conference were a selection of those already monitored, those considered easier to read and collect. Although several doubts have emerged with regards to the quality and methods of data collection (Zitelli, 2020), the politics of the indicators has been taken for granted, as was the monitoring of just a specific dimension of the COVID-19 pandemic, i.e. that related to the capacity of the health care systems to cope with the disease.

Interestingly enough, both at the national and regional level, governance by numbers has proved to be hegemonic: in both cases data are indeed considered as a form of neutral and indisputable expertise in a process of scientification of politics where numbers are used by politics as a form of problem-framing, the technical dimension of the instrumentation prevails and the political dimension is obscured. Such a shift produced an automatic definition of the risk zones through the principle of the non-debatability of epidemiological data and expert knowledge. In this way, the political decision-making process became blurry and the conflict was transferred to a different level, that of the definition of indicators with the use of a less political and more technical debate and vocabulary, which led to a politics of incontestable facts (Pellizzoni, 2011). Politics thus decided to shift the decision-making to an almost automatic and deterministic tool, cloaking an eminently political process in science and creating a politics of incontestable facts. The indicator system, originally elaborated with the aim of monitoring the pandemic risk, "naturally" became the way for regulating the risk itself, with the subsequent disappearance of decision-making processes and of the political debate around them. Through the use of data and their algorithmic composition (in a process not even clearly explained in the official documents), human judgement was removed in favour of the evidence of numbers (Porter, 1995). This, however, is followed by the rejection of public deliberation on the conventional foundations of measurement and data production (Diaz-Bone, 2019). In this case data are conceived as a "true representation" of a pre-given social reality and are presented as a non-debatable argument that automatically decides. Nonetheless, the disappearance of human beings in indicators and algorithms and the crystallisation of power in numbers seem to act as a counterbalance and as a highly political argument in response to the great personalisation of expertise that emerged during the early stages of the pandemic: as if to clean up and contain the loud and different positions and the media hype observed in the early stages of the pandemic (see section 6), in order to restore sobriety to the process.

To sum up, governance by numbers has important consequences, including the extreme relevance of experts as well as the politicisation of their knowledge and the potential for them to influence the shaping of the political agenda. In the Italian case, the use of a quantitative instrumentation grounded in one discipline, epidemiology, led to the silencing of most of the non-epidemiological aspects of the pandemic: although the situation was shown to be a syndemic rather than a pandemic, i.e. a situation "characterised by biological and social interactions between conditions and states, interactions that increase a person's susceptibility to harm or worsen their health outcomes" (Horton, 2020), only the economic issue has at times – often expressed in numerical terms – been able to limit the mechanical authority of epidemiological numbers. At the same time, by passing off choices that are eminently political as technical decisions, the problems became blurred, difficult to challenge and debate. What numbers did in this case was to govern, at the same time making it difficult to recognise this process, and therefore to amend the government. In the Italian case, numbers seemed to reinforce the anonymity of both technical and political processes and moved the decision-making process to another level, formally technical but essentially political. In this process, they narrowed the public debate about options and choices on mitigation measures because, despite their apparent neutrality and clarity, their definition remained a complex process which only "experts" have access to.

6. The politicisation of science: experts in the media

Politicisation of science has not only been fuelled by the political-institutional choices summarised in section 4, but also by the way in which political and scientific issues have been debated in the media and especially – as we will show in this section – on television. The COVID-19 pandemic has indeed been characterised by an unprecedented presence of scientific experts in media coverage and exposure of the public to the advice of experts.

Since the very beginning of the emergency, communication has played a key role both in framing the issue and in providing citizens with relevant information and instructions on how to minimise the risk of contagion. Information was available from a variety of institutional sources (WHO, National Government, Civic Protection Agency, National Institutes of Health, Local Authorities, Medical Staff) and through a variety of media (radio, television, newspapers, institutional online channels, social media). In this section we will discuss the presence of experts in the Italian media and the role of the media in promoting the politicisation of science.

Unlike in other countries (Metcalfe et al., 2020), from the very beginning of the pandemic the Italian media favoured the emergence of a plurality of experts with different perspectives and expertises on the pandemic, as virologists, epidemiologists and infectiologists, as well as the notable appearance of "pop star experts". The Virologists' sticker album (instead of football stickers) that circulated on social media during the lockdown period in Italy and the cartoon published in a popular newspaper in late October 2020 give an idea of both of the high number of scientific experts that characterise Italian public communication and of the extent to which they have permeated the social imaginary (Fig. 2).

After the outbreak of the pandemic, through the media, numerous experts became familiar figures to Italians. Some held official positions, such as the President of the Istituto Superiore di Sanità, Silvio Brusaferro, the President of the Consiglio Superiore di Sanità, Franco Locatelli, and the Director General for Health Prevention at the Ministry of Health, Giovanni Rezza. Others were assiduously approached by the media in search of expert

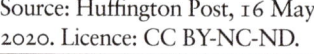

Source: Domani, 25 October 2020.
Licence: CC BY-NC-ND.

Source: Huffington Post, 16 May 2020. Licence: CC BY-NC-ND.

Figure 2. Cartoons on scientific experts.

figures in addition to the official voices. This second group was asked to comment on the evolution of the pandemic and containment measures as well as to offer recommendations to a public concerned about the serious health situation. Most of them were media neophytes, mostly unknown to the general public, with the exception of Ilaria Capua, an internationally renowned scientist and former Member of Parliament of the Italian Republic, and Roberto Burioni, already known as an online science populariser and described as an "internet savvy advocate for science" in a Science article (Starr, 2020).

The media themselves have proposed and compiled various rankings of the presence of scientific experts. One of the most frequently quoted is based on a study conducted on more than 1,500 sources of information, including local and national newspapers and magazines, the websites of major magazines, radio stations, television and blogs, which monitored the presence of experts in the Italian media, drawing up a ranking of the most-quoted experts between 21 February (the day the news about Patient 1 broke) and 20 April, and then again in October 2020.

According to the top ten list on mediamonitor.it, during the first months of the emergency the most quoted expert in the media was the President of the Istituto Superiore di Sanità, Silvio Brusaferro. Brusaferro was the protagonist of the daily Civil Protection press conference, updating audiences on the number of contagions and hospitalisations. After him came Walter Ricciardi, special advisor to the Ministry of Health on the epidemic and member of the WHO executive, and Roberto Burioni, virologist at the San Raffaele hospital. Next was Massimo Galli, chief infectologist at Milan's Sacco hospital, while in fifth place came the US immunologist Anthony Fauci, who at the time was director of the US National Institute of Allergy and Infectious Diseases and scientific advisor to President Donald Trump on the Coronavirus emergency. Franco Locatelli, President of the Consiglio Superiore di Sanità, was sixth, followed by Giovanni Rezza.

According to the same source, in the ranking of the most quoted experts in the media between 21 February and 20 April 2020, were also Ilaria Capua, virologist and Director of the One Health Center of Excellence at the University of Florida, and Fabrizio Pregliasco, Medical Director of the IRCCS Istituto Ortopedico Galeazzi in Milan. The list is rounded off by Andrea Crisanti, a virologist at the University of Padua, and Pierluigi Lopalco, epidemiologist at the University of Pisa and coordinator of the Coronavirus emergency in the Puglia Region. If we consider only radio and television broadcasts, Walter Ricciardi was in the lead, followed by Franco Locatelli and Massimo Galli.

In October 2020, virologists, epidemiologists, and infectiologists remained prominent in the media, providing comments and recommendations[121]. According to Mediamonitor, six months after the first monitoring, Walter Riccardi, Andrea Crisanti and Massimo Galli dominated the scene. While Ricciardi and Galli each gained one position and thus confirmed their popularity, Andrea Crisanti jumped from tenth to second place, partly because of his conflicts with the president of the Veneto Region. On the other hand, Silvio Brusaferro, President of the Istituto Superiore di Sanità, lost his first place in the ranking, due to the suspension of the daily Civil Protection press conference, and he dropped to fifth place. The same fate befell Giovanni Rezza, another protagonist of the daily Civil Protection press conference, who fell seven places to fourteenth in October. Roberto Burioni's media visibility also fell significantly, from second to twelfth place. Franco Locatelli and Ilaria Capua's visibility declined less, with both dropping three places to the ninth and eleventh positions respectively.

In addition to Crisanti, Matteo Bassetti, Director of the Infectious Diseases Clinic at the San Martino Hospital in Genoa, climbed up the list from twelfth to sixth position. The rankings of Fabrizio Pregliasco and Pier Luigi Lopalco also rose. In May 2020, Pregliasco was appointed scientific supervisor of the Pio Albergo Trivulzio in Milan – a nursing home for the elderly that has received much attention due to the number of deaths recorded there. In October 2020, Lopalco was appointed counsellor for Health and Welfare of the Puglia Region. Pregliasco climbed five places to number four, while Lopalco moved up from eleventh to seventh place. The mediamonitor.it ranking also includes new names, such as: Nino Cartabellotta, president of the GIMBE Foundation (a health policy think tank); Antonella Viola, immunologist at the University of Padua; and Alberto Zangrillo, head of Intensive Care at San Raffaele in Milan and personal physician to Silvio Berlusconi. In October 2020, the ranking of appearances of experts limited to radio and television broadcasters in the previous 30 days saw Walter Ricciardi in the lead, followed by Andrea Crisanti and Fabrizio Pregliasco.

As a further indicator of their near-constant presence on Italian television, experts have even become the subject for articles by entertainment and lifestyle journalists, emphasising their personalities and assigning them report cards. In a newspaper article published in November 2020, for example, a journalist notes that the experts are spreading in an epidemic of presenteeism that infects morning, afternoon and evening television programmes and that each one has their own different approach to television, more or less strategic in terms of their image, while each expert also has their own fanbase. The journalist then asks: which expert penetrates through the screen the most?[122] According to this journalist, Roberto Burioni ranks first because of several advantages he enjoys over the others. He is the "guest sommelier", because he rarely takes part as a regular guest on only one programme shown on one of the public service networks, and he is divisive: already well-known before the pandemic, his clear media positions have generated both consensus and dissent among public opinion over the years. Matteo Bassetti, on the other hand, is "ubiquitous, charming and calming". Capable of racking up countless guest appearances on competing networks and broadcasts, he racks up statements aimed at calming tempers ("the virus has been exaggerated", "talking about lockdown only frightens people", "I say no to terror"). His statements are often against the tide and it is no coincidence that Matteo Salvini (leader of the opposition to the Conte II government) admires him. Alberto Zangrillo is the "celebrity virologist" and has, according to the journalist, an impeccable stage presence: "perfect television timing, decisive intonation, imperturbable posture with folded arms, a sly and confident smile". He was the first Italian expert to be mimicked by a comedian. Massimo Galli is the "wise old man": prudent and severe at the same time, he smiles rarely and constantly reproaches journalists, who according to him always ask him the same questions, the public and also politics. Ilaria Capua is "unfriendly, obnoxious and proud to be so; in a single word: irresistible". In her speeches she makes constant calls for individual responsibility and, according to the journalist, does exactly the opposite of what everyone else tries to do on television: she says everything people don't want to hear. Finally, Andrea Crisanti is "the least TV-like of them all": he interacts with his interlocutor with a vague air of condescension, he never looks into the camera, he does not seek empathy with the viewer, and he does not care if in his utterances he sometimes even uses dialect. Of course, given this plurality of personalities who have become regular guests on talk shows and in the infotainment industry it is of no surprise that they often disagree one with another and they often have vivid quarrels. The quarrels increase the personalisation and spectacularisation of the scientific experts in front of the public and the plurality of opinions also means that no single and clear message is conveyed to the population.

The quarrels are fuelled by the experts' appropriation of media space, which in the past was the exclusive domain of the media-political relationship, and by the tendency of journalists to present scientific issues as a political debate, with the equal-time rule (Tipaldo 2019).

The Italian media have a predisposition to polarised narratives (Hallin and Mancini, 2004). Research showed that the press participated in the management of the emergency by supporting the decisions of the institutions in the first phase, but that then, in the following phase of "living with the virus", in which the economic and social implications of the pandemic became more evident, a more conflicting narrative emerged (Mazzoni et al., 2021). Experts invited on the media were assigned to a dual function: on the one hand, that of journalism "at the service of the community" providing information and recommendations; on the other, that of the animated spectacle of debate and divergent opinions especially on potentially controversial issues (Lorenzet 2013).

Brusaferro, Locatelli and Rezza have shared the label of official expert; but at the same time, many other scientists without an institutional role at the national level have been hired by newspapers and infotainment programmes. The logic of the Italian infotainment system sees the talk show as the protagonist of television schedules (Novelli 2016): the various programmes, often in direct competition with each other, need a certain number of guests to get on air and often compete with each other to the point of offering fees in order to secure them. Scientists without official roles in the pandemic governance were selected by the media for their adaptability and predisposition to the broadcast format, which intentionally predisposes participants to confrontation. After a year of the pandemic, the public communication appears so confused that a journalist in the pages of Italy's most widely read daily newspaper even went as far as to ask the scientific experts to stop arguing on television. He listed a series of opposing views expressed by the experts and the not very flattering reciprocal comments[123]. Here are some examples:

- On live television, Massimo Galli claimed that his hospital department "is flooded with new variants" and that he agrees with the need to consider a new strict lockdown; Fabrizio Pregliasco shares his alarm but believes that "socially it would be too strong a blow".

- On 20 November 2020 Andrea Crisanti declared: "normally it takes five to eight years to produce a vaccine; for this reason, without available data, I would not have the first vaccine if it arrived in January". On 2 January 2021, however, and on live television from the hospital where he works, he was vaccinated.
- Marco Bassetti claims that "Ilaria Capua is a veterinarian, she can't talk about vaccines". Alberto Zangrillo then harshly criticises Massimo Galli's opinions: "how cool it is to save human lives, while jackals who have never held the hand of a sick person, shoot bullshit on television".

7. On the other side of the screen: the confusion of citizens

How has everything that has been described so far about the situation in Italy been perceived by the citizens? The *Observa Science in Society Monitor* has been monitoring opinions and attitudes toward science and technology in Italy since 2003[124] and a specific focus on the pandemic time has been carried out throughout three different surveys in 2020. The first one was conducted between 3 and 10 March 2020, interviewing 1,002 subjects. The total number of cases was 979 after weighting in order to make the sample structure identical to the Italian population in relation to the variables of gender, age and education level. The second survey was conducted between 2 and 9 April 2020, interviewing 1,048 subjects (1,029 after weighting). The third survey was conducted between 21 and 30 October 2020, interviewing 1,001 subjects (991 after weighting). In all three surveys, data collection was done through Computer Assisted Telephone Interviewing for 30% of the sample, and through Computer Assisted Web Interviewing for the remaining 70%. The aim of the three surveys was to find out about Italian citizens' relationship with information and their trust in sources, their judgement on the work of those involved in managing the emergency, and to explore the role of science and scientific experts.

The *Observa Science in Society Monitor* has been monitoring, with the same questions since 2007, exposure to science via the television, press, internet and radio. Since 2015, it has also investigated the viewing and sharing of posts, images or videos dealing with scientific information on the most widely-used social media (Bucchi & Saracino, 2020). In recent years, television has been the most widely-used media used in Italy to access science-related content, followed by the daily press, websites and blogs, magazines and the radio. However, the usage and sharing on social media of content relating to science and technology has increased significantly.

As far as the pandemic time is concerned, the data show that between 3 and 10 March 2020 most Italians stated that their sources of news about science were mostly television and/or radio news broadcasts (52%). Next came national institutional websites, such as that of the Ministry for Health, the Department for Civil Protection, and regional or municipal websites (20.5%). Only a minority obtained their main information from social media (7%) (Fig. 3). While television and/or radio news broadcasts were the main source of Coronavirus information relating to prevention measures, trust in institutional sources was high: the recommendations provided by ministries and local institutions were the most trustworthy sources (41%). Next came one's own family doctor (28%) and television and/or radio programmes (17.5%). Less than 5% of Italians mentioned relatives and friends as the most trustworthy source, and even fewer relied primarily on the daily press, internet forums or social media posts (Fig. 4). Concerning the work of the different actors involved in the management of the emergency evaluated by the citizens, the most positive judgement is for the Civil Protection Department, followed by local governments and WHO, while evaluations are less positive for the National Government and the media (Fig. 5).

One month after the first survey on information about the pandemic, two-thirds of Italians mainly followed television and/or radio news broadcasts (Fig. 2). The number of those who relied on news from the online channels of national institutions like the Ministry for Health, the Department for Civil Protection, and Regional or Municipal websites decreased (15%). Daily newspapers remained stable, while there was a further reduction in the percentage of those who relied on social media posts or on their family doctor.

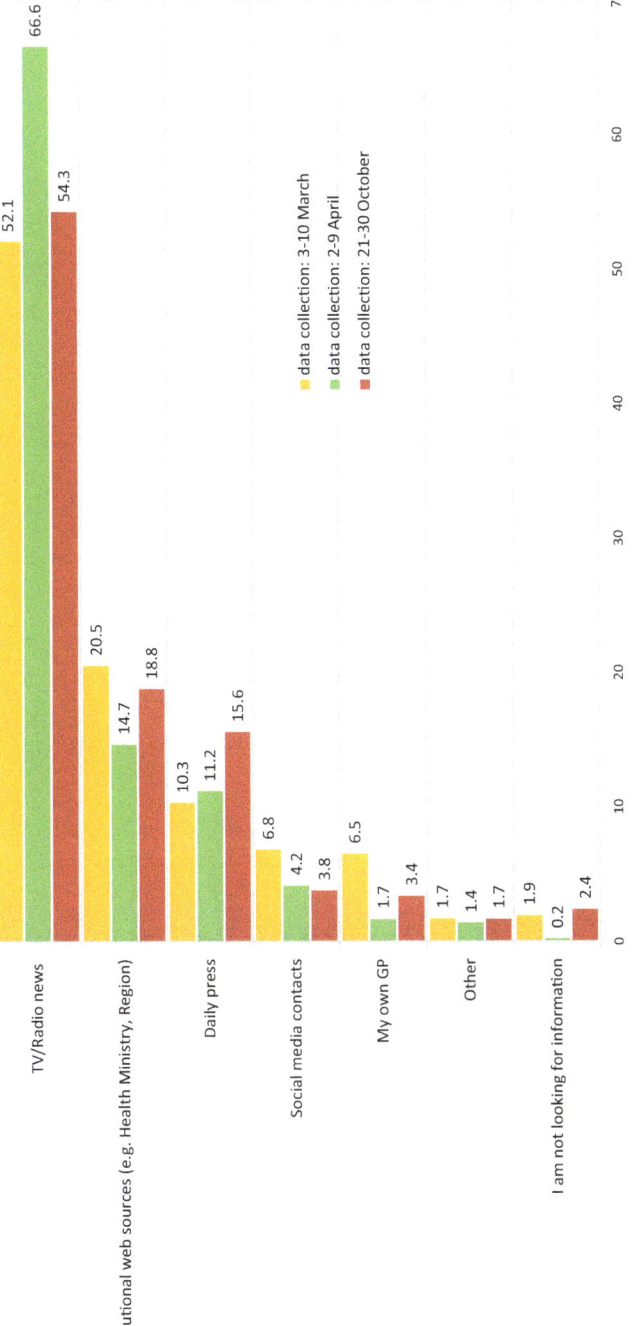

Figure 3. Where do you mainly look for information about COVID-19? (%).

Source: Observa Science in Society Monitor (n March 2020=979, n April 2020=1029, n October 2020=991). (Licence: CC-BY-NC-ND).

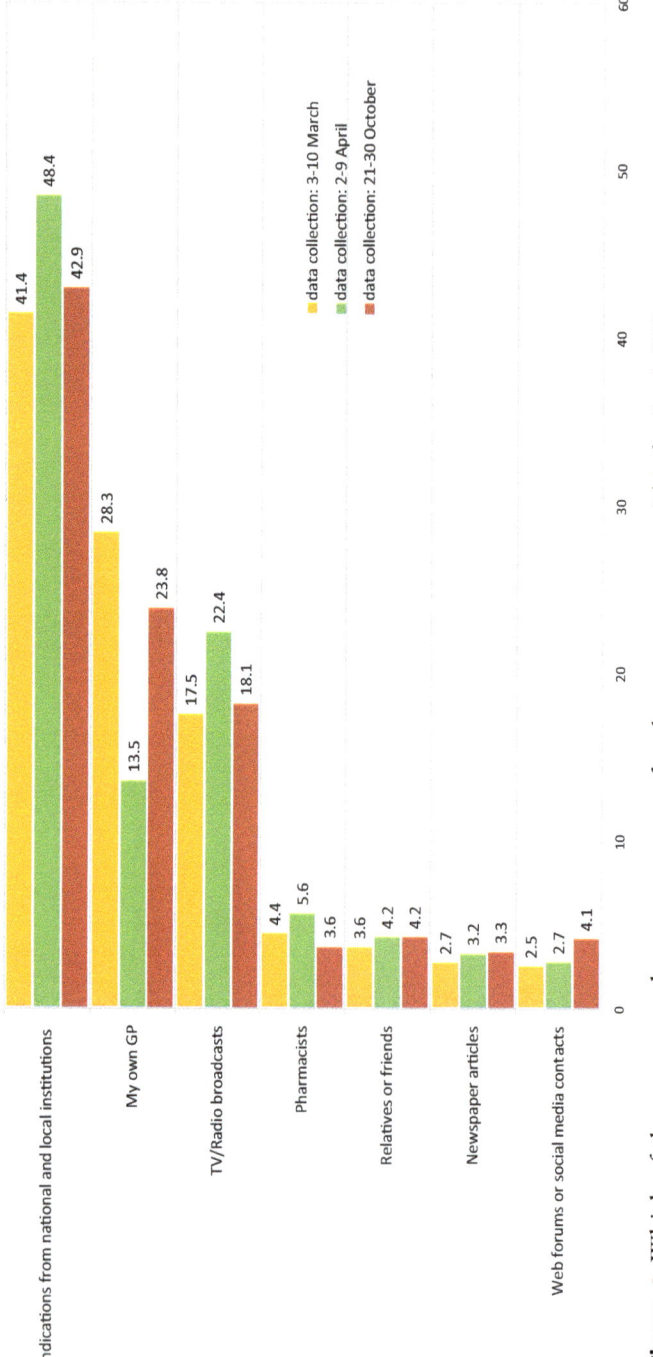

Figure 4. Which of these sources do you trust most for the measures to avoid infection? (%).

Source: Observa Science in Society Monitor (n March 2020=979, n April 2020=1029, n October 2020=991). (Licence: CC-BY-NC-ND).

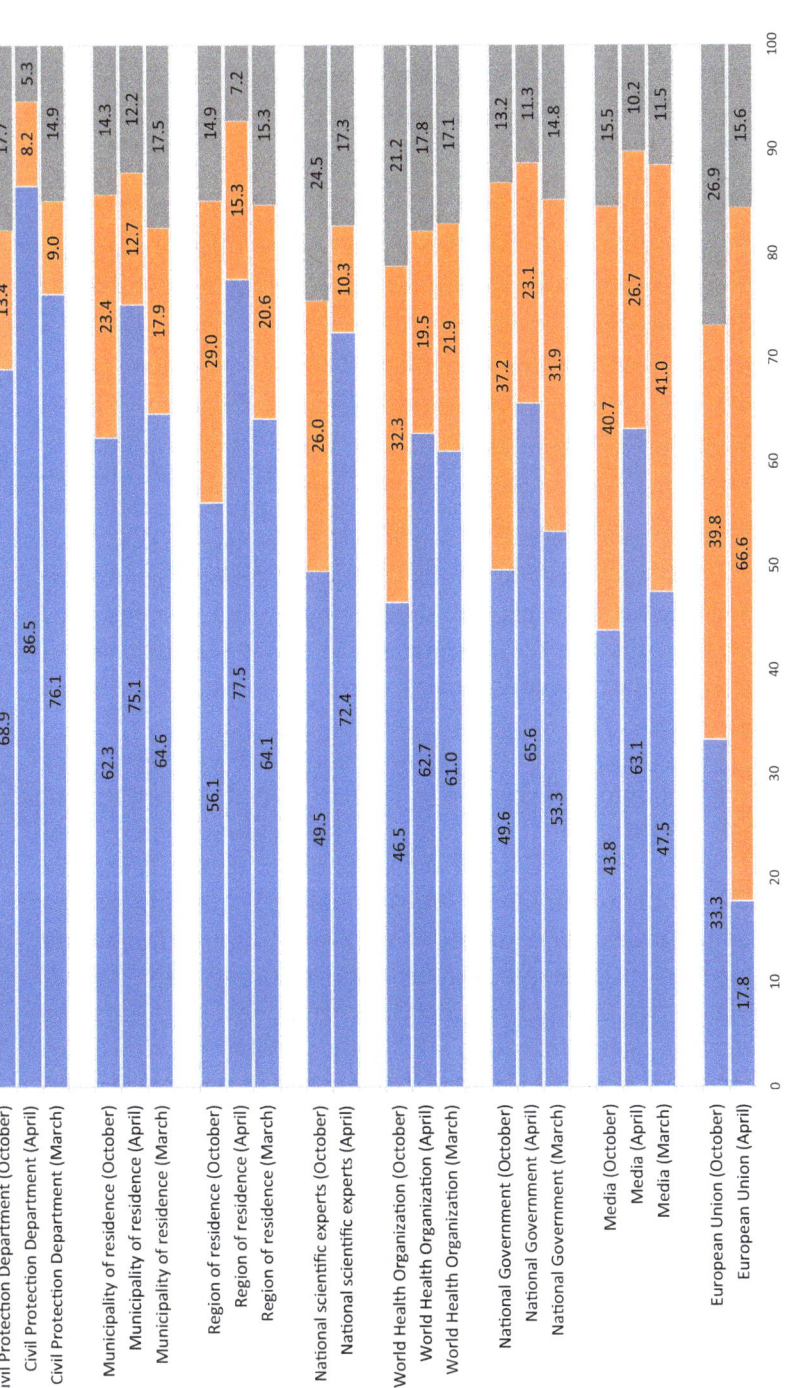

Figure 5. How do you judge the work of the following bodies in the management of the COVID-19 emergency? (%). Source: Observa Science in Society Monitor (n March 2020=979, n April 2020=1029, n October 2020=991). (Licence: CC-BY-NC-ND).

Regarding the precautionary measures that were to be adopted, compared to the beginning of March 2020, trust in national and local institutions had strengthened, and there was also a slight increase in the role of television and radio (where information campaigns had increased). In this case too, the role attributed to information provided by one's family doctor dropped significantly, but this may be because the development of the emergency in some circumstances made it more difficult to access information from them (Fig. 3).

The April data collected by the *Observa Science in Society Monitor* allow us to analyse the perceived role of science and scientific experts, giving some insights on how this process of scientification of politics and politicisation of science has been perceived by citizens. Expectations for overcoming the pandemic thanks to research are extremely high – only 3% of respondents did not believe that scientists will be able to find a solution – confirming the trust that Italians place in science as reported over the years by Observa (Bucchi & Saracino, 2020). However, the communications role of scientific experts in this emergency was judged more critically.

In the ranking of positive opinions about the work performed by different actors during the emergency, scientists were ranked fourth, after the Department of Civil Protection, municipalities and regional bodies (Fig. 4). This opinion seems to be linked to modes of communication. Public opinion is quite divided on the communications of scientific experts. Only one Italian out of three gave a clear-cut positive opinion. Almost one respondent out of two believed that the diversity of advice provided by experts had caused confusion (48%) and a further 8% recognised the merits of scientific experts but judged their communications skills negatively, showing the impact of the contradictory relation between science and politics as presented in and fuelled by the media. Another 11% of the population expressed the wish that, in order to avoid confusion, scientific experts would share their points of view confidentially only with institutions and policy makers (Fig. 5). About a quarter of the respondents over the age of 60 and those with low levels of education thought that it would be better if the experts provided their advice confidentially only to the institutions. The younger respondents and those with a higher educational level were relatively more convinced that scientific experts had caused confusion. In the North-East and Central Italy, the people interviewed tended also to agree more with this view, while in the South and the Islands there is a higher percentage of those who believe that public statements by experts had been clear and effective. The number of those who perceived public expertise as confusing and contradictory was over 50% among those who accessed news about the Coronavirus mainly via the online channels of the local and national institutions and the social media pages of their friends and acquaintances, as well as among those who placed their primary trust in the recommendations provided by the institutions regarding the precautions to be taken. Forty percent of those who placed their trust in family or friends agreed that it would be better for the experts not to give their opinions publicly.

In the midst of the so-called 'second wave', six months after the second survey, the *Observa Science in Society Monitor* returned to monitoring perceptions and attitudes towards the pandemic. As far as information on the pandemic is concerned, the picture has not changed much compared to the spring: television and radio news prevail, with a slight increase in the relevance of the daily press and the online channels of national institutions such as the Ministry of Health or the Civil Protection and regional and municipal authorities. The use of social media, which is often considered a breeding ground for "denialist" positions, decreased further, engaging less than 4% of citizens (Fig. 3). Regarding the precautionary measures to be adopted, compared to the spring the most significant change concerns the role of family doctors, whom a quarter of Italians now see as their preferred source of practical information. Confidence in national and local institutional sources remains high (Fig. 4).

But how is the work of the different actors assessed? Compared to the management of the "first wave", with rare exceptions (including the European Union), in October the judgement of the citizens became more negative towards almost all the actors involved. Citizens' positive evaluation of how the Civil Protection Department was handling the crisis, for example, decreased by

18% compared to April. For the National Government, positive opinions decreased by 16%, and for the regional governments by 21%. Almost 30% of Italians now evaluate the decisions and measures taken by their own regions to fight the pandemic negatively. Negative evaluations have also increased for WHO and the news media. The most negative data concern opinions on the activity of scientific experts, whose appreciation went down by 23% (from 72,4 to 49,5%), with a negative opinion held by one quarter of the citizens in October (Fig. 5).

This judgement on the place of experts is also confirmed by the perception of their communication role. The opinion that the interventions of experts are confusing, which was already high in April, increased further to 62% of citizens in October, while the share of those who consider their interventions in the media to be effective fell below 20% (Fig. 6). Institutions and scientific experts had accumulated, between March and April, a significant trust capital; but, between May and October, this capital had partly dissipated showing how this contradictory relation between science and politics in Italy created a gap in communication with citizens. Moreover, the increasingly negative opinions also affect attitudes towards the vaccines against COVID-19. In Italy at the end of October only 36% of citizens expressed their intention to receive the vaccine as soon as it would be available. A similar proportion (38%) expressed the intention to receive the vaccine, but not immediately. Over one in five does not intend to be vaccinated. But these attitudes are not the expression of a generic scepticism toward science, nor towards vaccination in general. In Italy only 4% of citizens firmly oppose vaccination (Bucchi and Saracino, 2018) and not even of a so-called 'negationist approach' towards the gravity of the pandemic. The skepticism about the COVID-19 vaccine is most frequently associated with a negative judgement of the actors involved in the emergency and a negative view of the communications role of experts.

Returning to the starting question of this section: How has everything that has been described about the situation in Italy in the previous sections of this article been perceived by citizens? Considering the data presented, it can be said that the two opposite processes of scientification of politics and politicisation of

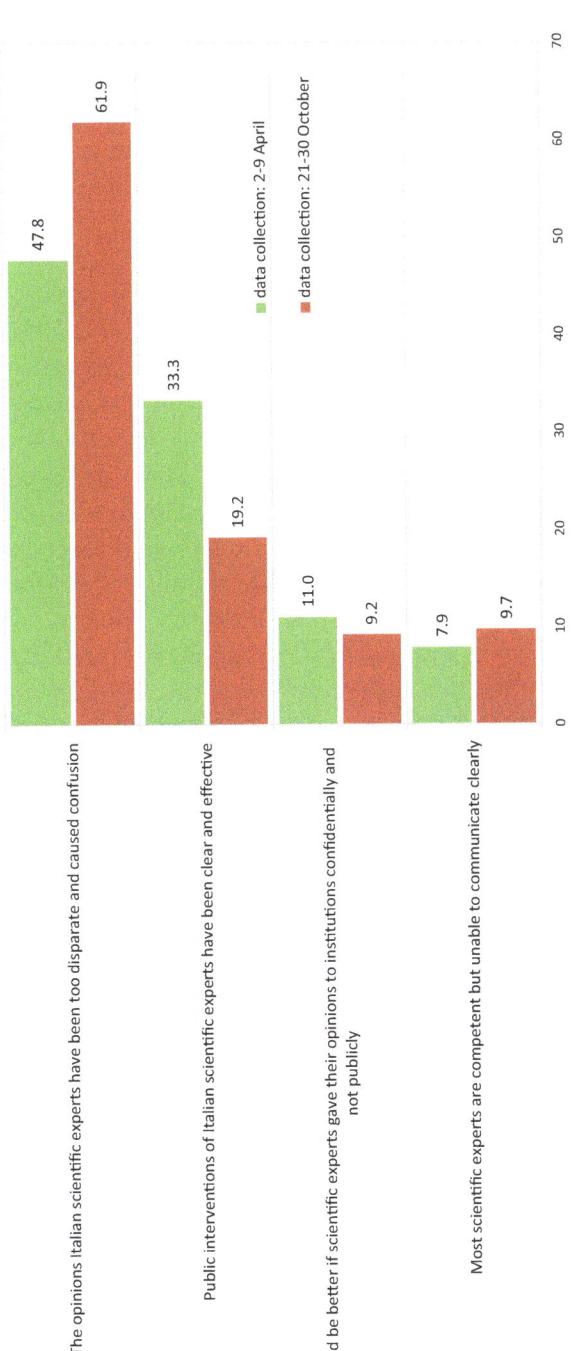

Figure 6. Please consider the scientific experts who have intervened publicly (e.g. on television or social media) on COVID-19 and select the statement that you most agree with. (%).

Source: Observa Science in Society Monitor (n April 2020=1029, n October 2020=991). (Licence: CC-BY-NC-ND).

science, the chaos due to the continuous changes in the content and the direction of the relationship between politics and expertise, and the plurality of voices presented by the media in highly polarising formats, have created confusion among citizens, with consequences also on the decisions regarding the vaccination against COVID-19.

8. Discussion and conclusions

In 2020 the map of power in Italy was significantly redesigned in the name of efficiency and expertise. In this chapter we have examined the relationships between politics and expertise and considered the double track of scientification of policy and politicisation of expertise, paying attention to its capacity to produce both forms of politicisation and depoliticisation. From this perspective, it would be inappropriate to force this plurality of experts into one specific 'type', the configuration of experts being too diverse and the relationship with political authorities having shifted too frequently. Italy did not indeed experience the emergence of one "super-expert" (Premat, 2020) or even one single group of experts chosen by the government as the official representatives of the scientific community. Rather, as a consequence of the country's complex and multi-level institutional configuration, Italy witnessed a variety of expert committees, crisis units and task forces. The pervasiveness of scientific experts, moreover, went well beyond the official organs set up by the national or regional governments, as experts burst onto the media sphere, becoming almost permanent guests on television shows: the empirical analysis we presented in section 7 shows clearly what the consequences of this over-abundance of experts are in the eyes of public opinion, as a large majority of Italian citizens consider the messages they convey as confusing and too disparate. As a consequence, the media industry has played a significant role in spectacularizing 'new' personalities and in politicising different scientific orientations, inserting them in the frame of extremely polarised media political debates.

However, this outcome also appears as the direct consequence of the ambiguous and multi-faceted use of experts by the political authorities. Throughout 2020, the relationship between political and scientific authorities changed various times. In the first phase of the pandemic emergency, politicians called up experts and formed a multiplicity of committees and task forces. Although not always following their advice, as the episodes of Nembro and Alzano revealed, they used experts and expertise as a fundamental compass for decision-making. This remained the case in the second phase that we identified, as a process of the scientification of politics took place and science appeared as an "irrefutable truth" in policymakers' eyes. In this same period, the number of expert committees and task forces further increased and expanded to other policy sectors, so as to tackle the numerous social and economic consequences of the health emergency. Overall, it seemed that the role of expertise – discredited by the growing populist discourse that the country had been experiencing over the past years – gained a revenge victory. Yet, as soon as the most critical emergency restrictions were relaxed and the country's priorities shifted to the need for economic recovery, politics took over from scientific advice. From mid-April onwards, the political authorities started using scientific expertise in a symbolic and instrumental way. In other words, a new process of politicisation of expertise started taking place, with a combination of politicisation (through the politics of contested facts and the rise of different types of counter-expertise) and depoliticisation (through forms of hyper-politicisation and the politics of incontestable facts). Such a trend became endemic in the relationship between the experts and the authorities (and within each categories among different factions) in the phases that followed, a relationship that has been characterised by contrasts and blame-shifting.

Declaration of conflicts of interest

Nothing to declare.

References

Baldi, B., & Profeti, S. (2020). Le fatiche della collaborazione. Il rapporto stato-regioni in Italia ai tempi del Covid-19. *Rivista Italiana di Politiche Pubbliche*, 3, 277–306. doi: https://doi.org/10.1483/98731

Bauer, M., Pansegrau, P., & Shukla, R. (Eds.) (2019). *The Cultural Authority of Science. Comparing across Europe, Asia, Africa and the Americas*. London: Routledge.

Bucchi, M. (2020). *Scienza e Società*. Milano: Raffaello Cortina.

Bucchi, M., & Trench, B. (Eds.) (2014). *Handbook of Public Communication of Science and Technology (2nd edition)*. London: Routledge.

Bucchi, M., & Saracino, B. (2018). Scienza, tecnologia e opinione pubblica in Italia nel 2017. In Pellegrini, G. (Ed.), *Annuario Scienza Tecnologia e Società 2018* (pp. 11–39). Bologna: Il Mulino.

Bucchi, M., & Saracino, B. (2020). Scienza, tecnologia e opinione pubblica in Italia nel 2019. In Pellegrini, G., & Rubin, A. (Eds.), *Annuario Scienza Tecnologia e Società 2020* (pp. 11–41). Bologna: Il Mulino.

Cammelli, M. (2020). Centro e periferia: l'emergenza fa cadere il velo. *Il Mulino, 3*(20), 396–407.

Camporesi, S., Angeli, F., & Dal Fabbro, G. (2022). Mobilization of expert knowledge and advice for the management of the Covid-19 emergency in Italy in 2020. *Humanities and Social Science Communication, 9:54*, doi: https://doi.org/10.1057/s41599-022-01042-6

Capano, G., Howlett, M., Jarvis, D. S. L., Ramesh, M., & Goyal, N. (2020). Mobilizing Policy (In)Capacity to Fight Covid-19: Understanding Variations in State Responses. *Policy and Society, 39*(3), 285–308. doi: https://doi.org/10.1080/14494035.2020.1787628

Caselli, D. (2020). *Esperti. Come studiarli e perché*. Bologna: Il Mulino.

Casula, M., Terlizzi, A., & Toth, F. (2020). I servizi sanitari regionali alla prova del Covid-19. *Rivista Italiana di Politiche Pubbliche, 3*, 307–336. doi: https://doi.org/10.1483/98732

Cheng, D., Claessens, M., Gascoigne, N. R. J., Metcalfe, J., Schiele, B., & Shi, S. (Eds.) (2008). *Communicating Science in Social Contexts: New Models, New Practices*. Switzerland: Springer.

Cloître, M., & Shinn, T. (1985). Expository Practice: Social, Cognitive and Epistemological Linkages. In T. Shinn, &

R. Whitley (Eds.), *Expository Science: Forms and Functions of Popularisation* (pp. 31–60). Dordrecht-Boston: D. Reidel Publishing Company.

Costa, G. (2020). Salute diseguale con le risposte alla pandemia. In *Sbilanciamoci*, 20 settembre 2020. https://sbilanciamoci.info /salute-diseguale-con-le-risposte-alla-pandemia/

Desrosières, A. (2011). Buono o cattivo? Il ruolo del numero nel governo della città neoliberale. *Rassegna italiana di sociologia, 3,* 373–398. doi: https://doi.org/10.1423/35257

Diaz-Bone, R. (2019). Statistical Panopticism and Its Critique. *Historical Social Research, 44*(2), 77–102. doi: https://doi.org /10.12759/hsr.44.2019.2.77-102

Di Giulio, M. (2020). Per non sprecare una crisi. L'emergenza Covid-19, i rapporti centro-periferia e le lezioni che dovremmo apprendere. *Il Mulino – la Rivista,* 23 marzo 2020.

Espeland, W., & Stevens, M. (2008). A Sociology of Quantification. *European Journal of Sociology, 49*(3), 401–436. doi: https://doi .org/10.1017/S0003975609000150

Eyal, G. (11 January 2021). Futures Present. The Pandemic and the Crisis of Expertise. LISIS-IFRIS Seminar.

Eyal, G. (2019). *The Crisis of Expertise*. Cambridge: Polity Press.

Galanti, M. T., & Saracino, B. (2021). Inside the Italian Covid-19 task forces. *Contemporary Italian Politics, 13*(2), 275–291. doi: https://doi.org/10.1080/23248823.2021.1916858

Goodell, R. (1977). *The visible scientists*. London: Little, Brown.

Gregory, J., & Miller, S. (1998). *Science in Public: Communication, Culture and Credibility*. New York: Plenum Press.

Hallin, D., & Mancini, P. (2004). *Comparing Media Systems. Three Models of Media and Politics*. Cambridge: Cambridge University Press.

Hilgartner, S. (1990). The Dominant View of Popularization: Conceptual Problems, Political Uses. *Social Studies of Science, 20*(3), 519–539. doi: https://doi.org/10.1177/0306312900 20003006

Horst, M. (2013). A Field of Expertise, the Organization, or Science Itself? Scientists' Perception of Representing Research in Public

Communication. *Science Communication, 35*(6), 758–779. doi: https://doi.org/10.1177/1075547013487513

Horton, R. (2020). Offline: Covid-19 is not a pandemic. *Lancet, 396*, 874. doi: https://doi.org/10.1016/S0140-6736(20)32000-6

Jasanoff, S., Hilgartner, S., Hurlbut, J. B., Özgöde, O., & Rayzberg, M. (2020). *Comparative Covid Response: Crisis, Knowledge, Politics*. Harvard Kennedy School, Interim Report.

Latour, B. (1987). *Science in Action. How to Follow Scientists and Engineers through Society*, Cambridge (MA): Harvard University Press.

Lorenzet, A. (2013). *Il lato controverso della tecnoscienza. Nanotecnologie, biotecnologie e grandi opere nella sfera pubblica*. Bologna: Il Mulino.

Maasen, S., & Weingart, P. (Eds.) (2005). *Democratization of Expertise? Exploring Novel Forms of Scientific Advice in Political Decision-Making*. Switzerland: Springer.

Mazzoni, M., Pagiotti, S., Stanziano, A., Mincigrucci, R., Verza, S. (2021). La rappresentazione del Covid-19 in un sistema mediale polarizzato. Un'analisi del ruolo dei media in tempo di pandemia. *Comunicazione politica, 3*, 413–436.

Metcalfe, J., Riedlinger, M., Bauer, M. W, Chakraborty, A., Gascoigne, T., Guenther, L., Joubert, M., Kaseje, M., Herrera-Lima, S., Revuelta, G., Riise, J., & Schiele, B. (2020). The Covid-19 mirror: reflecting science-society relationships across 11 countries. *Journal of Science Communication, 19*(07). doi: https://doi.org/10.22323/2.19070205

Mozzana, C. (2019). *Welfare, capacità e conoscenza. Le basi informative dell'azione pubblica*. Carocci: Roma.

Novelli, E. (2016). *La democrazia del talk show*. Roma: Carocci.

Oppenheimer M., Oreskes, N., Jamieson, D., Brysse, K., O'Reilly, J., Shindell, M., & Wazeck, M. (2019). *Discerning experts. The practices of scientific assessment for environmental policy*, Chicago: Chicago University Press.

Pellizzoni, L. (2011). *Conflitti ambientali. Esperti, politica e istituzioni nelle controversie ecologiche*. Bologna: Il Mulino.

Peters, H. P. (2014). Scientist as Public Experts: Expectations and Responsibilities. In M. Bucchi, & B. Trench (Eds.), *Handbook of Public Communication of Science and Technology* (pp. 70–82). London: Routledge.

Porter, T. (1995). *Trust in Numbers. The Pursuit of Objectivity in Science and Public Life*. Princeton University Press: Princeton.

Schiele, B., Claessens, M., & Shi, S. (Eds.) (2012). *Science Communication in the World: Practices, Theories and Trends*. Switzerland: Springer.

Starr, D. (2020). This Italian scientist has become a celebrity by fighting vaccine skeptics. Virologist Roberto Burioni's blunt putdowns win fans but dismay some. In *Science*, 2 January 2020, https://www.science.org/content/article/italian-scientist-has -become-celebrity-fighting-vaccine-skeptics. 25/06/2022

Tipaldo, G. (2019). *La società della pseudoscienza. Orientarsi tra buone e cattive spiegazioni*. Bologna: Il Mulino.

WHO (World Health Organization). *An unprecedented challenge. Italy's first response to Covid-19*. Copenhagen: World Health Organization Regional Office for Europe.

Zitelli, A. (2020). Seconda ondata: come funziona il sistema di monitoraggio, le criticità e lo scontro Governo-Regioni. In *Valigia Blu*, 13 November 2020. https://www.valigiablu.it/seconda -ondata-monitoraggio-criticita-regioni/

Endnotes

104. The Italian Government was comprised of four main political parties: the Movimento 5 Stelle (M5S), a protest party self-positioning as 'nor left nor right' in the party system, with the relative majority in the parliament and the majority of the Ministries in the government; the Partito Democratico (PD), the main centre-left, with seven Ministries; Italia Viva (IV), a splinter party from the PD with two Ministries; and finally, Articolo 1, another splinter party comprised of an electoral cartel of leftist groups known as the Liberi e Uguali, with one Ministry, the Public Health Ministry, and Health Minister Roberto Speranza.

105. Intra-government disagreements exploded in December 2020, as the leader of Italia Viva objected to the Prime Minister's spending plans for the Next Generation EU funds.

106. Decreto 'Cura Italia', https://www.repubblica.it/politica/2020 /04/09/news/coronavirus_senato_decreto_cura_italia_fiducia -253532274/ [accessed on 15 February 2020].

107. Unlike other decrees, which can be issued by the government, emergency decrees do not require parliamentary approval, nor do they allow for any intervention (ex-ante and ex-post) by the President of the Republic or by the Constitutional Court.

108. For an overview of the marginalisation of the Italian parliament due to the state of emergency, see Beniamino Caravita di Toritto, *L'Italia ai tempi del coronavirus: rileggendo la Costituzione italiana*, in *Federalismi.it*, n. 6/2020; Fulvio Pastore, "Emergenza Covid e dinamiche dei rapporti tra Governo, maggioranze e minoranze", *Rivista Dirittifondamentali.it*, 03/06/2020.

109. The Civil Protection Department was established in 1992 to deal with risk management. It comes under the direct control of the Prime Minister.

110. Ocdpc n. 630 del 3 febbraio 2020. *Primi interventi urgenti di protezione civile in relazione all'emergenza relativa al rischio sanitario connesso all'insorgenza di patologie derivanti da agenti virali trasmissibili.*

111. Misure operative di protezione civile per la gestione dell'emergenza epidemiologica da Covid-19, http://www.protezion ecivile.gov.it/amministrazione-trasparente/provvedimenti/-/content -view/view/1222234 [accessed on 15 March 2021].

112. The Head of the Civil Protection was appointed in 2017 by a previous government. Eight out of the 13 members (and, more recently, 9 out of 20) of the national CTS are also directors and top managers in the Ministry of Health and other key public institutions, having been appointed to their roles by previous governments. In addition to the CTS, this is also the case for the Istituto Superiore di Sanità (Italian National Institute for Health, ISS) and the Consiglio Superiore di Sanità (Supreme Council for Health, CSS). Other members of the CTS are members of the Ministry of Defence, the National-Regional coordination structure,

the National Agency for Pharmacological Surveillance (AIFA), the National Institute for Occupational Health, the State Police, the National Institute for Infectious Disease, the presidents of two professional associations of physicians, and two physicians and a manager of the main Catholic hospital in Rome. Particularly relevant is the presence in the CTS of a World Health Organisation representative, Dr. Ranieri Guerra, former General Director for disease prevention at the Ministry of Health and Italy's former Chief Medical Officer, currently Assistant-Director General of WHO. Moreover, the relationship with WHO has been strengthened by the appointment of Dr. Walter Ricciardi, former Head of the Istituto Superiore di Sanità and currently member of the WHO European Advisory Committee on Health Research.

113. Interview on Canale 5 TV Channel, 17 April 2020: https://www .mediasetplay.mediaset.it/article/mattinocinque/coronavirus-attilio -fontana-malati-nelle-rsa-una-proposta-dei-tecnici_b100000535 _a11636 [accessed on 15 March 2021].

114. Interview in Corriere della Sera, 20 April 2020: https://www .corriere.it/politica/20_aprile_13/boccia-chi-vuole-riaprirene-sara -responsabilee-ora-scienziati-diano-risposte-chiare-bd518522-7dc6 -11ea-bfaa-e40a2751f63b.shtml [accessed on 15 March 2021].

115. https://www.radioradicale.it/scheda/612093/covid-19-in-italia -tra-informazione-scienza-e-diritti [accessed on 15 March 2021].

116. https://youtu.be/C-fx5kUQ3ec [accessed on 15 March 2021].

117. https://www.fondazioneluigieinaudi.it/cts-comitato-tecnico -scientifico-2020/ [accessed on 10 January 2024].

118. The four scenarios were described in the document "Prevention and response to Covid-19: strategy evolution and planning during the transition phase, fall-winter period", a report developed by the Istituto Superiore di Sanità, the Ministry of Health, Regions, Civil Defense, AIFA (Agenzia Italiana del Farmaco – Italian Drugs Agency), WHO and other actors.

119. The R_t Index is the net reproduction number of the infectious disease during a particular period, i.e. the average number of infections transmitted by each infected person in a certain period. It depends on three parameters: the chance for an individual to become infected following an encounter with an infected person, the number of social contacts of the infected person, and the duration of the infection.

120. Namely: the percentage of positive swabs excluding all screening and re-testing activities of the same subjects, an Rt calculated on the basis of the ISS integrated surveillance, the occupation rate of the total Intensive Care Unit beds for COVID-19 patients and that of the total Hospital beds for COVID-19 patients, as well as the possibility of guaranteeing adequate resources for contact tracing, isolation and quarantine and the number and type of professional figures and time/personnel dedicated in each territorial service to contact tracing.

121. https://www.repubblica.it/cronaca/2020/11/03/news /coronavirus_la_staffetta_degli_esperti_sui_media_ecco_le _star_della_seconda_ondata-272815175/ [accessed on 8 March 2021].

122. https://www.today.it/media/tv/classifica-virologi-tv.html [accessed on 10 January 2024].

123. https://www.corriere.it/politica/21_febbraio_17/liti-allarmi -visioni-opposte-quei-virologi-sempre-tv-3d08cd0c-70a1-11eb -8f84-ab1601eaf9fe.shtml [accessed on 8 March 2021].

124. The surveys described in this section of the chapter were conducted with a national sample, proportional and representative by gender, age and area of residence for the Italian population aged 15 years and above. Observa Science in Society is a non-profit, independent, legally recognised research centre promoting the study and discussion of interaction among science, technology and society, with the aim of stimulating dialogue among researchers, policy makers and citizens. Barbara Saracino is a member of the Steering Committee. https://www.observa.it

7. Spain, between its waves and experts – Navigating through a complex network of advisory committees in a context of political confrontation

Rut Bermejo-Casado

Abstract

This chapter examines the role of experts in Spain's response to the COVID-19 pandemic crisis. Through analyzing key discourses and recommendations from experts and expert groups in official and mass media sources, it delves into the intricate network of advisory committees established. The findings reveal the significant contribution of a network of experts and committees, predominantly comprising civil servants, to Spain's pandemic management. While numerous experts internationally and nationally have offered insights and knowledge, many have been marginalized due to their recommendations being disregarded or unheard. Spanish politicians tended to align with experts who endorsed their agenda, often overlooking evidence-based policymaking principles. The chapter underscores the importance of addressing knowledge gaps to enhance policymaking effectiveness and adaptability (Boswell 2009, 5).

1. Introduction

Putnam's article on the transformation of elites in advanced industrial societies discussed "the importance of being an

How to cite this book chapter:
Bermejo-Casado, R. (2024). Spain, between its waves and experts – Navigating through a complex network of advisory committees in a context of political confrontation. In: Premat, C., De Waele, J.-M., & Perottino, M. (eds.), *Comparing the place of experts during the first waves of the COVID-19 pandemic*, pp. 339–384. Stockholm: Stockholm University Press. DOI: https://doi.org/10.16993/bco.h. License: CC BY-NC 4.0.

expert" and recalled Saint-Simon's statement "the future belongs to the experts" (Saint-Simon, 1952 as cited in Putnam, 1977, p. 384). In this context, the concept of expert was considered as somehow opposed to politicians. In the same vein, Massen and Weingart assured that the literature on the science–politics nexus was very prominent in the 1960s, in relation to the problem of technocracy. In some parts of the democratic world like Europe, experts were not perceived negatively; rather, it was expected with hope that science could have a "rationalizing impact ... on the often cumbersome democratic mechanisms" and a positive impact on public policies. Hence, the debate was framed "as the dichotomy of technocratic versus decisionist models of scientific advice to politics" (Massen & Weingart, 2005, p. 1).

The incremental role of technocrats and experts in general, to the detriment of politicians, was maintained throughout the last third of the 20th century and the beginning of the 21st century, with the number of experts called upon by governments and the numerousness of advisory committees assisting policymakers continuously growing (Massen & Weingart, 2005, p. 5). However, the trend seems to have changed in recent years as we can see some evidence of distrust of experts (Lavazza & Farina, 2020, p. 4), a tendency that some authors circumscribe to some countries with conservative governments where we witnessed the primacy of politicians over experts and even a negative reaction of the former towards the latter (Harris, 2020). This new phenomenon has been named as "hostility to expert advice" and is not isolated to the current pandemic but characterised as "part of a dangerous trend: the rejection of scientific knowledge at a critical time to be heeding such information" (Stickels, 2020).

Disregarding political or elite composition fashions, the importance of experts in decision-making processes has long been related to (1) what is called the "democratisation of expertise" and, in another branch of scholarly literature to (2) the needs of crisis response and management. The first bulk of literature points out that the general democratisation, the de-mystification of scientific knowledge and of scientists themselves, and the shift towards new public management have resulted in demands addressing the scientific community such as the demand for scientific expertise, where national governments and supra-national bodies perceive knowledge as a legitimising asset (Maasen & Weingart, 2005, p. 2). On the second branch, the need of experts is particularly acute regarding crisis response, management and solving. Boin, Hart, Stern and Sundelius studied decision-making in crisis situations, and the need to set up crisis teams that support, advise and help leaders in that process. Among the factors and conditions for successful decisions in situations of crisis, they recall the importance of the procedure called "multiple advocacy". That process "directs leaders to create and maintain a courtroom-like setting where proponents of different policy proposals get an opportunity to argue their case before an as yet uncommitted "magistrate-leader, with a neutral "custodian-manager" guiding the process" (Boin et al., 2005, p. 50). The ideal decision-making process may not always be feasible under the pressure of a crisis, as it can be time-consuming. Hence, those authors propose other models in which the main objective is "to ensure that all the relevant stakeholders and experts are present, that all relevant information and viewpoints are laid on the table, and that effective debate and reflection take place before decisions are made" (Boin et al., 2005, p. 50). A similar position is taken by Farina and Lavazza, in the context of the COVID-19 pandemic, when they state that "especially in situations of emergency when experts disagree, decision makers ought to promote broad discussions[...] in the attempt to find a shared procedural and democratic agreement on how to act" (Farina and Lavazza, 2020, p. 1).

However, it is worthwhile to realise that, amongst the important challenges of crisis management is that the "experts rarely agree on definitions, causes and solutions (Boin et al., 2008, p. 200). That was the case with the sudden emergence of the unknown and lethal COVID-19 virus. The virus has rekindled the need for expert knowledge to advise policy decisions. Some medical experts were already part of the government elites in many countries, but the pandemic required the advice of new health experts. In other words, there was an urgent need for more experts in public health such as epidemiologists, vaccinologists or virologists. In this sense, and following Colebatch, Hoppe & Noordegraaf's

(2010) typology of expertise, an overrepresentation of functional experts could be expected.

This chapter analyses the characteristics of the Spanish response to the pandemic, paying particular attention to the role of expert knowledge and advice in the management of the pandemic. It raises two main questions: who were the experts in the first, second and third waves? What was their role in advising the government/policy making? A final part of this contribution is devoted to the impact of the institutional and political landscape and points out concerns related to the transparency, liability and accountability of those involved in the crisis and waves management. It appears that all discussions and decisions took place in closed meetings, the opposite option to the hybrid fora (Callon et al., 2009, p. 18).

2. Context and Arrival of the Pandemic in Spain and First Seps

2.1 Spanish context. Strengths and vulnerabilities prior to the arrival of COVID-19

Although we cannot conduct an exhaustive review of all the socio-demographic and economic indicators of the Spanish context prior to the pandemic's arrival, this section briefly analyses the population pyramid, the composition of GDP and some basic characteristics of the health system. All these factors allow to understand some of the keys to the management of the pandemic and its impact on the country.

On 1 January 2020, the Spanish population numbered 47,329,881. If we examine the evolution of the population pyramid shown in Figure 1 (Annex I), we can see that the orange area corresponding to the figure in 2020 shows the ageing of the Spanish population over the last three decades. It shows that the proportion of people over 40 years old has widened, being now the widest area of the pyramid. This aged population composition needs to be related to the density of population. Spain has one of the largest urban population concentrations in Western

Europe as its population lives in 13 percent of the country's territory (Esteban, 2020). Hence, some major provinces have suffered the worst effects of the virus due to concentration and urbanisation combined with high mobility population rates (use of public transport.) (see Figure 2 in Annex I). In economic terms, a large part of Spain's GDP depends on the service sector, which is closely linked to the tourism sector. In this sense, Spanish economy, since it is one of the most open countries in the world, receives, on average, over 80 million visitors every year. Tourism accounts for 12 percent of GDP and 13 percent of employment according to the National Statistics Institute's final report published in 2019.

Among its strengths, Spain has a high quality healthcare system, guaranteeing universal coverage for all residents living and working in Spain. Healthcare in Spain consists of both private and public healthcare, with both private and public hospitals and a network of centres for primary healthcare. Moreover, Spain ranks 19th on the 2018 Euro Consumer Health Index and receives compliments for its improving health outcomes. In 2017, Avanzas and colleagues stated that:

> According to the last OECD (Organisation for Economic Co-operation and Development) health statistics report, Spanish life expectancy is the highest in Europe (2.7 years above average), clinical results are at the level of the most advanced countries (same cancer survival rates as in Sweden, France or Germany) and its cost is on the average of the 35 OECD economies, in terms of total spending on gross domestic product (GDP), 9%, and below the average if we compare it in terms of per capita spending. In addition, it [The Spanish health system] is an international benchmark for its universality and level of access compared to many other developed countries (2017, p. 340).

That picture seemed to place Spain in a good position to respond to the pandemic. In fact, Capano asserted that Italy was not prepared to handle COVID-19 while other countries such as South Korea, Hong Kong or Australia were deemed prepared and experienced (Capano, 2020, p. 326). Spain could be placed in a middle ground as it had coped with the Ebola crisis and as a consequence retained certain structures, knowledge and experienced personnel. Nevertheless, the preparation was not enough to contain the huge and rapid upsurge in COVID-19 cases. Moreover, the crisis has shown some weaknesses in the healthcare system. In this sense, Otero and Molina signal that there are problems both in terms of public health policy and patient care, which have been crucial in the pandemic due to the lack of experience with epidemics such SARS (2002 and 2003) or MERS. This has meant a lack of resources to prevent, detect or deal with a pandemic of this nature. Another shortcoming in public health includes the need to improve the handwashing culture among the general public and even among health professionals. In the area of patient care, these authors add two more striking aspects that are very important for the performance of this crisis. One is the dire situation in many elderly care homes (where approximately half of COVID-19 victims may have died), and the other concern is the lack of adequate personal protective equipment for healthcare workers, which resulted in a large number of infections (Otero-Iglesias & Molina, 2020, p. 45).

2.2 COVID-19 in Spain

During this first wave, a total of 45,684 individuals, both confirmed and suspected cases, died due to the virus. As mentioned earlier, the virus disproportionately affected elderly care homes, nursing homes, and certain Autonomous Communities[125] (Sánchez et al., 2020). Moreover, more than 63,000 health-care workers were infected.[126] The second wave lasted from September to the end of November 2020. As during the first one, some Autonomous Communities were more hit than others. The total number of deaths during this second wave amounted 15,300 approximately (Vilaseró, 2020). A third wave began in December 2020, and was marked by two events: the arrival of the vaccines and the emergence of a new variant of the virus; "the British one". The total figures for this third wave, as of 29 January 2021, indicated that Spain had recorded 2,743,119 confirmed cases of the coronavirus with diagnostic evidence of active infection and resulting in 58,319 deaths. (Table 1, Annex I, shows the numbers of deaths in Autonomous Communities).

2.3 Initial Response to the COVID-19 Pandemic

On 31 January 2020, Spain confirmed its first positive case of COVID-19 in La Gomera, Canary Islands, with a tourist from Germany who was treated at the University Hospital "Nuestra Señora de Candelaria". The director of the Health Alerts and Emergencies Coordination Centre, Fernando Simón, tried to reassure the population that the situation was under control after this positive case, stating at a press conference that with the available data "it seems that the epidemic [in Wuhan] is likely to start to subside" and that "Spain will not have, at most, more than a few diagnosed cases" (Bilbauta, 2020).

However, on 9 February, a second case was confirmed, this time a British tourist in Palma de Mallorca, Balearic Islands. Despite these two first cases, the presence of the virus in Spain was thought somehow anecdotic, and we can consider February 2020 as a decisive month in pandemic awareness. On the one hand, there were clear warning signs that the virus was spreading, such as the cancellation of the Mobile World Congress on 12 February or important movement in the Ministry of Health, where meetings were held with the Autonomous Communities, other ministries, etc. On the other hand, the football match between Bergamo and Valencia was allowed to be held in Milan (as discovered later, this was one of the main factors in the spread of the epidemic from Italy to Spain) and the demonstrations on 9 March (woman's day) were not prohibited.

Faced with the spread of the disease, at the end of February, the Ministry of Health changed its criteria and authorised all patients admitted in hospital for pneumonia of unknown origin to be tested for the coronavirus, announcing that Spain had raised its risk level from "low" to "moderate". The president of the Spanish Society of Epidemiology, Pere Godoy, declared that "we will not see hospitals collapsed with thousands of patients. The Spanish health system is amply prepared to cope with what is coming" (Telemadrid, 2020). The good coordination between the Autonomous Communities, the willingness of all and a constant updating of the protocol, all of which made him hopeful that the disease would be brought under control. Moreover, as Lavazza and Farina suggest, "in addition to the will of not inducing panic or creating economic hardship, the concern of some state authorities was to show that they were in full control of the situation by not introducing extraordinary measures, as preventive measures can be perceived as a sign of a lack of preventive interventions or ineffective ordinary containment" (Lavazza & Farina 2020, p. 2).

At that time, there were already cases in several Autonomous Communities, Madrid, Catalonia, Valencia, the Balearic Islands, the Canary Islands and Castile and Leon[127]. Thus, the first wave had begun, despite statements by Fernando Simón on the limited scope of the pandemic (30 January 2020), or the words of the Minister of Health, Salvador Illa, who presented a report to the Council of Ministers, monitoring and updating the situation (4 February 2020), in which he stressed that Spain, and specifically the National Health System, was prepared to deal with the situation.

Their words, which denied the pandemic and assured preparedness, somehow contradicted their actions. In the days prior to the confirmation of the first COVID-19 case in Spain, different measures and meetings could be traced through the information provided on the Ministry of Health's webpage. For example, on 24 January, the staff from the Ministry of Health, the Centre for Coordination of Alerts and Emergencies (CCAES), and the Health Institute Carlos III were working on a protocol for action in the event of the appearance of possible suspected cases of coronavirus in Spain. They also emphasized their daily contact with the WHO, the European Centre for Disease Prevention and Control and the European Commission. Moreover, in the final week of January 2020, the Health Minister was scheduling follow-up meetings (as the pictures show, with five persons) in which Fernando Simón also took part, and on 4 February 2020, the Health Ministry announced that from that day forward, the Ministry of Health's Coronavirus Evaluation and Monitoring Committee would continue to meet on a daily basis.

On 4 February 2020, the Inter-Ministerial Coordination Committee was set up. This working group was to coordinate the government's transversal response to any eventuality that might arise. The first Vice-President of the Government and Minister of the Presidency, Relations with Parliament and Democratic Memory was appointed chair of the Committee, together with the Minister of Health. In the meetings, the Ministries of Foreign Affairs, the

European Union and Cooperation, the Interior, Defence, Finance, Transport, Mobility and Urban Agenda, Agriculture, Fisheries and Food, Inclusion, Social Security and Migration, Territorial Policy and Civil Service, Science and Innovation, Industry, Trade and Tourism, Employment and Social Economy, Economic Affairs and Digital Transformation, and Consumer Affairs were expected to participate.

During the month of February, the number of cases identified and confirmed continued to grow, along with the pressure on hospitals. The government issued a Royal Decree (463/2020) to declare a fifteen days national emergency, starting on 15 March. At that point, Spain, with more than 11,000 cases and 491 deaths as of 17 March 2020, had one of the highest burdens of coronavirus disease 2019 (COVID-19) worldwide. Therefore, the option was to declare a strict stay-at-home lockdown that lasted over 100 days between 15 March and 21 June. In sum, as of mid-February, the coronavirus crisis in Spain resembled the sharp-edged concept of crisis identified in the international academic community, with a severe threat, high degree of uncertainty, and the need for prompt, yet critical and potentially irreversible decisions (Rosenthal and T`Hart 2008, p. 251).

3. Who were the experts in public health designated and/or incorporated to tackle the coronavirus crisis of 2020? Some leaders in a complex network of advising committees

Some authors, such as those behind the Global Response to Infectious Disease Index (GRID), have highlighted the role of leadership in dealing with the COVID-19 crisis. This index evaluates Global Response and Leadership in the COVID-19 Pandemic[128], where Spain is placed last (95). While some academics address inconsistencies in the index and have consequently lost credibility (González, 2020), the authors of the index argue that challenging times often lead to the emergence of great leaders and highlight deficiencies and shortcomings in others. Unavoidably, among other things, the success of national leaders during this pandemic will be judged by how well they treated their populations (D'Souza & Ratnatunga, 2020).

In Spain, nobody has individually tried to gain credit for the crisis management, despite the fact that the President of the Government, Pedro Sánchez, has been a key person in its management and communication, particularly during the first wave. A network of committees was designed, although probably not thoroughly planned, which made it difficult to identify the chain of command. In this context, the government has often referred to "expert advice" suggesting that their decisions were based on "analyses and criteria provided by a group of experts". In this sense, the Health Minister, Salvador Illa, provided an answer on TV: "these are the public health professionals who are in charge of the fight against the pandemic because of the position they hold in the general state and regional administrations"[129]. Some analysts consider that the place of experts has received less attention compared to other countries, such as the US (Crespo & Garrido, 2020).

Two names certainly stand out in Spain's crisis management, apart from the President, Pedro Sánchez; Fernando Simón, the Head of the CCAES; and Salvador Illa, the Health Minister. Fernando Simón has been one the government's most recognised faces during the pandemic. He can be considered as the "super-expert", and, at the same time, the "official expert" (Premat, 2020) with both credibility and legitimacy (both administrative and scientific). His credibility and legitimacy were based on the following facts: (1) he was not chosen and placed as Head of the CCAES by the government of that time, but by the party currently in opposition; (2) his CV and background is that of an expert in epidemiology; (3) he successfully managed the Ebola crisis in Spain; and (4) he led CCAES for 17 years prior to the emergence of the pandemic. In sum, his credibility was based on expert knowledge and his career as an epidemiologist with successful management of previous "Ebola virus" crisis. This also influenced his legitimacy, as he was not considered to be affiliated with any party but instead independent as a professional and expert, rather than a politician in service of a party.

3.1 Fernando Simón, a well-known expert and decision-maker

Fernando Simón was born in 1963 in Zaragoza. He is a doctor who, when the COVID-19 crisis broke out, had been in charge of the Health Alerts and Emergencies Coordination Centre for eighteen years, since 2003, when Ana Pastor was the Health Minister. He was asked to return to Spain from abroad to set up the Alerts and Emergencies Unit of the National Surveillance Network. He was nominated by a conservative government under the lead of the Popular Party and maintained afterwards, surviving 4 prime ministers from both the right and left. He was the official voice to follow every day during the unpredictable epidemic, where his task was to advise politicians to make accountable decisions.

The coronavirus crisis was not the first health crisis managed by Simón. As stated, he was already in his current position during the Ebola crisis in 2014, when there were fears of a deadly epidemic spreading across Spain. Although there was serious criticism for bringing the Ebola virus to Spain through the repatriation of two clergymen, Simón came out of the crisis with a certain success (Linde, 2020). Almost three months passed from the evacuation of the first clergyman, on 7 August 2014, until nurse Teresa Rodríguez was completely cured on the 1 November that same year. The two missionaries unfortunately died, but there was only one contagion on Spanish soil. In the COVID-19 epidemic, Simón became a regular presence on TV, addressing the public nearly every day. Notably, his first appearance in the media regarding the COVID-19 pandemic occurred on 25 January, when he announced the first two suspected cases in Spain. Prior to this, Simón had served as the spokesperson during the Ebola crisis, demonstrating his expertise in public health management.

His career is the one followed by adventurous doctors, those who do not want to stay in a surgery or a hospital. The son of a psychiatrist, he followed in his father's footsteps and graduated in medicine in Zaragoza. He started out with substitutions and home emergencies, but soon left for Africa. He has been in Burundi, Somalia, Tanzania, Togo and Mozambique, where he was director of the "*Centro de Investigação em Saúde de Manhiça*", a project set up through Spanish cooperation. He continued his travels in Latin America, namely Guatemala and Ecuador. All these trips stretched into the 1990s, with an additional two years spent in London to study at the prestigious London School of Hygiene and Tropical Medicine. In 2001, he went to Paris as an epidemiologist at the Health Surveillance Institute (Linde, 2020). A report published at the beginning of the pandemic referred to him as:

Not a politician. … He answers everything that is asked without beating around the bush. He often says that in all these years he has never been told what to say. Sometimes he tells more than he should. But he finds it hard to leave questions up in the air or to ignore journalists who have their hands up. Every press conference – he has been holding one a day for weeks – ends with the Ministry of Health's communication officers trying to close the question time and Simón answering in a rushed manner so as not to leave any questions unanswered. It is difficult to find anyone who knows Fernando Simón and speaks badly of him. Many health professionals have praised his management of the crisis. Since there are coronaviruses, at least we are in his hands; his colleagues have come to say (Linde, 2020).

Most of the criticism surrounding his management of the crisis concerned the opinion that he played down the consequences of the crisis too much. Furthermore, according to some, the measures he recommended were insufficient. These voices rarely come from experts, however: the vast majority of epidemiologists and virologists say they were adequate (Linde, 2020). However, his role has also been criticised, from time to time, as some of his assessments were part of the initial denial of the pandemic. Crespo and Garrido include some of those claims that led some to question his leadership and capacity in a highly politicised context:

"Spain will not have more than a few diagnosed cases". "Spain is not going to have more than a few diagnosed cases" (31 January), that "at the moment, Spain's risk level is relatively low" (3 and 9 February), or that "it should not be a serious problem to hold mass events" (2 March).

All those assessments have contributed to an undermining of public credibility, raising doubts in various media as to whether he should be relieved of his office or confirmed in his post. Calls for his resignation have come from some epidemiologists and Vox, the extreme right-wing party and third largest party in parliament (Crespo, Garrido 2020, p. 16). Despite such criticism, he was still at the helm of the CCAES, and, as Premat asserts, "having a certified expert made it possible to avoid unnecessary polemics and to have a version of the facts that prevail in order to have a coherent line" (Premat, 2020). While Simón has remained a super-expert during the second and third waves, that is not the case for the Health Minister, Salvador Illa, the second "super-star" in the crisis. He left the Ministry in the early days of January 2021 to run as a PSOE candidate in the Catalonian General Election, which took place in February 2021.

3.2 A complex network of advising committees

As introduced previously, the concept of democratisation of knowledge means that demands from policy-makers should address the scientific community (Maasen & Weingart, 2005). That demand can be open and public but equally private and quiet. In contrast to other countries, such as Sweden (Premat, 2020), Italy or France, where members of the government did not appear as much or as actively, but instead gave recorded messages or interviews (Crespo & Garrido, 2020, p. 16), in Spain the Health Minister has played a pivotal role. His role was not only to manage the pandemic, but also to communicate the management details to the public, appearing in press conferences, like other ministers. In this sense, we can be assured that crisis communication manuals, which recommend having a single spokesperson to avoid contradictions in public appearances, have at least partially been followed. Indeed, Crespo and Garrido state that during the month of March 2020:

> In part, the government focused this role on the Health Minister. However, a more choral system was chosen, with a format of rotating appearances in which the four ministers belonging to the crisis committee: the Health Minister, Salvador Illa (12 appearances), the Home Office Minister (7); the Minister for Transport (5); and the Minister for Defence (3), have had a greater public presence (Crespo & Garrido, 2020, p. 16).

Those ministers were part of the crisis committee, along with other government officials or high-ranking officials who appeared publicly: Miguel Villarroya, Chief of Defence Staff; José Ángel González, Deputy Operational Director of the National Police; Laurentiño Ceña, Deputy Operational Director of the Civil Guard; and María José Rallo, General Secretary for Transport. All of them appeared frequently during the first wave of the pandemic and made significant mistakes regarding the coronavirus information they provided, leading to their replacement. The replacements brought in Carlos Pérez, Director of the Cabinet of the Chief of Defence Staff (Jemad) and José Manuel Santiago, General of the General Staff of the Guardia Civil, into the group as representatives of the Army and Guardia Civil, and in April, the decision was taken to remove the presence of "uniforms" at press conferences (Merino, 2020).

Additionally to communication functions, a large number of people were also involved in the management. A clear characteristic of the Spanish management of the COVID-19 crisis is the set up of a network of committees to tackle the crisis. Despite the advantages of setting up and using Expert Committees, they can also pose a number of disadvantages, as the form of bureaucratic regulation that complicates the monitoring of political accountability. While expert committees make the question of accountability more complex, they also exacerbate the challenges associated with the intelligibility of the policy making and political decision making process. Moreover, there is a risk of shifting accountability to the political level, which is further complicated by a lack of transparency.

This approach contrasts with the appointment and promotion of individual experts, who could be sacrificed, but who are more visible and accountable. The choice of committees might remove both politicians and experts from collective accountability and avoid the attribution of responsibility, especially when, as in the Spanish case, their names and decisions remain unknown.

As of July 2020, there were seven committees in Spain that were established to provide advise concerning the pandemic. No pattern has been discovered in their creation, and they are therefore described below in a timeline, as they were created. This may be indicative of a lack of foresight in their creation. The first known committee, which has been referred to above as one of the first steps taken to respond to and manage the crisis in Spain, is the *COVID-19 Evaluation and Monitoring Committee*, with whom Minister Illa met daily, and whose precise composition remains unknown. Although it is known that the members are civil servants, the faces and the number of people changed from one meeting to another. Its functions were to assess the evolution of the risk and draw up proposals for actions to coordinate with between the Central Government and the Autonomous Regions. It has also been in charge of technical and institutional communication, as well as responsible for appearing at press conferences and disseminating the official messages to the population. In fact, after each of the daily meetings, the director of the CCAES, Fernando Simón, together with some government ministers and other authorities, made a public appearance and explained the latest developments on the evolution of the pandemic in Spain.

It is true that there is no official government list with the names of those who comprise this committee, unlike in other countries, such as Italy (Caselli et al., 2024: pp. 297–338). However, some information about its members came from photographs of the meetings published by the Ministry of Health or "Moncloa" on their websites, indicating at the bottom the names of the people who appeared in the photographs. In those pictures, you can sometimes see four people, sometimes even eleven people.

Among those first committees, the *Inter-ministerial Coordination Committee* should be mentioned, which was set up on the 4th of February 2020. As mentioned above, it was created by the Council of Ministers and chaired by the Government Vice-president, Carmen Calvo, and the Minister of Health. It monitored and evaluated the situation, as well as coordinated the government's cross-cutting response to any eventuality.

During the lockdown, a *Technical Scientific Committee* was also created on 21 March 2020. It reported to the Ministry of Health where the President, Pedro Sánchez, and the Health Minister, Salvador Illa, met. It was composed of seven people, civil servants and external experts, and they attended weekly appointments to advise on issues raised in relation to COVID-19 (see Annex II for their names and expertise). Fernando Simón, director of CCAES, chaired this Committee. One of its members, Antoni Trilla, in an opinion article, answered the question of whether the Committee participated in the adoption of the decision to lockdown, and his answer was very relevant, providing a clear idea of the work and functions of this group of experts: "A scientific committee has the function of giving its independent opinion and trying to answer questions or doubts that may be raised by both technical and political decision-makers, who have the mandate of the citizens to take decisions. This is how the committee has to work and how it functions. I have participated in many similar committees in my professional life: everyone has to know how to play their role".

The members of the Committee were health professionals: clinicians, virologists or public health specialists. Some work in the health administration and others in the health system (primary care, hospitals) or in academia. They were not COVID-19 experts (there was no COVID-19 expert at that time). They met by teleconference once or twice a week. They were keenly aware of the limited scientific knowledge, which was rapidly evolving, as well as the scarcity of solid data and the uncertainty inherent in addressing the enormous challenges posed by the epidemic. Despite these obstacles, they strove to offer their best judgment and opinions. Their obligation was to remain honest and humble, acknowledging that many questions lacked clear answers and that implementing certain solutions simultaneously might be impractical. They aspired to provide even greater assistance in addressing these complex issues.

Technicians from different ministries, experts in their areas of work, drew up proposals, scenarios and action plans, with the advice of scientific societies and many professionals.

Finally, "the political decision-makers, democratically elected, are the ones who have to take and make the decisions. A very difficult task and one of enormous responsibility" (Trilla, 2020).

Some critical remarks were issued regarding the creation of this expert committee, and Pascual (2020) summarised several reasons for this criticism. (1) For instance, the executive power was criticised for taking too long to build the committee. It took a week to set up an expert bureau when, a priori, every decision up until that moment had been taken on the basis of scientific criteria ("El Gobierno constituye el Comité", 2020). Hence, for creating this committee, the executive power seems to have followed the example of the EU that had set up its EU Committee of Wise Men just two days earlier. (2) Another issue for criticism was the balance of power in decision-making. Some people thought that this new Committee was a different group than the "group of experts consulted by Simon" and that these new experts would therefore have direct access to the president and the health minister, without going through Simon's filter. This possibility was considered "a change in the government's scientific criteria, or at least a modification (the majority of the committee was already advising before) in the middle of quarantine". (3) Finally, the new Committee was questioned for including among its members some "denialist" experts as three of them denied the epidemic until it broke out in hospitals. Among these denialist experts were Antoni Trilla and Hermelinda Vanaclocha. However, the presence of Miguel Hernán, a Harvard epidemiologist who had been highly critical of the government's slowness in making decisions, was welcome. This expert had claimed: "we never think that what happens to others will happen to us, but China had the vision that what happened in Wuhan was going to happen in the rest of the country if they didn't act quickly. In the rest of China, there were no police on the streets beating people up or putting chains on them. They simply used containment and mitigation strategies that, if they had been implemented in Europe, would have prevented this situation" (Pascual, 2020).

By the third week of March 2020, the so-called Multidisciplinary Working Group of the Ministry of Science and Innovation joined together to seek strategies and lines of research and innovation. This is considered among the advisory committees and comprises 16 people who were either civil servants or external experts (see Annex II for their names and expertise); this was first known on 22 March 2020. On TV, Illa explained that "a scientific committee has been set up, which meets regularly with Simón and which also met weekly in the first phase with the President of the Government and with me" ("Quiénes son los", 2020).

The health minister also recalled that, regarding the de-escalation after the first wave of the pandemic, "a multidisciplinary group of experts was created, coordinated by the fourth Vice-President of the Government". The health minister gave the specific names of some experts who were involved in the creation and the analysis of the evolution of a vaccine against COVID-19: "They are the officials and managers of the Spanish Medicines Agency; María Jesús Llamas, the Director General; the head of the Human Products Department, César Hernández; Agustín Portea, our representative in bodies related to the Medicines Agency, as well as experts and technicians that the Ministry of Health has in charge of the development of a vaccine against COVID-19" ("Quiénes son los", 2020).

In this case, the members and reports were public. Thus, the critique was: why was, in this case, the protection of data not relevant? (Maldita, 2020).

In the context of de-escalation, two new committees advised the government. On one hand, there was the *De-escalation Committee of Experts*, comprised of individuals from outside the government who advised on the design of a de-escalation plan, and which depended on the Ministry for Ecological Transition, headed by the fourth vice-president Teresa Ribera (see Annex II for their names and expertise). This group included more than fifteen people, civil servants and external experts who joined their knowledge of public health with economic and international issues ("Estos son los", 2020). Together, these experts analysed how to return to normality after the confinement and designed the de-escalation plan (*Plan para la Transición hacia una Nueva Normalidad* in Spanish).

Sometimes, newspapers and news reports wrongly conflated the previous group with the other committee, which had responsibility for the return to normality. The second group was the Technical Committee for De-escalation, which decided which provinces progressed through new phases during de-escalation. This technical group comprised eleven individuals, including technicians and civil servants who were members of the Directorate General of Public Health and the CCAES, and who always reported to the Ministry of Health, particularly under the leadership of the Director General of Public Health, Pilar Aparicio. The Government did not provide information about these de-escalation committees until July 30, 2020, when, amidst complaints by some Autonomous Communities regarding the progress to normality through de-escalation, they requested the criteria for assigning phases and the requirements for transitioning between them. However, the criteria have never been made public.

The next committee of experts took shape after the official end of the first wave of the pandemic. The *Committee of Experts for preparing the Spain 2030–2050 report* was set up in June 2020 to work for the National Office for Prospective and Strategy linked to Presidency of Government. This large Committee comprised 100 external experts (economists) to analyse Spain's future challenges (Spain 2030–2050), especially the economic ones. Some names appeared among the members, such as Toni Roldán, the former spokesperson for the Economy and member of parliament for Ciudadanos Political Party; the head of Economic Analysis at BBVA Research, Rafael Doménech; Professor of Economic Analysis at the University of Valencia, Javier Andrés; OECD economist, Olga Cantó; Professor of Economics at University College, Antonio Cabrales; Professor at the University of Alcalá, Olga Cantó; Professor of Economics at the University of the Basque Country, Sara de la Rica; a professor at the University of Oviedo and Fedea researcher; and Florentino Felgeroso, among others ("Sánchez recurre", 2020). The experts were divided into ten working groups to address the different issues such as growth and productivity, inequality, structural unemployment and precariousness, in addition to the pension system, improving the performance of the education system, life in the cities and rural depopulation, and so on (Cué, 2020).

An eighth advisory committee, known as the *COVID-19 Vaccination Strategy for Spain*, was published on 20 December 2020. The document containing the strategy was released one day before the likely approval of the first COVID-19 vaccine in Europe. The authors of this document, coordinated by Aurora Limia, include professionals from the General Directorate of Public Health of the Ministry for Health and representatives from the health departments of eight autonomous communities, several scientific societies (SEMFYC, ANENVAC and AEV), the Spanish Bioethics Committee, as well as other public entities. In addition, it was stated that the document had been reviewed by the Vaccination Programme and Registry Committee, the Public Health Commission of the CISNS, and several professional and patient associations.

Once all the committees and advisory boards had been revised, some conclusions about their composition and reports need to be raised. Regarding their composition, it is almost impossible to know how those committees were formed, as sometimes there is neither an official notice of its creation, nor a formal name or information about their members. A list of members has only been published in three out of eight cases (see Annex II). In other cases, the information compiled above for writing this chapter is based on videos and pictures published in newspapers and on the internet (mainly the Ministry of Health's official Twitter account). That is how we know, for example, that the Ministry for Health's coronavirus monitoring and evaluation committee had been appointed by the President, the Health Minister and Simon on 10 August 2020. Other incorporated more people, such as one announced on 29 September 2020 with six individuals, including the first ones, Iván Redondo and Silvia Calzón (Maldita, 2020).

Regarding the reports issued by the Committees, in cases where they are available, they are also difficult to find. In fact, only the *Multidisciplinary Working Group of the Ministry of Science and Innovation* and the *Technical Committee for De-escalation* provided them after complaints were lodged by mass media. The Ministry for Health's *Coronavirus Evaluation and Monitoring Committee* did not publish proper reports except diaries on the coronavirus situation in Spain. Fernando Simón presented those daily diaries at the press conferences, but only the Ministry for Health and the Centre for the Coordination of Alerts and Health Emergencies (CCAES) signed them, not the committee, although they can be counted as being from the committee if we take into account that Simón gave the press conferences to present the report after a meeting with all the members (Maldita 2020).

The second wave added complexity to this network of committees as it witnessed the setup of a new type of committee between the central government and Autonomous Communities, as was the case between Madrid and the Central Government in September 2020. At its first meeting, on September 21, the so-called "*COVID-19 Group*" was attended by all its members: the Health Minister, Salvador Illa, and the Territorial Policy and Public Function Minister, Carolina Darias, on behalf of the central government, and the Vice-President of the Community, Ignacio Aguado, and the Regional Health Minister, Enrique Ruiz Escudero, on behalf of the regional government. This group also has a technical health spokesperson that attends to society's demands for information ("Grupo COVID para", 2020).

3.3 Deficit of transparency

Most of the calls for transparency concerned process to de-escalation and the "expert committee" advising the government on transitioning phases towards "normality". This serves as a notable example of opacity, as the Government denied the existence of an "expert committee", labelling it a "technical committee", defined as "a group composed by public employees, experts in public health and epidemiology, reinforced with professionals with the same profile". This explanation was related to a claim made by *Maldita. es*, a Spanish media outlet dedicated to fact checking. Its aim is to provide citizens with "tools to avoid being cheated". It has different branches dedicated to monitoring political discourse and all the information that circulates on the web[130]. They complained to the Council on Transparency and Good Government asking for the names of the experts contributing to the de-escalation committees. Their reasoning was as follows: if the members of the *De-escalation Committee of Experts* are external experts, then article 6.1 of the Transparency Law (*Ley 19/2013, de 9 de diciembre, de transparencia, acceso a la Información publica y buen Gobierno*) stipulates an obligation to publish information on the heads of the committees, their profile and background. However, the answer was that the committee overseeing the de-escalation phases was another one composed of technical experts (The Technical Committee for de-escalation). As the members were not classified as external experts, the government could keep their names, profiles and positions secret without failing to comply with that law.

This situation provides a clear insight into the opacity with which the government has operated in terms of advice and decision-making, as well as the questions and controversies surrounding the composition of those boards. Since if the committees incorporated experts, they were obliged to disclose names and profiles. Consequently, most of the committees established to address COVID-19 in the Spanish context only included public civil servants and policy advisors. However, opacity also affected the decisions and reports issued, not only those from "internal" committees but also those stemming from committees that included external experts. The debate revolved around a clash of rights: "between the right of access to information and the right to the protection of personal data (…) arguing that the latter prevails" (Maldita, 2020).

The pandemic response could have potentially led to the politicisation of science, as Massen and Weingart identified, due to its novelty and the sudden need for specialised knowledge. In such a context, one might have expected, as it had happened before in debates about nuclear energy, environmental protection, or more recently on climate change scientists to be drawn in the political process. "They were instrumentalized as experts whose technical know-how was to support political positions on both sides in vicious controversies over technical issues" (Massen & Weingart, 2005, p. 2).

However, as analysed above, that was not the case in Spain for two main reasons. First, there was a lack of external experts willing to participate in the decision-making process, as revealed in an interview with an expert on vaccines who was involved in the management of the hospital set up in IFEMA during the first wave of COVID-19 in Spain: "no-one wanted his/her name to appear in public". In their case, a group [doctors, epidemiologist] that were advising the government had a chat during the first wave with politicians".

The doctor also noted that all the "serious scientists" had gradually distanced themselves and none of them wanted media exposure[131]. Second, the Government sought to avoid transparency and accountability in a highly politicized environment surrounding the extensions of the state of emergency after April 2020 and the de-escalation decisions. A decision-making framework that was far removed from public debates or hybrid fora (Callon et al., 2009) aligned with Latour's analysis of scientific debates conducted within laboratories or behind closed doors, resulting in a unanimous voice that did not question official discourse (Latour, 2004). Another explanation lies in the experience with viruses and the structures and experts already in place within the public health system at the time of the outbreak. This experience and knowledge made it possible to rely on existing expertise and technical knowledge within the public sphere, reducing the need to involve external experts, which neither the government nor the experts themselves seemed to desire.

It is evident that all those committees have played an important role in suggesting policies and measures to counteract the spread of coronavirus in Spain, as predicted in Lavazza and Farina (2020). As Williams and colleagues outline, "multidisciplinary special advisory committees or working groups have been central to government policy making in Spain (Williams et al., 2020, p. 19). While we can debate their characteristics, but whatever the reason for their composition and place, the government opted for more "internal" and technical experts embedded in the policy process rather than external or scientific knowledge. Despite that choice, the management of the crisis did not escape criticism from "other experts". In fact, in August 2020, a group of twenty experts[132] called for an independent evaluation of the management of the first wave in order to learn lessons for future waves or epidemics. These experts identified three key areas for evaluation to understand why Spain was affected in such a way despite having a good health system: governance and decision-making, scientific and technical advice, and operational capacity (García-Basteiro, 2020). This was not the first time that a group of experts used a publication of *The Lancet* to ask for measures, decisions or actions. For example, in March 2020, a group of experts called for a "complete lockdown" (Mitjà et al., 2020). Nor was it the last time, as in October 2020, a group of five experts called for detailed data (Trias-Llimós et al., 2020).

4. What is the prevailing configuration of the country's political landscape?

Boint and colleagues assure us that

> Crisis experience tends to favour decentralisation of crisis response authority: top leaders and national policy makers have learned that, particularly in highly dynamic and technically complex crises, they are usually better off relying upon and supporting local authorities and expert agencies and skilful operators rather than 'taking charge' themselves. ... commanding structures for crisis are built on the premise that only those decisions that cannot be taken on the spot will rise to the top where crisis leaders reside (Boin et al., 2005, p. 54).

However, this was not the first response by the Spanish government. Pedro Sánchez, the Prime Minister, centralised the crisis management, taking himself the lead in the declaration of the state of emergency on 15 March, a "tough" response to COVID-19 pandemic, which included a total lockdown with very limited possibility of movement for over 47 million individuals. This exceptional measure needed to be extended regularly, and throughout all these requests, the government was criticised and struggled at times to achieve extensions with most of the Parliament groups against them. During the debates in Congress, prior to the adoption of the decision to prolong the state of emergency, opposition groups cited the lack of information regarding the decisions being taken and the lack of communication between the government, the parties and the autonomous communities (Díez, 2020). Those opposition parties also argued that the state of emergency allowed for the opacity the Government needed to hide its calamitous management of the crisis. The political environment became increasingly difficult, especially after the second extension on 9 April, and for the last extensions, there were serious doubts there would be agreement.

One important point of disagreement was the de-escalation Plan as some Autonomous Communities and the opposition parties wanted to end the "tough" lockdown as soon as possible and arrive at the "new normality". Madrid has been one of the most belligerent communities regarding the government's decisions, as it is led by a political party that is in opposition. After all, disagreement is part of the politicisation of the management of the pandemic, as indicated above. The discussion in Madrid context can thus be simplified as "health versus economics" and, between these two extremes, sometimes the central government and communities such as Madrid have observed an antagonistic stance (Valdés, 2020).

Madrid's government criticised the state of emergency and the centralisation of crisis management on the basis of the political devolution to regional governments of Health competencies that is the consequence of that political devolution incrementally implemented over the last 35 years in Spain (García de Blas, 2020). Spain has as a consequence acquired a very decentralised health system with service delivery organised at the regional level. In this context, one of the reasons for management at the regional level was that local politicians were more competent and responded better to crises than the central government.

Despite devolution, or because of it, coordination is crucial, as the responsibility for health is devolved to and shared among 17 very diverse regions. The Law 14/1986 of 25 April 1986 on General Health (LGS) and its implementing provisions establish that, among others, the state has exclusive competence for the bases and general coordination of health issues. In this domain, the State is responsible for establishing the rules that set the minimum conditions and requirements, pursuing a basic equalisation of conditions in the operation of public services. In this context, the Spanish Ministry of Health develops the policy guidelines and oversees the national health budget. With regard to health coordination, it should be understood as the establishment of means and systems of relations that make reciprocal information possible, such as technical homogeneity in certain aspects and joint action by the state and community health authorities in the exercise of their respective competencies, in such a way as to achieve the integration of partial acts in the overall health system. These and other principles related to coordination are set out in the LGS, which also specifies the instruments of collaboration and creates the Inter-territorial Council of the National Health System (CISNS) as the coordinating body. The CCAES, directed by Fernando Simón, coordinates the Epidemiological Surveillance Working Group of the Public Health Commission of the Interterritorial Council of the National Health System (*Consejo Interterritorial del Sistema Nacional de Salud*). Thus, the CCAES provides a mechanism for coordination between the national and regional governments. This mechanism has not, however, ensured that measures are fully coordinated.

All the problems and critics during the state of emergency and the pressures from the Autonomous Communities can be identified as possible explanations for the management of the second wave. As the Editorial of the *Lancet* assured readers in October 2020,

Spain's political polarization and decentralized governance might also have hampered the rapidity and efficiency of the public health response. However, whereas the first wave might have been unpredictable, the second wave in some parts of Spain was quite predictable (*The Lancet*, 2020, p. 5).

The political politicisation and the weakening of the government in its discussion with the Autonomous Communities determined the management of the second and third waves, in which the central government affirmed that the Autonomous Communities had sufficient instruments to manage the pandemic in their territories. Some authors have seen this change towards a decentralisation strategy, namely the coordination with regional authorities, as somehow normal and desirable in federations (Greer et al., 2020). However, in this case, this new phase cannot be considered as "a voluntary cooperation case to solve coordination problems" (Greer, 2020, p. 101).

At the end of the first wave and the beginning of the second, the test-trace-isolate tryptic, which is the cornerstone of the response to the pandemic, obviously remained weak. When the national lockdown was lifted in June, some regional authorities were probably too fast at reopening and too slow at implementing an efficient track and trace system (*The Lancet*, 2020). In October 2020, with COVID-19 cases increasing, the authorities were again looking at lockdowns to contain the spread of the virus, but this time the government decided to provide Autonomous Communities with a legal framework allowing them to take responsibility for the response and management. This is the context in which the government declared a nationwide state of emergency on 25 October 2020 in order to contain the spread of infections caused by SARSCoV-2, and this extended several times until 9 May 2021. The new declaration clearly states that "for the purposes of the state of emergency, the competent authority is the national government. In each Autonomous Community or Autonomous City, the delegated competent authority is whoever holds its presidency".

5. Conclusion

As stated in the academic literature, in normal times, experts can relate to politics in two main, and opposed, ways. Firstly, they can be called to provide expert knowledge to design policies, formulate and envisage solutions to difficult problems as functional experts and also serve as process experts and analysts providing advice at different stages of the policy process, namely implementation and evaluation. Secondly, they can also be expected to support policy decisions with some kind of "data/empirical evidence" that supports politicians on a specific issue and lends authority to a particular policy position, which is sometimes called a politicisation of science or knowledge. One important question is how these two tasks perform in crisis times. As analysed before, experts can perform the same roles under the pressure of time due to the urgency to act. The analysis of the current COVID-19 crisis response in Spain conducted in this chapter has allowed us to answer some relevant questions about experts and politicians' management. As observed, there has been no collision between the personification of crisis management, with a super-expert, Fernando Simón, and the setup of specialised and expert committees and advisory boards. The first wave of the crisis has been managed with three main personalities leading decisions and communication: the president of the government, Pedro Sánchez, the Health Minister, Salvador Illa, and the Chief of the CCAES and a network of expert committees, totalling seven during the first wave. What has been particularly surprising, compared to other countries, such as Italy (Caselli et al., 2023), is the opacity about the deliberations and decisions as well as the names of most of the participants in the diverse committees.

In terms of political communication and media interventions, government ministers and civil servants spearheaded the communication of information provided to the public during the pandemic's initial wave with daily press conferences, leaving little room for other experts on TV and in mass media. In this sense, the case of Spain illustrates the dominance of politicians over experts.

This setup has been named as "a network of advisory Committees"; a network characterised by its (1) multidisciplinary: involving a mix of disciplines and expertise related to public health but also to economic and even foreign affairs; (2) "internal": predominantly comprising a huge number of technical and civil servants; and (3) "established", since the experts were not new to policy-making and had worked for a long time in the Public Health System. Although due to the lack of precise information, it is not possible to classify the different profiles of experts, whom Colebatch, Hoppe and Noordegraaf (2010) describe as functional experts, the preceding analysis shows that this type of experts has been important in the response and management of the crisis. This categorisation of experts is made even more difficult by the possibility of considering some of the experts, such as Fernando Simón, as both a functional expert and a process expert.

The setup, work, reports and decisions of most of those committees must be criticised on the basis of opacity, dilution of responsibilities and lack of accountability. The complexity of the committees' network, with a huge variety of committees, can also contribute to avoid monitoring their work. Regarding their composition and reports, as stated, the composition of five out of eight committees is unknown, and their reports or assessments of the situation were not published. Some organisations, mass media and groups of experts have repeatedly raised their voices for details concerning Committees' actions and decisions. The examination by waves allows us to have a continuous view of the experts in the management of COVID-19 pandemic. It perpetuated the presence of government members and official experts during the management of the first wave, which allowed for a justification of the measures adopted, ensuring the legitimacy of the decisions taken. This situation came to an end during the debates on the extension of the state of emergency, with a belligerent opposition and the politicisation of the management of the pandemic. This fact, together with citizens' figure fatigue due to the duration of the harsh confinement and the decentralisation of the Health System, allow us to speak of a second phase in the management of the pandemic, which began during the de-escalation with the criticisms of the Autonomous Communities, and that lasted during the second wave. The management of the second wave that started in September and was extended until the end of 2020 was characterised by a continuity in public experts but with a decentralised management of the pandemic. An example of this is the creation of a new advisory committee incorporating members of the central government and the Community and City Council of Madrid. During the second wave, the Autonomous Communities were in charge of specifying the measures derived from the state of emergency and their implementation, which led to less wear and tear on the central government, as well as greater flexibility and a local adaptation of decisions. In this context, the different parties in the autonomous governments have chosen their position in the health-economy axis.

Declaration of conflicts of interest

Nothing to declare.

References

Scientific and Academic References

Avanzas, P., Pascual, I., & Moris, C. (2017). The great challenge of the public health system in Spain. *Journal of Thoracic Disease, 9*(6), 430–433. https://www.ncbi.nlm.nih.gov/pmc/articles/PMC5462723/

Boin, A., t'Hart, P., Stern, E., & Sundelius, B. (2005). Decision making: Critical choices and their implementation. In *The Politics of Crisis Management: Public Leadership Under Pressure* (pp. 42–68). Cambridge: Cambridge University Press. doi: https://doi.org/10.1017/CBO9780511490880.003

Boin, A., van Duin, M., & Heyse, L. (2008). Toxic Fear: The Management of Uncertainty in the Wake of the Amsterdam Air Crash. In A. Boin (Ed.), *Crisis Management, vol II* (pp. 187–209). Los Angeles: Sage.

Callon, M., Lascoumes, P., & Barthe, Y. (2009). *Acting in an uncertain world. An essay on technical democracy.* London: The MIT Press.

Colebatch, H. K., Hoppe, R., & Noordegraaf, M. (2010). Understanding Policy Work. In H. Colebatch, R. Hoppe, M. Noordegraaf (Eds.), *Working for Policy* (pp. 11–25). Amsterdam: Amsterdam University Press.

Crespo, I., & Garrido, A. (2020). La pandemia del coronavirus, estrategias de comunicación de crisis. *Más poder local, 41,* 12–19.

D'Souza, C., & Ratnatunga, J. (2020). GRID Index: Tracking the Global Leadership Response in the COVID-19 Crisis. *Journal of Applied Management Accounting Research, 18*(1), 17–26.

Farina, M., & Lavazza, A. (22 September 2020). Lessons From Italy's and Sweden's Policies in Fighting COVID-19. The Contribution of Biomedical and Social Competences. *Front Public Health*. doi: https://doi.org/10.3389/fpubh.2020.563397

García-Santamaría, J. V., Pérez-Serrano, M. J., & Rodríguez-Pallares, M. (2020). Portavoces oficiales y estrategia audiovisual en la crisis de la Covid-19 en España. *Profesional de la información, 29*(5), e290513. doi: https://doi.org/10.3145/epi.2020.sep.13

García-Basteiro, A., et al. (2020). The need for an independent evaluation of the COVID-19 response in Spain. *The Lancet, 396* (10250), 529–530. https://www.thelancet.com/journals/lancet /article/PIIS0140-6736(20)31713-X/fulltext

Greer, S. L., et al. (2020). Who's in charge and why? Centralisation within and between governments. *Eurohealth, 26*(2), 99–103.

González, C. (4 May 2020). Is Spain doing well or badly in its response to COVID 19? *Expert Comment, Real Instituto Elcano, 16*(200).

Latour, B. (2004). *Politics of Nature*. Harvard: Harvard University Press.

La Vanguardia. (25 January 2021). *Coronavirus: cronología de una pandemia en España*.

Lavazza, A., & Farina, M. (2020). The role of experts in the Covid-19 pandemic and the limits of their epistemic authority in democracy. *Frontiers in public health, 8*, 356. doi: https://doi.org/10.3389/fpubh.2020.00356

Maasen, S., & Weingart, P. (Eds.) (2005). *Democratization of Expertise? Exploring Novel Forms of Scientific Advice in Political Decision-Making*. (Sociology of the Sciences Yearbook). Dordrecht: Springer. doi: https://doi.org/10.1007/1-4020-3754-6

Mitjà, O., et al. (2020). 'Experts' request to the Spanish Government: move Spain towards complete lockdown. *The Lancet, 395*(10231), 1193–1194. https://www.thelancet.com /journals/lancet/article/PIIS0140-6736(20)30753-4/fulltext

Otero-Iglesias, M., & Molina, I. (2020). In Suri, S. (Ed.), *Rebooting the World: Six Months of COVID-19* (pp. 42–51). Observer Research Foundation.

Polášek, M., Novotný, V., & Perottino, M. (2018). Policy-Related Expertise and Policy Work in Czech Political Parties: Theory and Methods. In Xun Wu, Michael Howlett, & M. Ramesh (Eds.), *Policy Capacity and Governance. Assessing Governmental Competences and Capabilities in Theory and Practice* (pp. 385–409). Basingstoke: Palgrave.

Premat, C. (2020). Le rôle de l'expertise dans la construction du consensus suédois face à la pandémie. https://halshs.archives -ouvertes.fr/halshs-02956901/

Putnam, R. (1977). Elite Transformation in Advanced Industrial Societies: An Empirical Assessment of the Theory of Technocracy. *Comparative Political Studies, 10*(3), 383–412.

Rea, A., Martiniello, M., Mazzola, A., & Meuleman, B. (2019). Introduction. In: *The Refugee Reception Crisis in Europe. Polarized Opinions and Mobilizations,* (pp. 11–30). Éditions de l'Université de Bruxelles.

Rosenthal, U., & Hart, P. (2008). Experts and Decision Makers in Crisis Situations. In A. Boin (Ed.), *Crisis Management, vol II* (pp. 251–266). Los Angeles: Sage.

Stickels, A. (26 August 2020). The Anti-Expert Pandemic. *Harvard Political Review* https://harvardpolitics.com/anti-expert -pandemic/ (Access 13 Nov 2020).

Williams, G., et al. (2020). Translating evidence into policy during the COVID-19 pandemic: Bridging science and policy (and politics). *Eurohealth, 26*(2), 29–33.

Newspapers

Baldés, I. (7 May 2020). Por qué Madrid no cumple los requisitos para pasar a la fase I. *El País.* https://elpais.com/espana/madrid /2020-05-07/cumple-madrid-los-requisitos-para-pasar-a-la-fase-1 .html

Bilbauta, J. (28 February 2020). First confirmed coronavirus case in Spain in La Gomera, Canary Islands. *Outbreak News Today.* http://outbreaknewstoday.com/first-confirmed-coronavirus-case -in-spain-in-la-gomera-canary-islands-20628/

Cué, C. E. (17 June 2020). Sánchez ficha a 100 economistas de élite para diseñar la 'era poscovid. *El País*. https://elpais.com /espana/2020-06-16/sanchez-ficha-a-100-economistas-de-elite -para-disenar-la-era-poscovid.html

Díez, A. (29 April 2020). La oposición aumenta la crítica al Gobierno y dificulta la prórroga del estado de alarma. *El País*. https://elpais.com/espana/2020-04-29/el-gobierno-rinde-cuentas -tras-presentar-su-plan-de-desescalada-en-directo.html

Esteban, R. (4 September 2020). La anomalía española: combatir la COVID-19 con la 'mayor densidad de población' de Europa. *RTVE*.

Estos son los expertos que asesoran al Gobierno. (2 May 2020). ElPlural.com. https://www.elplural.com/politica/espana/expertos -asesoran-gobierno_238954102

Sánchez recurre a 100 expertos para elaborar un informe sobre la estrategia de crecimiento y retos futuros. (17 June 2020). *Europapress*. https://www.europapress.es/economia /macroeconomia-00338/noticia-sanchez-recurre-100-expertos -elaborar-informe-estrategia-crecimiento-retos-futuros -20200617120606.html

El Gobierno constituye el Comité Científico-Técnico Covid-19 entre críticas por su tardanza y composición. (3 March 2020). *Diariofarma*. https://www.diariofarma.com/2020/03/22/el -gobierno-constituye-el-comite-cientifico-tecnico-covid-19-entre -criticas-por-su-tardanza-y-composicion

García de Blas, E. (30 August 2020). La covid tensa el Estado autonómico. *El País*. https://elpais.com/espana/2020-08-29/la -covid-pone-a-prueba-el-estado-autonomico.html

Grupo COVID-19 para la segunda ola de Madrid: quiénes lo forman y cuáles son sus funciones. (25 September 2020). *ABC*. https://www.abc.es/espana/madrid/abci-grupo-covid-19 -para-segunda-madrid-quienes-forman-y-cuales-funciones -202009221207_noticia.html

Harris, J. (15 March 2020). The experts are back in fashion as Covid-19's reality bites. *The Guardian, Opinion*. https://www.theguardian.com/commentisfree/2020/mar/15 /experts-fashion-covid-19-reality-bites-trump-johnson

Linde, P. (9 March 2020). Fernando Simón, el médico que no se alarma ante el coronavirus. *El País*. https://elpais.com/sociedad /2020-03-08/fernando-simon-el-medico-que-no-se-alarma-ante -el-coronavirus.html

Maldita. (31 July 2020). ¿Qué comités ha tenido el Gobierno durante la pandemia del coronavirus y qué se sabe de cada uno de ellos? El equipo que decidía qué provincias pasaban de fase no es el mismo que el comité de expertos de la desescalada. https:// maldita.es/malditateexplica/20200731/comites-desescalada -pandemia-coronavirus-gobierno-exp

Merino, J. C. (25 April 2020). La Moncloa suprime a los uniformados de las comparecencias diarias para dar cuenta de la pandemia. *La Vanguardia*. https://www.lavanguardia.com /politica/20200425/48709156761/moncloa-suprime-uniformados -comparecencias-diarias-pandemia.html

Mucientes, E., Velasco, M., & Carrasco A. (31 January 2021). Coronavirus hoy, noticias en directo | Enero, el mes más negro de la pandemia en Andalucía: tres nuevos contagiados cada minuto. *El Mundo*. https://www.elmundo.es/ciencia-y-salud /salud/2021/01/30/6014f90ffdddffac2b8b4581.html

Pascual, A. (21 March 2020). El Gobierno forma un gabinete de crisis con científicos que negaron la amenaza. *El Confidencial*. https://www.elconfidencial.com/espana/2020-03-21/coronavirus -gobierno-comite-cientifico_2510840/

¿Quiénes son los expertos que están asesorando al Gobierno para controlar la pandemia en España? (27 September 2020). *La Sexta. El Objetivo*. https://www.lasexta.com/programas/el-objetivo /noticias/quienes-son-los-expertos-que-estan-asesorando-al -gobierno-para-controlar-la-pandemia-en-espana_202009275f7 0f70b822f050001b0177f.html

Sánchez, R., Oliveres, V., & Ordaz, A. (10 December 2020). Más de 45.000 personas murieron a causa de la COVID en la primera ola de la pandemia en España. *El diario*. https://www.eldiario .es/datos/45-000-personas-murieron-causa-covid-primera-ola -pandemia-espana_1_6494110.html

Telemadrid. (20 February 2020). Pere Godoy: No hay evidencia de que las mascarillas funcionen. https://www.telemadrid.es

/programas/madrid-directo-om/Entrevista-epidemiologo-Pere
-Godoy-9-2207869216--20200225052932.html

The Lancet. (1 November 2020). COVID-19 in Spain: a predictable
storm?, Editorial, 5(11), E568. https://www.thelancet.com
/journals/lanpub/article/PIIS2468-2667(20)30239-5/fulltext

Trias-Llimós, S., et al. (1 November 2020). The need for detailed
COVID-19 data in Spain. 5(11), E576. https://www.thelancet
.com/journals/lanpub/article/PIIS2468-2667(20)30234-6/fulltext

Trilla, A. (12 April 2020). De científicos, técnicos y responsables
políticos. *La Vanguardia*. https://www.lavanguardia.com/vida
/20200412/48435034558/covid-19-coronavirus-espana-espana
-catalunya-experto-medico.html

Vilaseró, M. (27 November 2020). La segunda ola suma 15.000
muertos, la mitad de los registrados en primavera. *El periódico*.
https://www.elperiodico.com/es/sanidad/20201127/segunda
-ola-coronavirus-suma-quince-mil-muertos-mitad-registrados
-primavera-8225041

Annex I

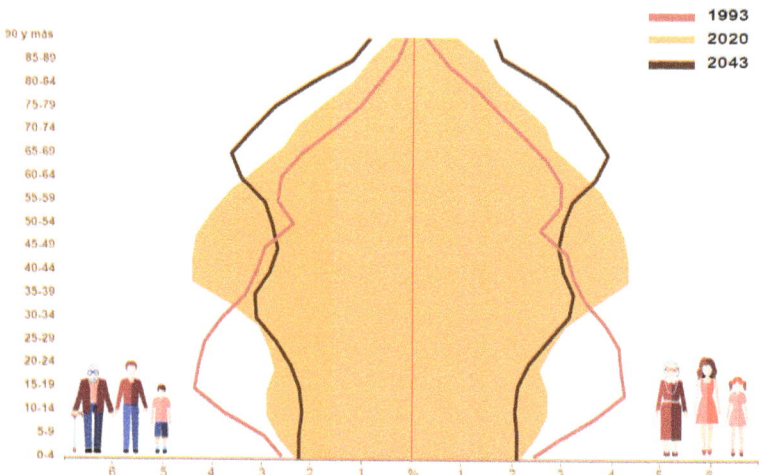

Figure 1. Evolution of the Population Pyramid in Spain (1993, 2020
and 2043).

Fuente: INE: Population figures, Population projections INE – Spain,
June 2020.

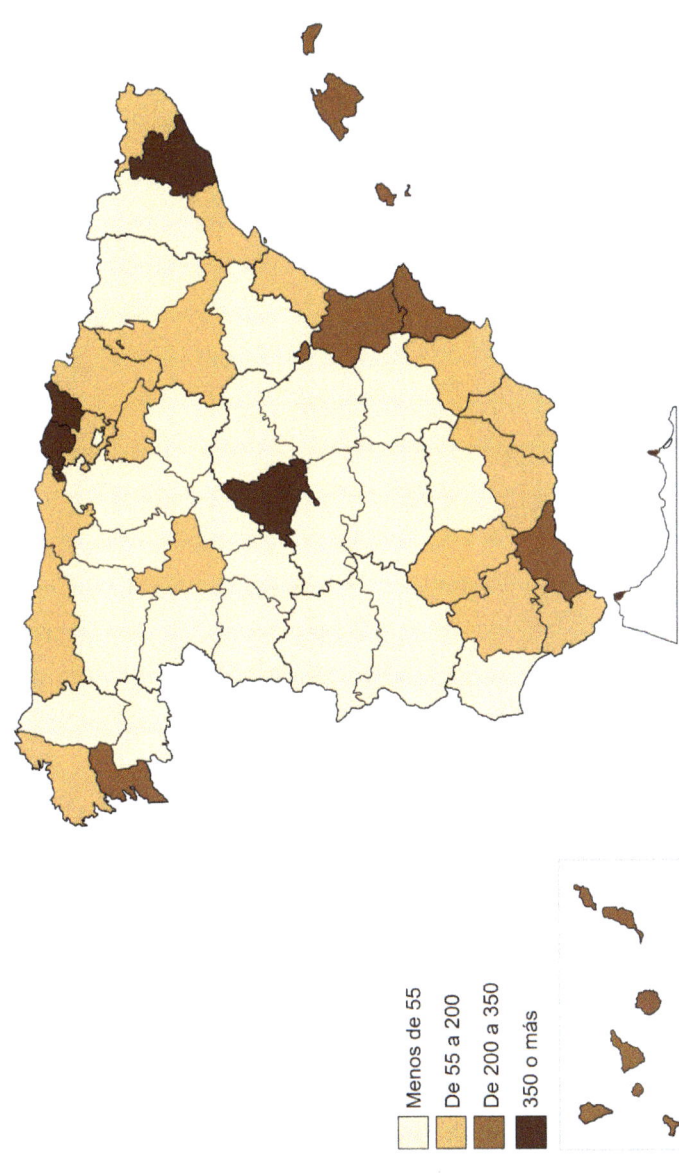

Figure 2. Population density by province.
Source: National Institute of Statistics.

Menos de 55

De 55 a 200

De 200 a 350

350 o más

Table 1. Number of infected and deaths by Autonomous Community (29 January 2021).

Autonomous Community	Number of people infected	Number of deaths
Andalucía	391,102	6,260
Aragón	96,962	2,918
Asturias	35,966	1,505
Baleares	51,575	577
Canarias	35,014	524
Cantabria	22,186	453
Castilla-La Mancha	148,459	4,542
Castilla y León	184,134	5,610
Cataluña	492,228	9,404
Ceuta	3,904	71
Comunidad Valenciana	298,389	4,633
Extremadura	64,241	1,429
Galicia	93,195	1,711
Madrid	515,790	12,578
Melilla	5,957	51
Murcia	97,921	1,066
Navarra	48,104	1,028
País Vasco	132,768	3,321
La Rioja	25,224	638

Source: Ministry of Health, Spain. (Mucientes et al., 2021).

There is no doubt that the stakes of counting and publishing the data of a phenomenon are high, especially in the public eye and regarding the demands and accountability of policy makers. Moreover, in a "crisis context" such a publication will provide an insight into the evolution of the phenomenon, and its comparison with data from elsewhere. In relation to the "refugee crisis" of 2015 and 2016, Rea et al. stated that: "the numerical assessment firstly fuels the public perception of these events as either an encroaching menace or a humanitarian disaster. Secondly, it helps provide a better understanding of the extent of the political action taken by both the EU and its individual states. Finally, it highlights the use and misuse of the data by public institutions, the media and scientific researchers" (Rea et al., 2019, p. 16).

Annex 2. Composition of Expert Committees

1. Technical-Scientific Committee

This was chaired by Fernando Simón and included the Ministry of Health and from time to time the President of the Government. The Science and Innovation Minister, Pedro Duque, also participated. It was composed by other seven members.

- Antoni Trilla García, Head of the Preventive Medicine and Epidemiology Service of the Hospital Clínic de Barcelona;
- Hermelinda Vanaclocha Luna, Deputy Director General of Epidemiology, Health Surveillance and Environmental Health of the Generalitat Valenciana;
- María Teresa Moreno Casbas, Director of the Research Unit on Health Care and Services (Investén-ISCIII) of the Carlos III Health Institute;
- Agustín Portela Moreira, head of the Official Medicines Control Laboratory for Biological Products (vaccines and plasma derivatives) of the Spanish Agency for Medicines and Health Products (AEMPS);
- Inmaculada Casas Flecha, virologist at the National Microbiology Centre of the Carlos III Health Institute;
- Miguel Hernán, professor of Biostatistics and Epidemiology at the Harvard University School of Public Health;
- and Javier Arranz, coordinator of Infectious Diseases at the Balearic Islands Health Research Institute Foundation and latest addition.

2. Multi-disciplinary Committee (information published on 22 April 2020)

The Fourth Vice-President of the Government and Minister for Ecological Transition and the Demographic Challenge, Teresa Ribera, and the Science and Innovation Minister, Pedro Duque, have met with the Multidisciplinary Working Group that advises and supports the Ministry of Science and Innovation on scientific matters related to COVID-19 and its future consequences. It also coordinates the preparation of reports and will propose the necessary modifications to improve the response to similar crises.

This group will begin by studying in depth the position paper of the German Academy of Sciences and its applicability to the current situation in Spain. It will also make proposals along the lines of the experimentation necessary to obtain useful data for decision-making.

Subsequently, it will be responsible for making strategic proposals on the promotion of research and innovation in Spain, such as the reordering of priorities, proposals to speed up research times, the promotion of strategic lines to boost value chains or to carry out a strategy for the promotion of adaptable dual capacities for critical situations.

This group is made up of:

- Beatriz González López-Valcárcel, professor of quantitative methods in economics at the University of Las Palmas de Gran Canaria and researcher in health economics, specifically in human resources for health, health technologies or pharmaceuticals. She has carried out consultancies in several countries.
- José M. Ordovás, PhD in biochemistry from the University of Zaragoza, professor and researcher in nutrition at the USDA-Human Nutrition Research Center on Aging at Tufts University in Boston, where he is also the director of the Nutrition and Genomics Laboratory. He is moreover a researcher at the Instituto Madrileño de Estudios Avanzados (IMDEA) Alimentacion. He acts as chairman of the group.
- Marco Inzitari, specialist in geriatric medicine. He is the director of Intermediate Care, Research and Teaching at Parc Sanitari Pere Virgili, and associate professor at the Autonomous University of Barcelona. He is also a researcher at the Vall d'Hebron Research Institute.

- José Javier Ramasco, PhD in physics from the University of Cantabria and tenured scientist at the Spanish National Research Council (CSIC). He works at the Institute of Interdisciplinary Physics and Complex Systems. He is the author of more than 86 scientific publications cited more than 7,500 times.
- Itziar de Lecuoana, PhD in law from the University of Barcelona, lecturer in the Department of Medicine and deputy director of the Bioethics and Law Observatory (OBD). UNESCO Chair in Bioethics at the University of Barcelona.
- Alfonso Valencia, PhD in molecular biology from the Autonomous University of Madrid, is Director of the Department of Life Sciences at the Barcelona Supercomputing Center- Centro Nacional de Supercomputación. He is also Director of the National Institute of Bioinformatics (INB-ISCIII) and coordinator of the Spanish node of the European ELIXIR infrastructure. He is furthermore an ICREA research professor.
- Diego Puga, PhD in economics from the London School of Economics, professor of economics at the Centro de Estudios Monetarios y Financieros in Madrid. His research interests include urban economics, economic geography and international trade.
- Laura M. Lechuga, research professor at CSIC, director of the Nanobiosensors and Bioanalytical Applications Group at the Catalan Institute of Nanoscience and Nanotechnology.
- Mario Esteban, Ad Honorem professor at the National Biotechnology Centre of the CSIC and head of the Vaccines Group.
- Jose Molero, professor of applied economics at the Complutense University of Madrid and professor of industrial economics and economics of innovation.
- Pedro Jordano, CSIC research professor at the Doñana Biological Station (Seville). Expert in the study of biological diversity (biodiversity) from ecological and

evolutionary perspectives. Received the National Research Award in 2018.

- Alfonso Gordaliza, PhD in mathematics from the University of Valladolid, professor of statistics and operations research at the University of Valladolid and president of the Spanish Committee of Mathematics. He is an expert in robust statistics.
- Rocío-García-Retamero, professor in the Department of Experimental Psychology at the University of Granada. She is an expert in risk perception and health psychology and medical decision-making.
- Agustín Portela, PhD in biological sciences from the Autonomous University of Madrid, was a researcher in basic virology. He is head of area at the Spanish Agency for Medicines and Health Products where he is responsible for the clinical evaluation of human vaccines and the Biological Products laboratory.
- Ramón López de Mántaras, research professor at the CSIC and founder and former director of the Artificial Intelligence Research Institute (IIIA). He is a pioneer of AI in Spain, with almost 300 research articles. Received the National Research Award in 2018.
- Francisco Sánchez Madrid, PhD in biochemistry from the Autonomous University of Madrid in 1980. He completed his training in Immunology at Harvard Medical School, Boston (USA). He has been professor of immunology in the Department of Medicine at the Universidad Autónoma de Madrid since 1990, and head of the Immunology Department at the Hospital Universitario de la Princesa since 2009, as well as scientific director of the Instituto de Investigación Sanitaria Princesa.

3. Expert committee of de-escalation (EFE 2020, April 29) https://
www.efe.com/efe/espana/portada/este-es-el-consejo-de-sabios
-que-asesora-al-gobierno-en-la-desescalada/10010-4234460

Experts in epidemiology, public health, debt, new technologies, philosophy, inequality, artificial intelligence, economics and international relations make up the multidisciplinary panel of wise men advising the government on how to de-escalate after the coronavirus pandemic.

Numerous professionals have contributed to the "Plan for the transition to a new normality", for which autonomous communities, city councils, companies, trade unions, governmental organisations, academics and a multidisciplinary working group created by the Science and Innovation Minister, Pedro Duque, have also contributed information.

However, a central panel of experts from different disciplines is responsible for analysing how to return to normality from confinement and for establishing priorities for the gradual return to routine, both in the health field and in the economic, social and international dimension of the crisis.

Here are some of the professionals who composed the team:

- Ana María García is professor of preventive medicine and public health at the University of Valencia and researcher at the Centre for Research in Occupational Health (CISAL) at the Pompeu Fabra University in Barcelona. She was director general of public health in the Valencian Community between 2015 and 2019.
- Antoni Plasencia, director of the Barcelona Institute for Global Health since 2014 and consultant physician in the Department of International Health at the Hospital Clínic in Barcelona. A specialist in epidemiology, preventive medicine and public health, he was director general of public health at the Generalitat de Catalunya between 2004 and 2011. He has lectured at the Universitat Autònoma de Barcelona, the Pompeu Fabra University and the Department of Health Policy and Management at the Johns Hopkins Bloomberg School of Public Health.
- Raquel Yotti, director of the Instituto de Salud Carlos III. Clinical researcher for the National Health System, she holds a PhD in medicine and surgery from the Complutense University of Madrid and is a specialist in cardiology. Until her appointment as director general

of the ISCIII, she held the post of head of the clinical cardiology section at the Gregorio Marañón University General Hospital and worked as an associate professor in the Bioengineering and Aerospace Engineering Department of the Carlos III University of Madrid. For 18 years she combined her research, healthcare and teaching activities.

- Manuel Cuenca, deputy director general of applied services, training and research at the Carlos III Institute of Health. He holds a PhD in medicine and surgery, a degree in history and is an expert in probability and medical statistics. He has been director of the National Microbiology Centre of the ISCIII, is a microbiologist, expert in fungal infections and lecturer on several doctoral and master's degree programmes at the Complutense University of Madrid, the University of Alcalá and the Autonomous University of Madrid.
- Miguel Hernán, professor of biostatistics and epidemiology at the Harvard School of Public Health. His research focuses on learning what works best for the treatment and prevention of infectious diseases, cancer, cardiovascular diseases and psychosis. His classes focus on generating, analysing and interpreting data to guide public health policy and clinical decisions.
- Carlos Cuerpo Caballero, former director of the Economic Analysis Division of AIREF, where his daily work revolved around macroeconomic forecasts for Spain and its debt. He is currently director of macroeconomic analysis at the Ministry of Economy and Digital Transformation. With a degree in economics from the University of Extremadura, he completed his studies with a master's degree in economics at the London School of Economics and a PhD in economics from the Autonomous University of Madrid. He is recognised as a national expert at the European Commission's Directorate-General for Economic and European Affairs.
- Borja Barragué Calvo, professor of philosophy of law at the UNED, specialising in inequality, political philosophy

and normative economics. Author of the book *Larga vida a la socialdemocracia: cómo evitar que el crecimiento de la desigualdad acabe con la democracia*. A graduate in law from the University of Deusto and political science from the Autonomous University of Madrid, he has been a visiting researcher at the Hoover Chair of Social and Economic Ethics at the Catholic University of Louvain (Belgium) and at the Faculty of Law of McGill University in Montreal (Canada). He was also hired as research staff at the Faculty of Economics and Business Studies of the University of the Basque Country. He is currently a lecturer in Philosophy of Law at the UNED.

- José Fernández Albertos, permanent researcher at the Institute of Policies and Public Goods of the CSIC and advisor to the Ministry of Inclusion, Social Security and Migration. He holds a PhD in political science from Harvard University, is a member of the Juan March Institute and his research work at the intersection of political economy and comparative politics has been published in several international journals.
- Miguel Otero Iglesias, economist and senior researcher at the Real Instituto Elcano and professor at the Instituto de Empresa. He is also an associate researcher at the European Union-Asia Institute of the ESSCA Business School in Paris and his areas of specialisation include the European monetary union and monetary cooperation in other regions of the world, as well as international monetary and financial relations.
- Carme Artigas, secretary of state for digitalisation and artificial intelligence. She is one of Spain's leading experts in the practical application of big data and artificial intelligence. She holds a degree in chemical engineering from the Institut Químic de Sarrià and chemical sciences from Ramon Llull University, as well as a degree in executive management in venture capital from the Haas School of Economics (University of Berkeley) in California.

- Manuel Muñiz, secretary of state for global Spain, a
  position reporting to the Ministry of Foreign Affairs,
  and dean of international relations at the Instituto de
  Empresa. He is in charge of communication, public
  diplomacy and networks, as well as economic diplomacy,
  and is moreover responsible for the design of strategy,
  foresight and coherence of external action. A graduate
  in law from the Complutense University of Madrid, he
  holds a master's degree in stock exchange and financial
  markets from the Instituto de Estudios Bursátiles, another
  in public administration from the Kennedy School of
  Government and a PhD in international relations from
  the University of Oxford.
- Bruno Sánchez Andrade, astrophysicist born in Oviedo in
  1981, he worked for NASA, was an advisor to the World
  Bank and collaborated on several projects and NGOs
  linked to climate change. PhD in astrophysics and writer,
  he is the author of the book *Impact Science* (2019) focused
  on the social impact of the scientist's work. In May 2019,
  Sánchez Andrade headed the Spanish candidacy of Volt
  Europe, the first political party to run simultaneously in
  eight EU countries in the European elections.
- Angel Alonso Arroba, ambassador-at-large for Spanish
  Global Citizenship. A graduate in journalism and
  social anthropology from the University of Seville with
  a master's in international security from the School
  of Foreign Service at Georgetown University, he has
  developed his professional career at the Organisation
  for Economic Co-operation and Development (OECD)
  in Paris. He has been a member of the Cabinet of the
  Secretary-General of the OECD, holding the positions
  of head of division and head of management and
  communication, as well as adviser to the secretary-
  general. He also completed postgraduate studies in
  political science and constitutional law at the Centro
  de Estudios Políticos y Constitucionales (2003) and
  in international relations at the Instituto Universitario

Ortega y Gasset and worked as an analyst at the Democracy Coalition Project (Open Society Institute) and as a consultant for the World Bank in Malawi and at the Club de Madrid.

– Diego Rubio, director of the National Office of Foresight and Long-Term Country Strategy. A graduate in history from the Autonomous University of Barcelona, he obtained the highest mark in the country and received the first National Award for Academic Excellence from the Ministry of Education. D. from Oxford University. He is a specialist in applied history, theory of change, foresight and anticipatory governance. His research seeks to understand how societies change over time, paying special attention to the effects of innovation and geopolitical transformations. Born in Cáceres in 1986, he has been professor of applied history and government at IE University and has advised international organisations such as the United Nations, the European Commission and the Ibero-American General Secretariat.

– Diego Martínez Belio, a career diplomat, has been director of the cabinet of the secretary of state for the European Union, Juan González Barba, since February this year.

Endnotes

125. Spain is territorially organised in autonomous communities (in Spanish: comunidad autónoma). That is the intermediate level of political and administrative decision-making, with the State above and the municipalities below. This organisation was created in accordance with the Spanish Constitution of 1978. Spain is not a federation, but a decentralised unitary country.

126. Instituto de Salud Carlos III. Vigilancia de los excesos de mortalidad por todas las causas: MoMo. July 19, 2020. https://www.isciii.es/QueHacemos/Servicios/VigilanciaSalud PublicaRENAVE/EnfermedadesTransmisibles/MoMo/Documents /informesMoMo2020/MoMo_Situacion a 19 de julio_CNE.pdf

127. The initial chronology has been compiled on the basis of information from different sources: https://stories.lavanguardia .com/ciencia/20210125/33068/coronavirus-cronologia-de-una -pandemia-en-espana

128. https://www.cmawebline.org/ontarget/grid-index-tracking-the -global-leadership-response-in-the-covid-19-crisis/. This is based on an algorithm that was developed by incorporating the number of tests per million of the population (weighted positive score), the number of deaths per cases (weighted negative score), the number of deaths per million of the population (weighted negative score), the number of cases per million of the population (weighted negative score) and the CP *Index* (weighted positive score)

129. (27 September 2020) https://www.lasexta.com/programas/el -objetivo/noticias/quienes-son-los-expertos-que-estan-asesorando-al -gobierno-para-controlar-la-pandemia-en-espana_202009275f70f70 b822f050001b0177f.html

130. https://www.eldiario.es/autores/maldita_es/ (accessed 21 may 2021).

131. Phone conversation in June 2020 with a public health doctor.

132. Most of them prominent Spanish researchers in different medical fields working at Hospitals, international research centres and institutions, and Universities such as: ISGlobal, Hospital Clínic, Universitat de Barcelona, Universidad de Alicante, Universitat Rovira i Virgili, Centro de Biología Molecular Severo Ochoa (MDV); the Interdisciplinary Platform on Global Health at the Spanish National Research Council, Madrid, Spain (MDV); Universidad de Alcalá de Henares : Johns Hopkins Bloomberg School of Public Health, University of Lleida, Barcelona Institute for Global Health, the University of Toronto, the University of Oxford, CIBER of Epidemiology and Public Health; the London School of Hygiene & Tropical Medicine; and the National University of Singapore.

FOURTH PART:
EXPERTS AND SUPER-EXPERTS

8. Expert, experts et expertise pendant la crise de la COVID-19 – le cas tchèque

Zuzana Kotherová & Michel Perottino[133]

Abstract

The COVID-19 crisis has shed new light on a category of experts already well known in the Czech Republic, but long neglected and underfunded: epidemiologists. Faced with challenges that no one could have predicted, one name among epidemiologists stands out above all others: that of Professor Roman Prymula. At the outbreak of the pandemic, he was already part of the ministerial structure, in an important position (deputy minister), a position that had absolutely no link with his expertise as an epidemiologist. The pandemic and the uncertainty of the over-whelmed Czech authorities gave him new and an increasingly important role. When the first peak was over, Prymula left to let other epidemiologists take over. In reality, however, he never really disappeared, and his place – especially in the media – remained strong. Moreover, the prime minister offered him a new posi-tion – created ad hoc for him. Finally, during the second COVID wave, he was appointed Minister of Health. Thanks to a series of gradually opening windows of opportunity, Roman Prymula made his breakthrough. His meteoric rise, especially in the media, can certainly be attributed to his expertise and previous positions (soldier, director of a state hospital, links with the pharmaceutical industry), but also to his style (strict, even combative) and high ambition. The transformation of public health from a neglected sector to one of the most important and closely monitored in the

Comment citer ce chapitre:
Kotherová, Z., & Perottino, M. (2024). Expert, experts et expertise pendant la crise de la COVID-19 – le cas tchèque. In: Premat, C., De Waele, J.-M., & Perottino, M. (eds.), *Comparing the place of experts during the first waves of the COVID-19 pandemic*, pp. 387–420. Stockholm: Stockholm University Press. DOI: https://doi.org/10.16993/bco.i. License: CC BY-NC 4.0.

health system is also not to be overlooked. Although Prymula was not the only epidemiologist in the Czech Republic, he was perceived as a leading, if not the only, expert. Another problem, less personal but no less important, is that in the Czech Republic we have seen the emergence of protests against the strict containment measures in the event of a pandemic. These protests are coming from other experts, particularly doctors and economists. This raises a new question(s): who can really be called an expert and on what basis, and who is an expert in what? More generally, the aim of the chapter is not only to highlight the meteoric rise of one expert, but also to explain the context, both political and medical-epidemiological, that made this rise possible.

1. Introduction

La crise de la COVID-19 en République tchèque a fait apparaître sous un nouveau jour une catégorie de spécialistes jusqu'alors certes connus, mais délaissés et sous-financés, celle des épidémiologistes. Face à des enjeux que personne n'avait vu venir, un nom ressort au premier chef : celui du professeur Roman Prymula. Si Roman Prymula est devenu aussi important, c'est d'abord et avant tout grâce à une série de fenêtres d'opportunités et à l'absence de réelle concurrence dans le domaine extrêmement pointu de l'épidémiologie. Cette montée fulgurante, notamment dans les médias, est certes à mettre sur le compte d'une capacité d'expertise indéniable, de l'urgence de la situation, d'un parcours très spécifique (militaire, directeur d'hôpital public, connexions avec les milieux pharmaceutiques, parcours académique), mais aussi de son style (sévère, voire martial) et de son ambition personnelle. Parmi ces fenêtres d'opportunité, il faut prendre en compte surtout le contexte politique tout comme la situation d'un secteur spécifique du système de soins. Autre enjeu, non moins important, nous avons vu en République tchèque se mettre en place des frondes contre les mesures de confinement, puis en accompagnement du déconfinement avant de recommencer dans le cadre du reconfinement (entre le printemps et l'automne 2020, ces cycles se reproduisant ultérieurement). Ces frondes émanent de spécialistes dans d'autres domaines, portées par des médecins ou des économistes. Ces critiques, parfois très violentes, mettent en exergue le problème premier, souvent occulté, de l'expertise : qui est expert de quoi et sur quelle base ?

Le but de ce chapitre est d'analyser l'émergence d'un expert particulier, en l'occurrence Roman Prymula, en mettant en lumière le contexte politique, médiatique et médico-épidémiologique qui a favorisé cette ascension. Notre travail repose sur l'hypothèse selon laquelle l'avènement d'un super-expert en République tchèque a été facilité par l'inadaptation des systèmes politique et épidémiologique à gérer des situations de crise telles que la pandémie de la COVID-19. Bien que aucun pays dans le monde n'ait été préparé au choc pandémique, la configuration politique et épidémiologique spécifique en République tchèque a créé une opportunité particulière, permettant ainsi l'émergence d'un expert providentiel. Pour ce faire, nous nous attacherons tout d'abord à offrir une brève description de la situation tchèque et de préciser le cadre théorique, ensuite de présenter deux contextes de première importance : le contexte politique tout d'abord, puis épidémiologique que nous regardons en tant que zone d'incertitude dans le sens défini par Michel Crozier (Crozier & Friedberg, 2017). La synthèse de ces trois parties va nous permettre d'expliquer et de discuter la naissance d'un super expert à la tchèque.

2. Mise en situation tchèque et cadre méthodologique et théorique

Roman Prymula n'est pas, ce qui peut surprendre quelqu'un qui a suivi l'actualité tchèque en 2020–2021, le seul épidémiologiste en République tchèque, mais lors de la pandémie de la COVID-19, il est devenu le principal, sinon le seul, à pouvoir imposer son expertise sur le moyen terme, en dépit des crises et des critiques.

Lorsque la pandémie a éclaté, Roman Prymula occupait déjà un poste de première importance au sein des rouages ministériels en tant que vice-ministre chargé des soins de santé, bien que ce poste ne soit pas directement lié à sa spécialisation première. Avec l'avènement de la pandémie et les incertitudes auxquelles les autorités tchèques ont rapidement été confrontées, son rôle a pris de l'ampleur. En quelques semaines, Roman Prymula est devenu la personnalité incontournable dans la lutte contre la pandémie, devenant l'expert central d'un dispositif en difficulté et la figure clé du Premier ministre Andrej Babiš et de son gouvernement de coalition. Après le passage du premier pic (la première vague), il s'est retiré, laissant la place à d'autres collègues spécialisés. Cependant, Roman Prymula n'a pas quitté l'espace médiatique, car en mai 2020, le Premier ministre lui a attribué une fonction spécialement créée pour lui, celle de délégué plénipotentiaire gouvernemental pour les sciences et la recherche en santé. Il intervenait de temps en temps, donnait son avis sur les mesures prises et la situation en général. Ensuite, il a surtout obtenu le poste de ministre de la Santé en octobre 2020, alors que la deuxième vague était en cours, mais l'a perdu un mois plus tard après avoir enfreint les règles de confinement qu'il imposait aux citoyens.

Pour expliquer cette montée de Roman Prymula, il est nécessaire de présenter le contexte politique de la République tchèque et le fonctionnement du secteur central du système de soins public en situation de pandémie, le secteur épidémiologique. Ce secteur, loin d'être méconnu et disposant d'une longue histoire en pays tchèques, est en fait devenu au cours des vingt dernières années le parent pauvre dans le système de soins public, pour devenir devenu début 2020 – en quelques semaines – le secteur le plus suivi et le plus important au pays.

Du point de vue méthodologique et théorique, nous examinons le système de soins et le secteur épidémiologique à travers l'optique de la sociologie de la santé et de la sociologie des organisations (voir par exemple Crozier & Friedberg, 2017 ; Helman, 2007 ; Křížová, 2006 ; Bártlová, 2005 ; Keller, 2005 ; Straus, 1957). Le système de soins peut ainsi être considéré comme une institution sociale, nous permettant d'étudier sa fonction dans la société (voir notamment Křížová, 2006 ; Tlustý, 1968 ; Straus, 1957), tout comme son organisation et le fonctionnement de ses éléments particuliers, à savoir le secteur épidémiologique dans ce chapitre. Par conséquent, ce secteur que nous appelons ci-dessous le « parent pauvre » pourrait être désigné comme la zone d'incertitude (Crozier & Friedberg, 2017).

Dans une zone semblable, un membre d'une institution qui n'est pas au sommet de la pyramide hiérarchique peut disposer de plus de « pouvoir » que les membres situés plus près du sommet de la pyramide ou au sommet même, comme le mentionne Keller (2005) : « il s'agit souvent de la catégorie des experts dont les tâches sont difficilement définies et contrôlables par leurs supérieurs ». En même temps, la personne qui se trouve dans cette zone d'incertitude est souvent quelqu'un qui peut influencer le flux d'informations. Ce type de personne acquiert donc un certain pouvoir et peut en profiter, par exemple, en demandant des contre-services appropriés aux autres membres, y compris les supérieurs hiérarchiques. La personne qui dispose de cet espace d'incertitude souhaite se maintenir à sa place, son but étant de ne pas perdre sa zone. Pour ce faire, elle cherche à renforcer la rigidité de sa zone et la rend donc difficile à changer. La chance d'adopter des changements se présente – comme le dit Crozier (1963) – si et seulement si les problèmes dans l'institution deviennent démesurés et qu'il n'est plus possible de les cacher. Si un changement est finalement envisagé, le processus de changement est caractérisé par sa lenteur (Crozier, 1963 ; Keller, 2005).

Roman Prymula nous semble un bel exemple de personne qui a disposé d'une zone d'incertitude pareille – celle du secteur épidémiologique. Le fait que Roman Prymula soit un médecin (formé à la médecine militaire et professeur d'université) et que nous vivions dans une société médicalisée lui facilite sa position car la société peut souvent avoir tendance à respecter des médecins comme experts universels (Freidson, 1970). De plus, le secteur épidémiologique était un secteur oublié, un « parent pauvre » dans le système de soins. En même temps, à cause de la pandémie de la COVID-19, le secteur est du jour au lendemain devenu le plus suivi, le plus important en République tchèque. Pour le dire autrement, la fenêtre d'opportunité de Kingdom s'est ouverte (Kingdon, 1984).

Dans son modèle, John W. Kingdon définit ce qu'il appelle trois courants : les problèmes (y compris les désastres parmi lesquels la pandémie pourrait faire figure de crise majeure, facteur peut-être prévisible, mais largement inattendu et à la dimension mondiale sans précédent), les solutions (y compris le rôle prépondérant des experts qui ici ont fait largement défaut, notamment au début de la crise) et enfin la politique (c'est-à-dire l'environnement politique au sens large qui influe sur la capacité d'intégrer les problèmes dans la ligne d'action des pouvoirs publics et qui influence le choix de la ou les solutions à mettre en œuvre). Dans la perspective théorique de Kingdon une politique est adoptée et mise en œuvre lorsqu'une fenêtre d'opportunité (*policy window*) s'ouvre par la présence de ces trois courants. Le problème est ici clairement défini dans sa complexité mondiale.

L'environnement politique est spécifique à la République tchèque (marqué par la technocratie populiste d'Andrej Babiš, Premier ministre de 2018 à 2021). Les solutions se sont avérées difficiles à trouver et ce contexte politique particulier a renforcé la place du super-expert à la légitimité multiple, à la fois scientifique et politico-administrative. Cette théorie nous permet de comprendre la fermeture de la fenêtre d'opportunité Prymula, quand bien même l'importance du problème à régler (aggravé du fait de la montée en puissance de la pandémie à partir de l'automne 2020, largement éclairée par le nombre de morts et la paralysie consécutive non seulement des secteurs de la santé, mais aussi de l'économie) et la stabilité de l'environnement politique ont pesé sur le cours de choses et permis à Prymula de rester le super-expert en dépit de nombreuses fautes qui l'auraient rapidement disqualifié en d'autres temps et d'autres lieux. Il a su pu utiliser cette fenêtre d'opportunité ouverte (voir la partie 4.3 de ce chapitre) et a réussi à faire du secteur épidémiologique sa zone d'incertitude (voir la partie 4.2 de ce chapitre) – difficilement contrôlable, il est devenu puissant en monopolisant le flux d'information et au printemps 2020 le rythme de la pandémie.

2.1 Le contexte politique

La République tchèque est une démocratie parlementaire dont la vie est rythmée par les élections législatives tous les quatre ans, avec un président est élu au suffrage universel direct depuis 2013. Les dernières élections des députés avant la pandémie ont eu lieu en octobre 2017. Elles ont confirmé la domination d'un parti relativement nouveau, ANO 2011 de l'entrepreneur Andrej Babiš. Ce parti au discours antisystème est pour la première fois entré à la Chambre des députés en 2013 et, dans la foulée, au gouvernement, à l'époque encore dominé par les sociaux-démocrates.

En 2013, Andrej Babiš avait mené une campagne à droite, laminant au passage les conservateurs du Parti civique démocratique (ODS), et avait été nommé dans la foulée ministre des finances du gouvernement de centre-gauche. Quatre ans plus tard, après une campagne sur des thèmes de gauche (notamment l'augmentation des pensions de retraites), ANO 2011 est arrivé largement en tête avec 29,64% (volby.cz, 2017). Le second parti, l'ODS, n'a obtenu que 11,32%, devançant à peine deux nouveaux partis aux accents antisystèmes plus ou moins prononcés, les *Pirates* et le parti populiste d'extrême droite *Liberté et Démocratie directe* de l'entrepreneur Tomio Okamura. Cinq autres partis ont ensuite complété ce quartet, mais avec un résultat inférieur à 10%, notamment les Sociaux-démocrates et les Communistes. Après une tentative infructueuse de former un gouvernement monocolore avec l'aide du président de la République, Miloš Zeman, Andrej Babiš a été contraint de constituer un gouvernement minoritaire avec ses anciens partenaires sociaux-démocrates, mais cette fois soutenu par les communistes, une première depuis 1989.

Andrej Babiš imprima alors son style de gouvernement fortement personnalisé, empreint de populisme. Son mode de gouvernance au jour le jour caractéristique du micro-management, rythmé par ses prises de position hebdomadaires sur Facebook (« Ciao les gens »), et sa gestion *ad hoc* des problèmes relevés par les médias, cachait à grand peine un problème structurel de son parti, à savoir l'absence de cadres politiques et de personnalités pouvant être nommés aux postes de confiance. Si une part des services publics ont été placés sous le contrôle discrets de personnes auparavant liées à son groupe agro-industriel Agrofert, les limites de la « gestion de l'État comme une entreprise » qu'Andrej Babiš a réussi à imposer dans le discours public furent de plus en plus visibles. La crise de la COVID-19 en a été un exemple très clair, comme nous allons le voir plus loin.

Un autre aspect primordial du discours et de la façon dont Andrej Babiš géra le pays est son appel constant à l'expertise et à la technocratie. Lenka Bustikova et Petra Guasti ont montré à ce titre la dimension populiste spécifique de ce modèle (Bustikova, Guasti, 2019). Cette importance donnée aux experts (supposés

« apolitiques » au contraire des personnes placées par les partis politiques « classiques »), s'explique en partie par l'absence de cadres dans le parti ANO 2011 déjà évoquée, la centralisation du parti et le rôle clef joué par Andrej Babiš dans les décisions, y compris au niveau des choix personnels. Les experts sont ainsi choisis de manière directe, le plus souvent sur la base de relations individuelles et de préférences liées à des considérations de marketing politique. Cette approche a bien sûr montré ses limites face à la pandémie, même si la tentation de tirer profit du nom de Roman Prymula a été clairement établie, l'épidémiologue nommé ministre sur le quota des ministres ANO 2011 s'est aussi retrouvé un temps sur les pages internet du parti, comme nouvelle figure de proue. Il n'en a été retiré qu'après avoir publiquement dénoncé une quelconque appartenance politique.

Cette situation politique complexe, manifestée par la nomination et le fonctionnement du gouvernement minoritaire Babiš appuyé par le Parti Communiste, explique les tensions multiples, en particulier liées à la déclaration de l'état d'urgence à répétition. Le gouvernement, et plus précisément Andrej Babiš, devait ainsi à chaque demande de prolongation obtenir l'aval du Parti communiste de Bohême et de Moravie qui pouvait ainsi imposer en partie sa conception, et tenter ainsi de profiter politiquement de la situation. Une situation nouvelle est cependant apparue à la mi-février 2021, lorsque les Communistes (manifestement pour des raisons électoralistes) ont refusé de continuer à soutenir le gouvernement. Celui-ci s'est ainsi trouvé dans l'incapacité de prolonger (après près de deux cents jours) l'état d'urgence, laissant augurer une fin des mesures de confinement à défaut de base légale, quasiment du jour au lendemain.

Cette situation critique, renforcée par la cacophonie gouvernementale sur les mesures à prendre et à tenir, est principalement le fruit de l'incapacité du gouvernement de proposer des dispositifs nouveaux et systématiques de lutte contre la pandémie, alors même que le pays faisait face depuis des mois à un effet très relatif de sa politique. L'état d'urgence était en fait non seulement un pis-aller, mais surtout une façon de gouverner qui sied plus particulièrement au Premier ministre Andrej Babiš et révèle des lacunes majeures dans sa gestion de la crise. Il ne s'agissait plus de symbolique de « gestion de l'État comme une entreprise », mais surtout de décider de manière souvent individuelle, d'options parfois illogiques (refus de confiner), mais explicable par le risque électoral de mesures impopulaires. Dans cette optique, l'éminence grise (mais très présente dans les médias aussi) Roman Prymula a pu jouer un rôle important, à défaut d'être systémique. Car force est de constater qu'au-delà de problèmes strictement politiques (polarisation de la scène politique, gouvernement minoritaire, style de gouvernance), nombre de difficultés auxquelles a fait face la République tchèque étaient liées à des carences et défauts structurels des services de santé, et en particulier des services épidémiologiques.

3. Le contexte épidémiologique

Comme mentionné ci-dessus, pour pouvoir expliquer la montée de Roman Prymula qui est devenu le « super expert à la tchèque », il est nécessaire de présenter un élément-clé vis-à-vis la gestion de la pandémie – le fonctionnement du secteur épidémiologique, une part intégrale du système de soins tchèque. Pour ce faire, dans cette partie du chapitre, nous présentons brièvement le système des soins de santé en République tchèque et nous proposons une étude de secteur épidémiologie – son organisation, son financement et fonctionnement, avant et pendant la pandémie.

Le système de soins tchèque est un système de type bismarckien (reposant sur une assurance maladie publique) dont la valeur principale est celle de la solidarité. Le système offre un accès universel aux soins et une large variété de ces soins sont remboursés par l'assurance maladie publique. Le système se montre efficace dans la lutte contre les maladies menaçant la vie (OECD, 2019). En revanche, ses points faibles sont liés au traitement des maladies chroniques et à une approche hésitante vis-à-vis de la prévention (OECD, 2019). Le ministère de la Santé joue un rôle de régulateur principal et, en tant que tel, il doit surtout faire face au vieillissement de la population et à celui du personnel de santé ; il est également confronté à un niveau d'investissement dérisoire, à une pénurie de main d'œuvre ainsi qu'à un niveau faible des rémunérations (OECD, 2019).

3.1 L'organisation du secteur épidémiologique

Le secteur épidémiologique est une partie intégrante du système de soins public, destiné à la protection et de la promotion de la santé publique en RT. Ce secteur dispose traditionnellement d'un réseau d'institutions épidémiologiques étendu. Le taux de l'immunisation reste plutôt élevé quant à la vaccination contre les maladies infantiles (obligatoire) ; en revanche, le taux d'immunisation reste plutôt faible quant à la vaccination des adultes (volontaire).[134]

Le secteur épidémiologique reste le secteur central en situation de pandémie. Pour comprendre son fonctionnement, nous présentons ci-dessous les trois documents stratégiques et les cinq structures clés du domaine (voir la figure 1).

Parmi les **documents clés** :

– La **loi sur la protection de la santé publique**[135] (1) régularise les droits et les obligations des personnes dans le domaine épidémiologique et de la protection de la santé publique ; (2) établi un système des services publics actifs dans ce domaine, leurs activités et compétences et (3) détermine le système de prévention et de protection contre les maladies infectieuses.
– Le **plan national anti-pandémie** a été adopté dès 2011. Il détermine le système et le processus de réaction lors d'une situation pandémique. Le but principal est de

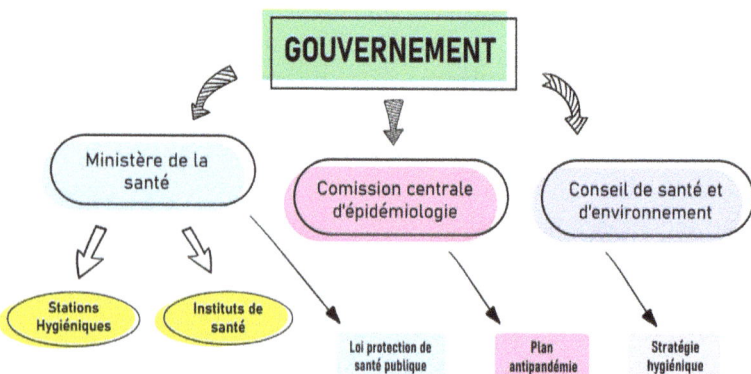

Figure 1. Documents et structures clés dans le domaine d'épidémiologie. Source : Auteurs, (Licence : CC-BY-NC-ND).

modérer les conséquences médicales, hygiéniques, sociales et économiques d'une pandémie. En 2012, le ministère de la Santé a adopté son propre plan anti-pandémie qui détermine les quatre stratégies clés lors de la pandémie en République tchèque : vaccination, communication, coopération des services publics actifs dans le domaine épidémiologique et coopération des fournisseurs de soins lors de la pandémie.

– Enfin la **stratégie hygiénique** a été adoptée en 2013 et vise à stabiliser et à cultiver le système de protection de santé publique tout en veillant à promouvoir la gestion globale de ce système, la cultivation des ressources humaines, techniques et financières dans ce système, et la stabilité institutionnelle et législative du système.

Parmi les **services clés** :

– Le **ministère de la Santé** est un service central de l'État qui est responsable de la protection de la santé publique. C'est le Responsable des services d'hygiène qui gouverne et contrôle les activités des services publics dans le secteur épidémiologique. Le responsable des services d'hygiène a un statut de vice-ministre, il est nommé par le gouvernement et représente le ministère dans les affaires concernant la protection de la santé publique (Krýsa, 2003). Il est responsable de la politique de la santé dans le domaine de la prévention primaire et de la protection de la santé publique, il décrète les mesures de protection liées à la santé publique et décide des programmes d'immunisation et de vaccination exceptionnelle.

– Les **stations hygiéniques** sont des services publics responsables en matière de contrôle du suivi des normes dans le domaine épidémiologique. Les stations sont établies par le ministère de la Santé pour chaque région de la République tchèque ; elles sont dirigées par un directeur nommé par le Responsable des services d'hygiène. Les employés de ces stations ont le statut de fonctionnaires d'État. Les stations d'hygiène jouent le rôle principal dans les activités liées à la protection et la prévention des maladies infectieuses.

– Les **Instituts de santé** sont des établissements sanitaires, financés essentiellement par des allocations du ministère de la Santé. L'Institut national de la santé étant la base professionnelle et de recherche dans le secteur épidémiologique, les Instituts régionaux jouent un rôle de services auxiliaires, puisque travaillant notamment pour les Stations hygiéniques (analyses, services laboratoires).

– Outre les services publics mentionnés ci-dessus, il y a en République tchèque d'autres structures pérennes dans le domaine épidémiologique, toutes liées au gouvernement. Il s'agit principalement de la **Commission centrale d'**épidémiologie et du **Conseil de santé et de l'environnement**[136]. Ces structures gouvernementales sont responsables de la coordination du plan anti-pandémie et de la stratégie hygiénique. Pour des situations de crises, un état-major central de crise est établi.

Dans les structures épidémiologiques présentées ci-dessus, il est possible d'identifier les acteurs clés. Il s'agit des trois personnes qui jouent un rôle actif clef dans chaque de ces structures. Ce sont le Premier ministre, le ministre de la Santé et le Responsable des services d'hygiène (voir la figure 2).

3.2 Le financement du secteur épidémiologique

Le domaine épidémiologique tchèque donne, par son système d'institutionnalisation et de législation décrits ci-dessus, l'impression d'un système stable et solide, prêt à réagir efficacement face à une situation de crise potentielle. Comme dans tous les pays post-communistes, il s'agit d'un domaine qui a une longue tradition comme le montrent par exemple Rechel, Richardson, Mc Kee (2014), McKee, (2004), Cockerham, Snead, Dewaal (2002) ou Cockerham, Hinote, Cockerham, Abbott (2006). En réalité, c'est tout le contraire. Même si le système est dirigé par un vice-ministre spécialisé – le Responsable des services d'hygiène, jusqu'au début de l'année 2020 il s'agissait d'un parent pauvre du système de soins. Les raisons de cette situation sont multiples. Parmi les plus

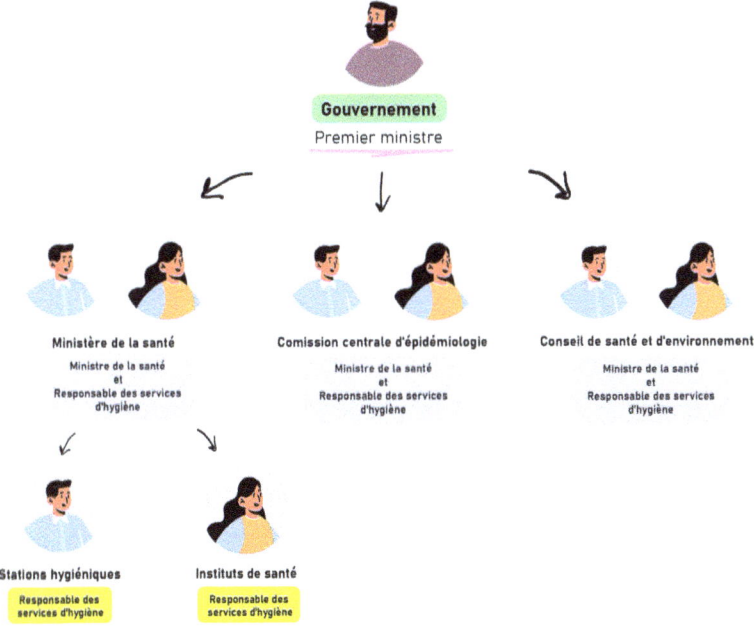

Figure 2. Les acteurs clés dans les structures clés dans le domaine épidémiologique.

Source : Auteurs (Licence : CC-BY-NC-ND).

marquantes, soulignons la situation financière et personnelle à l'intérieur et à l'extérieur du secteur, ainsi que le fonctionnement des institutions-clés.

Alors que les dépenses totales du système de soins en République tchèque entre 2006 et 2018 augmentaient (elles ont presque doublé pendant la période observée), les dépenses allouées au secteur épidémiologique diminuaient de façon très nette pendant la même période. Cela montre clairement que ce domaine n'était pas considéré comme une priorité dans le système de soins et confirme l'évaluation avisée de l'OCDE quant à l'approche tchèque hésitante en matière de prévention (OCDE, 2019).

Cette position marginale de ce domaine se vérifie aussi dans la situation du personnel dont disposent les services centraux et déconcentrés (les stations hygiéniques et les Instituts de santé-voir p.ex. Figure 1). La Figure 3 montre l'évolution de nombre de personnes qui travaillaient dans le secteur épidémiologique entre

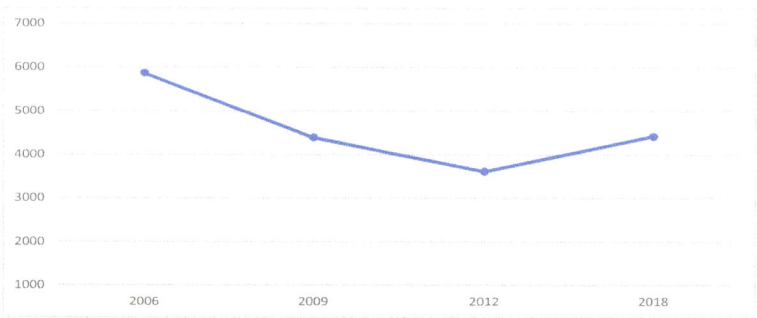

Figure 3. Nombre de personnes travaillant dans le secteur épidémiologique.

Source : calculé sur la base de données de Bureau de statistique de ministère de Santé et Stratégie hygiénique de la République tchèque (Licence : CC-BY-NC-ND).

2006 et 2018. D'une part, la quantité de main-d'œuvre a baissé de façon significative entre 2006 (passant de 5 863 travailleurs à 3 609) et 2012 (3 609 travailleurs), d'autre part ces services font face au problème du vieillissement du personnel, l'âge moyen étant d'environ 60 ans.

Les personnels autorisés à travailler dans ce domaine sont listés dans deux lois spéciales[137] : les médecins spécialistes en santé publique, épidémiologie et hygiène, les spécialistes et assistants « de protection de santé publique » (surtout en laboratoire, hygiène ou alimentation) ou les représentants de professions techniques ou en sciences naturelles. La motivation des étudiants pour travailler dans ce domaine reste plutôt faible au cours des années mentionnées. Si nous regardons plus concrètement la situation des étudiants en médecine, ils ne choisissent pas la spécialisation « épidémiologie » très souvent. D'après une des spécialistes dans le secteur, plusieurs raisons se combinent :

> Il y 30 ans, nous étions en tête du peloton mais aujourd'hui le prestige de cette spécialisation reste bas ('se laver des mains et penser à la prévention, ce n'est pas une vrai médecine, c'est la médecine clinique qui est importante'), la faculté d'hygiène n'existe plus, les salaires sont pitoyables et impossible à négocier, le secteur privé est absent dans le secteur, le chaos règne dans le système des

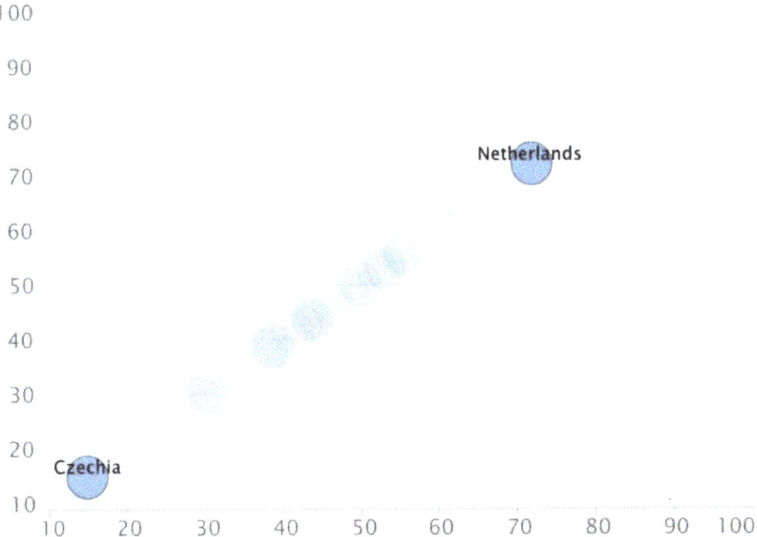

Figure 4. Salaires comme pourcentage des dépenses totales de santé.
Source : Health For all Database (Licence : CC-BY-NC-ND).

attestations[138] – qui voudrait, après six ans d'études travailler dans un secteur pareil.. ?[139]

Comme mentionné dans l'entretien, le niveau des salaires dans le domaine reste très bas. Même s'il s'agit d'un problème général dans le système de soins tchèque (voir figure 4), la situation dans le domaine épidémiologique est encore pire (voir figure 5).

Comme on peut le voir dans la figure 5, le dernier taux des salaires moyens est de 2013 – date d'adoption de la stratégie hygiénique. Il n'est pas possible de trouver d'informations dans les bases de données publiques plus récentes. L'explication est sans doute liée au fait qu'une partie des employés du secteur épidémiologique soient employés dans des établissements sanitaires (les instituts de santé – voir Figure 1) qui sont, dans les statistiques, regroupés avec des employés d'autres établissements sanitaires et l'ensemble forment ainsi la catégorie « autres établissements sanitaires ». L'autre partie des employés du secteur sont des fonctionnaires d'État et leurs salaires ne sont pas distincts dans les bases de données publiques. Le secteur épidémiologique n'était

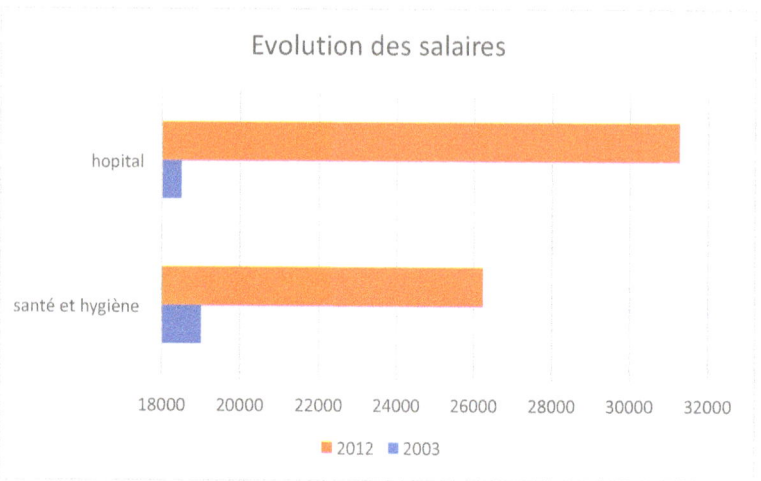

Figure 5. Rémunérations moyennes dans le secteur épidémiologique. Source : Stratégie hygiénique de la RT (Licence : CC-BY-NC-ND).

donc stable ni du point de vue du financement ni du point de vue du personnel.

La faible capacité financière implique par ailleurs un état insuffisant des équipements techniques. En outre un autre point faible du secteur épidémiologique peut être relevé en matière de fonctionnement des institutions responsables pour accomplir des stratégies importantes dans le domaine. La Commission centrale d'épidémiologie (voir Figure 1), responsable du plan anti-pandémie qui était supposée se réunir au moins une fois par an, ne se réunissait pas. Ainsi par exemple en 2019, il n'y a pas eu de réunion. La situation était identique pour le Conseil de santé et de l'Environnement (voir Figure 1) qui est la structure responsable de la stratégie hygiénique. Cette faiblesse structurelle est connectée aussi avec le fait que le secteur épidémiologique n'a pas été systématiquement analysé, les données relatives au secteur n'ont pas été suivies, commentées ni discutées. La forte bureaucratisation du secteur épidémiologique et son ignorance par tous (les politiciens, les médecins, les académiques, les économistes, etc.) s'est traduite par l'incapacité de produire des experts.

Pour le dire simplement, ce domaine n'a pas été jugé important ni *a fortiori* prioritaire. On manquait en République tchèque d'un vrai travail systématique qui visait à cultiver et stabiliser le secteur épidémiologique. C'est pourquoi ce domaine peut représenter un bel exemple de zone d'incertitude (Crozier & Friedberg, 2017). Dans une zone pareille, le membre d'une institution (ici du système de soins et/ou du secteur épidémiologique dans ce cas) qui n'est pas au sommet de la pyramide hiérarchique, peut à un moment donné commencer à influencer le flux d'information. Par définition (Keller 2005), il s'agit d'une personne membre de cette institution, experte dans son domaine et dont les tâches sont difficiles à contrôler par ses responsables. Une telle personne a la possibilité de pouvoir gagner un grand pouvoir et devenir un décideur. Comme nous l'avons montré, le secteur épidémiologique propose une telle zone, un espace de pouvoir qui se montre « libre » et qui attend que quelqu'un le découvre et l'utilise (voire en profite). Dans cette optique, c'est comme si on attendait la naissance d'un super-expert, un héros qui sauvera le secteur (et plus encore le pays).

3.3 Le fonctionnement du secteur épidémiologique lors de la pandémie

Au début de l'année 2020, la situation changea complètement. Le secteur épidémiologique a été (re)découvert. Comme le déclara le ministre de la santé en septembre 2020, il devint une priorité : « Nous avons travaillé surtout le domaine hospitalier, le secteur hygiénique et épidémiologique n'a pas été jugé prioritaire pour le Ministère de santé. Cela change maintenant »[140].

Ce changement peut être constaté dans plusieurs domaines :

– Les rémunérations : des primes exceptionnelles ont été payés aux directeurs des Stations hygiéniques[141]. Le montant des primes n'a pas été identique pour chaque directeur, ce qui n'est pas problématique *per se*, mais le montant des primes variait significativement et cette variation n'a pas été expliquée. Cette approche n'a aidé ni à stabiliser ni à calmer les employés dans le domaine épidémiologique.

– Le ministère de la Santé a alloué un financement forfaitaire (200 million de CZK) pour aider les institutions clés, surtout les Stations hygiéniques, et leur permettre de fonctionner pendant la pandémie et pour contribuer à la

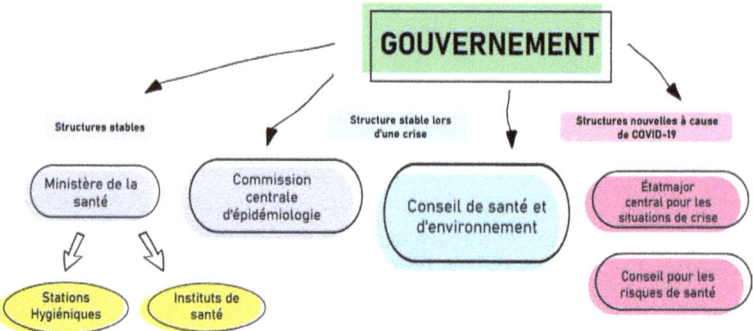

Figure 6. Structures stables, structure de crise et structures nouvelles dans le secteur épidémiologique lors de la pandémie.

Source : Auteurs (Licence : CC-BY-NC-ND).

rénovation de certains équipements techniques. Comme le déclarait le ministre de la Santé en septembre 2020, cette aide financière destinée à aider rénover l'équipement technique était plutôt symbolique, « il ne s'agit pas d'un équipement hi-tech mais de l'équipement standard qui permet aux Stations hygiéniques à fonctionner ».

– Fonctionnement des institutions et changements personnels : non seulement les structures stables (c'est-à-dire la Commission centrale d'épidémiologie et le Conseil de santé et de l'environnement) recommencent à se réunir et à travailler mais de nouvelles institutions de crise commencent à fonctionner (État-major) voire sont créées (Conseil pour les risques de santé). Cette situation peut être vue ci-dessous (Figure 6).

– L'**état-major** est un service de travail de gouvernement qui, lorsque l'état d'urgence sanitaire est décrété coordonne le fonctionnement des autres acteurs actifs dans la crise, prépare et propose les alternatives des solutions possibles, tout en respectant les compétences des services actifs dans le domaine de protection de santé publique. L'état-major est activé lors d'une situation de crise et en fonction du type de crise. Le président de l'état-major est nommé par le Premier ministre : il s'agit soit du ministre de l'Intérieur, soit du ministre de la Défense. Le 12 mars 2020, l'état d'urgence a été proclamé en République tchèque à cause du virus COVID-19. L'état-major n'a cependant pas été activé et le Premier ministre a expliqué cette situation au cours de la conférence de presse tenue à l'occasion de la proclamation de l'état d'urgence sanitaire de la façon suivante : « l'état-major, c'est le gouvernement ». A. Babiš ne souhaitait pas perdre la main. Un conflit vif entre le ministre de l'Intérieur (Jan Hamáček, président du parti social-démocrate et vice-Premier ministre) et le Premier ministre a alors éclaté. L'état-major a finalement été activé dans la nuit du 15 au 16 mars 2020 lors de la réunion de gouvernement après que celui-ci a eu changé son statut (concrètement l'article lié au président de l'état-major). Roman Prymula, le vice-ministre de santé devint ainsi le président de l'état-major. Deux semaines plus tard, le ministre de l'Intérieur fut finalement nommé président de l'état-major en remplacement de R. Prymula.

– Le **Conseil pour les risques de santé** est un service consultatif du gouvernement qui a été établi à la fin du mois de juillet 2020. Il est présidé par le Premier ministre. Celui-ci a un pouvoir important dans ce conseil (qui ne peut se réunir sans la présence de son président par exemple). Dans la direction de ce Conseil – outre le Premier ministre – nous trouvons le ministre de la Santé, le ministre de l'Intérieur, un représentant des régions, un représentant de la recherche en santé et en informatique et un représentant des mutuelles de santé. Le but de ce Conseil est triple : (1) arrêter la propagation de la pandémie ; (2) contrôler l'évolution de la pandémie et (3) cultiver le système de diagnostic et d'analyse relatif à la maladie de la COVID-19. En même temps, une administration exécutive de ce Conseil a été établie, l'équipe dirigeante centrale d'intégration, avec à sa tête le Responsable des services d'hygiène. Cette équipe est responsable en matière de direction et de coordination des règlements adoptés.

L'établissement de ce Conseil (et de l'équipe dirigeante)
a provoqué une série de commentaires critiques relatifs
à une forte centralisation de pouvoir entre les mains
d'Andrej Babiš, car il s'agit d'un service en charge des
questions stratégiques et systémiques liées à une situation
sanitaire difficile. Entre novembre 2020 et mai 2021, deux
nouvelles structures ont été créées : le Conseil pour gérer
la maladie de la COVID-19 et le Groupe Interministériel
pour les situations épidémiologiques. Tous les deux ont
cessé d'exister au printemps 2021 suite à un changement
au poste de ministre de la Santé.

Pour conclure cette partie, la figure 6 montre les structures stables,
les structures de crise et les structures nouvelles dans le système
épidémiologique tchèque[142]. Tout comme le nombre des institutions (comparer figure 2 et figure 6) a augmenté lors de la
pandémie, le nombre des acteurs a augmenté aussi. Au cours de
la pandémie, il est possible d'identifier quatre personnes qui
jouent un rôle central dans la direction de ces structures. À part le
Premier ministre, le ministre de la Santé et le responsable des services d'hygiène, il s'agit également du ministre de l'Intérieur. Ce
n'est pas seulement le nombre des acteurs que nous souhaitons
souligner ici, mais plutôt le fait que parmi ces quatre personnes
clefs, deux ont été remplacées plusieurs fois (cinq ministres de
la Santé entre février 2020 et mai 2021, trois responsables des
services d'hygiène pendant la même période). Les rapports de
forces politiques entre les différents niveaux (État, régions, communes), entre les différents acteurs politiques (notamment les
partis y compris les deux composantes du gouvernement), entre
les spécialistes et les acteurs du secteur ont fortement amplifié les
défauts, absences ou incohérences existant avant l'apparition de
la pandémie. Ces problèmes systémiques et conjoncturels ont eu
pour conséquence l'apparition d'une fenêtre d'opportunité, dont
seuls quelques acteurs ont su tirer parti, en premier chef Roman
Prymula propulsé en quelques semaines au rang de super-expert,
ce qu'il est resté en dépit des vicissitudes pandémiques et politiques. À part Andrej Babiš qui disposait d'une capacité d'influence sur toutes ces structures, seul Roman Prymula a su être

actif dans toutes ces structures, son importance et son influence peuvent être qualifiées de centrales.

4. Le super-expert à la tchèque

Comme nous l'avons vu, le système de santé tchèque n'était pas préparé à divers titres pour faire face à une pandémie de cette ampleur. Les perspectives de gestion par des comités d'experts étaient pratiquement exclues, même si le système pouvait laisser entrevoir une telle solution. Le mode de gouvernance Babiš (micro-management), les faiblesses du ministère de la Santé et des services compétents, mais aussi l'urgence de la crise ont ouvert une fenêtre d'opportunité spécifique qu'a pu et su utiliser Roman Prymula, un homme aux compétences et savoirs faires multiples. Force est de constater tout d'abord que le professeur Roman Prymula n'était pas au début de l'année 2020 un personnage totalement inconnu. Il occupait depuis 2017 le poste stratégique de vice-ministre de la Santé. À ce titre, il était chargé des questions de soins de santé. Cette fonction n'était pas en soi éloignée des questions épidémiologiques, mais cette dimension était sans commune mesure avec le poids et l'importance que l'épidémiologie allait prendre en quelques semaines au début de la pandémie.

Faisons néanmoins le constat suivant : Roman Prymula avait au début de la crise une très bonne connaissance des rouages ministériels. Pourtant la situation n'était pas sans problème, la faiblesse du système laissait place à un acteur maîtrisant les rouages et les jeux de pouvoir, mais en même temps, le super-expert pouvait très vite devenir le bouc-émissaire d'un système inopérant. En effet, le vice-ministre Roman Prymula était au début 2020 sur le départ du ministère. Il n'avait pas obtenu des services de renseignement une autorisation « secret défense », obligatoire pour ce type de poste susceptible d'entrer en contact avec des dossiers classifiés. Jusqu'à aujourd'hui prévaut néanmoins la version officielle suivante : Roman Prymula avait fait la demande pour obtenir cette autorisation, mais les services compétents ne l'ont pas décerné à temps. Cette situation en théorie ubuesque cache une série de questions relevées par certains médias[143]. Ceux-ci ont évoqué des affaires établies et connues depuis plusieurs année[144] : Roman Prymula tout d'abord avait fait des affaires fructueuses dans le secteur pharmaceutique, aux côtés de sa fille, frôlant le délit d'initié. Il avait aussi été, à l'époque où il dirigeait un des grands hôpitaux publics tchèque (l'hôpital universitaire de Hradec Králové), un des fervents propagateurs de la médecine chinoise. Dans les deux cas, Roman Prymula pouvait être mis en difficulté par ses anciens partenaires et pouvait, à ce titre, représenter un danger (au moins théorique) pour la sécurité nationale. Mais revenons à notre point premier, Roman Prymula était au début de la crise de la COVID-19 déjà dans les rouages gouvernementaux.

Cette présence était due non seulement à son profil de spécialiste, mais aussi, sinon avant tout, à ses capacités managériales (notamment en tant que directeur d'hôpital public). La pandémie a permis de faire ressortir ces deux avantages, le premier étant en outre lié à son cursus de médecin-épidémiologiste militaire. Il a, enfin, aussi exercé les fonctions de président de l'association tchèque de vaccinologie, ce qui le positionnait de manière forte y compris au début de l'année 2021, lorsque la République tchèque a mis en application son programme de vaccination contre la COVID-19. Enfin, et cette dimension a une certaine importance du fait de la nécessité de communiquer dans les médias les mesures prises par le gouvernement, Roman Prymula avait un style calme et sérieux, voire austère. Cette dimension est certes psychologique, mais d'importance grandissante face au désarroi des services publics et du gouvernement. Roman Prymula est devenu en quelques semaines, en février-mars 2020, le pilier de la lutte tchèque contre la pandémie, celui qui donnait l'avis à suivre et surtout celui qui présentait dans de nombreux cas au public les mesures prises. Notons ici que ce rôle de porte-parole était dans la plupart des cas joué par le gouvernement, alors débordé par la situation et dont les limites avait été rapidement atteintes.

En réalité, ce contexte de crise politique n'était pas uniquement dicté par des problèmes de gouvernance. Tout d'abord le ministre de la Santé en poste de décembre 2017 à septembre 2020, Adam Vojtěch (1986), juriste de formation, était en difficultés constantes lors de la crise et souvent contredit par le Premier ministre. Il fut aussi rapidement dépassé en termes de confiance de la population par son vice-ministre, Roman Prymula, notamment parce que celui-ci disposait d 'une capacité d'expertise en matière épidémiologique reconnue qui faisait défaut au ministre. Celui-ci était en outre politiquement faible : il a certes été collaborateur d'Andrej Babiš lorsque celui-ci est entré en politique, mais il ne faisait pas partie du cercle restreint autour de celui-ci. Sa nomination à la tête d'un ministère important pour le Premier ministre (qui entreprend aussi dans le domaine de la santé, notamment dans la conception in vitro ou la cancérologie) est vraisemblablement un choix par défaut, même si au final le travail d'Adam Vojtěch a été jugé de manière relativement positive (en partie parce qu'il est resté en poste assez longtemps par rapport à ses prédécesseurs).

Roman Prymula disposait également d'autres atouts liés à la faiblesse d'autres acteurs. À l'époque, la responsable des services d'hygiène, Eva Gottwaldová, se trouvait en difficulté et était fortement délégitimée par le Premier ministre avec lequel elle avait déjà été en conflit. Ce conflit eut pour conséquence une modification de la loi sur les services d'hygiène, imposant, entre autres, une nouvelle obligation (dont l'absence jusqu'alors caractérisait tant le désintérêt général pour ces services que les difficultés à attirer des spécialistes de haut niveau). Désormais, le responsable de ce service doit obligatoirement être un médecin. La remplaçante de Gottwaldová, révoquée le 12 mars 2020, était une épidémiologiste (Jarmila Rážová, en poste jusqu'en mars 2021). Ce changement allait certes dans le sens du renforcement de cette administration jusqu'alors négligée, mais il intervint à un moment tardif où les principaux acteurs avaient déjà pris leurs marques, en commençant par Roman Prymula. Celui-ci est en outre professeur, ce qui joue en sa faveur en cas de dissensions. Par ailleurs, les services d'hygiène étaient alors sur le devant de la scène, mais dans une perspective (temporaire) de déconcentration, une partie de la gestion de la crise étant confiée au niveau régional, sous le contrôle gouvernemental.

Cependant, cette solution a assez rapidement été abandonnée au profit d'une centralisation, notamment parce qu'il devenait difficile de séparer une région de l'autre sans prendre des mesures drastiques de limitation de la liberté de circuler (par exemple, fermer les magasins dans une région implique de facto le déplacement des clients vers les régions proches où ces magasins ne sont pas fermés), sans avoir, d'ailleurs, la capacité de faire respecter les interdictions, les services de police étant appelés à remplir d'autres tâches.

Le dernier point à jouer en faveur de Roman Prymula fut la cacophonie de l'opposition et son incapacité à proposer des mesures alternatives à celles du gouvernement. Ce fait est lié à la polarisation de la scène politique, aux forts antagonismes des partis et à la faiblesse des acteurs en présence, phénomènes que nous avons rappelés plus haut. La capacité de proposition de l'opposition était en outre dramatiquement diminuée car aucun de ces partis ne dispose d'épidémiologistes pouvant proposer une expertise et des solutions alternatives[145]. Tout au plus peuvent-ils s'appuyer sur des médecins se trouvant dans leurs rangs, mais ceux-ci ont souvent une compétence très éloignée des problèmes liés à la pandémie à régler et ils étaient en outre soit divisés entre eux, soit d'accord avec les mesures de confinement prises[146]. Ceci d'ailleurs s'inscrivait dans des débats souvent dramatiques, dans lesquels intervenaient des spécialistes de disciplines médicales ou scientifiques qui proposaient de s'en remettre au développement naturel de l'immunité collective, notamment pour ne pas entraver la vie économique. Les critiques savantes tous azimuts portèrent rapidement sur les masques, le confinement, le modèle de surveillance électronique etc. La référence au modèle suédois (puis plus tard israélien de fait en contrepoint) faisait partie de la panoplie de base des détracteurs du confinement imposé, *in fine*, par Roman Prymula, alors même que la pression sur les services de santé se faisait sentir de plus en plus fortement et que le nombre de morts littéralement explosait.

Si Roman Prymula a pu entrer en conflit avec le gouvernement (plutôt avec le ministre de la santé), il a su toujours trouver un auditeur attentif, le Premier ministre. Ceci est à mettre en perspective de l'approche relevée plus haut : si d'un côté A. Babiš décidait, de l'autre il n'était pas prêt à porter la responsabilité de ses décisions, disposant toujours de la faculté de faire jouer le rôle de fusible, principalement à A. Vojtěch jusqu'au départ de celui-ci (ce rôle fut plus tard joué par les autres ministres de la Santé, notamment Jan Blatný). La tentative naïve du Premier ministre de donner le mauvais rôle à Roman Prymula (en affirmant que le gouvernement ne faisait qu'avaliser les décisions prises par celui-ci et ses collaborateurs) s'est soldée par une réponse sans équivoque de celui-ci quant à la répartition des compétences des uns et des autres, et notamment de la responsabilité politique incombant au gouvernement et non pas aux experts[147].

Prymula a ainsi souligné que les experts pouvaient être remplacés ou que leurs analyses non suivies pouvaient être reprises dans les décisions gouvernementales. Cet épisode représente sans doute le seul moment où les deux hommes se sont affrontés ouvertement, et il n'a en aucune manière entraîné la mise au ban de l'expert phare. Car il faut reconnaître à son crédit que ses conseils, dictés par une approche rationnelle de la lutte contre la pandémie, ont toujours fini par revenir sur la table, même lorsque le gouvernement les mettait de côté en raison de leur impact politique négatif. Le principal problème pratique de ce jeu de pouvoir imposé par Andrej Babiš était le nombre de plus en plus restreint d'experts sur lesquels il pouvait s'appuyer, ainsi que le nombre limité d'hommes et de femmes politiques en réserve. Car le jeu politique prévaut toujours : à l'automne 2020, des élections régionales et sénatoriales (dans un tiers des circonscriptions) ont eu lieu, tandis que les élections législatives à l'automne 2021 ont été suivies des élections présidentielles en janvier 2023 (A. Babiš était candidat, parvenant jusqu'au 2e tour du scrutin).

Les élections régionales ont ainsi naturellement impliqué la montée au créneau des présidents de régions d'un côté (clamant leur part de responsabilité – positive – dans la lutte contre la COVID-19) et des partis politiques (de l'opposition surtout) de l'autre. Les élections d'octobre 2021 furent aussi à l'origine des tensions de plus en plus vives au sein du parlement mais aussi au sein du gouvernement et entre celui-ci et son partenaire communiste (d'où la fin de l'état d'urgence en février 2021)[148].

La démission du ministre Adam Vojtěch (autorisée sinon provoquée par Andrej Babiš) le 21 septembre 2020 a été manifestement influencée directement par l'aggravement progressif de la situation sanitaire et s'explique aussi par la fatigue d'un ministre constamment désavoué de tous les côtés. La recrudescence de la COVID-19 en République tchèque et l'affaiblissement du ministre de la Santé commençaient à fragiliser le Premier ministre lui-même et son slogan de l'époque « Best in COVID ». Celui-ci avait au cours de l'été 2020 encouragé fortement le déconfinement et le retour à la normale, adoptant des positions ambiguës, à l'écoute de l'opinion publique de plus en plus réticente à soutenir les mesures, fussent-elles allégées, de lutte contre le coronavirus. Entendant les critiques de plus en plus nombreuses contre les masques et autres règles limitant les citoyens dans leur vie quotidienne, il avait même fini par contredire son ministre qui avait proposé une extension du port du masque. Babiš avait alors imposé la révision du règlement ministériel, provoquant le départ médiatisé du principal conseiller de Vojtěch, R. Maďar[149].

Ce choix du Premier ministre a joué un rôle clef dans la montée ultérieure du nombre de malades, imposant un nouveau confinement strict à la République tchèque dès octobre 2020 et une situation critique en novembre, faisant basculer la République tchèque dans la catégorie des pays les plus touchés en quantité de morts. La démission d'Adam Vojtěch acquise, Andrej Babiš a qlors proposé de le remplacer par Roman Prymula lui-même. Cette décision a été actée pratiquement en quelques heures. Ce changement a aussi permis à Babiš de se préparer à faire porter la responsabilité des mesures impopulaires pour lutter contre la deuxième vague du coronavirus alors prévisibles, tout en préservant sa propre popularité en vue des élections à venir. Cela fut aussi une façon de recentraliser la prise de décision.

La nomination de Prymula à la fonction ministérielle était attendue depuis des semaines et ne fut donc pas une surprise. Plus surprenante fut la rapidité du changement opéré en quelques heures, avec l'aval bienveillant du président Zeman qui avait depuis longtemps prévu de décerner à Prymula la plus haute médaille tchèque. Il s'agissait non seulement d'une solution logique, face à une situation de plus en plus critique au plan de la pandémie, mais aussi d'un choix imposé par l'absence d'alternative dans le camp du Premier ministre[150]. Le style sobre et sérieux de Prymula remplaçait la jeunesse et l'allant de Vojtěch[151].

Si le nouveau ministre a suivi les conseils en communication de son chef de gouvernement (il commença même à utiliser un compte Twitter), il n'hésita pas à apparaître à la télévision lors d'une allocution directe pour présenter les trois piliers de sa politique de lutte contre la COVID-19 : renforcement du secteur hospitalier, dépistage et communication[152]. Il présenta aussi ses excuses pour ne pas avoir été suffisamment énergique dans son activité de conseiller durant l'été et ne pas avoir imposé à l'époque des mesures plus restrictives, mais aussi, dans la foulée, la décision de reconfiner face à l'ampleur de la deuxième vague. Les mesures furent certes plus ciblées qu'au printemps, mais la fermeture des commerces, des bars et restaurants fut perçue comme un nouveau coup dur pour la société. Les appels à responsabilité civique du ministre furent néanmoins pour l'essentiel entendus… pourtant dans la soirée du 22 octobre 2020, le ministre fut photographié par un tabloïd sortant d'un restaurant en principe fermé (ou il avait une réunion politique, manifestement secrète) et qui plus est sans masque[153].

Face à l'ampleur du désastre politique (y compris du fait des excuses alambiquées de Prymula), Andrej Babiš ne put éviter de révoquer immédiatement son ministre. Celui-ci fut cependant décoré par le Président le 28 octobre (jour de la fête nationale tchèque), et le lendemain il fut finalement remplacé par l'hématologue Jan Blatný. Autant la nomination de Prymula avait permis de souligner que celui-ci était le « plus illustre des épidémiologues » et que personne d'autre ne pouvait prendre cette place, autant la nomination de Blatný ne permettait de souligner que l'incapacité de trouver quiconque pour reprendre le flambeau[154] (alors que l'épidémie atteignait des records) et jouer un rôle impossible à tenir (à l'exception de Prymula, disposant de la confiance de Babiš).

Roman Prymula resta cependant auprès du Premier ministre. S'il ne put retrouver son poste de délégué plénipotentiaire, il retrouva le siège du gouvernement (l'Académie Straka) où il disposait d'un bureau et remplissait des fonctions de conseiller du Premier ministre. S'il avait annoncé publiquement ne vouloir jouer qu'un rôle d'expert externe, notamment en tant que membre d'une commission internationale, il est devenu conseiller auprès du ministre et du chef du gouvernement. Il a, par ailleurs, renouvelé sa licence commerciale[155]. Enfin soulignons qu'Andrej Babiš souhaitait le nommer délégué gouvernemental à la vaccination, ce que Roman Prymula a refusé, constatant que le système alors déjà mis en place ne lui permettrait de mener une politique cohérente…[156]. Force est, à ce titre, de constater que quelques mois plus tard le système de vaccination tchèque connut d'importants problèmes (nombre insuffisant de doses, problèmes de capacité de vaccination, etc). En dépit des slogans répétés d'Andrej Babiš selon lequel la République tchèque était « Best in COVID », les vagues successives de la COVID-19 entre l'automne 2020 et le printemps 2021 ont eu pour conséquence une mortalité liée à la pandémie rarement dépassée par d'autres pays[157]. L'immunité collective évoquée à demi-mots (notamment par R. Prymula) au printemps 2020 a finalement peut-être été atteinte, comme l'a annoncé triomphalement le Premier ministre qui s'est félicité que le pays ait à la rentrée 2021 environ 6 millions de vaccinés auquel il faut ajouter "deux millions" de personnes qui avaient contracté la COVID-19.

5. Conclusion

Le but de ce chapitre est de mettre en lumière le contexte de l'arrivée d'un « super-expert » lors de la pandémie de la COVID-19 en République tchèque. La montée de Roman Prymula est liée à un contexte politique favorable, tout comme à un secteur épidémiologie sous-estimé et en grandes difficultés. Notre hypothèse a donc été vérifiée – même si certains aspects généraux de la montée de Roman Prymula sont liés à des aspects objectifs (haute spécialisation nécessaire, personnalisation et médiatisation), les faiblesses des acteurs en place (ministre et secteur épidémiologique), l'impréparation, le désarroi de la classe politique et les défaillances systémiques ont donné à cette personnalité au cursus multiple (épidémiologue, homme d'affaires dans le secteur pharmaceutique, manager hospitalier, vice-ministre, chercheur) une fenêtre d'opportunité spécifique[158].

Bref *the right man at the right place*, ou, comme le dit un dicton tchèque, la fortune favorise ceux qui sont préparés : Roman Prymula a su créer et profiter d'une nouvelle zone d'incertitude dans le sens de Michel Crozier (Crozier et al., 2017), celle du secteur épidémiologique. Il a su préserver sa légitimité scientifique en dépit des vicissitudes pandémiques et surtout politiques. Sa chute à l'automne 2020 est imputable avant tout à ses fautes politiques plus qu'à l'environnement politique ou à des raisons épidémiologiques. Son irrespect pour les mesures qu'il imposa à l'ensemble de la population est caractéristique de l'abîme qui sépare une partie de la classe politico-administrative de la société.

Dans ce chapitre, nous avons montré l'importance du contexte politique tel qu'il fonctionnait au moins depuis les élections législatives de 2017 (gouvernement minoritaire et déséquilibré, dominé par A. Babiš). Nous avons signalé l'importance du secteur épidémiologie et sa place irremplaçable dans le système des soins tchèques. La situation politique a permis de laisser un tel espace pour la montée en première ligne d'un (seul) expert, en profonde symbiose avec la pratique du populisme technocratique. La présentation du contexte médico-sanitaire a permis de souligner que si le système de lutte contre les pandémies pouvait être, sur le papier, suffisant, ses lacunes et faiblesses connues de longue date se sont conjuguées avec les facteurs politiques pour donner une telle latitude à un expert, le professeur Roman Prymula. Ainsi la République Tchèque n'a pas été préparée à faire face à une situation de pandémie.

Déclaration de conflits d'intérêts

Ce chapitre a été réalisé dans le cadre du Plan national de relance (NPO) « Institut du Risque Systémique » n°. LX22NPO5101, financé par l'Union européenne – Next Generation EU (Ministère de l'Éducation, de la Jeunesse et des Sports, OBNL : EXCELES).

Bibliographie

Bártlová, S. (2005). *Sociologie medicíny a zdravotnictví. [Sociologie de médecine et de la santé]* (6ᵉ édition). Prague: Grada.

Bustikova, L., & Guasti, P. (2019). The State as a Firm: Understanding the Autocratic Roots of Technocratic Populism. *East European Politics and Societies, 33*(2), 302–330.

Cockerham, W. C., Hinote, B. P., Cockerham, G. B., & Abbott, P. (2006). Health lifestyles and political ideology in Belarus, Russia, and Ukraine. *Social Science and Medicine, 62*(7), 1799–1809.

Cockerham, W. C., Snead, M. C., & Dewaal, D. F. (2002). Health lifestyles in Russia and the socialist heritage. *Journal of Health and Social Behavior, 43*(1), 42–55.

Crozier, M., & Friedberg, E. (2017). *The Bureaucratic Phenomenon.* Routledge. doi: https://doi.org/10.4324/9781315131092

Freidson, E. (1970). *Profession of Medicine: A Study of the Sociology of Applied Knowledge.* New York: Harper and Row.

Helman, C. (2007). *Culture, Health and Illness.* 5th édition. CRC Press. doi: https://doi.org/10.1201/b13281

Keller, J. (2005). *Dějiny klasické sociologie. [Histoire de la sociologie classique.]* 2e édition. Prague: Sociologické nakladatelství.

Kingdon, J. W. (1984). *Agendas, Alternatives, and Public Policies.* Boston: Little, Brown.

Křížová, E. (2006). *Proměny lékařské profese z pohledu sociologie. [Changements de la profession médicale – approche sociologique].* Prague: Sociologické nakladatelství.

Krýsa, I. (2003). Jak se změnila struktura hygienické služby k 1. lednu 2003. [Les changements liés au service hygiénique depuis Janvier 2003]. *České pracovní lékařství [Revue tchèque de médecine du travail]*, 4, n. 1.

McKee, M. (2004). Winners and losers: the consequences of transition for health. In: J. Figueras, M. McKee, J. Cain, & S. Lessof (Eds.), *Health Systems in Transition: Learning from Experience (pp. 85–102).* Copenhagen: European Observatory on Health Care Systems.

Rechel, B., Richardson, E., & Mc Kee, M. (2014). *Trends in health systems in the former Soviet countries.* Copenhagen: European Observatory on Health Care Systems. https://www.ncbi.nlm.nih.gov/books/NBK458305/ Organiz

Autres sources d'information

Bureau Tchèque de statistique. (2020). *Výsledky zdravotnických účtů.* [Résultats des statistiques de santé] (en ligne) https://www.czso.cz/csu/czso/vysledky-zdravotnickych-uctu-cr-2010-2018

Gouvernement de la RT. (2020). *Statut de l'état-major de crise.* (en ligne). Accessible de : https://www.vlada.cz/assets/ppov/brs/pracovni-vybory/ustredni-krizovy-stab/statut-UKS.pdf

Gouvernement de la RT. (2020). *Conférence de presse lors de proclamation de l'état d'urgence sanitaire*. https://www.vlada .cz/cz/media-centrum/tiskove-konference/tiskova-konference-po -mimoradnem-jednani-vlady--12--brezna-2020-180249/

Institut des informations de santé. (2018). *Zdravotnická ročenka České republiky*. [La santé en chiffres] (en ligne). Accessible de : https://www.uzis.cz/res/f/008280/zdrroccz-2018.pdf

Ministère de la santé de la République tchèque. *Činnost zdravotních ústavů.* » [Activité des instituts de santé] (en ligne). (Cité le 12 mai 2016). Accessible de: https://www.mzcr.cz/dokumenty /cinnost-zdravotnich-ustavu_6413_1204_5.html

OCDE/European Observatory on Health Systems and Policies. (2019). *Czech Republic: Country Health Profile 2019. State of Health in the EU*. Paris: OECD Publishing. doi: https://doi .org/10.1787/058290e9-en

Endnotes

133. Ce résultat a été obtenu grâce au NPO « Systemic Risk Institute » numéro LX22NPO5101, financé par l'Union européenne – Next Generation EU (Ministère de l'éducation, de la jeunesse et des sports, NPO : EXCELES).

134. Ainsi, seulement 20% des personnes de plus de 65 ans sont vaccinés contre la grippe alors que la moyenne européenne est de 44% (OECD, 2019).

135. Loi numéro 258/2000, sur la protection de la santé publique.

136. D'autres services publics sont inclus dans le domaine épidémiologique comme le Ministère de la défense, le Ministère de l'intérieur, le Ministère de l'environnement, le Ministère du développement régional et le Ministère du transport, ainsi que les régions.

137. Loi n. 95/2004, sur les professions médicales et loi n. 96/2004, sur les professions non médicales.

138. Système tchèque des examens de spécialisation pour les médecins.

139. Entretien avec Mme Holcátová (2e Faculté de médecine, Université Charles), 15 décembre 2020.

140. Němcová, J. : Hygienickým stanicím chybí technické vybavení, na kterém závisí fungování chytré karantény. iRozhlas (iRadio Tchèque). Publié le 13 septembre 2020. Disponible : https://www .irozhlas.cz/zpravy-domov/krajska-hygienicka-stanice-technicke -vybaveni_2009130659_onz

141. Kubant, V. Odměna 200 tisíc korun a zároveň výzva k rezignaci. Podívejte se na přehled odměn krajských hygieniků. iRozhlas (iRadio Tcheque). Publié le 2 septembre 2020. Disponible : https://www.irozhlas.cz/zpravy-domov/mimoradne-odmeny-krajske -hygienicke-stanice-koronavirus-verejne-finance_2008020600_vtk

142. La figure 6 montre les structures qui existent encore. Le Conseil pour gérer la maladie de COVID-19 et le Groupe inter-résortiel pour les situations épidémiologiques n'y figurent pas.

143. Par exemple « L'ascension difficile de Prymula : conflit d'intérêts, médecine chinoise, expulsion de l'hôpital et différends avec Vojtěch » (https://www.irozhlas.cz/zpravy-domov/roman -prymula-profil-zivotopis-kdo-je-kariera-epidemiolog-koronavirus -vyroky_2005270600_kno)

144. Ainsi en 2016 le quotidien de la santé notait « les conflits d'intérêts du directeur Primula ? Plus graves qu'il n'y paraissait d'un premier abord » (https://www.zdravotnickydenik.cz/2016/06/konflikt -zajmu-reditele-prymuly-horsi-nez-se-na-prvni-pohled-zdalo/).

145. La question d'une possible contre-expertise ne s'est réellement posée qu'une fois Primula nommé au poste de ministre de la Santé (https://www.lidovky.cz/domov/jmenovani-prymuly-ministrem -opozici-neprekvapilo-pripomina-ale-jeho-vyrok-o-uzavreni-hranic -na-dva-r.A200921_130736_ln_domov_litsp).

146. C'est notamment le cas de Rastislav Maďar, puis plus tard dans un registre moins critique de Petr Šmejkal. Ni l'un ni l'autre n'ont cependant l'aura, ni les titres universitaires de Prymula, ni les mêmes soutiens politiques.

147. Novinky.cz, Prymula a vertement critiqué Babiš, https://www.novinky.cz/domaci/clanek/prymula-se-obul-do-babise -veskera-zodpovednost-jde-za-vladou-mohli-nas-vymenit-nebo -neposlouchat-40329962

148. Sans pouvoir déceler de relation de cause à effet (sur la base de la pandémie), soulignons que les Sociaux-démocrates et les

Communistes ont subi un échec sans précédent et ont perdu leur représentation à la Chambre basse.

149. "Maďar s'est fait taper sur les doigts. Il sera dégradé à cause de la confusion sur les masques" https://www.seznamzpravy.cz/clanek /madar-dostal-pres-prsty-za-rouskovy-zmatek-bude-degradovan -116899#seq_no=1&source=hp&dop_ab_variant=0&dop_req _id=LxvAzR22lre-2020082020055&dop_source_zone_name=zpravy .sznhp.box&utm_campaign=&utm_medium=z-boxiku&utm _source=www.seznam.cz (Consulté le 10 janvier 2024).

150. L'absence de cadres du parti ANO 2011 est telle que le ministre de l'Economie et vice-Premier ministre (avril 2019), Karel Havlíček (sans parti à l'époque) est ensuite devenu aussi ministre des Transports (janvier 2020).

151. Cadet de 22 ans par rapport à Prymula, A. Vojtěch a, dans sa jeunesse, participé au jeu Super Star et était depuis affublé du sobriquet Ken.

152. ČTK, Agence de presse tchèque, « Prymula s'est excusé », https://www.ceskenoviny.cz/zpravy/prymula-se-omluvil-stanovil-tri -pilire-pro-boj-s-epidemii/1944907 (Site consulté pour la dernière fois le 16 février 2023).

153. "Prymula était dans un restaurant mercredi malgré l'interdiction. L'opposition appelle à sa démission" https://www.e15 .cz/domaci/prymula-byl-ve-stredu-v-restauraci-navzdory-zakazu -opozice-ho-vyzyva-k-rezignaci-1374433 (Site consulté pour la dernière fois le 16 février 2023).

154. Non seulement personne n'a été trouvé, mais en plus il s'avéra que le nouveau ministre avait signé une pétition contre le Premier ministre.

155. Horák, J, Babiš veut avoir Prymula près de lui, Aktuálně, https://zpravy.aktualne.cz/domaci/prymula-zivnost-babis /r~4d371e4820301iebb1110cc47ab5f122/ (Site consulté pour la dernière fois le 16 février 2023).

156. Pokorná, Z., Prymula a rejeté la proposition de Babiš, Seznam Zprávy, https://www.seznamzpravy.cz/clanek/prymula -odmitl-babisovu-nabidku-nechce-byt-vladnim-zmocnencem-pro -ockovani-134260 (Site consulté pour la dernière fois le 16 février 2023).

157. D'après le Bureau Tchèque de statistique, le nombre des décédés a monté de 33% dans le premier semestre de 2021 vis-à-vis du nombre des décédés dans la même période de 2020. Le plus grand pic (64%) était en mars 2021. Voir https://www.czso.cz/csu/czso/cri/pohyb-obyvatelstva-1-pololeti-2021 (Site consulté pour la dernière fois le 16 février 2023).

158. La naissance d'un super expert en République Tchèque a été possible car le système politique tout comme le secteur épidémiologique n'étaient pas bien adaptés à gérer les situations de crise telle que la pandémie de COVID-19.

9. Le rôle de l'expertise dans la construction du consensus suédois face à la pandémie

Christophe Premat

Abstract

The Swedish strategy received particular attention at the start of the COVID-19 pandemic due to the singular choice of not confining the population. If this strategy has been the target of many criticisms, its careful study reveals a rather original functioning of public policies. The political authorities used the administrative framework of the State to elaborate an official narrative overhanging the various opinions of the experts. State epidemiological expert Anders Tegnell has been in the spotlight to become a constant benchmark for the political positioning based on the state of information and knowledge. The chapter analyses the transformation of state expert into super-expert by showing how this discourse has produced collective coherence and obedience.

1. Introduction

S'il y a bien un nom qui est demeuré associé durablement à la pandémie de la COVID-19 en Suède, c'est bien celui d'Anders Tegnell, expert de l'Agence de santé publique en Suède (*Folkhälsomyndigheten*). Intervenant de manière quotidienne à partir de la fin février 2020, le pouvoir politique s'en est remis à ses hypothèses et ses recommandations quant à l'attitude à avoir

---

Comment citer ce chapitre:
Premat, C. (2024). Le rôle de l'expertise dans la construction du consensus suédois face à la pandémie. In: Premat, C., De Waele, J.-M., & Perottino, M. (eds.), *Comparing the place of experts during the first waves of the COVID-19 pandemic*, pp. 421–448. Stockholm: Stockholm University Press. DOI: https://doi.org/10.16993/bco.j. License: CC BY-NC 4.0.

et aux mesures efficaces à suivre. Après des réactions de prudence en janvier 2020 lorsque le virus faisait rage en Chine, Anders Tegnell a multiplié les points presse accompagné des directeurs des agences concernées à partir des vacances d'hiver 2020 (Premat, 2022, p. 295)[159]. Lorsque la pandémie a eu des effets notoires en Suède, il est devenu l'interlocuteur incontournable d'une part pour le suivi de la crise en Suède et d'autre part pour ses recommandations mettant en doute le bien-fondé des politiques de confinement adoptées par la plupart des pays ayant eu une augmentation significative du nombre de cas et de malades. La difficulté qui se pose aux chercheurs désireux d'analyser la mise en place de politiques publiques sanitaires en fonction de l'information et de l'expertise est d'abord celle des contours du discours d'Anders Tegnell au sein de la réponse politique suédoise. Comment apprécier la construction d'un positionnement qui est en fait celui du gouvernement suédois ? Ainsi, paradoxalement, il semble qu'Anders Tegnell ait été super-expert malgré lui en fonction des caractéristiques du système politique suédois (Premat, 2020). Il n'y a pas eu d'héroïsation d'un expert non connu, mais au contraire la personnification du système politique suédois reposant sur l'alliance entre une prudence et la recherche du consensus permanent devant des décisions graves.

L'analyse du positionnement d'Anders Tegnell est plutôt à interpréter en fonction de la légitimité et du pouvoir que sa parole a par rapport à une myriade d'experts intervenant dans le débat public suédois. Il appert que le champ de l'analyse critique du discours demeure l'outil privilégié pour pouvoir comprendre les effets de cette parole publique en temps de crise. L'analyse du discours s'intéresse davantage aux structures qu'aux propos des acteurs pour révéler une tendance idéologique (Fairclough, 2015, p. 49). Dans le cas d'Anders Tegnell, il est évident que son rôle induit des contraintes et qu'il fait attention à sa parole dans la mesure où elle est officielle. Il est dans ce contexte difficile de savoir ce que l'individu Tegnell pense réellement de la meilleure stratégie à adopter pour lutter contre les effets de la pandémie en Suède. C'est en considérant que ses déclarations appartiennent à un discours social ambiant co-construit par des acteurs politiques et administratifs qu'il est possible de définir la stratégie suédoise

(Gee, 1999, p. 20). Norman Fairclough rappelle l'importance d'effectuer une étude systématique du contexte qu'il appelle *background knowledge* afin de mesurer la réception d'un type de discours (Fairclough, 2013, p. 36).

L'étude de la fabrique du super-expert suédois peut s'effectuer à partir des concepts d'*éthos* afin d'analyser l'image d'Anders Tegnell dans le discours. Ce dernier a à la fois un rôle de conseiller au sein de l'Agence de santé publique, mais aussi de communicateur pour justifier *a posteriori* les décisions prises par le gouvernement suédois (Premat, 2022, p. 299). Pour pouvoir apprécier l'évolution du rôle d'Anders Tegnell en Suède, nous avons utilisé le logiciel *Sketch Engine* pour analyser les positionnements d'Anders Tegnell avant et pendant la crise de la COVID-19. Le logiciel *Sketch Engine* est spécialisé dans le traitement automatique de corpus numérisés avec notamment une approche appelée *Corpus Query Language* permettant de repérer les collocations, c'est-à-dire les proximités lexicales liées à l'apparition du nom « Anders Tegnell ». Les corpus proposés par *Sketch Engine* ont l'avantage de permettre une analyse diachronique de la construction du discours sur Anders Tegnell. Nous avons pu utiliser deux corpus de Sketch Engine, l'un portant sur les mentions d'Anders Tegnell jusqu'à 2014 sur le web suédois (articles de presse, blogs...) et enfin un corpus 2014–2021 portant également sur le web de la même langue. Enfin, nous avons sélectionné une cinquantaine d'articles de presse et d'émissions de télévision et de radio suédoises portant sur 'Anders Tegnell entre 2020 et le début de l'année 2021. Nous nous sommes plus particulièrement penché sur la présentation d'Anders Tegnell à la radio suédoise publique P1 le 24 juin 2020. Le chapitre propose trois pistes pour pouvoir comprendre l'évolution du positionnement d'Anders Tegnell au cours de l'année 2020. En premier lieu, il importe de décrire l'*éthos* préalable d'Anders Tegnell (Amossy, 2010), c'est-à-dire son parcours antérieur et sa réputation avant que le grand public ne le découvre dans les médias. Puis, il s'agit de repérer certains positionnements typiques d'Anders Tegnell avant d'analyser plus spécifiquement les moments où cet *éthos* a été en situation de confrontation en écrasant le débat des experts en Suède.

2. Le discours des experts

Étudier le discours des experts revient en réalité à rassembler de manière systématique certaines déclarations en évaluant leur impact et leur réception médiatique. Le défi principal pour le chercheur est de capter ces énoncés fragmentaires et la manière dont ils sont perçus et utilisés.

On peut supposer que l'ethos se construit sur la base de deux mécanismes de traitement distincts, l'un reposant sur le décodage linguistique et le traitement inférentiel des énoncés, l'autre sur le regroupement des faits en symptômes, opération de type diagnostic, qui mobilise des ressources cognitives de l'ordre de l'empathie (Auchlin, 2001, p. 92).

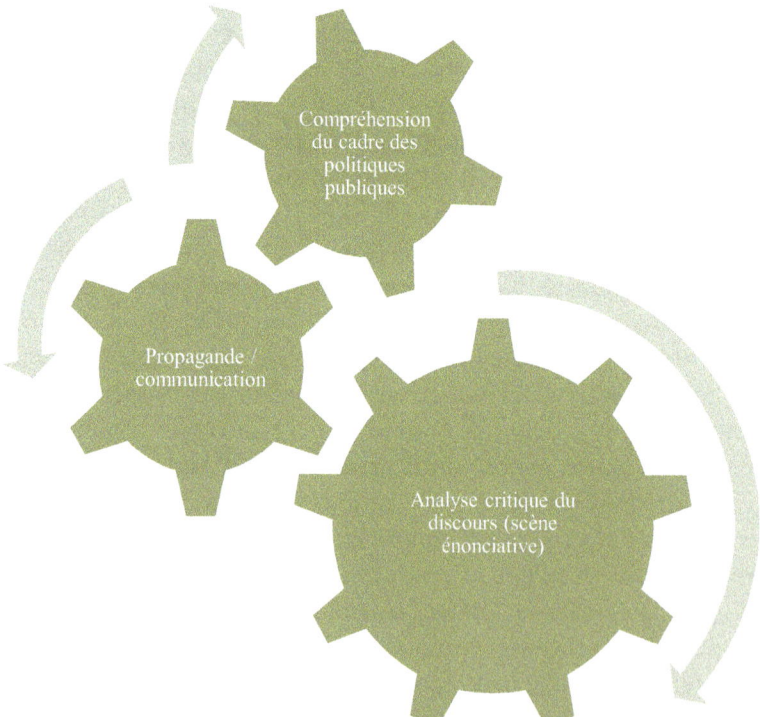

Figure 1. présentation de l'approche méthodologique.

Source : descriptif personnel du champ méthodologique mobilisé (Licence : CC-BY-NC-ND).

Dans l'étude critique du discours des experts, il appartient ainsi de montrer comment certains acteurs ont eu une parole qui a porté en raison du pouvoir dont ils sont investis et de la réception dont ils ont bénéficié. Il existe deux traditions scientifiques à utiliser dans l'étude du cas suédois, le courant de l'analyse critique du discours étudiant non seulement les traces des énoncés, mais aussi leur fabrication et un courant plus classique hérité de la science politique et qui serait celui de l'étude systématique des mécanismes de propagande dans les régimes représentatifs (Ellul, 1962, p. 9). Le schéma 1 illustre l'approche méthodologique que nous souhaitons proposer pour mettre en perspective le discours des experts en situation de pandémie en Suède.

L'objectif est de montrer comment l'analyse critique du discours éclaire la scène énonciative en reliant le cadre référentiel des politiques publiques à la communication recherchée. Ainsi, l'expert officiel est pris en tenailles entre une posture de clarification du débat scientifique (*input*) et une posture de justification des politiques publiques adoptées (*output*) en temps d'urgence. Le champ des *propaganda studies* est souvent utilisé dans des études de communication autour de conflits potentiels ou réels (Simpson, 1994, p. 29, Robinson, 2019), alors qu'ici nous nous limitons aux mécanismes de la propagation des informations pour activer les recommandations et les dispositifs de contrainte dont dispose la puissance publique. Il est intéressant de relever l'impact de certains travaux datant des années 1960 et 1970 qui permettent de comprendre l'évolution des chaînes d'information et de décision dans l'émission de politiques publiques spécifiques. C'est la raison pour laquelle nous nous appuierons sur deux ouvrages majeurs pour l'éclairage de ces mécanismes, *Propagandes* de Jacques Ellul et la *Critique de la décision* de Lucien Sfez parus respectivement en 1962 et en 1976. Le livre de Lucien Sfez est lié à un contexte français, mais son idée de construire une forme de « politologie structurale » (Sfez, 1976, p. 349) permettant d'analyser la transversalité des décisions et de révéler le fondement du système nous semble approprié pour la présente étude.

La pandémie a suscité une attention mondiale avec de nouveaux héros qui ont émis des avis scientifiques et qui ont pu bénéficier des effets de la nouvelle technologie pour relayer ces avis. La

propagation des idées et des idéologies au sens large de constructions de perceptions du monde a été extrêmement rapide et a
contredit parfois les objectifs d'un débat éclairé et lucide. Comme
l'écrivait Jacques Ellul,

> tant que subsiste une tension perceptible, exprimée, un conflit
> d'actions, la propagande ne peut se dire réalisée, accomplie. Il faut
> qu'elle coagule une quasi-unanimité, que la fraction opposante
> soit négligeable, et de toute façon ne puisse plus se faire entendre
> (Ellul, 1962, p. 23).

Lorsqu'on sort de l'optique de la propagande en temps de guerre
et que l'on pense à la manière dont les gouvernements tentent
d'infléchir l'opinion publique pour produire une conduite d'action et un comportement type, on sort de la simple controverse sur
la scientificité des décisions politiques prises. Les experts ne sont
plus pris dans des débats sur l'analyse du comportement du virus,
ils sont quasiment sommés des produire des explications susceptibles d'éclairer immédiatement l'action publique qui est centrée
sur la restauration d'un état social antérieur (Sfez, 1976, p. 13). Le
politique est ainsi tenté de renforcer les appareils médiatiques au
service d'un avis raisonné et raisonnable que la plupart des concitoyens pourraient suivre. Cette réalité fonctionne dans des sociétés où les libertés fondamentales sont relativement préservées.

> La propagande d'action suppose l'incitation positive, la propa-
> gande par les *mass media* sera généralement une incitation con-
> trastée. Et de même, au niveau de l'exécutant qui se trouve en
> contact direct avec la foule, il faut une incitation positive (il vaut
> mieux que le speaker à la radio 'y' croie, alors qu'au niveau de
> l'organisateur, du stratège de la propagande, il faut une séparation
> d'avec le public (Ellul, 1962, pp. 28–29).

La situation suédoise s'est distinguée par la neutralisation technocratique du débat politique en faisant primer la recherche à
tout prix du consensus. Quelques voix dissonantes ont bien été
entendues, mais il s'agissait avant tout de caler une parole servant de repère dans le suivi de l'action publique en temps de crise.
En jouant sur les ressorts classiques d'un relatif « effacement

énonciatif » de l'expert vis-à-vis de son discours (Rabatel, 2004, p. 4), il a été plus facile de consacrer un discours prudent en atténuant les premiers avis contradictoires émis par le super-expert Anders Tegnell et minimisant l'impact de la pandémie. Pourtant, comme le rappelle Lucien Sfez, l'analyse des systèmes de décision aléatoire repose au préalable sur l'idée qu'il y a des options possibles entraînant des conséquences et parfois des mondes différents au sens de systèmes organisés de normes (Sfez, 2010, p. 100). Lucien Sfez proposait une typologie de trois systèmes avec un système où on vise un homme « certain » (dans le cas actuel, l'État incarne la meilleure garantie possible de la sécurité individuelle), un modèle « probable » et un modèle « aléatoire » (Sfez, 2010, p. 100). Dans le modèle aléatoire, il y a ainsi des protocoles à respecter (un discours avec des recommandations) pour pouvoir décider au niveau individuel de la meilleure manière d'appliquer les recommandations gouvernementales. L'approche suédoise a provoqué une obéissance collective efficace avec moins de contraintes au niveau collectif et davantage de responsabilité individuelle. C'est dans ce cadre que le super-expert a pu être à l'origine de toutes les chaînes protocolaires mobilisées dans chaque milieu professionnel pour édicter des normes locales. Cette négociation permanente des normes illustre *a fortiori* la mise en forme d'un « processus subjectif auto-éducateur et auto-disciplinaire par lequel l'individu apprend à se conduire » (Dardot, Laval 2009, p. 226).

3. La scène experte suédoise à l'entrée de la pandémie

3.1 L'expérience professionnelle d'Anders Tegnell

Il est délicat d'évoquer la notion d'*éthos* préalable dans la mesure où la pandémie a pris de court à la fois les responsables politiques, les autorités sanitaires et les épidémiologistes. L'éthos préalable est équivalent à la réputation dont dispose un locuteur avant de prendre la parole.

L'ethos est crucialement lié à l'acte d'énonciation, mais on ne peut ignorer que le public se construit aussi des représentations de l'ethos de l'énonciateur *avant* même qu'il ne parle. Il semble donc nécessaire d'établir une distinction entre *ethos discursif* et *ethos prédiscursif* (Maingueneau, 2002, p. 58).

Anders Tegnell est médecin de formation avec une thèse sur l'épidémiologie obtenue à l'université de Linköping en 2002 (Tegnell, 2002). Il a effectué des missions pour le compte de l'Organisation mondiale de la santé (OMS) dans les années 1990 avec notamment la mise en place de programmes de vaccination au Laos (1990–1993) et l'étude de l'épidémie causée par le virus Ebola au Zaïre en 1995[160]. Il a travaillé dans les années 2000 pour l'institut de contrôle des maladies infectieuses (*Smittskyddsinstitutet*) et a participé à la construction du programme de vaccinations lors de l'épidémie de grippe A (H1N1). C'est depuis 2013 qu'il entre dans le rôle d'épidémiologiste en chef de la Suède (titre de *statsepidemiologer*)[161]. Depuis 1956, il y a eu cinq épidémiologistes d'État à se succéder : Bo Zetterberg (1956–1976), Margareta Böttiger (1976–1993), Johan Giesecke (1995–2005), Annika Linde (2005–2013) et Anders Tegnell[162]. La compréhension de cette fonction est centrale dans le suivi de la stratégie suédoise et l'émission de politiques publiques de santé. L'épidémiologiste d'État détient la fonction de « chef de section et épidémiologiste d'État »[163]. C'est ce cumul de légitimités qui en fait le pivot de la politique de santé suédoise au point où les recommandations de l'agence valent quasiment comme politiques publiques à suivre. Cette fonction de « super-expert » fait partie du fonctionnement de l'État au concret avec la mobilisation de ses agences administratives déléguées et un discours central servant de référence ultime. Les organisations professionnelles suédoises s'adaptent ainsi à ce discours pour élaborer des normes à leur niveau comme ce fut le cas dans le sport lorsqu'Anders Tegnell a émis des recommandations sur les possibilités de distanciation sociale[164]. Il semble que dans ce cas, il y ait eu une volonté d'imposer ce que Jacques Ellul nomme une « orthopraxie », c'est-à-dire « une action qui en soi-même, et non pas à cause de jugements de valeur de la personne qui agit, porte l'exactitude et la justesse par rapport à telle fin que ne se propose pas l'individu » (Ellul, 1962, p. 39). D'une manière similaire à Prymula en République tchèque, Tegnell a incarné de manière remarquable cette dimension orthopraxique (Voir Kotherová, Perottino, 2024, pp. 387–420).

3.2 Étude de l'*éthos* préalable d'Anders Tegnell

Pour pouvoir étudier de manière systématique l'éthos préalable d'Anders Tegnell, nous avons eu recours au logiciel *Sketch Engine* qui proposait un corpus suédois antérieur à 2014. Le corpus fait état de 245 occurrences pour des prises de position ou des commentaires d'Anders Tegnell entre 2009 et 2014 lorsqu'on saisit dans le logiciel l'expression « Anders Tegnell »[165]. Le corpus a l'avantage de présenter des mentions dans des publications médicales spécialisées comme kostdemokrati.se, dagensdiabetes.se, dinamediciner.se ou dagenshomeopati.se[166]. Le discours rapporté de l'expert apparaît ainsi dans des radios publiques locales comme *P4 Norrbotten* le 13 février 2014 où les déclarations d'Anders Tegnell sur l'évolution de la grippe H1N1 avaient été relayées[167]. Le logiciel *Sketch Engine* révèle même des prises de position antérieures sur des infections avant même qu'Anders Tegnell ne soit épidémiologiste d'État. Dans un article du 10 mai 2010 de *Vetenskap & Allmänhet*, la pandémie due au virus de la grippe H1N1 est évoquée avec le rappel des positions de plusieurs experts dont Björn Olsén, professeur spécialiste des maladies infectieuses à l'hôpital universitaire d'Uppsala, Annika Linde qui était alors épidémiologiste d'État à l'Institut de protection contre les maladies infectieuses, Karin Bojs, journaliste scientifique pour le compte du quotidien *Dagens Nyheter*, Anders Biel, professeur de psychologie à l'Université de Göteborg et Anders Tegnell présenté comme responsable de l'unité de protection contre les infections de l'Agence des affaires sociales (« *chef för Socialstyrelsens smittskyddsenhet* »)[168]. L'article reflète une position de satisfaction des autorités suédoises quant à la gestion de cette pandémie.

> Grâce à la dernière épidémie de grippe aviaire, les autorités suédoises étaient prêtes à agir en cas de pandémie, selon Anders Tegnell qui était en 2009 le responsable de l'unité de protection contre les maladies infectieuses pour le compte de l'Agence des affaires sociales. Pour une fois, nous avons deviné juste et nous nous étions

préparés. La collaboration entre les pouvoirs publics et les conseils de comté (*landstingen*) a également bien fonctionné[169].

Cet article fait état d'un bon diagnostic partagé sur l'infection avec un suivi coordonné entre les différentes autorités publiques. Le terme de « gestion des risques » (*riskhantering*) apparaît en l'occurrence à plusieurs reprises pour signaler cette capacité de réaction. Du point de vue de la mémoire épidémique, cet épisode peut expliquer également les raisons pour lesquelles les autorités suédoises ont été extrêmement prudentes dans leur réaction à l'égard de cette pandémie, ce qui a occasionné un retard considérable dans la préparation des politiques à coordonner.

4. Le super-expert, entre contexte, contraintes et critiques

4.1 De l'expert officiel au super-expert

Ainsi, au moment où la COVID-19 est repérée dans le Wuhan en janvier 2020, Anders Tegnell est régulièrement interrogé par les télévisions et les radios publiques suédoises afin de donner un écho à la position officielle de la Suède dans le suivi des foyers épidémiques réels et potentiels. De ce point de vue, le rôle d'Anders Tegnell est bien de commenter le suivi de ces foyers afin de donner les moyens aux responsables politiques de prendre des décisions en connaissance de cause[170]. Le corpus web suédois 2014–2021 de *Sketch Engine* a révélé 717 occurrences où le nom « Anders Tegnell » apparaît pour un total de 1,325,075,047 signes. Le tableau 1 montre les antécédents les plus fréquemment associés au nom propre « Anders Tegnell » dans le corpus web suédois. Les antécédents renvoient aux mots qui précèdent le nom d'Anders Tegnell au sein du logiciel avec *Sketch Engine* (les mots clés en contexte gauche).

On remarque en premier lieu le caractère écrasant de la fonction, « épidémiologiste d'État », qui se retrouve le plus souvent associée au nom de l'expert, que ce soit avec la majuscule, l'article défini ou bien l'article indéfini. La préposition « selon » indique que l'opinion d'Anders Tegnell est présentée dès le début de phrase même c'est surtout l'insistance sur sa fonction qui fait

Tableau 1. Les dix antécédents les plus fréquemment associés au nom « Anders Tegnell » dans le web suédois (2014–2021).

Antécédents associés au nom « Anders Tegnell » (contexte gauche)	Nombre d'occurrences	Fréquence relative (par million de tokens)
statsepidemiolog (épidémiologiste d'État)	179	0.14
säger (dit)	119	0.09
Statsepidemiolog (Épidémiologiste d'État)	68	0.05
statsepidemiologen (l'épidémiologiste d'État)	38	0.03
Statsepidemiologen (L'épidémiologiste d'État)	13	<0.01
enligt (selon)	13	<0.01
och (et)	9	<0.01
sa (a dit)	9	<0.01
Enligt (Selon)	9	<0.01
Till (à)	7	<0.01

Source : *Sketch Engine* (2014–2021) (Licence : CC-BY-NC-ND).

l'objet d'une plus forte fréquence. Le tableau 2 présente pour sa part les mots postposés que l'on retrouve le plus associés au nom d'Anders Tegnell.

La plupart des phrases repérées montre une ponctuation conclusive à l'instar du point et de la virgule (220 occurrences pour les deux signes de ponctuation). Cela signifie que ces énoncés sont la plupart du temps des énoncés rapportés, des citations d'Anders Tegnell. Par exemple, dans un article du site de la télévision publique SVT (3 avril 2020), on trouve la mention suivante : « 'Nous aurions pu communiquer plus tôt'. Anders Tegnell discute les raisons pour lesquelles nous n'avons pas agi plus tôt »[171]. Pour le reste, on trouve des conjonctions de coordination et de subordination pour qualifier des fragments de phrase venant s'agréger au nom « Anders Tegnell ».

Tableau 2. Les mots postposés les plus fréquemment associés au nom « Anders Tegnell » dans le web suédois (2014–2021).

Mots postposés associés au nom « Anders Tegnell » (contexte droit)	Nombre d'occurrences	Fréquence relative (par million de tokens)
. (signe de ponctuation, point)	166	0.13
, (signe de ponctuation, virgule)	54	0.04
säger (dit)	33	0.02
till (à)	27	0.02
att (que)	25	0.02
har (a)	25	0.02
och (et)	24	0.02
på (à ou sur)	24	0.02
är (du verbe être)	19	0.01

Source : *Sketch Engine* (2014–2021) (Licence : CC-BY-NC-ND).

Dans un premier discours rapporté le 16 janvier 2020, l'expert se veut prudent quant à l'étude de ce foyer épidémique. « Pour qu'il y ait de grosses épidémies, le virus doit se transmettre par voie humaine. Cela ne semble pas être le cas »[172]. Le terme suédois « *utbrott* » (explosion des cas est prononcé et dans la deuxième citation rapportée, il déclare qu'« il est important que les systèmes de soin du monde entier observent pour pouvoir détecter les cas éventuels, diminuer le risque de contamination et augmenter les connaissance sur le virus »[173]. Les premières positions officielles de l'Agence de santé publique ne sont pas alarmantes, il s'agit au contraire d'évoquer la coopération internationale comme si le virus était finalement un risque lointain et peu probable.

Le titre d'un article résumant l'interview de la télévision suédoise du 24 janvier 2020 révèle cette volonté de rassurer l'opinion publique. « L'expert de la protection contre les infections : 'pas de raison de s'inquiéter du virus' »[174]. Dans le discours rapporté, l'expert expose la préparation du système de soins capable de lutter contre les infections. L'expert rappelle qu'il y aura des infections et des contaminations, mais que la Suède dispose d'un système de soins très adapté à ces situations.

Il est probable que des cas potentiels apparaissent ici et là d'autant plus que les symptômes grippaux sont habituels en cette période de l'année, dit Anders Tegnell qui est épidémiologiste d'État à l'Agence de santé publique et est responsable du suivi des maladies infectieuses[175].

Ce qui retient l'attention ici, c'est la manière dont le rôle de l'expert est rappelé, ce qui prouve qu'il n'est pas encore connu du grand public. Son titre et sa fonction sont distinctement épelés pour montrer la légitimité d'Anders Tegnell dans l'observation des foyers de maladies infectieuses. On retrouve sur d'autres sites de la radio publique suédoise les propos tenus par l'expert ainsi que des variantes quant à la présentation de sa fonction. « Anders Tegnell est expert des épidémies et des virus à l'Agence de santé publique »[176]. Son point de vue n'est pas réellement personnifié, il s'agit d'un expert attitré, capable de prendre une position intelligible dans l'espace public. Dans une longue présentation sur la radio publique suédoise P1, Anders Tegnell a commenté ce qui a changé pour lui au cours de l'année 2020 :

je vais parler des choix uniques de la Suède en matière de lutte contre la COVID-19 et de la manière dont en quelques mois ils m'ont transformé de fonctionnaire anonyme en l'un des épidémiologistes d'État les plus connus du monde[177].

Dans une déclaration du 30 janvier 2020, l'expert recommande de poursuivre la coopération internationale afin de suivre les chaînes potentielles de contamination et de renforcer les systèmes médicaux défaillants de certains pays[178]. Il est intéressant d'analyser comment est rapporté le discours de l'expert dans le communiqué officiel qui vise à montrer la réaction des autorités sanitaires suédoises au classement de la crise du coronavirus comme état international d'urgence sanitaire (*Public Health Emergency of International Concern, PHEIC*) par l'OMS. Dans ce communiqué, il y a également deux citations d'Anders Tegnell :

Citation 1 : « c'est un signal envoyé aux pays du monde entier pour renforcer leur coopération et réunir les fonds nécessaires pour lutter ensemble contre les effets de l'épidémie ».

Citation 2 :
En ce qui concerne la Suède, le message est de continuer le travail en cours consistant à identifier et traiter les cas présumés pour réduire le risque de contamination, et poursuivre la coopération internationale. La Suède peut jouer un rôle important dans le souhait de l'OMS de soutenir les pays au système de soins défaillant[179].

Ici encore, la position officielle s'efface au profit du respect des engagements internationaux avec l'image d'un pays apportant une aide médicale. Il y a une forme d'assurance, le communiqué révélant un pays sûr de l'avancée de son système de soins. Petit à petit, Anders Tegnell est entré dans un rôle de super-expert, c'est-à-dire d'interlocuteur privilégié des médias suédois sur le suivi de la situation sanitaire. De porte-parole officiel d'une agence administrative de santé, il est devenu celui qui rappelle la norme et qui a incarné une position libérale des autorités suédoises vis-à-vis de la gestion de la pandémie en ayant recours à une stratégie de non confinement de la population (Premat, 2022, p. 300).

4.2 Anders Tegnell en situation de monopole

Anders Tegnell a eu l'occasion de donner de longs interviews et a même été le premier à intervenir dans le programme d'été de la radio publique P1 le 24 juin 2020 où dans un long monologue, il est revenu sur le contexte de la pandémie à la lumière de sa carrière d'épidémiologiste[180]. Dans cette émission, il a évoqué sa vie avant la COVID-19 en commençant par ses vacances insouciantes en Espagne pour fêter la nouvelle année 2020. Il a ensuite parlé des grandes pandémies dans le monde, de son expérience au Laos en insistant sur les conditions hygiéniques. Dans ce monologue, il a tenté de désactiver les critiques en rappelant que l'Agence de santé publique a été soumise très tôt à des exigences disproportionnées de la part de l'opinion publique avec une série de jugements sévères sur les réactions des autorités sanitaires. Il est revenu sur les cas décelés en Autriche et en Italie et la série d'indicateurs inquiétants qui s'est ensuivie. En outre, il a commenté son séjour à Kinshasa en février 2020 pour coordonner l'aide de la Suède en Afrique vis-à-vis des maladies infectieuses[181]. Il a évoqué Kinshasa certainement en raison de ses engagements antérieurs dans le suivi des maladies infectieuses. Ce monologue permet à l'expert d'affiner et de corriger son image qui a été au centre de l'attention médiatique pendant la pandémie. En d'autres termes, tout se passe comme si Anders Tegnell compensait son *éthos* discursif en le raccrochant à un *éthos* préalable lié à sa compétence en matière de protection vis-à-vis des maladies infectieuses. L'idée du monologue est de faire comprendre qu'il est devenu connu malgré lui uniquement en raison du contexte. Son *éthos* discursif capitalise sur une expérience passée précieuse, une manière de dire qu'il est implicitement l'homme de la situation. Il utilise le terme suédois de « *personifierar* » (personnaliser) pour indiquer comment il a incarné et symbolisé cette stratégie suédoise.

En outre, il appuie ses arguments par ses contacts internationaux comme si ce monologue lui permettait de réévaluer sa parole compétente. Durant ce monologue, aucun autre expert n'est nommé, les références sont vagues (« contacts internationaux », « éditorialistes »)[182]. Selon lui, les contacts internationaux ont été évidemment des facteurs décisifs avec le *cluster* du Nord de l'Italie où de nombreux voyageurs des pays scandinaves et nordiques se sont rendus pendant les vacances d'hiver. Toute la captation médiatique de la parole d'Anders Tegnell en Suède s'effectue dans le souci de dresser les conduites individuelles pour que les citoyens agissent eux-mêmes afin de freiner les conséquences de la pandémie. Ainsi, ce programme de radio lui a permis de reconstruire une cohérence *a posteriori* de ses évaluations et de ses prises de position au nom de l'Agence de santé publique. Ce séquençage est astucieux car il gomme l'aspect chaotique des décisions prises par le gouvernement pour révéler leur rationalité réfléchie (Sfez, 1976, p. 347).

> Véritable mise en scène que cette étape séquentielle : car les acteurs y croient inventer les rôles qu'ils jouent, et font de bon cœur le travail des rationalités qu'ils représentent, ne sachant pas qu'ils sont des 'actants' plutôt que des acteurs (Sfez, 1976, p. 348).

Le monologue d'Anders Tegnell est mis en scène avec une certaine dramaturgie ponctuée de certaines chansons. L'épidémiologiste ne se défausse pas pour autant car il rappelle son positionnement sur les masques en soulignant le fait qu'il n'y avait pas de recherches scientifiques évaluant avec précision les effets du masque sur le freinage de la propagation de la COVID-19 qui est devenue une « *allmän smittsspridning* » (une infection généralisée)[183]. Ce monologue de juin 2020 est essentiel pour saisir le contrôle de deux *éthos*, l'un académique avec la capacité de s'inscrire dans le difficile débat scientifique et l'autre médiatique consistant à communiquer et à répondre aux attentes du public et des journalistes.

5. Le « super-expert » et les experts

Le cas suédois peut se décrire à partir d'une configuration tournant autour d'un super-expert tantôt représentant par un effet de mise en abyme le gouvernement dans les questions de politique de santé tantôt s'invitant de manière furtive dans le débat scientifique. Lucien Sfez proposait une approche structurale permettant d'aller au-delà des résistances et des rejets que peut susciter un modèle de décision.

> Le récit conduit alors tout naturellement à structurer les rôles, c'est-à-dire à les mettre en place : à quels sous-systèmes appartiennent-ils ? Comment se définissent ces sous-systèmes en présence ? Quelle sorte de torsion les rationalités des actants ont-elles à subir pour parler entre elles ? (Sfez, 1976, p. 348).

Jacques Ellul insistait pour sa part davantage sur la mutation de l'opinion publique vers un régime plus homogène constitué par la reprise de mots d'ordre du pouvoir (Ellul, 1962, p. 227). Que ce soit du point de vue de la structuration des rôles sur une scène publique ou du point de vue de la réification d'une opinion, la scène experte suédoise est marquée par un déséquilibre profond révélant les limites du débat public sur le suivi de la stratégie sanitaire suédoise.

En l'occurrence, les critiques adressées à Anders Tegnell participent d'une sorte de frustration collective liée à l'impossibilité inconsciente de faire émerger un débat entre experts. L'ancienne experte d'État des infections, Annika Linde, a à plusieurs reprises épinglé la stratégie suédoise qu'elle considérait comme beaucoup trop lente, peu efficace et mal préparée. « Plutôt que d'être proactifs, ils ont couru après le virus et le virus a pu se diffuser à grande vitesse avant qu'ils n'agissent »[184]. Cela étant, cette critique peut abriter un règlement de comptes politique puisqu'Annika Linde a une fonction élective pour le compte du parti des Libéraux qui, même s'ils sont dans la coalition politique actuelle alliant par ailleurs les Verts, les Sociaux-démocrates et le parti du centre, sont demeurés relativement critiques quant au suivi de la crise sanitaire[185]. La plupart des articles relaient les positions officielles d'Anders Tegnell en discutant le contenu des recommandations. Le terme suédois de *restriktioner* (restrictions) apparaît évidemment dans les références à Anders Tegnell à partir de mars 2020 puisqu'il explique le contenu des mesures restrictives annoncées par le gouvernement, notamment par la ministre des affaires sociales Lena Hallegren et le Premier ministre Stefan Löfvén[186].

Le professeur et spécialiste des maladies infectieuses à l'hôpital universitaire d'Uppsala, Björn Olsén a été sans doute parmi les experts critiquant le plus le contenu des recommandations et des déclarations d'Anders Tegnell. Il a longtemps travaillé sur le sujet et avait même publié en 2010 un ouvrage portant sur les risques pandémiques à venir (Olsén, 2010). Il a d'ailleurs été l'invité de la radio P1 pour exprimer le résultat de ses recherches sur les maladies zoonotiques et les infections se transmettant de l'animal vers l'être humain. Il livre vers la fin de l'émission sa perception de la situation au cours du printemps 2020. Il rappelle qu'il avait prévenu qu'il y avait un risque pandémique si la Chine ne parvenait pas à freiner les chaînes de contamination[187]. Björn Olsén est l'expert pesant le plus face à Anders Tegnell compte tenu de son expérience et de son autorité dans le domaine. Son expertise est en adéquation complète avec la situation pandémique. Björn Olsén avait d'ailleurs participé aux côtés de vingt-et-un chercheurs à la rédaction d'une tribune parue dans le quotidien *Dagens Nyheter* le 24 avril dernier pour appeler les politiques à réagir après l'échec des diagnostics de l'Agence de santé publique[188]. Dans le programme de la radio P1, Björn Olsén relevait le manque de critique et de débat possible et rappelait qu'il avait été traité de « traître » avec ses collègues pour avoir remis en question la stratégie de l'Agence publique de santé. La polémique a duré jusqu'à l'été par journaux interposés, Anders Tegnell rappelant qu'il n'avait pas obtenu les documents servant de base aux arguments des vingt-deux chercheurs[189]. En outre, Björn Olsén a regretté la portée des déclarations négatives de l'Agence sur le port des masques. Il juge qu'il y a eu une forme d'idolâtrie (le terme suédois d'*idolisering* a été utilisé par le médecin au cours de son témoignage à la radio P1)[190]. Björn Olsén est même allé jusqu'à constater l'absence d'esprit critique des journalistes suédois qui ont contribué à cet effet d'idolâtrie du discours officiel de l'Agence publique de santé[191].

Anders Tegnell a joué sur sa légitimité pour refuser cette critique en opposant la connaissance scientifique fondée sur des évidences prouvées et l'opinion de chercheurs individuels[192].

> Ce que disent des chercheurs individuels dans différents articles d'opinion ou des expressions de ce genre, ce n'est pas cela qui est fondé sur des évidences ; ici, nous devons nous appuyer sur la connaissance que nous partageons avec d'autres autorités publiques dans le monde, c'est cela que nous suivons[193].

Ce commentaire est représentatif du positionnement constant d'Anders Tegnell consistant à balayer en touche les moindres critiques du fait de leur manque de légitimité. Lui-même consacre dans cette configuration son pouvoir de « super-expert » en se situant au niveau de la légitimité publique avec la mention des autorités publiques (*myndigheter*) et de la compétence reconnue à l'international. Cette incarnation de la fonction rend toute critique désespérée. Comme le rappelle à juste titre Camille Debras,

> l'expertise incarnée met en jeu une modification de la positionnalité interactionnelle typique du phénomène de *stance-taking* : par l'utilisation de ressources seulement communicationnelles, les locuteurs peuvent temporairement modifier en profondeur la positionnalité respective des locuteurs dans l'échange (Debras, 2014, pp. 13–14).

On retrouve constamment cette posture où Anders Tegnell utilise sa fonction pour asseoir la légitimité de sa parole face aux critiques diffuses et non représentatives. En d'autres termes, il utilise un pouvoir politique dans le domaine du débat scientifique pour écarter les critiques adressées à la stratégie suédoise. Un autre exemple de cette mise en scène peut être analysé dans un échange télévisé de la chaîne publique SVT (pendant les actualités) entre la virologue Lena Einhorn et Anders Tegnell[194]. Cette dernière avait critiqué les études sur lesquelles l'Agence s'appuyait pour pouvoir effectuer le suivi des chaînes de contamination. Lors de l'échange télévisé, même si pour des raisons sanitaires évidentes, Lena Einhorn ne pouvait participer qu'à distance, on sent une dissymétrie nette de la scène. L'épidémiologiste d'État est sur le plateau de la chaîne publique et défend la stratégie de l'Agence en se référant aux indicateurs de l'OMS. L'experte en virologie semble plus lointaine au cours du débat avec moins de possibilités d'influencer le débat. Preuve en est la modification de son titre sur le site de la télévision SVT. La première version de cet article du 14 avril 2020 la faisait apparaître comme « virologue » tandis que la dernière version fait apparaître la mention suivante :

> dans une version antérieure du texte, Lena Einhorn n'avait que le titre de virologue. Elle est médecin et a un doctorat en virologie, mais au cours des décennies récentes elle a surtout été active comme auteure et metteuse en scène[195].

Il est difficile de savoir les raisons qui ont justifié ce changement que l'on peut voir comme une volonté d'atténuer la portée des propos de l'interlocutrice qui n'est plus dans le coup et ne dispose plus de la continuité de l'expertise qu'Anders Tegnell a. Certains articles se sont posés la question de l'autorité politique suédoise. Qui incarne le *leadership* en temps de crise ?

> Imaginez qu'on ait invité Anders Tegnell à *Chefdagen* (journée des *leaders*) le 15 octobre. Il avait parlé du rôle étrange qu'on lui a donné durant la pandémie. Qu'attend-on d'un fonctionnaire de l'Agence de santé publique ? Bien sûr, il devrait savoir comment nous devons agir pour arrêter la propagation de l'infection. Mais ce n'est pas réellement lui qui prend les décisions. Les politiciens font cela[196].

Dans ce journal qui s'adresse à un public de chefs d'entreprise, Anders Tegnell est perçu dans un rôle qui l'a débordé car il a petit à petit assumé à lui tout seul la position politique suédoise. Pour les autorités politiques, il y a une certaine commodité à avoir un « super-expert » pouvant prodiguer conseils et recommandations tout en endossant une part discrète de responsabilité politique.

L'incarnation du « super-expert » devenant le héros des politiques de non-confinement en laissant la part belle à la responsabilité individuelle, participe à ce mécanisme psychique de persuasion que Jacques Ellul analysait dans les termes suivants : « en ne résistant pas à la suggestion, le sujet décide encore par 'lui-même', il se croit libre (d'autant plus libre qu'il est soumis à la propagande !), il se comporte activement, il choisit par exemple son action » (Ellul, 1962, p. 199).

Il existe une série d'experts participant à la vulgarisation et à la justification de la parole d'Anders Tegnell à l'instar des journalistes Karin Bojs ou Emma Frans qui se sont plutôt occupées des discussions épidémiologistes en prenant bien garde de ne pas critiquer le comportement et les déclarations d'Anders Tegnell. Karin Bojs est une journaliste scientifique d'expérience qui suit depuis de nombreuses années les épisodes épidémiques et pandémiques et qui a régulièrement proposé des chroniques pour le quotidien *Dagens Nyheter*. L'un des signataires de la tribune des 22 critiquant la stratégie suédoise, le médecin en chef Anders Jansson, a accusé une partie de ces experts-vulgarisateurs (Karin Bojs, Alex Schulman, Agnes Wold et Victor Malm), d'avoir relayé les positions officielles et d'avoir *in fine* confisqué le plus important débat politique depuis la Seconde guerre mondiale[197]. Quant à la journaliste scientifique Emma Frans, spécialiste des questions de santé publique depuis quelques années, elle s'est révélée au cours de l'année 2020 dans de nombreux programmes et émissions[198]. Elle vient de publier en février 2021 ses carnets sur la crise du Corona, permettant de synthétiser ses positions et le suivi de la pandémie (Frans, 2021)[199].

6. Conclusion : une stratégie introuvable ?

« Mettez un bâillon à Anders Tegnell » s'indignait l'ancien Premier ministre libéral Carl Bildt dans une série de tweets où il fustigeait l'attitude du gouvernement s'abritant derrière les bonnes paroles d'Anders Tegnell[200]. Carl Bildt réagissait en fait aux critiques formulées d'Anders Tegnell vis-à-vis des politiques suivies par les autres pays, il pointait même du doigt le fait que le drapeau européen ait disparu de l'arrière-plan des conférences de presse comme si le gouvernement tentait discrètement de distinguer sa stratégie des autres pays voisins. C'est sans doute cette singularisation qui a créé une sorte de polarisation autour de la personne d'Anders Tegnell et qui l'a fait muter en « super-expert » contraint de dépasser le simple discours d'expertise pour aller vers un discours politique. « L'effacement énonciatif » vers le discours d'expert a basculé vers une parole faisant autorité, la référence à Anders Tegnell valant pour une recommandation du pouvoir politique suédois. L'intéressé lui-même a également modifié sa stratégie en apprenant son nouveau rôle au point de devenir l'incarnation d'un discours sur les normes sanitaires. Les déclarations d'Anders Tegnell ont été beaucoup plus prudentes après mars 2020 avec la recherche systématique de la nuance, le style devenant aussi important que le contenu des déclarations. Les critiques ont été importantes, mais le « super-expert » a constamment maintenu sa légitimité au sein du système politico-administratif pour les désactiver et éviter les situations où sa parole aurait pu être mise en échec.

Malgré ces critiques, le cas suédois montre en réalité la grande stabilité d'un système politique reposant sur des agences déconcentrées capables d'endosser un rôle d'expertise favorisant une prise de décision consensuelle. *In fine*, le système suédois est capable de produire à la fois une forme de consensus et de l'obéissance ; Anders Tegnell incarne ce fonctionnement concret où les différentes agences coordonnent leurs efforts au service de ce discours. Il n'y a pas non plus eu de stratégie individuelle de promotion, le « super-expert » devant sa légitimité à sa position au sein de l'Agence de santé publique. Cette étude s'est limitée à la réception suédoise du discours d'Anders Tegnell, elle gagnerait à être complétée par des travaux portant sur la réception internationale d'Anders Tegnell dont la parole a été commentée par de nombreux responsables publics étrangers (Kotherová & Perottino, 2024). Il est encore trop tôt pour savoir si Anders Tegnell est devenu le héros des politiques de non-confinement ou au contraire le bouc-émissaire de l'échec d'une stratégie politique ; en réalité, il semble que la première option soit davantage à son crédit puisqu'une lassitude des politiques sanitaires autoritaires s'est imposée dans de nombreuses opinions publiques (Premat, 2022, p. 310).

Remerciements

L'auteur tient à remercier le département d'études romanes et classiques de l'Université de Stockholm pour son soutien à la recherche actuelle. Le programme d'excellence en linguistique dans les langues romanes (projet *Romling* SU-165-0160-20 2.1.1 – analyse de discours) a été particulièrement mobilisé pour la parution de la présente étude. L'Université d'Ottawa doit également ment être remerciée pour son soutien à ce projet.

Déclaration de conflits d'intérêt

Le présent chapitre a été rédigé suite à deux conférences organisées les 6 juillet et 16 novembre 2020 sur le gouvernement des experts dans le cadre du réseau de recherches POSOC-19 (Réseau international de recherche comparative sur les effets de la crise de la COVID-19) fondé par Jean-Michel De Waele, professeur de science politique à l'Université Libre de Bruxelles et Laurent Sermet, professeur de droit international à Sciences Po Aix. Certaines des analyses ont également été présentées lors du séminaire du 25 novembre 2020 de l'Académie Royale des sciences, des lettres et des beaux-arts de Belgique. Le chapitre actualise des présentations antérieures que l'on peut retrouver dans les références suivantes :

Premat, C. (2020). Reconstruire le consensus politique en situation d'urgence : le modèle suédois à l'épreuve de la pandémie. Stockholm University. Presentation. doi: https://doi.org/10.17045/sthlmuni.12613028.v1

Premat, C. (2020). Comparer les expertises. Stockholm University. Presentation. doi: https://doi.org/10.17045/sthlmuni.13280456.v1

Premat, C. (2020). Le rôle de l'expertise dans la construction du consensus suédois face à la pandémie (texte paru initialement dans le blog du POSOC-19), https://halshs.archives-ouvertes.fr/halshs-02956901/

Bibliographie

Amossy, R. (2010). *La présentation de soi. Éthos et identité verbale.* Paris : PUF.

Anderberg, J. (2021). *Flocken. Berättelsen om hur Sverige valde våg under pandemin*. Stockholm : Albert Bonniers Förlag.

Auchlin, A. (2001). Ethos et expérience du discours : quelques remarques. In : M. Wauthion, A. C. Simon (dir.). *Politesse et idéologie. Rencontres de pragmatique et de rhétorique conversationnelle* (pp. 77–95). Louvain : Peeters.

Charaudeau, P. (2005). *Le discours politique. Les masques du pouvoir*. Paris : Vuibert.

Dardot, P., & Laval, C. (2009). *La nouvelle raison du monde. Essai sur la société néolibérale*. Paris : La Découverte.

Debras, C. (2004). Formes et fonctions du discours d'expert dans des discussions sur l'environnement entre étudiants britanniques : une étude multimodale de la prise de position en interaction. *ASp, 65*, 45–68. doi: https://doi.org/10.4000/asp.4191

Ellul, J. (1962). *Propagandes*. Paris : Armand Colin.

Fairclough, N. (2013). *Critical discourse analysis. The critical study of language*. Abingdon : Routledge.

Fairclough, N. (2015). *Language and Power*. London and New York : Routledge.

Frans, E. (2021). *Alla tvättar händerna. Min berättelse från året då alla skyllde på varandra*. Stockholm : Volante.

Gee, J. P. (1999). *An Introduction to Discourse Analysis. Theory and method*. New York and London : Routledge.

Kotherová, Z., & Perottino, M. (2024). Expert, experts et expertise pendant la crise de la COVID-19 – le cas tchèque. In C. Premat, J.-M. De Waele, & M. Perottino (Eds.), *Comparing the place of experts during the COVID-19 pandemic* (pp. 387–420), Stockholm: Stockholm University Press.

Maingueneau, D. (2002). Problèmes d'ethos. In : *Pratiques : linguistique, littérature, didactique, n°113–114* (pp. 55–67).

Olsén, B. (2010). *Pandemier, myterna, fakta, hoten*. Stockholm : Norstedts.

Premat, C. (2020). Le rôle de l'expertise dans la construction du consensus suédois face à la pandémie. ⟨halshs-02956901⟩

Premat, C. (2022). Reconstruire le consensus politique en situation d'urgence : le modèle suédois à l'épreuve de la pandémie.

In : Jean-Michel De Waele, Ahmet Insel (dir.), *Quand la pandémie bouleversa le monde*, Bruxelles, Larcier (pp. 291–314).

Rabatel, A. (2004). L'effacement énonciatif dans les discours rapportés et ses effets pragmatiques. *Langages,* 4(4), 3–17. doi: https://doi.org/10.3917/lang.156.0003

Robinson, P. (2019). Expanding the Field of Political Communication : Making the Case for a Fresh Perspective Through 'Propaganda Studies'. *Front. Commun.* 4, 26. doi: https://doi.org/10.3389/fcomm.2019.00026

Sfez, L. (1976). *Critique de la décision*. Paris : Presses de la Fondation Nationale des Sciences Politiques.

Sfez, L. (2010). Évaluer : de la théorie de la décision à la théorie de l'institution. *Cahiers internationaux de sociologie.* N°128–129, 91–104.

Simpson, C. (1994). *Science of Coercion*. Oxford : Oxford University Press.

Tegnell, A. (2002). *The epidemiology and consequences of wound infections caused by coagulase negative staphylococci after thoracic surgery*. Linköpings universitet.

Endnotes

159. Katrin Trysell, « Anders Tegnell, 'Mest oroande är utvecklingen i Iran' », *Läkartidningen*, 26 février 2020, https://lakartidningen.se/aktuellt/nyheter/2020/02/anders-tegnell-mest-oroande-ar-utvecklingen-i-iran/ (Dernière visite, 12 janvier 2023).

160. Robert Börjesson, "Okända tragedin som formade Anders Tegnell", *Expressen*, 2 avril 2020, https://www.expressen.se/nyheter/coronaviruset/okanda-tragedin-som-formade-anders-tegnell/ (Consulté pour la dernière fois le 16 février 2023).

161. https://www.mabra.com/senaste-nytt/vem-ar-anders-tegnell-och-vad-gor-en-statsepidemiolog/6459353 (Dernière visite, 16 février 2023).

162. https://www.mabra.com/senaste-nytt/vem-ar-anders-tegnell-och-vad-gor-en-statsepidemiolog/6459353 (Dernière visite, 12 janvier 2023).

163. https://www.folkhalsomyndigheten.se/om-folkhalsomyndigheten /organisation/gd-och-ledningsgrupp/

164. https://www.svt.se/sport/corona-och-idrott/tegnell-om-idrotten -bor-inte-vistas-for-nara-varandra (Dernière visite, 12 janvier 2023).

165. Le corpus global contient 3,889,895,434 de signes. 245 occurrences correspondent à une fréquence de 0,06 signes par million de tokens.

166. Beaucoup de ces publications renvoient à des articles introuvables en ligne, d'où l'intérêt de ce logiciel recensant les mentions d'Anders Tegnell lorsqu'il est dans une posture de commentateur. Ainsi, les verbes "interviewer", "prétendre", "affirmer" reviennent de manière régulière dans ce corpus.

167. https://sverigesradio.se/artikel/5783959 (Dernière visite, 12 janvier 2023). (13 février 2014, P4 Norrbotten, « L'Agence de santé publique : il est tard pour se vacciner maintenant » (*Folkhälsomyndigheten : Sent att vaccinera sig nu*) ». Le titre montre que l'expert incarne le point de vue de l'Agence de santé publique (court article de 115 mots).

168. https://v-a.se/2010/05/hysterin-kring-pandemin-science-society -2010-om-svininfluensan/ (Dernière visite, 12 janvier 2023). Il est intéressant de voir que Björn Olsén a été également régulièrement interviewé pendant la pandémie de la COVID-19 tout comme Karin Bojs qui intervient régulièrement pour rendre accessibles au grand public certains questionnements scientifiques.

169. https://v-a.se/2010/05/hysterin-kring-pandemin-science-society -2010-om-svininfluensan/ (Dernière visite, 12 janvier 2023).

170. Le 16 janvier 2020, Anders Tegnell rappelle avec prudence qu'il faut prouver la transmission humaine de ce virus pour évaluer le risque de contamination. « Nytt coronavirus upptäckt i Kina », https://www.folkhalsomyndigheten.se/nyheter-och-press /nyhetsarkiv/2020/januari/nytt-coronavirus-upptackt-i-kina/ (site de l'Agence de santé publique consulté pour la dernière fois le 13 février 2021).

171. Document n. 3778786, *Sketch Engine*, traduit du suédois par nos soins.

172. https://www.folkhalsomyndigheten.se/nyheter-och-press /nyhetsarkiv/2020/januari/nytt-coronavirus-upptackt-i-kina/ (Dernière visite, 12 janvier 2023).

173. https://www.folkhalsomyndigheten.se/nyheter-och-press/nyhetsarkiv/2020/januari/nytt-coronavirus-upptackt-i-kina/ (Dernière visite, 12 janvier 2023).

174. https://www.svt.se/nyheter/inrikes/smittskyddsexpert-ingen-anledning-till-oro-for-viruset (Dernière visite, 12 janvier 2023).

175. https://www.svt.se/nyheter/inrikes/smittskyddsexpert-ingen-anledning-till-oro-for-viruset (Dernière visite, 12 janvier 2023).

176. https://sverigesradio.se/artikel/7392269 (Dernière visite, 16 janvier 2023) (24 janvier 2020, 16.55, « Un expert dit qu'il ne faut pas s'inquiéter du virus en Suède », traduction du suédois « *Expert säger att vi inte ska oroa oss för viruset i Sverige* »)

177. https://sverigesradio.se/avsnitt/1518764 (Dernière visite, 12 janvier 2023).

178. https://www.folkhalsomyndigheten.se/nyheter-och-press/nyhetsarkiv/2020/januari/utbrottet-av-nytt-coronavirus-kraver-samordnade-insatser-internationellt/ (Dernière visite, 12 janvier 2023).

179. https://www.folkhalsomyndigheten.se/nyheter-och-press/nyhetsarkiv/2020/januari/utbrottet-av-nytt-coronavirus-kraver-samordnade-insatser-internationellt/ (Dernière visite, 12 janvier 2023).

180. Anders Tegnell, radio P1, 24 juin 2020, 53 minutes. Producteur de l'émission, Mattias Österlund, https://sverigesradio.se/avsnitt/1518764 (Dernière visite, 12 janvier 2023).

181. Anders Tegnell et le directeur de l'Agence de la santé publique, Johan Carlsson, se sont en effet rendus dans plusieurs pays africains en février 2020. https://sverigesradio.se/avsnitt/1518764 (Dernière visite, 12 janvier 2023).

182. Il utilise le terme de « *debattör* » qui renvoie aux éditorialistes ou aux journalistes initiant des débats.

183. Anders Tegnell a récidivé à de nombreuses reprises sur l'usage des masques. Sa réponse à l'OMS sur les masques a été de dire que les masques ne servent pas en cas de promiscuité. TV4, 17 novembre 2020 (télévision suédoises privée), « Hjälper inte om man trängs », https://www.msn.com/sv-se/nyheter/inrikes/tegnells-svar-till-who-om-munskydden-%e2%80%9dhj%c3%a4lper-inte-om-man-tr%c3%a4ngs%e2%80%9d/vi-BB1b5u9i (Dernière visite, 12 janvier 2023).

184. https://www.expressen.se/nyheter/tidigare-experten-sverige-var-inte-beredda-pa-vag-tva-/ (Dernière visite, 12 janvier 2023). « Tidigare experten : Sverige var inte beredda på våg två », *Expressen*, 16 novembre 2020.

185. https://danderyd.liberalerna.se/politik/2020-04-08-annika-linde-i-nu-slapp-inte-in-fonsterputsaren/ (Dernière visite, 12 janvier 2023).

186. Elisabet Ohlin, « *Skärpta regionala råd i Skåne och Uppsala län förlängs* », *Läkartidningen*, 17 novembre 2020.

187. https://sverigesradio.se/avsnitt/1518798 (Dernière visite, 12 janvier 2023).

188. https://www.dn.se/debatt/folkhalsomyndigheten-har-misslyckats-nu-maste-politikerna-gripa-in/ *Dagens Nyheter*, 24 avril 2020 (Dernière visite, 12 janvier 2023).

189. https://www.aftonbladet.se/nyheter/a/mRXWzl/tegnells-kanga-till-bjorn-olsen-inte-fatt-nagot-underlag, *Aftonbladet*, 30 juillet 2020 (Dernière visite, 12 janvier 2023).

190. https://sverigesradio.se/artikel/7522276 (Dernière visite, 12 janvier 2023). (28 juillet 2020). À propos de cette notion d'*idolisering*, il faudrait également voir des articles témoignant du soutien populaire dont fait preuve l'épidémiologiste d'État à l'instar de cet article local qui évoque un fan en train de se tatouer le portrait d'Anders Tegnell, https://www.battrestadsdel.se/alvsjo_stadsdelsomrade/alvsjo/alvsjobo-tatuerar-anders-tegnell-pa-armen-han-ar-mysig/ (Dernière visite, 12 janvier 2023). Cette iconographie nous emmènerait trop loin, mais elle reflète le fait que de nombreux Suédois se soient identifiés à Anders Tegnell qui a incarné un *éthos* national de super-expert modeste, gardant son calme et capable de répondre à toutes les angoisses du moment présent. C'est peut-être ici qu'a eu lieu une forme d'héroïsation du « super-expert », mais cela demanderait une étude plus systématique. Selon nous, ces attitudes traduisent en réalité un haut indice de confiance envers les autorités publiques ou plutôt, comme le signalait Jacques Ellul, le besoin de se confier à un chef, un héros, une star (Ellul 1962 : 196).

191. Il y a bien eu des voix dissidentes parmi les journalistes à l'instar de Johan Anderberg qui a sorti en mai 2021 un ouvrage sur la critique de la stratégie suédoise (Anderberg 2021).

192. « Tegnell om kritiken : utgår från kunskap, inte enskilda forskare », P1 radio, 28 juillet 2020, https://sverigesradio.se/artikel/7522919 (Dernière visite, 12 janvier 2023).

193. https://sverigesradio.se/artikel/7522919 (Dernière visite, 12 janvier 2023).

194. « Virologen Lena Einhorn och Anders Tegnell möttes i debatt », 14 avril 2020 (le lien a été réactualisé le 15 avril 2020) https://www.svt.se/nyheter/inrikes/virologidoktorn -folkhalsomyndighetens-strategi-ar-farlig (Dernière visite, 12 janvier 2023).

195. https://www.svt.se/nyheter/inrikes/virologidoktorn -folkhalsomyndighetens-strategi-ar-farlig (Dernière visite, 12 janvier 2023).

196. Cissi Elwin, « L'une des questions les plus difficiles des leaders est devenue encore plus difficile », *Tidningen Chef*, 14 novembre 2020 (notre traduction).

197. "Jag anklagar er för att tysta coronadebatten", *Aftonbaldet*, 21 avril 2020, https://www.aftonbladet.se/debatt/a/kJr5b6/jag -anklagar-er-for-att-tysta-coronadebatten (Dernière visite, 12 janvier 2023).

198. Emma Frans a été décorée de la médaille royale de l'Ordre des Séraphins le 28 janvier 2021 en raison de ses efforts pour diffuser une approche scientifique auprès du grand public. https://www .kungahuset.se/press/pressmeddelanden/aretspressmeddelanden /medaljforlaningar28januari2021.5.11860621768443ee821d7f6 .html (Dernière visite, 12 janvier 2023).

199. https://sverigesradio.se/artikel/emma-frans-om-sitt-ar-med -pandemin (Dernière visite, 12 janvier 2023Dernière visite, 12 janvier 2023 Dernière visite, 12 janvier 2023).

200. Sophie Stigfur, "Carl Bildt: Sätt munkavle på Anders Tegnell", *Aftonbladet*, 10 mai 2020.

FIFTH PART:
EXPERTISE, POLITICS AND
SOCIAL REPRESENTATIONS

10. Experts et politiques dans la gestion de la crise de la COVID-19 en Belgique : conflit de territoires et récit médiatique

Esther Durin & Baptiste Buidin

Abstract

The coronavirus crisis has upset the Belgian institutional balance, leading to an exceptional transfer of power to the federal government. This shift has remarkably put an end to the political crisis that the country was going through since the elections of May 2019. The Belgian management of the Covid-19 first followed its consociational tradition, through interinstitutional dialogue and cooperation with civil society. However, this cooperation was soon shaped by the evolution of relations between politicians and experts and conflicts over the definition of their respective roles and identities. To what extent have the experts assumed a political role? By doing so, did they act as partners, competitors, opponents, or even substitutes to the public authorities, particularly regarding communication with the citizens? To what extent has the collective and consensual ethos of the epistemic community given way to confrontational individual ethos? Drawing on political science research, this paper employs qualitative discourse analysis for studying the relations between politicians and experts during the COVID-19 crisis, as painted by the press. Its corpus includes institutional and expert discourses, as well as their coverage by the main Belgian media[201], between 13 March and 30 November 2020. The analysis first aims at showing the role of self and other representations in the intersubjective

Comment citer ce chapitre:
Durin, E., & Buidin, B. (2024). Experts et politiques dans la gestion de la crise de la COVID-19 en Belgique : conflit de territoires et récit médiatique. In: Premat, C., De Waele, J.-M., & Perottino, M. (eds.), *Comparing the place of experts during the first waves of the COVID-19 pandemic*, pp. 451–490. Stockholm: Stockholm University Press. DOI: https://doi.org/10.16993/bco.k. License: CC BY-NC 4.0.

construction of meaning and in the building of power relationships between main actors. It secondly focuses on the discursive formation and professional identity they use in their discourse: do they show themselves as knowledge producers or as political decision-makers? The results of the analysis outline three successive configurations. Within the first collegial configuration, political decision remains with the government, even if it relies on scientists' expertise. Within the second configuration, still marked by collegiality but moving towards co-decision, the experts become partners of the political authorities. The third configuration breaks the collegiality and puts forward individualities – "super-experts" – in competition for decision-making and public communication ownership. The debate moved from consultation bodies' meetings and press conferences to multiple and more pervasive public spaces. The press coverage of these alternative public spheres emphasises the constant renegotiation of identities between experts and politicians, leading towards a government of experts.

1. Introduction

Le coronavirus frappe la Belgique de plein fouet au milieu du mois de mars 2020, comme le reste de l'Europe, et puis du monde. Se déploient alors des mécanismes de gestion de crise, jusqu'alors inconnus du grand public. Les groupes d'experts se forment, les ministres s'entourent de conseillers et de spécialistes pour combattre cet ennemi microscopique qui met toute vie sociale en pause et qui plonge le pays dans une crise économique et sociale sans précédent. Appelés par les membres des gouvernements fédérés et fédéral, ces experts vont par leurs rapports, faire et défaire les mesures sanitaires. Le présent article propose d'analyser l'évolution des relations entre les autorités politiques belges et les experts durant la gestion de la crise de la COVID-19. De quelle manière ces acteurs et groupes d'acteurs se sont-ils mutuellement définis et positionnés, les uns par rapport aux autres, et dans l'espace public ? Notre démarche s'inscrit dans le champ de l'analyse du discours, selon une approche praxématique (Lafont 1978 ; Détrie, Siblot, Vérine, 2001). Selon cette approche, les identités sociales sont considérées comme des construits discursifs, lesquels ne sont jamais donnés a priori mais sans cesse (re)négociés dans l'espace discursif, par le jeu de la dialectique du même et de l'autre (Barbéris, 1998).

Cette négociation dialogique sera appréhendée par le biais de sa représentation médiatique dans deux quotidiens belges, l'un francophone, l'autre néerlandophone. L'analyse contribuera premièrement à éclairer les processus de formation de la décision politique dans la gestion belge de la crise. Elle permettra deuxièmement de voir comment l'émergence de « super-experts » (Premat 2020) dans l'espace médiatique est venue contrarier une architecture institutionnelle concentrant initialement le pouvoir entre les mains de l'exécutif fédéral.

2. La crise, un levier pour le renforcement de l'exécutif fédéral

La crise de la COVID-19 a ceci de remarquable qu'elle met fin à la grave crise politique que traverse la Belgique depuis plus d'un an[202]. Au moment où la pandémie débute, le gouvernement fédéral belge est en effet démissionnaire et minoritaire, et son champ d'action est réduit à la stricte gestion des affaires courantes, englobant la gestion journalière nécessaire à la continuité du service public, la poursuite des procédures engagées avant la démission du gouvernement, ainsi que les affaires urgentes (Berendht, 2019, p. 3). Ces dernières visent les situations faisant « courir un danger ou un préjudice grave aux intérêts fondamentaux du pays » (Conseil d'État 1994, p. 520). C'est sur cette base que le gouvernement peut agir face à la crise de la COVID-19. Le 17 mars, grâce au soutien apporté – chose exceptionnelle – par six partis de l'opposition[203], le gouvernement est reconduit par le Roi, cette fois comme exécutif de plein exercice. Les mêmes partis (deux tiers des députés) accordent officiellement leur vote de confiance au gouvernement et renforcent encore sa marge de manœuvre par l'octroi de pouvoirs spéciaux formalisés dans deux arrêtés royaux du 27 mars. Les législateurs des régions wallonne et de Bruxelles-Capitale, ainsi que de la Communauté française, ont déjà octroyé les pouvoirs spéciaux à leurs gouvernements[204].

Ce transfert de pouvoir des assemblées législatives vers les exécutifs se double d'un transfert exceptionnel de pouvoir des entités fédérées[205] vers le niveau fédéral (Bouhon et al., 2020), bouleversant encore les équilibres institutionnels belges. Afin de consolider l'action du gouvernement, et dans la tradition consociative belge, deux organes de gestion de crise sont élargis[206]. Le comité de pilotage politique qu'est le Conseil des ministres restreints ou *KernKabinet* (le Kern), traditionnellement composé du Premier ministre et de ses vice-Premiers ministres, accueille désormais en son sein les Présidents des partis qui ont voté la confiance, ainsi que le chef du groupe N-VA. Le Conseil national de sécurité (CNS), organe institué par arrêté royal en 2015, dans le contexte des attentats djihadistes, intègre quant à lui désormais les ministres-présidents des Régions et Communautés fédérées[207].

Le gouvernement peut aussi compter sur le Comité de concertation, organe permanent de rencontre entre ministres fédéraux, régionaux et communautaires, institué en 1980. Ce dernier est chargé de prévenir les conflits d'intérêts et de compétence entre les différentes entités. Pendant la gestion de la crise de la COVID-19, il intervient essentiellement pour opérationnaliser et mettre en application les décisions prises dans le cadre du CNS, particulièrement en matière de déconfinement. En matière de Santé publique, la Conférence interministérielle (CIM Santé) réunit les ministres de la santé des différentes entités.

Le Service public fédéral Santé publique peut quant à lui s'appuyer sur trois structures complémentaires[208]. Tout d'abord, le « Point focal national » est le point de contact officiel entre la Belgique et l'OMS pour l'analyse et la gestion des risques concernant « les maladies transmissibles, les affections nouvelles ou inconnues et les crises sanitaires biologiques, chimiques et nucléaires ayant des répercussions internationales » ainsi que « les communications en matière de crises sanitaires comportant un risque de propagation internationale » (Protocole du 5 novembre 2018, art. 4). Ce point focal travaille avec deux plateformes de concertation belges relatives, l'autre à la gestion de ces risques (Risk Analysis Group (RAG))[209], l'une à l'analyse des risques (Risk Management Group (RMG))[210]. Durant la crise, le RMG décide des notifications à faire aux niveaux européen et international, sous la présidence du Point focal. Le RAG est notamment chargé du recueil des données sur le virus et sa gestion (dépistage, hospitalisations, mortalité, etc.), sous la présidence de l'institut scientifique de santé publique Sciensano. Malgré ce maillage institutionnel, la gestion de la crise sanitaire, sous le pilotage de la ministre fédérale de la santé Maggie de Block, est très tôt critiquée par les autres partis et les acteurs de la crise. La communication de la ministre entre en effet en particulière dissonance avec les alertes précoces des institutions internationales, en premier lieu desquelles l'Organisation mondiale de la Santé.

3. Communication politique et minimisation des premières alertes internationales

Les 22 et 23 janvier 2020, l'Organisation mondiale de la Santé (OMS) convoque une première réunion du Comité d'urgence du Règlement sanitaire international (RSI) concernant la flambée de nouveau coronavirus (2019-nCoV), à l'issue de laquelle elle « estime que cette flambée représente (…) un risque élevé aux niveaux régional et mondial » (OMS 23 janvier 2020).

Le 23 janvier, la ministre belge est interpellée à la Chambre des représentants sur son suivi des réactions internationales et sur les mesures mises en place pour la détection du virus, notamment par les soignants. La ministre confirme le suivi des analyses de l'OMS, du Centre européen de prévention et de contrôle des maladies (ECDC), ou encore du Centre américain de prévention et de contrôle des maladies. Elle continue cependant de mettre en doute l'expansion d'une crise sanitaire en Belgique (Chambre des Représentants de Belgique, 23 janvier 2020, p. 30).

Le 30 janvier, l'OMS déclare « une urgence de santé publique de portée internationale » et invite notamment les États à « revoir les plans de préparation, repérer les lacunes et évaluer les ressources nécessaires pour identifier, isoler et prendre en charge les cas, et prévenir la transmission » (OMS, 30 janvier 2020). Le virologue Marc Wathelet publie une lettre ouverte à la ministre s'inquiétant de la faiblesse de la préparation belge. La ministre Maggie de Block qualifie le virologue sur Twitter de « Dramaqueen » (28.02.2020). Début février, le premier cas de Coronavirus est détecté en Belgique. Le 28 février, le Rapport de la mission conjointe OMS-Chine émet ses recommandations aux États. Ceux qui ne sont pas encore affectés doivent activer immédiatement leurs plus hauts protocoles d'analyse et de gestion du risque et s'assurer que tant les autorités que l'ensemble de la société concourent à contenir le virus de manière préventive. La stratégie recommandée est celle du dépistage intensif de tout patient symptomatique, l'isolement immédiat des personnes infectées, et l'éducation de la population aux gestes barrière. Le rapport insiste : « Il ne s'agit pas du SARS, il ne s'agit pas d'une grippe » (OMS, 28 février 2020, p. 18, trad. libre).

En Belgique, le virus commence à se propager, avec cinquante cas dépistés le 5 mars. Le même jour, seize députés interpellent la ministre en session plénière de la Chambre, sur son pilotage politique de la crise. À nouveau, Maggie de Block tient un discours rassurant et assimile, malgré le rapport de l'OMS, le nouveau virus à la grippe (Chambre des Représentants de Belgique, 5 mars 2020, p. 39). Le 11 mars, le directeur de l'OMS déclare officiellement la situation de pandémie. Le dépistage demeure une recommandation clé de l'organisation. Alors que la ministre avait déclaré à la Chambre le 3 mars que la « capacité [de la Belgique] en termes de tests [était] plus que suffisante » (Chambre des Représentants de Belgique, 3 mars 2020, p. 35), il apparaît assez rapidement que face à l'accroissement non anticipé des contaminations, les stocks sont très largement en dessous des besoins. Le 12 mars, le Conseil National de Sécurité décrète la phase fédérale de gestion de crise et prend un certain nombre de mesures comme l'interdiction des événements. Le 18 mars, le confinement est imposé.

L'OMS ne préconise toujours pas, en mars, le port du masque en public, réservant ses usages aux soignants et patients positifs. Experts et représentants politiques belges adoptent sur ce point une ligne commune. Cependant, le pays ne dispose pas de masques en suffisance pour ces deux groupes cibles. Finalement, la recommandation du port généralisé du masque, dans un rapport du Centre européen de prévention et de contrôle des maladies du 9 avril (ECDC, 9 avril 2020), accentue le débat public. Le 24 avril, le CNS adopte la recommandation, rendant même obligatoire le port du masque dans les transports. Le manque de moyens disponibles pour répondre efficacement à la crise, au niveau de la prévention comme du dépistage soulève nombre de critiques parmi les acteurs de terrain (Le Soir, 27 avril 2020) et experts, y compris ceux qui participent par leur rôle officiel de conseil, à la prise de décision publique.

4. Les experts, nouveaux visages de la gestion de crise

Les études menées en Europe durant les précédentes crises sanitaires ont montré l'influence de la communication publique sur la perception des risques et les comportements des citoyens (Smith, 2006 ; De Zwart et al., 2009). Dès la phase d'urgence déclarée, le Centre national de crise organise des points presse quotidiens pour informer la population sur l'évolution de la pandémie, les mesures prises et leur mise en application. Ces points presse sont coordonnés par les porte-paroles du Centre de Crise, Benoît Ramacker et Yves Stevens, mais font principalement intervenir deux experts, nommés Porte-paroles interfédéraux de la lutte contre la COVID-19. Le francophone Emmanuel André est microbiologiste, enseignant et responsable du laboratoire de diagnostic au pôle des maladies infectieuses de l'hôpital universitaire UZ de l'Université de Louvain (KULeuven). Le néerlandophone Steven Van Gucht est vétérinaire et virologue, enseignant-chercheur à l'Université de Gand. Il est également président du Comité scientifique et chef du service Maladies virales de Sciensano. Les deux scientifiques assurent donc le lien avec les Belges, qu'ils informent des dernières données épidémiologiques et sanitaires, et qu'ils conseillent sur la manière d'appliquer les mesures. Le 24 avril, Emmanuel André quitte cette fonction de porte-parole interfédéral et est remplacé par Yves Van Laethem, virologue et Chef de clinique au CHU Saint-Pierre. Pendant l'été, ce dernier est lui-même temporairement remplacé par Frédérique Jacobs, chef de la Clinique des maladies infectieuses et tropicales à l'Hôpital Erasme.

Si ces experts se trouvent d'emblée exposés, comme coproducteurs de la communication nationale de crise, il s'agit bien d'une exception et les nombreux groupes d'experts formés par les autorités publiques ont plutôt vocation à travailler dans les coulisses de la communication institutionnelle et politique.

La cellule d'évaluation des risques du Centre national de crise (Celeval) est recomposée pour la COVID-19. Placé sous la direction de Tom Auwers, président du comité de direction du SPF Santé publique, le Celeval regroupe plusieurs fonctionnaires des SPF Santé publique, Intérieur ou Affaires étrangères, des membres des cabinets ministériels fédéraux et fédérés, des représentants de Sciensano et des experts, parmi lesquels le porte-parole inter-fédéral Steven Van Gucht, Erika Vlieghe, cheffe du Service des maladies infectieuses de l'hôpital universitaire d'Anvers (UZ Antwerpen) et Marc Van Ranst, qui travaille avec Emmanuel André à la KULeuven. Parallèlement, le 19 mars, les autorités lancent un groupe d'analyse des risques économiques de la pandémie, l'*Economic Risk Management Group* (ERMG), co-dirigé par le gouverneur de la Banque nationale, Pierre Wunsch et le vétérinaire Piet Vanthemsche, lequel fait le lien avec les groupes d'experts sanitaires.

Le 6 avril, les autorités belges s'entourent également d'un groupe d'experts choisis par la première ministre Sophie Wilmès et chargés de conseiller le gouvernement sur la stratégie de déconfinement. Ce *Group of Experts in charge of the Exit Strategy* (GEES), présidé par Erika Vlieghe, compte trois autres experts médicaux : Emmanuel André, Marc Van Ranst et Marius Gilbert, chercheur en épidémiologie de l'Université Libre de Bruxelles. Le groupe compte également la Secrétaire générale de la Fédération des services sociaux, Céline Nieuwenhuys, le biostatisticien Niel Hens, la juriste et fonctionnaire européenne Inge Bernaerts, un économiste de l'ULB, Mathias Dewatripont, un administrateur et président de grandes entreprises, Johnny Thijs, ainsi que Pierre Wunsch. Celeval et Gees viennent en appui à la décision politique et rendent compte tant au CNS qu'au Comité fédéral de coordination chargé de préparer l'implémentation des décisions politiques du CNS. La ministre de la Santé met également en place son propre groupe d'experts, le Comité scientifique Coronavirus, dirigé par Steven Van Gucht et réunissant Erika Vlieghe, Marc Van Ranst, ainsi que l'épidémiologiste Nathalie Bossuyt et l'infectiologue Charlotte Martin.

Au mois d'août, le pays est déconfiné et le GEES est dissous. Le Celeval se retrouve au premier plan pour conseiller les autorités.

En septembre, sa composition est revue et élargie à d'autres expertises. Il est composé de Marius Gilbert, Erika Vlieghe, Frédérique Jacobs, et Sophie Quoilin, cheffe du service épidémiologie de Sciensano et présidente du RAG (*Risk Assessment Group*), mais aussi d'un économiste de la santé, Lieven Annemans et de la professeure en psychologie clinique Ariane Bazan (ULB). Le Celeval donne également la parole à des secteurs stratégiques, avec l'administrateur d'entreprises Jonnhy Tijs et une représentante du secteur évènementiel, Vinciane Morel de Westgaver. L'objectif des autorités publiques est de prendre en compte d'autres enjeux que la seule expertise médicale et sanitaire.

Le Celeval est finalement également dissout sur décision du Kern le 22 novembre et c'est le RAG, sous la direction de Sophie Quoilin, qui assume seul le rôle de conseil des autorités. Entre temps, la reprise des négociations politiques pour former un nouveau gouvernement a abouti le 1er octobre 2020[211]. La suppression progressive des cellules de concertation collectives entre experts et politiques fait écho à la tendance des membres du nouveau gouvernement à privilégier les contacts personnels avec les experts pour garder la main sur le processus décisionnel et redessiner les contours de l'expertise à destination politique.

5. Les enjeux de l'expertise à destination politique

Lors de la mise en place des groupes de concertation, au début de la crise, la mission confiée aux experts belges dans la gestion de la COVID-19 est une mission d' « expertise scientifique à destination politique », laquelle consiste à « solliciter, dans un processus de décision publique, les capacités de la science à diagnostiquer et à réguler les risques » (Granjou, 2003, p. 175). Convoqués pour leur forte spécialisation, au titre d' « experts fonctionnels » (Polášek et al., 2018), les professionnels associés n'ont donc pas vocation à se prononcer sur le processus décisionnel *per se*, mais à favoriser ce dernier dans le chef des autorités, par un transfert de connaissances sur l'un des enjeux de la décision. Le principe de collégialité privilégie de plus des logiques de « lissage institutionnel » autour d'une « énonciation collective négociée » (Oger et Ollivier-Yaniv, 2006), empêchant l'émergence d'individualités et discours dissidents.

La frontière dressée entre mondes politique et scientifique favorise, dans cette vision linéaire, la figuration d'un expert indépendant duquel dépendait, par la transmission de sa connaissance, la « bonne » décision politique (Löblava, 2018). C'est oublier que la décision politique est influencée de manière plus complexe par une multiplicité d'intérêts, l'opinion publique et les idéologies, et que l'appropriation politique de l'expertise résulte tout autant d'un processus de sélection politique, selon des enjeux de légitimation, que d'un transfert à l'initiative des scientifiques (Dunlop, 2009). C'est oublier également que les experts ne forment pas un groupe homogène, indépendant de ces mêmes influences. C'est oublier, enfin, le rôle des médias dans la circulation des discours experts et dans leur mise en scène dans l'espace public. Cette vision de l'expert fonctionnel tend à éluder le caractère nécessairement « instituant » de l'expertise, qui contribue à construire son objet d'expertise (Castel, 1985), et qui « simultanément à la production d'un savoir, (…) érige des catégories normatives, les hiérarchise et contribue ainsi à renonciation de règles de comportement concernant les objets et les acteurs impliqués dans le secteur d'activité qu'elle encadre » (Roy, 2002, p. 37).

Ces éléments nous invitent à interroger la manière dont les experts et autorités politiques belges se sont mutuellement définis et positionnés, les uns par rapport aux autres, et dans l'espace public.

6. Cadre épistémologique et méthodologique

Le social n'est pas une réalité donnée à priori mais un espace contingent, que le langage vient représenter, organiser et délimiter. Le même (l'*Idem*) et l'autre (l'*Aliud*) sont les deux pôles autour desquels s'organisent ce découpage du monde par l'homme, dans un double mouvement d'inclusion / exclusion. Toute définition du social et des identités en interrelation qui le fondent, est donc toujours précaire, car soumise à une renégociation intersubjective. Il est cependant possible d'appréhender ces fixations au moment de leur émergence dans l'espace discursif.

La praxématique offre un modèle d'analyse de l'émergence des identités – collectives et individuelles – ou égogénèse, à partir des traces que ce travail laisse dans la matérialité du texte. Cette matérialité oscille entre deux types de textualité. La textualité *en même* induit une indifférenciation subjective. La textualité *en soi-même* produit au contraire des effets de discrétisation et d'objectivation de la rupture égotique (Detrie, 2008, p. 133). Ces traces apparaissent en premier lieu dans le système énonciatif, marqué par les personnes (pronoms). Elles apparaissent également dans l'actualisation nominale. L'identification par exclusion de l'autre, ne va en effet pas sans sa caractérisation et son évaluation, mobilisant des stéréotypes identitaires. Cet article s'intéresse à la manière dont les identités en interrelation des acteurs de la crise sont mises en lumière et médiées par la couverture médiatique, à travers l'usage des discours, pensées et perceptions représentés (Rosier, 1999, Rabatel, 2008) et du commentaire journalistique d'autre part.

Pour ce faire, nous analysons la couverture réalisée par deux quotidiens belges de référence, du 13 mars, lendemain de l'amorce de la phase fédérale d'urgence, au 30 novembre 2020. Le journal flamand *De Standaard*, du groupe Mediahuis et le journal francophone *Le Soir*, détenu par le groupe Rossel, ont respectivement 1.173.000 et 1.131.000 lecteurs (CIM, 2020). Le corpus a été recueilli sur les bases de données Europresse et Factiva, avec comme entrées respectives le nom des institutions organisant le dialogue entre experts et politiques (GEES, RAG, Celeval), ainsi que le nom de chacun des experts ayant participé à la concertation, quel que soit son domaine d'expertise[212]. Une première recherche exploratoire a révélé la présence récurrente de trois autres experts dans *De Standaard*, Herman Goossens et Pierre Van Damme, respectivement microbiologiste et épidémiologiste de l'Université d'Anvers, ainsi que Geert Molenberghs, biostatisticien de la KULeuven. Dans *Le Soir*, Yves Coppieters, épidémiologiste de l'ULB est également régulièrement interviewé. Ces experts ont donc été ajoutés au corpus initial, ainsi que Jean-Luc Gala, spécialiste des maladies infectieuses enseignant à l'UCLouvain, médiatisé pour ses prises de parole polémiques. Outre la mise en saillance de choix éditoriaux et cadrages médiatiques sensiblement différents dans les deux titres analysés, l'analyse aboutit à des résultats similaires concernant les cadrages médiatiques des relations entre autorités et experts. La collégialité incarnée par le maillage institutionnel belge, orientée vers le consensus, a progressivement laissé place à des individualités prises dans des relations d'opposition sur un même terrain symbolique, celui de la décision politique.

7. L'expertise dans la presse quotidienne belge : deux espaces publics linguistiques

Concernant les organes institutionnels, le corpus compte 222 articles mentionnant le Gees (110 articles *Le Soir* et 112 *De Standaard*), 137 articles mentionnant le Celeval (respectivement 72 et 65) et 41 articles mentionnant le RAG (26 et 15). La couverture de ces trois organes officiels est similaire dans les deux journaux. Dans la majorité des articles, l'angle est institutionnel et les organes sont cités pour informer sur leur composition, leur fonctionnement, les dossiers qui leur sont confiés ou les relations interinstitutionnelles (51 % pour le Gees, 60 % pour le Celeval et 76% pour le RAG). Ils interviennent peu comme énonciateurs collectifs, que leurs rapports soient cités ou paraphrasés, ou même comme acteurs décisionnaires (18% pour le Gees, 19% pour le Celeval, 12% pour le RAG). Ces premiers chiffres apparaissent cohérents avec la position institutionnelle initialement donnée à ces groupes, dans les coulisses de la décision politique, comme conseillers des autorités publiques, ne rendant compte qu'à elles. Cependant, la suite des articles vient contrarier cette position pour le Gees et le Celeval. En effet, dans 31 % des articles mentionnant le Gees, et dans 21 % des articles mentionnant le Celeval, ces mentions ne servent que de référence secondaire, dans la présentation de l'un de leurs experts qui est individuellement convoqué. Ce n'est par contre le cas que dans 12% des articles mentionnant le RAG et c'est toujours sa présidente, Sophie Quoilin, qui est interviewée en représentation de l'institution.

S'agissant des experts du Gees et du Celeval, les deux journaux réalisent une couverture plus faible des experts non-médicaux, en particulier des expertises sociales et psychologiques (voir fig.1). Les discours des biostatisticiens circulent par contre bien davantage dans *De Standaard*, avec Niel Hens (43 articles dans

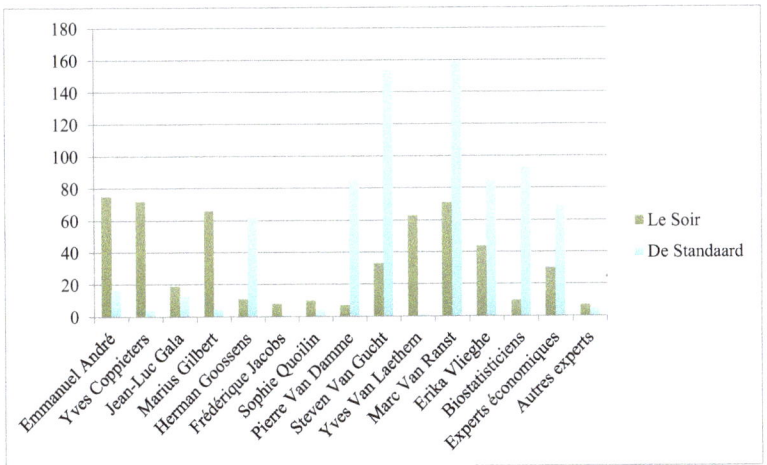

Figure 1. Nombre d'articles mentionnant les experts.
Source: synthèse des auteurs (Licence : CC-BY-NC-ND).

De Standaard contre un seul dans *Le Soir*) et Geert Molenbergh. Une différence significative apparaît également dans la place des expertises économiques avec Lieven Annemans et Johnny Thijs. Ces choix semblent résulter tant de facteurs linguistiques que de choix éditoriaux. Le gouverneur de la Banque nationale Pierre Wunsch est couvert de manière similaire (16 article dans *Le Soir*, 20 articles dans *De Standaard*), essentiellement au printemps, sur l'impact du confinement et sur le financement de la crise.

Les deux journaux font à l'inverse une large couverture des experts médicaux (virologues, épidémiologistes). D'un point de vue quantitatif, quatre experts ressortent clairement du corpus néerlandophone (*De Standaard*). Il s'agit de Marc Van Ranst (159), Steven Van Gucht (154), Erika Vlieghe (84) et Pierre Van Damme (84). Le corpus francophone (*Le Soir*) donne à voir une couverture plus éparse, avec par ordre d'apparition, Emmanuel André (75), Yves Coppieters (72), Marc Van Ranst (71), Marius Gilbert (66), et Yves Van Laethem (63). A nouveau, l'analyse qualitative révèle des profils très différents.

Outre les choix éditoriaux, le graphique met en évidence une structuration linguistique de l'espace public. *De Standaard* cite peu les experts francophones. Le plus cité est Emmanuel André, mais très loin derrière ses homologues flamands. Marius Gilbert ne compte que cinq apparitions sur tout le corpus *De Standaard*. *Le Soir* couvre le porte-parole néerlandophone Steven Van Gucht mais dans une moindre mesure par rapport à Yves Van Laethem et Emmanuel André. Yves Van Laethem ne compte qu'une apparition dans *De Standaard*. Enfin, le francophone Yves Coppieters et les néerlandophones Pierre Van Damme et Herman Goossens ne traversent pour ainsi dire pas la frontière linguistique.

Le traitement journalistique varie également sensiblement dans nos deux titres. Dans le sous-corpus *Le Soir*, les articles basés sur une communication institutionnelle ne représentent que 30 % des articles, contre 54% dans *De Standaard*. Il s'agit soit d'une conférence de presse du Conseil national de sécurité, soit d'un point presse des experts porte-paroles interfédéraux. Dans ces articles, le mode énonciatif des experts est collectif. Ils s'expriment au nom des autorités. Dans le reste des articles, les experts prennent toujours la parole individuellement et en leur nom. La source est généralement une interview directe et/ou la reprise de propos tenus dans d'autres médias (67% dans *Le Soir* et 57% dans *De Standaard*). Les réseaux sociaux apparaissent moins utilisés par les journalistes (10% dans *Le Soir*, 6% dans *De Standaard*). Au niveau énonciatif, l'analyse révèle donc, dans les deux journaux, une forte individualisation de la parole des experts, et ce même lorsque le journaliste donne à voir un consensus, voire un point de vue unique porté par tous.

Lorsque les experts sont mis en relation avec d'autres voix, il s'agit essentiellement de représentants politiques (48% des articles dans *Le Soir*, 49% dans *De Standaard*). Ils sont peu confrontés à des experts non-médicaux (13% *Le Soir* et 16% *De Standaard*), ou à des acteurs de la société civile, même si une légère différence apparaît entre les deux journaux (3% *Le Soir* et 19% *De Standaard*). Un seul article dans le corpus *Le Soir* fait intervenir des citoyens. *De Standaard* leur donne davantage la parole, bien que dans une proportion demeurant faible (7%).

L'angle des articles est également peu diversifié dans les deux sous-corpus bien qu'à nouveau, *De Standaard* fasse plus de place aux angles sociétaux, relatifs à l'impact social de la crise et aux comportements sociaux des Belges (44% contre 7% pour *le Soir*), et culturels (6%). Un seul article dans chacun des journaux a un angle environnemental, toutefois secondaire par rapport à l'angle économique, lequel prédomine dans 5% des articles du Soir et 12% des articles issus de *De Standaard*. 33% des articles francophones et 55% des articles néerlandophones ont un angle scientifique (données épidémiologiques, fonctionnement du virus, description scientifique de l'impact des mesures, etc.). Dès lors, la grande majorité des articles dans *Le Soir* (52%) a un angle politique, c'est à dire portant sur une question ou mesure politique. C'est le cas pour 39% des articles de *De Standaard*. La prééminence de cet angle politique et de la coprésence, avec les experts, de représentants politiques, conforte la pertinence d'une analyse de leurs relations réciproques, lesquelles évoluent tout au long de la période d'analyse.

8. Experts et politiques : de la collaboration à la compétition

À travers notre corpus, nous constatons que ces relations peuvent être appréhendées en quatre configurations successives. La première configuration, qui prévaut au début de la crise et jusqu'à la mi-avril, est celle de la collégialité. Les prises de paroles des experts portent davantage sur un contenu scientifique, pour expliquer et compléter les communications institutionnelles. Le cadrage des relations entre experts et politiques est consensuel. Le terrain du conflit demeure un terrain politique, dans l'arène parlementaire, entre députés de l'opposition et gouvernement.

Les experts assument un rôle de communication politique mais ne contredisent pas les décisions prises. Seul fait exception le virologue flamand Marc Van Ranst dont les discours rapportés sont plus dissensuels et sur un terrain pleinement politique. Les termes employés par les journalistes pour introduire ses prises de parole mettent en exergue ce dissensus : « la colère du virologue Marc Van Ranst », qui « réclame la fermeture de Brussels Airport » (Delepierre, 20 mars 2020) ; « Les files devant les tapis à bagages m'ont mis en colère »[213] (De Standaard, 20 mars 2020) ; « Alors oui, admet-il, en intervenant dans les médias, son objectif était bien de mettre la pression sur le fédéral » (Ponciau, 14 mars 2020). Les journalistes font également parfois référence à la non-coïncidence des propos tenus par le politique d'une part, les experts d'autre part, mais ce dialogisme ne met pas en scène une opposition franche. La démission d'Emmanuel André de son poste de porte-parole interfédéral est également essentiellement motivée par des raisons personnelles.

À partir de la mi-avril, le cadrage des articles est plus dissensuel, mais ce sont les journalistes, en premier chef desquels les éditorialistes, qui reprochent aux représentants politiques de ne pas assumer leur rôle et de se cacher derrière les scientifiques, dans une optique communicationnelle de légitimation et d'évitement de la réprobation populaire (Hinterleitner et Sager, 2017). Le procédé aboutit alors à un effet contraire, « l'effacement trop explicite des gouvernants derrière l'expert risqu[ant] de casser les ressorts de la légitimité politique » (Chevallier, 1996, p. 43).

> En se « cachant » derrière les scientifiques constamment en plateau, c'est la crédibilité de ces derniers que le politique met en danger, avertissent les journalistes du nord du pays (Delvaux, 16 avril 2020).
>
> Ensuite, ce ne sont pas les politiciens, mais les scientifiques qui ont expliqué les décisions au public, et ils l'ont fait plus clairement que ce que nous avons l'habitude de voir de la part des politiciens. Ils ont donné une légitimité aux décisions. Les rares fois où l'on a demandé à un homme politique de faire quelque chose, il a fait référence aux scientifiques au début et à la fin de chaque phrase. C'est donc le gouvernement Van Ranst qui a fait le travail[214] (Tegenbos, 29 avril 2020).

Dans le premier exemple ci-dessus, l'usage du syntagme singulier « le politique » joue sur le flou pour donner une représentation homogène des représentants des différentes autorités publiques. Ils sont tous les mêmes. L'usage de l'article défini « le » présuppose chez le lecteur la connaissance préalable et évidente de celles et ceux qui sont ainsi désignés. En effet, les articles définis « sémantiquement référentiels, engendrent une actualisation absolue du nom. Placés devant un nom, ils supposent l'existence du référent » (Roig, 2011 : 78). Dans le second exemple, le terme « les politiciens » produit le même effet homogénéisant et son utilisation réactive pour le lecteur la « mémoire discursive » négative du terme, du fait de ses usages majoritairement péjoratifs dans la langue française (CNTRL, 2022). Il produit ainsi des effets de connotation négative à l'égard du groupe désigné.

Enfin, la formule métonymique « le gouvernement Van Ranst » cristallise, dans le discours du journaliste, la substitution du politique, incarné par le gouvernement Wilmès, par un gouvernement d'experts dont le leadership est attribué à Marc Van Ranst. Les experts interrogés dans nos différents articles confirment cette substitution et expriment leur volonté de revenir à la scénographie institutionnelle initiale : « La responsabilité finale ne nous revient pas. Notre rapport invitait seulement à une réflexion approfondie. » (Marc Van Ranst cité par Demonty & Durieux, 17 avril 2020).

> Ce ne sont plus des choix d'ordre sanitaire, mais bien politiques. Et ce n'est pas grave : le politique doit jouer son rôle. Nous, on décrit le cadre épidémiologique à l'intérieur duquel il faut composer pour limiter la transmission (…) Un rôle d'avis et de recommandations. La décision est politique. (Marius Gilbert cité par Counasse, 18 avril 2020)
>
> Ces dernières semaines, on a un peu mélangé, à un certain moment, le rôle du politique et celui du scientifique. Il est important de retourner à une séparation des rôles. Le monde politique est élu par les citoyens, qui lui confient la responsabilité de prendre des décisions, par nature, complexes. Le rôle du scientifique, c'est l'analyse et l'avis. Et c'est très bien qu'il ait un rôle plus important. J'aimerais d'ailleurs voir d'autres disciplines intervenir dans le débat : les sciences sociales, la santé mentale manquent parfois pour l'instant. (Emmanuel André cité par Counasse et Lamquin, 9 mai 2020)

La seconde configuration des relations entre les autorités politiques et les experts est donc celle d'une confusion des rôles, comme cela a été également observé dans le présent ouvrage par Arnaud Grivaud dans le cas de la gestion de la crise au Japon (Grivaud, 2024, pp. 225–261), ou encore par Davide Caselli, Carlotta Mozzana, Daniela R. Piccio et Barbara Saracino dans l'analyse du cas italien (Caselli et al., 2024, pp. 297–338). Les auteurs font utilement référence au double mouvement de « politisation du scientifique » et de « scientisation du politique », tel que théorisé par Luigi Pellizoni (p. 218). Cette substitution est d'abord donnée à voir comme subie par les experts.

Leurs discours rapportés montrent cependant un positionnement plus ambivalent, lorsqu'ils prennent proactivement position sur le terrain de la décision politique. À l'issue du conseil de sécurité du 24 avril, qui prévoit la réouverture des commerces, Marc Van Ranst remet par exemple en cause les mesures sanitaires.

> Quelle est la différence entre rencontrer de la famille ou des amis à la maison ou au magasin ? Le contrôle. Le magasin est un espace public ouvert, et donc contrôlable. Quand on se voit à la maison, c'est moins le cas. Les politiciens pensent que la confiance est une bonne chose, mais le contrôle est encore mieux[215]. (Marc Van Ranst cité par De Standaard, 27 avril 2020)

Par l'usage du discours rapporté direct et indirect, les articles analysés mettent également en lumière la relation antagoniste entre experts et politiques à travers les contre-discours des responsables politiques. « Certaines figures politiques ne se sont en effet pas gênées pour dire à Erika Vlieghe et Marius Gilbert, les deux membres du GEES (le groupe déconfinement) présents à la réunion, qu'ils en avaient assez des virologues « qui passent leur temps sur Twitter », lâchant des commentaires « qui manquent de prudence ». En gros, le politique accuse donc les experts (Marc Van Ranst et Emmanuel André, pour être concret) d'être devenus un brin populistes. Ils n'ont d'ailleurs pas été conviés à la réunion... » (Counasse, 20 juillet 2020).

L'exemple ci-dessus illustre la manière dont les ilots textuels de discours rapportés directs sont mis en emphase par le commentaire du journaliste, qui accentue leur portée polémique (« ne se sont pas gênées pour »). L'usage de l'adverbe connecteur « en gros », à la fin de l'extrait, a valeur de clôture et présuppose « une succession d'événements, de preuves, de réflexions, qui précèdent cet acte de clôture » (Rossari, 1993, p. 152). Il marque un double procédé de reformulation et d'approximation qui replace le centre focal chez le journaliste, tout en prétendant donner accès aux pensées du politique, comme « sujet de conscience » (Rabatel, 1998) collectif. L'adverbe permet au journaliste d'imputer implicitement à cet énonciateur collectif le terme « populiste », dont la portée pragmatique polémique se trouve paradoxalement renforcée par l'adverbe « un brin ».

Parmi les articles analysés, des cartes blanches rompent avec cette médiation journalistique pour donner un accès direct à la parole des acteurs du conflit. Une carte blanche d'universitaires et scientifiques dénonce notamment les attaques discursives des politiques à l'égard des scientifiques, sur les médias sociaux, citant notamment la ministre de la Santé Maggie de Block et le ministre-président flamand Jan Jambon (Cotton, Dalla Valle, Nève, Orban, 28 juillet 2020).

La troisième configuration des relations entre autorités et experts mis en scène dans notre corpus est celle de la controverse publique (Charaudeau, 2017). Au-delà d'une situation de concurrence sur un terrain communicationnel et d'une attaque sur l'*éthos*, c'est bien sur l'orientation même des décisions politiques que le conflit est ouvert entre scientifiques, principalement du Gees, et politiques.

9. D'un glissement de l'expertise fonctionnelle vers la décision politique

Le conflit naît d'un décalage quant aux indicateurs qui fondent la décision. Les virologues et épidémiologistes se fondent de manière cohérente avec leur domaine d'expertise, sur des indicateurs sanitaires. Le politique se fonde sur d'autres indicateurs liés à la demande sociétale, à son adhésion aux mesures et ces indicateurs ne sont pas nécessairement en adéquation avec les indicateurs sanitaires. Dès lors que la frontière entre les territoires respectifs des experts et politiques est brouillée, qu'ils entrent en concurrence sur un terrain décisionnel et médiatique, l'absence de fondements communs pour la prise de décision entraîne un dissensus de fait. L'été verra l'apparition des premières commissions parlementaires sur la crise du coronavirus, notamment en Flandre. Trois experts sont invités à la commission du Parlement flamand sur la question: Erika Vlieghe, Marc Van Ranst et Herman Goossens. Les discours rapportés par *De Standaard* portent à la fois sur la mise en garde vis-à-vis d'une deuxième vague, un bilan des premiers mois de la crise mais aussi une absence de leadership politique : « Il doit y avoir un capitaine sur le pont du navire. Il est aussi possible d'avoir un groupe de capitaines. Tant que ce sont des personnes qui osent et peuvent prendre des décisions. »[216] (Erika Vlieghe citée par Beel, 14 juillet 2020)

Nous observons un glissement dans les discours rapportés des experts, en particulier de Marc Van Ranst, d'une critique de la gestion de la crise sanitaire à une de la politique de santé en général : « Leur nombre [d'inspecteurs sanitaires] est pitoyablement faible. Il n'y a même pas un seul inspecteur sanitaire par province flamande. Pendant des décennies, il y a eu trop peu d'investissements dans ces 'travailleurs de la santé préventive'. »[217] (Marc Van Ranst, cité par Beel, 14 juillet 2020)

Le jeudi 23 juillet, le conflit atteint son point culminant lors de la prise de décision sur la recommandation du Celeval de réduire la « bulle sociale », c'est-à-dire le nombre de contacts sociaux rapprochés des Belges. Outre la prévention sur un plan sanitaire, le rapport du Celeval, défendu par Erika Vlieghe au Conseil national de sécurité, invoque un argument plus sociétal, à savoir l'impact de la mesure sur les attitudes de la population. Il s'agit de « donner un signal clair à l'ensemble de la population concernant le sérieux de la situation » (cité par Demonty, 29 juillet 2020). Face à l'absence de reprise par le politique de cette recommandation, les experts, avec en tête Erika Vlieghe, s'expriment dans les médias, mettant également en avant leur engagement non rémunéré et l'absence de respect de leur travail. « Les nouveaux gardiens du temple ont repris les chemins des studios. Les virologues ont prévenu », commente le chef du service politique au journal *Le Soir* Bernard Demonty (24 juillet 2020). Tout comme « le gouvernement Van Ranst » (voir *supra*), le syntagme « les nouveaux gardiens du temple » cristallise la substitution des autorités publiques par les experts, mise en emphase par la métaphore religieuse.

Dans ce conflit avec les experts, les représentants politiques adoptent, dans notre corpus, deux arguments. Le premier consiste à dénoncer le fondement plus sociétal de la décision du Celeval qui aurait dû se baser sur les données scientifiques uniquement, le second à contester la présentation de la recommandation en CNS par Erika Vlieghe.

> La ministre de la Santé Maggie De Block affirme qu'elle a défendu la réduction de la bulle alors qu'elle s'est tue en CNS. Le ministre-président flamand Jan Jambon prétend à tort qu'Erika Vlieghe, l'experte au CNS, n'a pas demandé la réduction de la bulle (Demonty, 29 juillet 2020).

Finalement, l'emballement médiatique conduit le CNS à prononcer la réduction de la bulle sociale, en deçà même de la recommandation initiale, à cinq personnes. Toutefois, la question divise également les experts. Dans plusieurs articles du corpus, Yves Van Laethem, lui-même membre du Celeval et co-auteur du rapport collectif, critique au côté d'autres experts externes cette réduction :

> Simon Dellicour (ULB), Jean-Luc Gala (UCLouvain), Yves Van Laethem (CHU Saint-Pierre) ou encore Yves Coppieters (ULB) ont soit émis leur scepticisme sur l'efficacité de la réduction de la bulle, soit considéré que le maintien de celle-ci à quinze n'était pas critiquable. (Demonty, 29 juillet 2020)

> On a tapé trop fort, trop vite. (Yves Van Laethem cité par Khil, 29 juillet 2020)

> Cette idée de bulle est compréhensive théoriquement, mais, exception faite d'Anvers, elle n'a pas de sens, à ce stade, vu la faible circulation du virus dans la population. (Yves Coppieters cité par Khil, 29 juillet 2020)

Le conflit est ouvert dans un article *De Standaard* daté du 22 Août 2020, dans lequel Yves Coppieters indique « qu'il n'y a pas de base scientifique pour une bulle de cinq personnes ». Cette affirmation va être battue en brèche par Steven Van Gucht ainsi que Niels Hens, qui se basent sur une étude néerlandaise. Le journaliste prend clairement position et conclut : « L'intervention de Coppieters est donc fausse ».

Ces divergences entre experts médicaux avaient également touché, peu avant, la question de la seconde vague. Le 17 juillet, Marc Van Ranst, déclarait, sur les réseaux sociaux et sur la VRT, la présence d'une seconde vague. Yves Van Laethem contestait en reprenant le terme et en lui ajoutant un suffixe diminutif : « une vaguelette se profile à l'horizon » (Counasse, 18 juillet 2020). Comme dans le cas des conflits politiques autour de la qualification du virus de « grippe », le conflit de catégorisation n'influence pas seulement la problématisation de l'objet expertisé. Nommer c'est prendre position, face à d'autres dénominations et donc face aux locuteurs qui les emploient (Siblot, 1997, p. 55).

Mais c'est avec le virologue Jean-Luc Gala que les principaux experts du corpus, ainsi que les journalistes marquent leurs distances, l'associant à l'économiste Lieven Annemans, dans le camp des « rassuristes » (Biermé, Leurquin 15 octobre 2020, Counasse, 12 novembre 2020). L'adjectif-formule « rassuriste » émerge en effet dans l'interdiscours, avec la valeur péjorante du suffixe -iste (Paveau, 2006). Étonnamment, les discours rapportés de Jean-Luc Gala dans notre corpus, sur l'ensemble de la période, vont plutôt majoritairement dans le sens du consensus avec les autres experts. C'est notamment le cas, très tôt, concernant la recommandation du port du masque. C'est également le cas lors de la pression exercée par les virologues sur le gouvernement pour accélérer le dépistage. L'absence de reprises des propos dissensuels peut cependant résulter de choix éditoriaux.

La modification de la composition du Celeval, en septembre, amène par contre un changement fondamental dans les configurations relationnelles entre experts, et entre experts et politiques. En effet, si le Gees associait au printemps d'autres profils, essentiellement économiques, ce sont bien les experts médicaux qui ont pris le leadership sur les recommandations. Au sein du nouveau Celeval, la présence accrue d'autres types d'expertises rend difficile la prise de décision et déplace le conflit initial entre politiques et experts, au sein même de la cellule d'experts. En particulier, au sein des discours et contre-discours rapportés de notre corpus, les enjeux sanitaires se trouvent souvent confrontés aux enjeux économiques portés par Lieven Annemans (Leurquin, 19 septembre 2020; Biermé, 24 septembre 2020; Delvaux, 24 septembre 2020; Biermé, 26 septembre 2020). Un représentant politique commente : « Le temps des virologues prédicateurs est terminé, le politique a repris ses droits et tous ceux qui trouvent qu'on en faisait trop – même dans les spécialistes – commencent à faire entendre leur voix » (Biermé, 24 septembre 2020).

Marius Gilbert démissione du Celeval, officiellement pour raisons académiques, mais revient, dans des entretiens accordés aux médias, sur les divergences internes :

> Quand j'ai vu la nouvelle composition qui avait été décidée par le politique, je me suis dit qu'il fallait bien un épidémiologiste francophone. Après, j'ai dû accepter un compromis moins prudent que ce que j'aurais souhaité (cité par Biermé et Leurquin, 3 octobre 2020).

Dans l'article « Wetenschappers zeggen Celeval de wacht aan »[218], Dries De Smet fait particulièrement état de ces relations conflictuelles au sein du Celeval, mais aussi entre certains experts et le gouvernement fédéral. À ce moment, Marius Gilbert a déjà démissionné de l'organe et dix autres experts font une grève médiatique de 72 heures pour protester contre les décisions ayant été prises lors du dernier Conseil national de sécurité. Dries De Smet utilise la narration journalistique pour représenter le point de vue des experts comme énonciateur collectif. Malgré l'absence de débrayage énonciatif, le journaliste entend donner accès à la pensée de cet énonciateur « de l'extérieur » (Rabatel 2008, p. 59) : « Ils pensent que les décisions politiques ne peuvent pas être expliquées, donc les politiciens doivent le faire eux-mêmes »[219] (De Smet, 26 septembre 2020).

Par ailleurs, l'article met en exergue les tensions profondes entre expertises. Lieven Annemans est au centre de la controverse, cette fois par l'usage du discours rapporté direct : « les experts disent qu'ils sont prêts à siéger dans des conseils consultatifs, mais de préférence avec des experts qui fondent leurs opinions sur des données scientifiques et non sur de fausses nouvelles ».

C'est à ce moment que Erika Vlieghe est la plus critique dans les articles du corpus, et qu'elle montre publiquement son mécontentement. Elle le fait dans une longue interview accordée à *De Standaard*, le 26 septembre (Eckert et Van den Eynde, 26 septembre 2020). Malgré les différences observées ci-avant dans les deux sous-corpus, la couverture des conflits entre politiques et experts d'une part, entre experts d'autre part, contribuent à faire émerger des super-experts nationaux.

10. La construction médiatique de la figure du « super-expert »

Dans l'ensemble du corpus, nous pouvons distinguer, parmi les experts, ceux qui sont les plus institutionnalisés. Steven Van Gucht est médiatisé en raison de son rôle de porte-parole de Sciensano, l'Institut belge de santé, et de porte-parole interfédéral, présentant chaque jour, puis à intervalle régulier, l'évolution de l'épidémie à la presse. Plus qu'une simple présentation des chiffres, ces conférences de presse sont aussi l'occasion de rappeler des gestes fondamentaux, de donner des informations supplémentaires sur le virus, mais aussi de motiver la population à suivre les règles.

Dans la majorité des articles du corpus néerlandophone, Steven Van Gucht intervient sur les aspects scientifiques de la crise (79 % des articles). S'il aborde, dans le cadre de sa fonction, des enjeux politiques et sociaux, ce n'est qu'en minorité, avec respectivement 33 % et 39 % du corpus. Par ailleurs, c'est l'angle scientifique pour lequel une majorité d'articles exprime un point de vue consensuel (77 %). Les articles dissensuels abordent par ailleurs des conflits qui ne le concernent pas. Cet éthos essentiellement scientifique et consensuel s'explique par sa position et son lien direct de subordination à une autorité publique, dont il est sensé délivrer un message audible, clair et relativement neutre.

Dans le corpus francophone, Steven Van Gucht et Yves Van Laethem apparaissent également majoritairement dans leur rôle institutionnel. C'est d'ailleurs uniquement à ce titre qu'ils sont introduits. Leurs communications institutionnelles ne servent toutefois comme source que dans la moitié des articles. Le traitement journalistique tend à privilégier également, pour ces acteurs, l'interview directe. Dans ces interviews, l'angle est davantage politique, évoquant et expliquant les mesures prises par les autorités. L'analyse ne fait ressortir aucune prise de parole dissensuelle de Steven Van Gucht vis-à-vis des autorités. Il intervient même pour déforcer les prises de paroles plus dissensuelles des autres experts, par exemple concernant la réduction de la bulle sociale, ou lorsque Erika Vlieghe utilise, au moment de la réouverture des commerces début octobre, la métaphore associant la Belgique à une « maison en feu ». Pour Steven Van Gucht, « dire que la maison brûle est un peu fort » (cité par Biermé, 6 octobre 2020).

Yves Van Laethem se montre plus critique que son homologue flamand à deux reprises. Toutefois, les marques énonciatives utilisées (le pronom « on », le toponyme « La Belgique ») privilégient le collectif indéfini ou peu défini. Ils marquent en effet « l'incertitude de la position (d'inclusion ou d'exclusion) du locuteur et de son (ou ses) interlocuteur(s) dans sa référence, autrement dit son manque de statut énonciatif » (Jonasson, 2005, p. 283). L'énonciation agit sur l'énoncé, qu'il tend ainsi à déconflictualiser. C'est le cas lorsqu'il revient sur le confinement : « La Belgique a préféré la politique de la mise sous cloche. On aurait peut-être pu se montrer un peu plus logique en laissant ouverts certains lieux où le risque de transmission est très faible, comme l'ont fait certains de nos voisins » (cité par Bo. et Counasse, 26 novembre 2020). C'est le cas concernant l'analyse d'un défaut d'anticipation de la seconde vague : « On a fermé le pont-levis du château fort en laissant les poternes de derrière ouvertes » (Khil, Matriche et Sente, 26 octobre 2020).

À l'opposé de ces profils très institutionnalisés, le corpus révèle en particulier une forte personnalité, dont les prises de paroles sont beaucoup plus individuelles et détachées de ses affiliations institutionnelles. Marc Van Ranst peut être considéré comme un super-expert, extrêmement médiatisé. Faisant partie de tous les comités consultatifs mis en place depuis le début de la crise sanitaire, et étant déjà une personnalité médicale reconnue en Belgique et en Flandre, il a été aussi proche du pouvoir politique que critique vis-à-vis de celui-ci et vocal quand il s'agissait d'interpeller la population sur ce qu'il fallait faire, ou non. Connu dès 2007, alors qu'il est nommé Président du comité scientifique sur la grippe aviaire, sa position d'épidémiologiste incontournable est renforcée en 2009, quand il est désigné Commissaire interministériel de la gestion de la crise liée à la grippe H1N1. Marc Van Ranst se place dès le départ dans une posture conflictuelle envers le monde politique. C'est l'expert pour lequel la part d'articles à dominance dissensuelle est la plus élevée, avec 38 % des articles du corpus néerlandophone et 59 % des articles francophones. Dans *Le Soir*, les termes utilisés pour introduire ses prises de parole tendent à renforcer cette scénographie conflictuelle (voir *supra*).

Marc Van Ranst est considéré dans l'espace médiatique flamand comme l'expert de référence, en témoignent plusieurs articles qui utilisent l'antonomase du nom propre pour décrire des experts étrangers dans une relation métonymique (e.g. Steven De Foer, 24 mars 2020). Dans le corpus francophone, il est présenté le plus souvent comme « "le virologue Marc Van Ranst », ou simplement par son nom et il n'est fait référence à son rôle dans les institutions qu'à deux reprises. Ce statut de super-expert va lui donner l'opportunité de s'exprimer sur toute une série de sujets, en dehors du champ médical ou scientifique. Les données quantitatives sont à ce titre éloquentes puisque sur les 159 articles dans lesquels Van Ranst apparaît dans le corpus *De Standaard*, seuls 37% ont un angle scientifique, les autres ayant un angle politique et/ou social. Sans dresser une liste exhaustive, on le voit par exemple recommander aux gens de ne pas réserver de vacances (De Standaard, 20 mars 2020), de ne pas se rendre à Anvers[220] durant l'été, malgré l'impact négatif sur le secteur économique de l'hôtellerie-restauration de la ville (Van de Perre, 10 août 2020), ou se prononcer sur les difficultés à organiser les classes avec les enfants (De Standaard, 26 mai 2020). Erika Vlieghe, pour qui nous avons relevé un nombre de citations presque deux fois moins important dans les deux corpus (85 articles dans *De Standaard*, 44 dans *Le Soir*), se place dans une posture médiatique intermédiaire. Elle est médiatisée en fonction de son rôle de Cheffe du service des maladies tropicales et infectieuses de l'Hôpital universitaire d'Anvers. Elle devient ensuite présidente du GEES, au moment du déconfinement et est membre de tous les groupes consultatifs d'experts, et notamment du Celeval 1 et 2.

La plupart des articles dans lesquels Erika Vlieghe est citée sont consensuels (69%), et les articles dissensuels s'organisent en moments très précis, et notamment pendant l'été, comme nous avons pu le voir avec la question de la réduction de la bulle sociale, ou après le Conseil de sécurité du 23 septembre, qui a marqué une rupture envers le politique, mais aussi par rapport à certains autres experts du Celeval 2 (voir *supra*). L'angle d'une majorité d'article est scientifique (69%) même si les articles avec un angle politique ou social sont également nombreux, montrant encore une fois que nous sommes ici face à un profil d'expert plus équilibré. Cette posture s'explique probablement par le fait qu'en tant que présidente du GEES, Vlieghe a été pendant un temps contrainte à une certaine réserve dans sa parole publique qu'elle a pu quitter au moment où elle est retournée à des fonctions de conseillère dans les deux comités Celeval. Par ailleurs, cette même présidence du GEES, dont l'objectif était d'organiser le déconfinement à la fin du printemps, l'a amené à intervenir sur des enjeux politiques et sociaux, en plus de ceux pour lesquels elle est spécialisée, au niveau épidémiologique. Du côté francophone, deux profils émergent aux côtés de Marc Van Ranst, comme « super-experts » : Marius Gilbert et Emmanuel André, lesquels incarnent bien la figure du « Bon » – bon scientifique alliant compétences scientifiques et qualités morales – dans la typologie proposée par Alexis Chapelan et Vladimir Adrian Costea dans le premier chapitre du présent ouvrage (Chapelan et al., 2024 pp. 25–73). Nous relevons dans le chef de Marius Gilbert et Emmanuel André, comme chez Erika Vlieghe, une évolution vers une plus grande liberté de parole lors de leurs démissions respectives de leurs fonctions publiques. Toutefois, le traitement journalistique est dès le début de la période d'analyse, beaucoup plus personnalisé pour ces derniers. Les deux experts travaillent un éthos plus pédagogique qu'informatif. Alors qu'Emmanuel André tient au départ le rôle de porte-parole interfédéral, avec Steven Van Gucht, il se montre plus émotif, et cette émotion est mise en emphase dans plusieurs articles, les journalistes utilisant par ailleurs des termes évoquant la proximité avec le virologue, comme dans l'exemple suivant : « Au bout du fil, le jeune médecin peine à dissimuler son émotion » (L.Co., 26 mars 2020).

Il est le seul expert à être introduit par des éléments personnels (« père de trois enfants ») et trois articles utilisent le récit comme type textuel dominant. Deux d'entre eux sont des portraits, l'un d'Emmanuel André seul, titré « Emmanuel André Le « rat de laboratoire » propulsé dans les JT » (L.Co., 26 mars 2020), l'autre croisant les parcours d'Emmanuel André et de Marius Gilbert, intitulé « Deux célébrités soudaines » (Biermé, Leurquin, 3 octobre 2020). Le corpus francophone compte cinq occurrences de l'association de Emmanuel André à « un rat de laboratoire », contribuant à façonner son ethos travailleur auprès du public. Le ton des articles dessine une relation de proximité, voire de familiarité avec les deux experts, usant de références et d'associations à des figures de la culture audiovisuelle populaire : « À notre gauche, le microbiologiste de la KUL, sosie non officiel du « El Profesor » de la série de Netflix La Casa de Papel. Un mètre cinquante à droite, un épidémiologiste de l'ULB qui a su conquérir le cœur de la ménagère de plus de 50 ans accrochée à sa télévision comme une bouée en temps de pandémie. » (Biermé et Leurquin, 3 octobre 2020)

Le troisième article, intitulé « Making Of », est un récit des mêmes journalistes sur leur expérience d'interview des deux experts (Biermé, Leurquin, 3 octobre 2020). Il contribue ainsi à un phénomène de « peopolisation » (Desterbecq, 2015) médiatique des deux experts, dont la matrice joue sur un double mouvement de proximisation et de personnalisation de la parole scientifique. Emmanuel André décrit sa position institutionnelle par association métonymique avec l'univers carcéral, laquelle met en avant un ethos d'indépendance : « J'étais comme prisonnier » (Biermé, Leurquin, 3 octobre 2020). La métaphore renvoie à l'équilibre que doit assumer l'expert entre la nécessaire intégration de la contrainte politique à l'origine de sa mission, et la préservation de sa propre légitimité (Chevallier,1996). La liberté de parole que les experts disent user, largement relayée, se fait dans les médias et sur les réseaux sociaux. Leur position de super-expert repose sur une double légitimation paradoxale, par et contre le pouvoir. Marc Van Ranst et Emmanuel André ont en particulier été fortement média- tisés dans les principaux médias audiovisuels du pays. Ce sont eux qui ont également utilisé majoritairement les réseaux sociaux, en premier lieu desquels le réseau Twitter. Une lecture quantita- tive de leur activité respective sur Twitter[221] montre toutefois une différence entre le virologue Marc Van Ranst, qui utilisait déjà, avant la crise, largement les réseaux sociaux pour s'exprimer et dialoguer et Emmanuel André, qui avant la crise de la COVID-19, faisait un usage moindre de son compte. Pendant la crise, les pics d'activité des experts sur Twitter correspondent aux moments analysés comme les plus conflictuels dans notre corpus de presse, comme en juillet 2020, lorsque les conflits entre experts et poli- tiques se cristallisent sur la question de la bulle sociale, ou encore en septembre et octobre, lors de la recomposition du Celeval et des conflits entre experts médicaux et économiques sur les priorités politiques.

Malgré leur présence quantitativement importante dans notre corpus de presse, principalement par le biais de l'interview, Yves Coppieters et Herman Goossens ne font pas l'objet des mêmes cadrages médiatiques.

10. Conclusion

Notre analyse met à jour une rupture progressive de l'édifice institutionnel mis en place pour régler les relations entre experts et politiques dans la gestion de la COVID-19. La collégialité des structures de concertation, censées produire le consensus en amont de la décision politique et de sa communication au citoyen, n'a pas résisté aux conflits de territoire entre expertises fonctionnelles et politique, dont nous avons par ailleurs vu la fragilité des frontières. Paradoxalement, si l'entrée dans la crise a contribué à renforcer le leadership de l'exécutif fédéral, ce dernier s'est vu rapidement distancé, auprès du public, par des experts considérés dans les discours médiatiques comme les seuls « gardiens du temple ». Dans cette nouvelle configuration, les experts ont quitté leur rôle d'appui des autorités pour les concurrencer sur le terrain symbolique de la décision politique. La scénographie institutionnelle de communication publique, initialement organisée autour des conférences de presse post-CNS et des points presse du Centre de crise, a également été dépassée par les interventions directes des experts dans les médias. Les cadrages dissensuels des discours médiatiques ont d'abord donné à voir deux groupes homogènes et antagonistes : « le politique » versus « le scientifique ».

Cependant, le double déplacement du débat politique, des autorités vers les experts d'une part, du huis-clos des organes institutionnels vers des espaces médiatiques diffus (médias traditionnels et réseaux sociaux) d'autre part, a contribué à défiger la figure du « scientifique ». Les structures collégiales ont laissé place à des individualités prises dans des relations d'opposition, au sein desquelles les journalistes ont joué un rôle d'arbitrage pour le lectorat. Ces oppositions ont fait émerger des figures de super-experts, bénéficiant d'une double légitimation paradoxale, par et contre les institutions. Les discours médiatiques ont contribué à nourrir ces figures, favorisant deux phénomènes de personnalisation et de proximisation de ces experts avec le public, et ce malgré leur positionnement politique dur, en faveur d'une réduction stricte des libertés de ce dernier.

Déclaration de conflits d'intérêts

Rien à signaler.

Bibliographie

Ouvrages et articles

Barbéris, J.-M. (1998). Pour un modèle de l'actualisation intégrateur du sujet. In J. M. Barbéris, J. Bres, & P. Siblot (Eds.), *De l'actualisation* (pp. 199–218). CNRS éditions.

Berhendt, C. (29 novembre 2019). Le régime des affaires courantes et la Constitution belge. Matinée d'études organisée par le Centre d'études Jacques Georgin. Bruxelles : Chambre des représentants.

Bouhon, F., Jousten, A., Miny, X., & Slautsky, E. (2020). L'État belge face à la pandémie de COVID-19: esquisse d'un régime d'exception. *Courrier hebdomadaire du CRISP, 2446*(1), 5–56. doi: https://doi.org/10.3917/cris.2446.0005

Castel, R. (1985). L'expert mandaté et l'expert instituant. Situations d'expertise et socialisation des savoirs. *Actes de la table ronde organisée par le CRESAL.*

Charaudeau, P. (2017). *Le Débat public. Entre controverse et polémique. Enjeu de vérité, enjeu de pouvoir.* Limoges: Lambert-Lucas.

Chevallier, J. (1996). L'entrée en expertise. *Politix, 9*(36), 33–50. doi: https://doi.org/10.3406/polix.1996.1978

De Zwart, O., Veldhuijzen, I. K., Elam, G., Aro, A. R., Abraham, T., & Bishop, G. D. (2009). Perceived threat, risk perception, and efficacy beliefs related to SARS and other (emerging) infectious diseases: Results of an international survey. *International Journal*

of Behavioral Medicine, 16(1), 30–40. doi: https://doi.org
/10.1007/s12529-008-9008-2

Détrie, C. (2008). Textualisation et (re)conditionnement énonciatif.
In J. Durand, B. Habert, & B. Laks (Eds.), *La linguistique
française d'aujourd'hui: maintenant!* Paris: Institut de
Linguistique Française. doi: https://doi.org/10.1051/cmlf08127

Détrie, C., Siblot, P., & Verine, B. (2001). *Termes et concepts pour
l'analyse du discours. Une approche praxématique.* Paris: Honoré
Champion.

Desterbecq, J. (2015). *La peopolisation politique. Analyse en
Belgique, France et Grande-Bretagne.* De Boeck Supérieur.

Dunlop, C. (2009). Policy Transfer as Learning – Capturing
Variation in What Decision-Makers Learn from Epistemic
Communities. *Policy Studies*, vol. 30, n° 3, 289–311.

Fallon, C., Thiry, A., & Brunet, S. (2020). Planification d'urgence
et gestion de crise sanitaire. La Belgique face à la pandémie de
COVID-19. *Courrier hebdomadaire du CRISP, 8*(8–9), 5–68.
doi: https://doi.org/10.3917/cris.2453.0005

Faniel, J., & Sägesser, C. (2020). Le fédéralisme belge à l'épreuve de
la pandémie de COVID-19. *Politique, revue belge d'analyse et de
débat, n° 112,* juillet 2020, 12–17.

Granjou, C. (2003). L'expertise scientifique à destination politique.
Cahiers internationaux de sociologie, 114(1), 175–183.
doi: https://doi.org/10.3917/cis.114.0175

Hinterleitner, M., & Sager, F. (2017). Anticipatory and reactive
forms of blame avoidance: of foxes and lions. *European Political
Science Review, 9*(4), 587–606. doi: https://doi.org/10.1017
/S1755773916000126

Jonasson, K. (2005). 18. Deux marqueurs de polyphonie dans les
textes littéraires: le pronom on et le déterminant démonstratif ce.
In J. Bres (Ed.), *Dialogisme et polyphonie: Approches linguistiques*
(pp. 281–295). Louvain-la-Neuve, Belgique: De Boeck Supérieur.

Lafont, R. (1978). *Le travail et la langue.* Paris: Flammarion.

Lijphart, A. (1981). The Belgian Example of Cultural Coexistence
in Comparative Perspective. In A. Lijphart (Ed.), *Conflict and
Coexistence in Belgium. The Dynamics of a Culturally Divided*

Society (pp. 1–13). Berkeley: Institute of International Studies, University of California.

Löblová, O. (2018). Epistemic communities and experts in health policy-making. *European Journal of Public Health*, 28(suppl. 3), 7–10. doi: https://doi.org/10.1093/eurpub/cky156

Oger, C., & Ollivier-Yaniv, C. (2006). Conjurer le désordre discursif. Les procédés de « lissage » dans la fabrication du discours institutionnel. *Mots. Les langages du politique, 81*(2), 63–77. doi: https://doi.org/10.4000/mots.675

Paveau, M.-A. (2006). *Les Prédiscours. Sens, mémoire, cognition.* Paris: Presses Sorbonne Nouvelle.

Premat, C. (2020). Le rôle de l'expertise dans la construction du consensus suédois face à la pandémie. halshs-02956901.

Piron, D., & Verjans, P. (2014). Le consociationalisme à l'épreuve du fédéralisme. Les paradoxes du système de décision politique en Belgique. *Revue de la Faculté de droit de l'Université de Liège, 59*(1), 173–190.

Polášek, M., Novotný, V., Perottino, M. (2018). Policy-Related Expertise and Policy Work in Czech Political Parties: Theory and Methods. In: Wu, X., Howlett, M., Ramesh, M. (eds) *Policy Capacity and Governance. Studies in the Political Economy of Public Policy.* Palgrave Macmillan, Cham. doi: https://doi.org/10.1007/978-3-319-54675-9_17

Rabatel, A. (2008). *Homo Narrans. Pour une analyse énonciative et interactionnelle du récit. Tome I/Tome II.* Limoges: Lambert-Lucas.

Rabatel, A. (1998). *La construction textuelle du point de vue.* Delachaux et Niestlé.

Roig, A. (2011). *Le traitement de l'article français depuis 1980.* Bruxelles : Peter Lang.

Rosier, L. (1999). *Le discours rapporté: histoire, théories, pratiques.* Paris-Bruxelles: Duculot.

Rossari, C. (1993). À propos de l'influence de la composition morphologique d'une locution sur son fonctionnement sémantico-pragmatique. *Cahiers de Linguistique française, 14,* 151–171.

Roy, A. (2002). L'influence des cultures du risque sur l'expertise scientifique. Le cas des OGM. *Économie rurale, N°271. Questions d'éthique économique et sociale*, 35–48.

Siblot, P. (1997). Nomination et production de sens : le praxème. *Langages*, n°127, 38–55. doi: https://doi.org/10.3406/lgge .1997.2124

Smith, R. D. (2006). Responding to global infectious disease outbreaks: Lessons from SARS on the role of risk perception, communication and management. *Social Science & Medicine*, 63(12), 3113–3123. doi: https://doi.org/10.1016/j.socscimed .2006.08.004

Sources primaires

Beel, V. (14 juillet 2020). België is volgens experts niet klaar voor tweede golf. *De Standaard*.

Biermé, M. (24 septembre 2020). Un assouplissement généralisé, noyé par un flot de détails incomplets. *Le Soir*.

Biermé, M. (26 septembre 2020). La crise existentielle des experts coronavirus. *Le Soir*.

Biermé, M. (6 octobre 2020). Il faut siffler la fin de la récréation. *Le Soir*.

Biermé, M., et Leurquin, A.-S. (15 octobre 2020). Les scientifiques. L'impact des « rassuristes » trop rassurants. *Le Soir*.

Biermé, M., et Leurquin, A.-S. (3 octobre 2020). Portraits. Deux célébrités soudaines. *Le Soir*.

Brems, P. (8 juillet 2020). Zij waarschuwden al vroeg voor corona: Marc Wathelet, de viroloog die weggezet werd als een « dramaqueen ». *VRT*.

Chambre des représentants de Belgique. (5 mars 2020). Compte rendu intégral. Séance Plénière, n° 26.

Chambre des représentants de Belgique. (3 mars 2020). Compte rendu intégral. Commission de la Santé et de l'Égalité des chances, n°121.

Chambre des représentants de Belgique. (23 janvier 2020). Compte rendu intégral. Séance Plénière, n° 21.

Conseil d'État. (31 mai 1994). Leclercq, n° 46.028, Journal des Tribunaux, 1994, *p. 520.*

Cotton, F., Dalla Valle, A., Nève, J., et Orban, T. (28 juillet 2020). Des ministres au langage outrancier et liberticide sur fond de crise sanitaire. *Le Soir.*

Counasse, X. (12 novembre 2020). Il aurait fallu durcir les mesures dès le 15 septembre au lieu de les assouplir. *Le Soir.*

Counasse, X. (18 avril 2020). On a laissé les maisons de repos livrées à elles-mêmes face à l'épidémie. *Le Soir.*

Counasse, X. (18 juillet 2020). Hospitalisations. *Le Soir.*

Counasse, X. (20 juillet 2020). Pour l'instant, rien que de la sensibilisation pour freiner l'épidémie. *Le Soir.*

Counasse, X., et BO, J. (26 novembre 2020). L'avis des scientifiques. *Le Soir.*

Counasse, X., et Lamquin, V. (9 mai 2020). En étant préparés, on aurait peut-être pu éviter le lockdown. *Le Soir.*

De Foer, S. (24 mars 2020). Wat wil je dat ik doe, voor Trumps microfoon springen?. *De Standaard.*

De Smet, D., et Andries, A. (26 septembre 2020). Wetenschappers zeggen Celeval de wacht aan. *De Standaard.*

De Standaard. (20 mars 2020). *Files aan bagageband maken mij boos.*

De Standaard. (26 mai 2020). *Coronatelex.*

De Standaard. (27 avril 2020). *Geen wetenschappelijke, maar politieke keuze.*

Décision no 1082/2013/UE du Parlement européen et du Conseil du 22 octobre 2013 relative aux menaces transfrontières graves sur la santé. *Journal officiel de l'Union européenne*, 5 novembre 2013, L293.

Delepierre, F. (20 mars 2020). La fermeture de Brussels Airport demandée. *Le Soir.*

Delvaux, B. (16 avril 2020). Hallo Premier ? Où êtes-vous ?. *Le Soir.*

Delvaux, B. (24 septembre 2020). Une usine à gaz et une Première ministre bien seule. *Le Soir.*

Demonty, B. (24 juillet 2020). Reconfinement : ne laissons pas gagner la bêtise humaine. *Le Soir*.

Demonty, B. (29 juillet 2020). Bulle sociale Comment quelques experts ont fait plier les politiques. *Le Soir*.

Demonty, B., et Durieux, S. (17 avril 2020). L'autorisation des visites dans les homes, histoire d'une gaffe. *Le Soir*.

Eckert M., et Van den Eynde, H. (26 septembre 2020). Ik heb geen idee wat de marsrichting van onze politici is. *De Standaard*.

European Centre for Disease Prevention and Control. (9 april 2020). *Strategies for the surveillance of COVID-19*.

Kihl, L. (29 juillet 2020). Bulle Un concept belge, pas forcément le meilleur. *Le Soir*.

L. Co (26 mars 2020). Emmanuel André Le « rat de laboratoire » propulsé dans les JT. *Le Soir*.

Le Soir. (27 avril 2020). Déconfinement: l'ouverture des commerces, objet de tensions entre politiques et experts.

Leurquin, A.-S. (19 septembre 2020). Celeval. De vifs débats ont agité le Comité d'évaluation fédéral COVID-19. *Le Soir*.

Loi spéciale du 6 janvier 2014. *Relative à la Sixième Réforme de l'État*. Moniteur belge, n°2014200341, p. 8641 et s.

Loi spéciale de réformes institutionnelles du 8 août 1980. *Moniteur belge, n°1980080801, p. 9434 et s.*

OMS. (23 janvier 2020). *Déclaration du Directeur général de l'OMS sur les recommandations du Comité d'urgence du RSI sur le nouveau coronavirus*. https://www.who.int/fr/director-general /speeches/detail/who-director-general-s-statement-on-the-advice -of-the-ihr-emergency-committee-on-novel-coronavirus

OMS. (25 janvier 2020). *Déclaration – Flambée de nouveau coronavirus : nous préparer désormais ensemble*. https://www .euro.who.int/fr/media-centre/sections/statements/2020 /statement-novel-coronavirus-outbreak-preparing-now-as-one

OMS. (30 janvier 2020). *Déclaration du Directeur général de l'OMS relative à la réunion du Comité d'urgence du RSI sur le nouveau coronavirus (2019-nCoV)*. https://www.who.int/fr /director-general/speeches/detail/who-director-general-s

-statement-on-ihr-emergency-committee-on-novel-coronavirus
-(2019-ncov)

OMS. (28 février 2020). *Report of the WHO-China Joint Mission on Coronavirus Disease 2019 (COVID-19). 16–24 February 2020.* https://www.who.int/docs/default-source/coronaviruse /who-china-joint-mission-on-covid-19-final-report.pdf

Ponciau, L. (14 mars 2020). *Mesures restrictives: pas d'effet immédiat. Le Soir.*

Sciensano. (16 août 2020). *COVID-19. Bulletin épidémiologique.*

Sente, L. (26 octobre 2020). *Au pays de l'impréparation, l'improvisation se paie cher. Le Soir.*

Protocole conclu entre le Gouvernement fédéral et les autorités visées aux articles 128, 130 et 135 de la Constitution, établissant les structures génériques pour la gestion sectorielle santé des crises de santé publique et leur mode de fonctionnement pour l'application du Règlement Sanitaire International (2005), et la décision n°1082/2013/EC relative aux menaces transfrontières graves sur la santé. (14 décembre 2018). *Moniteur belge, n° 2018015013.*

Sénat. (1er octobre 1979). *Projet de loi spéciale des Régions et des Communautés, n° 261/1.*

Sente, L. (26 octobre 2020). *Au pays de l'impréparation, l'improvisation se paie cher. Le Soir.*

Tegenbos, G. (29 avril 2020). *Van Ranst I wankelt. De Standaard.*

Van de Perre, P. (10 août 2020). *Antwerpse horeca wil bijsturing om drama te vermijden. De Standaard.*

Vanhecke, N. (22 août 2020). *Er is geen wetenschappelijk bewijs voor de bubbel van vijf. De Standaard.*

Endnotes

201. The official press conferences, Twitter accounts of the experts, and the media coverage of the newspapers *Le Soir* (Rossel group), *La Dernière Heure* (IPM), *De Standaard* (Mediahuis) and *Het Laatste Nieuws* (DPG).

202. Cette crise débute le 9 décembre 2018, lorsqu'en désaccord avec le Pacte de Marrakech pour des migrations sûres, les ministres

fédéraux de la Nieuw-Vlaamse Alliantie (N-VA), parti de droite nationaliste majoritaire en Flandre, démissionnent. Le Premier ministre, Charles Michel, est reconduit à la tête d'une alliance fragile sans la N-VA, réunissant les libéraux francophones du Mouvement Réformateur (MR), dont il est issu, leurs homologues flamands de l'Open Vlaamse Liberalen en Democraten (Open VLD) et le parti chrétien-démocrate Christen-Democratisch en Vlaams (CD&V). Ne parvenant pas à convaincre l'opposition, le gouvernement Michel II ne tient pas dix jours et présente sa démission au roi qui lui confie les affaires courantes jusqu'aux élections législatives de mai 2019. Sorti encore plus affaibli de ce scrutin (38 sièges sur 150 à la Chambre), le gouvernement est contraint aux affaires courantes jusqu'à la mise en place d'une nouvelle coalition. Les tentatives des préformateurs se succèdent pour former ce nouveau gouvernement, en vain. Le 27 octobre 2019, la libérale Sophie Wilmès prend la tête du gouvernement et remplace Charles Michel, appelé à la Présidence du Conseil de l'Union européenne. C'est donc un gouvernement démissionnaire et minoritaire, en affaires courantes, qui doit affronter la crise.

203. Les socialistes PS et SPA, les verts Ecolo et Groen, les socio-démocrates du CDH et le parti communautaire francophone Défi

204. Décret wallon du 17 mars 2020 octroyant des pouvoirs spéciaux au gouvernement wallon dans le cadre de la crise sanitaire de la COVID-19, *Moniteur belge*, 3ᵉ édition, 18 mars 2020 ; Décret wallon du 17 mars 2020 octroyant des pouvoirs spéciaux au gouvernement wallon dans le cadre de la crise sanitaire de la COVID-19 pour les matières visées à l'article 138 de la Constitution, *Moniteur belge*, 3ᵉ édition, 18 mars 2020 ; Décret de la Communauté française du 17 mars 2020 octroyant des pouvoirs spéciaux au gouvernement dans le cadre de la crise sanitaire de la COVID-19, *Moniteur belge*, 20 mars 2020; Ordonnance de la Région de Bruxelles-Capitale du 19 mars 2020 visant à octroyer des pouvoirs spéciaux au gouvernement de la Région de Bruxelles-Capitale dans le cadre de la crise sanitaire de la COVID-19, *Moniteur belge*, 2ᵉ édition, 20 mars 2020.

205. Les divers domaines politiques touchés par la crise sont pourtant fortement décentralisés. En matière de santé, ce sont les communautés qui sont par principe compétentes, y compris pour « l'éducation sanitaire ainsi que les activités et services de médecine préventive, ainsi que toute initiative en matière de médecine

préventive » (Loi spéciale de réformes institutionnelles 1980 : art. 5.§1). Certes, toujours s'agissant de médecine préventive, les autorités fédérales ont par exception compétence dans la mise en place de « mesures prophylactiques nationales » (Loi spéciale de réformes institutionnelles 1980 : art. 5). Cependant, les travaux parlementaires relatifs aux motifs de la loi, le Conseil d'État et la doctrine convergent vers une vision restrictive de ces mesures, visant quasi exclusivement la vaccination obligatoire.

206. En raison de sa complexité institutionnelle et de ses multiples clivages, la Belgique échappe, d'un point de vue politique, à la logique majoritaire. La stabilité de son système politique repose alors sur le recours à de larges coalitions et à la négociation consensuelle comme mode de prise de décision. Voir (Lijphard 1981 ; Piron et Verjans 2014).

207. Rudi Vervoort (PS), ministre-président de la Région de Bruxelles-Capitale et la COCOM ; Elio Di Rupo (PS), ministre-président de la Région wallonne ; Jan Jambon (N-VA), ministre-président de la Flandre ; Pierre Yves Jeholet (MR), ministre-président de la Communauté française ; et Oliver Paasch (ProDG), ministre président de la Communauté germanophone.

208. En vertu d'un protocole conclu le 5 novembre 2018 entre le Gouvernement fédéral et les autorités fédérées, la Belgique répond au Règlement sanitaire international de l'Organisation mondiale de la santé (OMS) de 2005, ainsi qu'à la Décision de l'Union européenne du 22 octobre 2013 relative aux menaces transfrontières graves sur la santé (Journal officiel de l'Union européenne 5.11.2013), en établissant des « structures [interinstitutionnelles] génériques pour la gestion sectorielle santé des crises de santé publique ».

209. Le RAG est chargé de l'« évaluation du signal, d'investigation du risque pour la santé publique, de classement comme inhabituel, d'évaluation du risque de propagation internationale et les routes de dissémination des événements qui surviennent sur son territoire » (art.7§1). Ses experts sont amenés à changer en fonction des situations rencontrées.

210. Le *Risk Management group* (RMG) est notamment chargé de « la gestion d'événement affectant la santé publique, la décision, et la mise en œuvre, des mesures de santé publique destinées à modérer

l'impact de cette crise sur la population sur initiative propre ou en application des mesures sanitaires décidées par le Comité Général de Coordination de la [Direction Générale Centre de crise (SPF Intérieur] » (art. 6).

211. Depuis les élections législatives de mai 2019, face à l'impossibilité de trouver un accord entre partis et de former une coalition gouvernementale, le pays était dirigé par un gouvernement « intérimaire » mené par Sophie Wilmès (voir nbp 180). Le 1er octobre 2020, soit plus de seize mois après les élections, les négociations entre partis aboutissent enfin à une coalition gouvernementale de sept partis (les socialistes PS et SP.A, les libéraux MR et Open VLD, les écologistes Ecolo et Groen et les chrétiens-démocrates flamands du CD&V) dirigée par l'Open VLD Alexander de Croo. Ce dernier était déjà vice-Premier ministre et ministre des finances sous les gouvernements Michel et Wilmès. Le ministre de la Santé est le SP.A (socialiste) Franck Vandenbroucke.

212. Emmanuel André, Marc Van Ranst, Erika Vlieghe, Yves Van Laethem, Steven Van Gucht, Marius Gilbert, Frédérique Jacobs, Jonnhy Thijs, Céline Nieuwenhuys, Niel Hens, Pierre Wunsch, Mathias Dewatripont, Inge Bernaerts, Sophie Quoilin, Lieven Annemans, Vinciane Morel et Ariane Bazan.

213. "Files aan bagageband maken mij boos."

214. "Daarna legden niet de politici, maar de wetenschappers de beslissingen uit aan de burger, en ze deden dat duidelijker dan we gewend zijn van politici. Zij gaven de beslissingen legitimiteit. Als een politicus een zeldzame keer toch nog eens iets gevraagd werd, verwees hijbij het begin en op het einde van elke zin naar de wetenschappers. Het was dus de regering-Van Ranst die de klus klaarde."

215. 'Wat is het verschil tussen familie of vrienden thuis ontmoeten of in de winkel? 'De controle. De winkel is een openbareruimte, en dus controleerbaar. Als we elkaar thuis zien, is dat minder. Politici vinden vertrouwen goed, maar controle nogbeter'

216. 'Er moet een kapitein op de brug van het schip staan. Een groep van kapiteins mag ook. Als het maar mensen zijn die beslissingen durven en kunnen nemen.'

217. 'Hun aantal is schrijnend laag. Er is zelfs niet één ziekte-detective per Vlaamse provincie. Decennialang is er te weiniggeïnvesteerd in deze preventieve gezondheidswerkers.'

218. Traduction : "Les scientifiques mettent le Celeval en suspens".

219. Citation originale : "Ze vinden de politieke beslissingen niet uit te leggen, en dus moeten de politici dat maar zelf doen."

220. En juillet et août 2020, la province d'Anvers et en particulier la ville d'Anvers, représentent un foyer épidémique majeur. La semaine durant laquelle est publié l'article de presse référencé (6 au 12 août), la province d'Anvers concentre à elle seule 30% des cas recensés dans l'ensemble des onze provinces belges (Sciensano, 16 août 2020).

221. Analyse réalisée avec l'outil Tweetstats, à partir des profils @vanranstmarc et @Emmanuel_microb.

11. The construction of the COVID-19 pandemic as a social problem: expert discourse and representational naturalisation in the mass media during the first wave of the pandemic in Canada

Lilian Negura, Yannick Masse & Nathalie Plante

Abstract

In this chapter, we analyse the evolution of expert discourse in the media during the first wave of the Covid-19 pandemic in Canada. We begin with an overview of the use of expertise in the Canadian public-health decision-making chain in the context of the COVID-19 pandemic, highlighting the tensions, contradictions and paradoxes of political communication that this process revealed. These decisions were widely reflected and debated in the media, hence the relevance of studying them from the perspective of social representations. Based on our analysis of 527 media products published by CBC/Radio Canada between 1 January and 31 August 2020, it was possible to document the type of expertise mobilised, the types of experts engaged by the media, the modalities of appropriation of this discourse by non-experts and the use of expert discourse by political actors. The analysis of the governmental measures that have generated the most controversy and debate in the media has allowed us to reveal the public's understanding of the pandemic through the process of

How to cite this book chapter:
Negura, L., Masse, Y., & Plante, N. (2024). The construction of the COVID-19 pandemic as a social problem: expert discourse and representational naturalisation in the mass media during the first wave of the pandemic in Canada. In: Premat, C., De Waele, J.-M., & Perottino, M. (eds.), *Comparing the place of experts during the first waves of the COVID-19 pandemic*, pp. 491–524. Stockholm: Stockholm University Press. DOI: https://doi.org/10.16993/bco.l. License: CC BY-NC 4.0.

representational naturalisation. Specifically, we show the role of expert discourse in determining which aspects of COVID-19 pandemic the public and political authorities in Canada have defined as a social problem.

1. Introduction

In December 2019, the public in Canada learned of the appearance of a new virus in Wuhan, China. Political and health authorities soon afterwards mobilised experts to develop measures to deal with the potential threat. This new reality was also beginning to attract the attention of the media, which was calling on experts such as virologists and public-health professionals to help understand it. Both the journalists and political decision-makers have therefore been turning to experts to better understand and manage this new reality. It is therefore important to examine the role played by expert discourse in the way this new virus has been understood by both Canadian authorities and the public.

   In this chapter, we wish to analyse the evolution of the expert discourse in the media during the first wave of the COVID-19 pandemic in Canada. We propose to document the expert discourse mobilised in the media on COVID-19 pandemic and the use of this discourse by political actors. We have organised our analysis around the events and government actions that have generated the most controversy and debate in the Canadian media. However, our chapter goes beyond documentation to discuss the role of expert discourse in the construction of the COVID-19 pandemic as a social problem. For Colebatch, Hoppe and Noordegraaf (2010), the term "policy" refers to a conception of public policy that places the recognition of problems and their resolution at the centre of government decisions. However, it is not clear how a situation comes to be defined as a public-policy problem. According to Blumer (1971), the recognition and definition of a specific social problem is less an objective phenomenon than a historically and socially situated process. We therefore set out to analyse the definition of the social problem of the COVID-19 pandemic as a representational process. This process is related to the idea that social problems are emerging via the construction of a social reality by the interaction and communication between different actors (Berger & Luckmann, 1967) such as politicians, experts, or citizens.

Studies on the genesis of social representations are well known for examining the transformation of expert or scientific knowledge into common-sense knowledge (Moscovici, 2004). The processes of the representational genesis of COVID-19 have been already analysed by many authors (Pizarro et al., 2020; Páez & Pérez, 2020; Apostolidis, Santos et Kalampalikis, 2020). In this book, the chapter co-authored by de Rosa and Mannarini, in collaboration with researchers from 10 countries (2024, pp. 75–194), has unveiled the emergence of polemical representations in different geo-cultural contexts. More modestly, we proposed to better understand the specific role of expert discourse and experts in the representational naturalisation (Negura & Plante, 2021) of the COVID-19 pandemic as a new social reality. We hope to gain a better understanding of the process by which some situations associated with COVID-19 and acknowledged as harmful generated more government intervention than other situations in different regions of Canada and at different stages of the pandemic.

We will begin our chapter with an overview of the use of expertise in the public-health decision-making chain in Canada in the context of the COVID-19 pandemic by highlighting the tensions, contradictions and paradoxes in policy communications that this process revealed. We will demonstrate the relevance of studying these dynamics reflected in the media from the perspective of social representations. A brief explanation of the research objectives, the data used and some methodological aspects will follow. We will then discuss the results of our analysis of the evolution of expert media discourse during the pandemic in Canada. Finally, our analysis will focus on the role of expert discourse in determining the aspects of COVID-19 that the Canadian public and political authorities have identified as a social problem.

2. The COVID-19 pandemic in Canada: The public-health decision-making structure and the actions of decision-makers

As Canada is a federation, some government-managed jurisdictions are separated between the provincial (10) and territorial (3) states and the federal government. This is the case for public health. At the federal level, the central agency, the Public Health Agency of Canada (PHAC), makes recommendations based on scientific advice from experts in various fields (PHAC, 2011). The agency is headed by a Chief Executive Officer (CEO), also known as the Chief Medical Officer. Dr. Theresa Tam held this position at the time of our study in 2020. During a crisis, the CEO can make recommendations to the federal government to guide decision-making.

However, the federal government's power to impose or relieve health measures is limited. The federal government can declare a state of health emergency, but this gives it only limited powers, for example, the closing of Canadian borders, managing the storage and faster supply of medical equipment and setting up emergency funds (Canada, 2020).

The Public Health Agency's recommendations and federal government decisions can be supported by the work of some government-affiliated research institutes that bring together different experts from across the country. These institutes may be associated with universities. The Canadian Institutes of Health Research[222] will, among other things, fund research in Canadian research centres and work with international institutions, such as the WHO, to arrive at the best recommendations based on the latest research (CIHR, 2020).

The most significant public-health decisions implemented during the COVID-19 pandemic came from provincial governments. Each Canadian province may decide, following the recommendations of different experts, what actions to take to deal with the pandemic within their jurisdiction. Provincial public health structures are similar to the federal structure. A Director of Public Health (also known as the Chief Medical Officer of Health) oversees the public-health recommendations that are issued to governments. Based on recommendations from research and academic institutes, laboratories and expert panels, governments can make decisions based on a variety of scientific evidence. However, it is the Director of Public Health who sets the tone for the recommendations and informs the public about the state of public health (CCNPPS, 2018). The provincial government, specifically the Prime Minister, remains the decision-maker.

On the provincial government side, their public-health jurisdiction allows them to declare a health emergency with more coercive measures. In particular, it allows provincial governments to prohibit access to certain places, to legislate the wearing of masks, to restrict home visits and to quickly establish contracts to obtain medical equipment. These decisions can be supported by public-health recommendations from both their own and federal governments.

The first Canadian case of COVID-19 was confirmed on 28 January 2020 in British Columbia[223], heralding the beginning of a major social change. The epidemiological situation and government measures to respond to the pandemic have evolved differently in each province. Among the important decisions that have been made in Canada, we note that Quebec and Ontario, the two provinces with the highest number of cases in the country, have been subjected to several restrictive measures that we have summarised in Figure 1. Although public-health governments in Canada benefit from expert recommendations that allow them to make decisions based on a variety of scientific data, the measures taken by the provinces have diverged widely. For example, in British Columbia, the province that experienced the first case of COVID-19 in Canada, no large-scale lockdown has been imposed. Only restaurants, bars and some specific services were eventually forced to close. Gatherings of 50 or more people were also banned (British Columbia, 2020; The Canadian Press, 2020). In Quebec and Ontario, on the other hand, all businesses deemed non-essential were forced to close for several weeks.

By examining the expert discourse in the media, this chapter thus proposes to understand the role of that discourse in how the COVID-19 pandemic was understood and conceptualised by policy makers and the public in Canada during the first wave (January-August 2020).

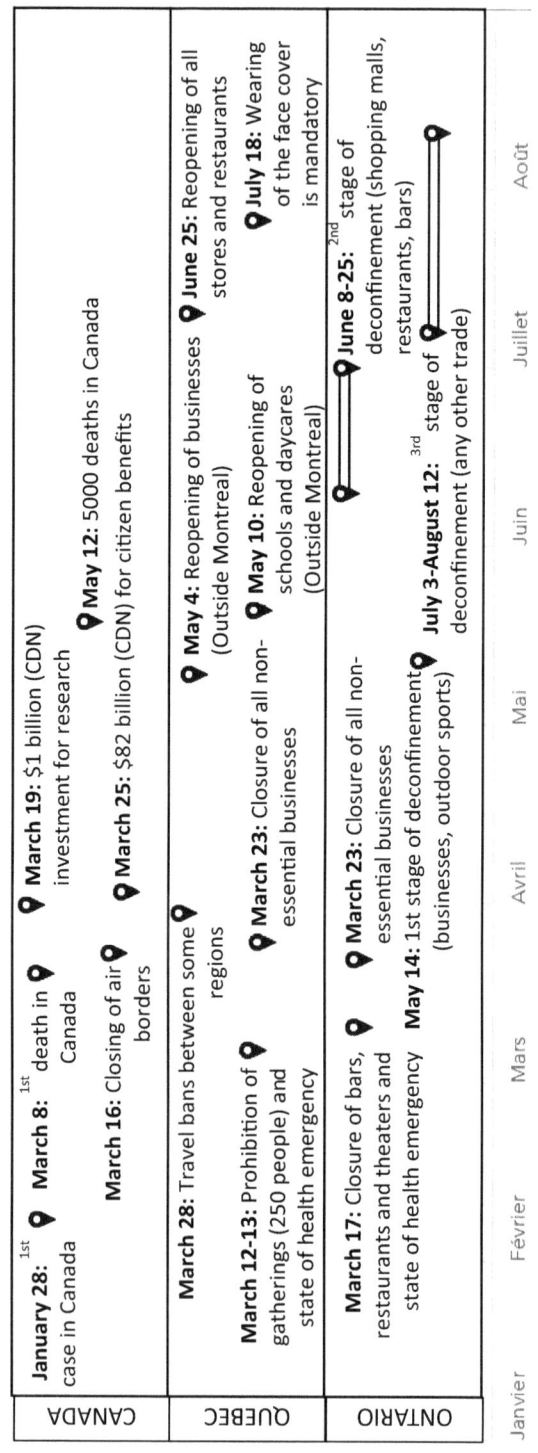

Figure 1. Major events related to the COVID-19 pandemic, Canada, Quebec and Ontario, January-August 2020.

Source: authors (Licence: CC-BY-NC-ND).

3. Theoretical framework

We situated our analysis within the theoretical framework of social representations (Moscovici, 2001). Various reasons explain the relevance of using the theory of social representations for the study of the complex dynamics through which expert discourses, particularly those found in the media, participate in the definition of what constitutes a problem in relation to the COVID-19 pandemic and in decisions about public policies[224] to address that problem. Before coming to this point, however, it is important to explore the very notion of *public policy* and the place of experts in the development of government-action plans. Two distinct perspectives help to clarify the place occupied by expert discourse.

The first is closely concerned with the decisions made by governments, the forms that action plans take and their effects. From this perspective, the experts play the role of advisers and guides in the decisions. The policy is expected to be based on scientific knowledge relevant to the problem (COVID-19 or other) to which the *social policy* is intended to respond. This perspective is part of what Colebatch et al. (2010) call the paradigm of "authoritative instrumentalism":

> In the narrative of authoritative instrumentalism, governing happens when 'the government' recognizes problems and decides to do something about them; what it decides to do is called "policy". (*Ibid*. p. 12).

This first understanding of the place of experts presupposes various elements, namely: 1) science is the truth upon which good decisions should be based; 2) the definition of the problem in question is already constituted, accepted and known, 3) the expert speaks in the name of "science", knows the truth about the problem (either because they have discovered it or because they have studied it) and transmits this truth to the politician, and 4) the politician applies this truth in a plan of action. Thus, this perspective is more interested in the effects of public policy (*outcomes*) than in the process and dynamics that may have guided its development.

This last point is rather the focus of the second perspective, which examines the role of expert discourse in the formation of public policy and in the definition of social problems. This perspective is part of a counter-narrative following the study of the "activity of policy making" (Colebatch et al., 2010, p. 16; Fairclough & Fairclough, 2012, Blumer, 1971, Spector & Kitsuse, 1977; Cronbach, 1980; Radaelli, 1995). Indeed, experts then come to be regarded as social actors with an active role in the construction of social objects, including social problems (be it the COVID-19 pandemic or other problems). Their influence in the constitution of policies is dynamic. Moreover, this perspective emphasises not the logical and rational aspect of political decision-making, but rather its uncertain aspects and its inherent contradictions and paradoxes (Fairclough & Fairclough, 2012, Debray, 1973). In this process of the collective definition of a problem and the development of action plans, the influence of expert discourse is not negligible, according to some authors, even though it is not linear or unilateral. Indeed, it reflects the particular role of experts in the public policy development process, which Haas (1992) also refers to as "deference to the knowledge elite" (p. 7). Indeed, faced with the uncertainty and complexity of issues, government actors are increasingly turning to specific groups of experts capable of proposing explanatory models of problems and, as a corollary, of formulating predictive hypotheses on the future developments of these models (Debray, 1973; Radaelli, 1995).

Various studies show that the decision-making process behind the implementation of social policies is eminently contextual and contingent, and that expert recommendations may or may not be incorporated into decisions. Farr (1993), for example, points out that there is a clear distinction between political action (adopting a policy) and the technological advances or scientific research that preceded and potentially influenced it. Haas (1992), from a more international perspective, also points out that both the findings and the recommendations of experts are far from always being consistently applied by decision-makers.

Finally, various works also show how expert discourse, while having significant influence, is only one among several factors, which ultimately comes to weigh more or less heavily in the decision-making balance (Haas, 1992, Spector & Kitsuse, 1977, Fairclough & Fairclough, 2012). The fact remains that very great attention is generally given to experts as "discoverers" of reality (Farr, 1993; Blumer, 1971). Fewer works have looked at the process through which expert discourse participates in the construction of the social reality (Berger & Luckmann, 1967) of the problem, and especially at the contradictions, tensions and paradoxes that go through this very process—and which then come to determine the aspects that will or will not be retained as part of the official definition of the problem and the action plans targeting it. It is clear, however, that experts occupy a special place when it comes to producing knowledge that is shared in society (Hass, 1992). The expert, in this respect, therefore actively participates in the production of social representations and of objects of common sense. Through their discourse and its retransmission through the media, they participate in the transformation of an abstract, distant and scientific notion into a common, collective, concrete and everyday object of knowledge. This transformation of an abstract notion into a concrete image defines what Moscovici (2004) called the objectification of social representations. This process, together with the representational anchoring, makes it possible to respond to the unknown and to face the uncertainty. A particular aspect of the process of the objectification of social representations allows us to study even more precisely the role of expert discourse in the construction of social reality, namely the naturalisation of social representations (Negura & Plante, 2021). By definition, this stage follows the selective construction and structuring schematisation of social representations (Moscovici, 2004).

Once naturalised, "ideas are no longer perceived as the products of the intellectual activity of certain minds, but as the reflection of something existing outside. There is a substitution of the perceived for the known" (Moscovici, 2004, p. 109). Ideas, notions and concepts, once naturalised, lose their falsifiable, theoretical or imaginary character; they simply "exist":

> At this point of concretization people can talk about the object, and through communication the object acquires the density of meaning that makes it a 'natural' fixture in people's minds (Philogène, Deaux, 2001, p. 6).

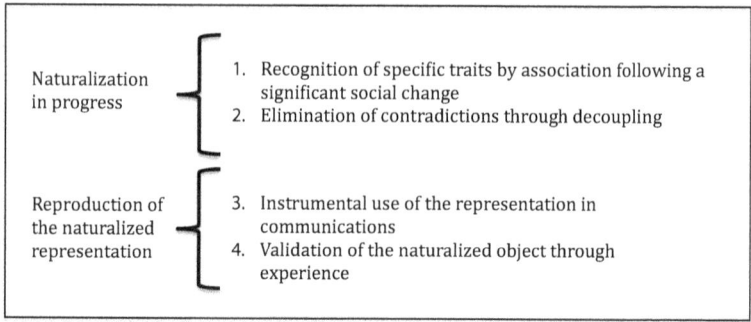

Figure 2. The four phases of the process of naturalisation.
Source: authors (Licence: CC-BY-NC-ND).

This last element refers more specifically to the reification of social representations, a process that gives a permanent, real, immutable character to entities that were once questionable, debatable and refutable (Mahendran, Magnuson, Howarth, Scuzarello, 2019). Finally, representational naturalisation is itself a dynamic phenomenon that can be studied in four phases: 1) recognition of specific traits by association following significant social change 2) elimination of contradictions through decoupling 3) instrumental use in communication and 4) validation through experience. (Negura & Plante, 2021) In the first two phases, the naturalisation process is under development. It is a dynamic which involves the constitution of the naturalised object, which is then reproduced in the following phases. The last two phases, on the other hand, have as their role the reproduction of the constructed social object and are observable when naturalisation is already stabilised (fig. 2).

There are only a few opportunities to study social representations when they are in the process of naturalisation. The COVID-19 pandemic offers one such opportunity.

4. Methodology

To meet our research objective, we used the *eureka.cc* database to collect all media articles from Radio-Canada and CBC News on the subject of the COVID-19 pandemic that were published between 1 January and 31 August 2020. CBC/Radio Canada is

Canada's public television and radio broadcaster. 18.2 million unique visitors per month visit the CBC.ca news channel and 5.2 million visit Radio-Canada.ca, its French-language version[225]. We selected news articles for our analysis as it is the main information source that created debate and relayed information on COVID-19 at the time. Being a completely new topic, other sources of written information were limited, even in government official documents. Experts used media articles as a way to express quick opinions which better represent their view of the pandemic during the first wave.

We have limited our corpus to a selection of articles on two themes. The first included all articles in which experts on viruses, associated care or research surrounding COVID-19, including the Chief Medical Officers of Health, spoke in the media. The second included articles in which First Ministers and Ministers of Health were cited in addition to various agencies, ministries and health authorities. With this preliminary corpus, we proceeded with a reasoned sampling consistent with our research objective. Articles referring exclusively to specific geographic locations or to very singular or local cases related to the SARS-CoV2 virus or COVID-19 disease were removed. However, we retained articles that discussed key events, even if they were specific cases (e.g. outbreak on the Diamond Princess cruise ship). We set aside articles that addressed only international events without discussing the Canadian context (e.g. reflections about the decisions of other countries and their impact in Canada, WHO decisions, etc.). Finally, we kept articles written by news agencies and published on Radio-Canada and CBC if they met the previous criteria. 430 media articles were therefore retained by our sampling.

We then carried out an analysis of the collected materials using analytical questioning method (Paillé and Muchielli, 2012). The corpus thus constituted was questioned according to an analytical grid developed beforehand while formulating new questions in order to bring out themes and in-depth reflections on our initial research question.

Through our analytical questions, we have come to understand that experts discourse differs depending on certain criteria (e.g. their epistemic perspective, their place in public debate and their proximity to the international and Canadian political power). This allowed us to take them into account during the analysis and thus to have a more nuanced and diversified understanding of their contribution to the construction of COVID-19 as a social problem.

5. Results

Through various key events, we will show how experts discussed the COVID-19 pandemic in the CBC and Radio-Canada media. We will treat these events in chronological order and mention the contradictions, the concepts mobilised and the positions of the experts that emerge from our corpus of data.

In January 2020, the media we studied discussed the new virus in China, which was believed to be similar to SARS [Severe Acute Respiratory Syndrome]. This new coronavirus was associated by the Chinese authorities with an outbreak in a seafood and fish market in Wuhan (Radio-Canada, January 18)[226]. The first interventions of the experts in the media show some optimism that the virus was discovered and reported quickly by China. Sometimes referred to as "Chinese virus" or "Chinese coronavirus" by experts (CBC, 18 January, 26 January, 27 January), preliminary data on the virus showed that there was no human-to-human transmission of the virus and that the infection may have come from an animal source (CBC, 9 January). The possibility of "low-level" human-to-human transmission was quickly confirmed (CBC, 18 January), and fears about possible cases in Canada were expressed by experts (Miller, 11 January). The entry of travellers from China was of concern to Canadian public health, which recommends that measures be implemented in place at airports, even though it stated that "the risk of citizens becoming contaminated is low" due to the small proportion of travellers from Wuhan (Radio-Canada, 18 January). The risk of pneumonia and the infection of several people outside Wuhan were, however, of concern to health authorities (Radio-Canada, 20 January).

The Canadian experts' gaze turned shortly thereafter to the situation in the country with the first confirmed case on 28 January 2020 due to a traveller returning from Wuhan. Despite the sharing of misinformation on the transmission of the virus that worried authorities and the risk of finding several other cases in the country (Harris, 26 January), several independent experts stated that Canada was well prepared to contain this type of virus, in contrast to the SARS crisis in Toronto in 2003 that killed 44 people. According to these experts "the situation now is very different. We know what these risks are, we know how they're going to come at us and what you've seen is the perfect example of [public health testing systems] working" said Allison McGeer, an infection disease specialist, about the public health capacity of limiting the spread of COVID-19 (Miller, 26 January). New information on the virus confirmed that it could be airborne as a result of prolonged contact with other people (Miller, 26 January). Experts therefore recommended that people wash hands regularly and cough into their handle. The possibility of the virus spreading via surfaces in public places led to a systematic washing of subway and bus stations in Toronto (CBC, 27 January).

The effectiveness of the surgical mask, worn by some citizens in Toronto, came under question. However, the essence of the debate on the mask would come later. New data on infected but asymptomatic people led Canadian public health to recommend in April that the mask be worn (Bureau, 29 April; Tasker, 7 April). The question of the wearing of masks among young children was also a subject of debate. In fact, the requirement for everyone to wear a mask at all times in schools was the subject of a petition signed by about a hundred people, including doctors and paediatricians, as well as teachers. The petition was in response to a government announcement for the new school year that masks would be mandatory in public areas of the school, except in the classroom (Radio-Canada, 25 August). However, another petition two months earlier collected more than 1000 signatures from doctors who demanded that the wearing of masks for children under 12 years of age be abandoned in Quebec schools because of the learning problems that could result from the mandatory wearing of masks:

> Forget about the whole 'distancing' thing with kids under 12. Children need to play together, to communicate, exchange, share. They need contact with their peers, not to grow up with a fear of the other, a fear of the virus

explains the paediatric gastroenterologist and co-author of the letter, Véronique Groleau (Boisclair, 8 June). She justified their position by invoking "the anxiety that this type of environment can generate in young children" (Boisclair, 8 June). Some experts from other provinces were also debating that issue, with opinions differing. Some believed that among younger children, "wearing a mask is probably not a solution" because of the tendency of children to touch their face, which could increase the risk of infection (Bolduc, 8 July). In short, the wearing of masks has sparked a lot of debate and brought out contradictions in the points of view of several experts, even within the same field of study, such as paediatrics.

The first confirmed cases in Canada were from travellers or their immediate families, raising questions about the effectiveness of prevention and screening measures at airports. At the same time, a possible closure of Canada's borders was being discussed in the media. However, Canadian public health was very reluctant to recommend this action: "viruses know no borders, and we have to balance our public health measures knowing that they are never completely perfect" (Thomson Reuters, 4 March). Experts said that the border closure would only slow the spread of the virus by a few weeks, but would do nothing to stop outbreaks in Canada (Gollom, 2 March). Canadian experts were basing their recommendations on WHO recommendations (Zafar, 13 March). Nevertheless, in the days following the WHO's declaration that the global health situation was akin to a pandemic, several countries had decided to limit travel and partially close their borders, and public opinion seemed to be pushing the Canadian government to do the same (Patel, 16 March). Canada would follow suit by closing its air borders to visitors and foreigners on 18 March in the face of rising numbers of cases from travellers from Iran in particular (Radio-Canada, 17 March), and by closing its land border with the United States on 25 March. The border closures came at the same time as the provinces of Quebec and Ontario announced measures to lock down and close businesses. However, many experts were concerned about the effectiveness of lockdowns before they were put in place: "In the absence of data, prepare-for-the-worst reasoning leads to extreme measures of social distancing and lockdowns. Unfortunately, we do not know if these measures work" said epidemiologist John Ioannidis to CBC (Crowe, 19 March). Mental health specialists also spoke out to explain the harmful effects on mental health of prolonged lockdown: "but this does not mean that mental health should take a back seat. I am very concerned about the psychological distress of some people said" the president of Ordre des psychologues du Québec, Christine Grou (Lecomte, 26 March). However, many experts believed that those measures were necessary to curb the spread and avoid congestion in hospitals (Zimonjuc, Barton et Ling, 28 April). "Flattening the curve" was a phrase often used to represent the evolution of infection cases over a long period of time (Osman, 19 March).

Also, it was the outbreak of a crisis situation in seniors' residences and long-term care centres, particularly in Quebec and Ontario, that alarmed the experts. In light of data showing that elderly people with COVID-19 are particularly at risk of complications that "presumably has something to do with the immune system in some way" (CBC News, 12 March), health authorities became concerned about outbreaks in nursing homes (Radio-Canada, 13 March). Measures therefore became needed to avoid "families being devastated" due to the high mortality rate in those residences (The Canadian Press, 11 April). While the situation in retirement homes was feared by experts, the difficulty in recognizing the virus led to an increase in cases and deaths associated with COVID-19. Community transmission and asymptomatic carriers of the virus made it difficult to trace cases across the country. Moreover, some experts believed that a herd immunity to the virus could be achieved through deconfinement "by possibly obtaining immunity to the coronavirus by letting [children] infect each other [in schools] and develop the disease" (Bolduc, 14 May). Although, several experts feared the risks of such a strategy, particularly among young people who might believe they are invincible (CBC Radio, 31 March). Many citizens attending rallies, particularly youth, were portrayed as responsible for the increase in cases and emergencies during the deconfinement period (Jones, 24 July).

While the schools were closed without much debate, the discussions on their reopening brought up several divergent points among the experts. Still, the fact that children with COVID-19 generally developed few or no symptoms was of concern to the experts. However, the closure of the schools was not questioned in the first weeks of the lockdown. It was toward the end of the period of lockdown and business closures that some experts were discussing the possibility of reopening the schools, which had at that point been closed for a month. Notably, in Quebec, the National Director of Public Health wanted to reopen the schools in May, a few weeks before the end of the school year, to allow young people to develop immunity to the virus (Agence France-Presse, 29 June). Several experts believed that the danger of reopening schools would be very low (Maltais, 12 April). However, the possibility of an increase in transmission if schools reopened was discussed by public health experts (Sampson, 24 April).

On the other hand, epidemiologists, paediatricians and virologists, especially in the rest of Canada, were opposed to school reopening measures (Bolduc, 14 May). Beyond the issue of herd immunity and risk in children, the debate on transmission also highlighted certain contradictions. Media experts cited an Australian study that reportedly showed, using preliminary data, that there was "virtually no transmission of COVID-19 between children" (CBC, 4 May). In contrast, another article stated that "new data from Germany suggest that children are as likely as adults to transmit the coronavirus" (Bolduc, 10 May). In short, many independent researchers proposed strategies for deconfinement around mask use and ventilation (CBC Radio, August 10; Radio-Canada, 25 August), around the types of classrooms that should be built/designed to avoid contact and regarding the risks to children's learning that would result from shortening the school calendar even further: "I think we will be returning to a school setting so long as the right policies are in place -- a school setting that is safer in terms of infection transmission risks and that offers opportunities for learning, socialization and, importantly, peer-to-peer learning and development" (Weikle, 28 July).

The beginning of the debate on the reopening of schools also coincided with the experts' discussions in the media about deconfinement. As with other topics, there was a divergence in the experts' discourse on this topic. On the one hand, some epidemiologists believed that ending the lockdown was possible as early as April, about a month after the beginning of the lockdown, provided that the relaxations were gradual (Maltais, 12 April). Deconfinement measures had to be carried out by providing for increases in cases and the possibility of closing down certain sectors if necessary:

> we shouldn't be afraid of our fellow citizens. The caseload is now low enough that we can start to venture into the territory of opening up economies at the same time not be so confident to be flagrant with our hygiene discipline

explains epidemiologist Ray Deonandan (Zafar, 9 May). On the other hand, experts believed that it was still too early to take such measures, even in May (Bolduc, 10 May; Maltais, 12 April). Avoiding large gatherings remained, however, a measure recommended by all the experts in the media analysed.

Between June and August, Canadian provinces quietly eased several measures while keeping physical distancing in public spaces in place (CBC News, 29 June). Many researchers believed that the virus could not be eradicated and that before widespread vaccination: "we need to accept that COVID-19 will be with us for some time and to find ways to deal with it," said 18 public health and infectious disease experts in an open letter to Prime Minister Justin Trudeau (Zafar, 9 July). Finally, the last few weeks of August show that a slight increase in cases was underway in Canada. Most experts were concerned that the abandonment of many measures and non-compliance by some citizens could lead to a potentially alarming spread of the virus (Girard and Maltais, 17 July; Radio-Canada, 26 July).

6. Analysis of the results

Our results show that the identified discourses are marked by numerous contradictions and tensions, for example when experts comment on wearing masks or reopening schools, and that the experts have sometimes changed their opinion regarding certain measures. In short, the expert discourses on the COVID-19 pandemic have been transformed and modulated over time and with regard to the stakes prioritised in public debates. These numerous tensions are in apparent contradiction with the "authoritative instrumentalism" (Colebatch et al., 2010). Let us remind that this paradigm states that science is the bearer of truths on which political decisions should be based. From the point of view of representational dynamics, however, the presence of tensions and even contradictions is not necessarily a reflection of unscientific debates or erroneous knowledge but is rather indicative of the process of a representational naturalisation of the COVID-19 pandemic taking place. Indeed, once completed, the process of the naturalisation of social representations allows ideas to exist in the same way as physical objects; they lose, in that respect, their debatable character.

Moreover, a more in-depth study of the naturalisation process can rarely take place at the time of its occurrence, which limits our ability to adequately understand the potential effect of these contingencies on the construction of social reality. Indeed, the tensions and contradictions that may have emerged during this process are obliterated from the naturalised representation. However, this is precisely what our results allow us to do. Indeed, it was possible for us to observe the naturalisation process of the COVID-19 pandemic in progress, and more precisely with regard to the first two phases, namely: 1) the recognition of specific traits by association, following a significant social change and 2) the elimination of contradictions through decoupling[227] (Negura & Plante, 2021).

6.1 Recognition of specific traits by association, following a significant social change

The notion of significant social change is in many ways similar to the concept proposed by Wagner (1998) of the *constructive event*, i.e. an event during which an entity is named, associated with attributes and values, and becomes integrated into a significant universe. The declaration of the pandemic by the WHO in March 2020 constitutes the significant social event that triggered the transformation of the entity of a new coronavirus into a social object.

As we have seen in the presentation of the results, this major change can be subdivided into several other events that have also led to significant social changes located specifically in Canada and finally in Quebec and Ontario. At each of these events, from the appearance of the first case in China, to the first case in Canada, the closing of the border, confinement measures and other various measures put in place, expert discourse has contributed to the recognition of specific traits through the association of the virus with certain groups.

As in other studies of social representations of COVID-19 and other infectious diseases, we find that these groups have evolved and are distinguished between heroes (such as health-care workers), villains (such as travellers, young partygoers and rally participants) and victims (such as elderly people) (Wagner-Egger et al., 2011). As shown in our results, one of the specific traits of the pandemic problem is thus recognizable in the association of the virus with the increased risk of physical health problems and death for the elderly (and chronically ill). The victims of the virus are then clearly identified: the elderly. However, the various expert discourses show that the risks to the physical health of the elderly are not the only consequences of the COVID-19 pandemic (Bavli, Sutton & Galea, 2020). Other traits are thus associated with the pandemic, such as mental health problems, economic survival, learning and developmental difficulties in children, etc. These traits target specific groups such as youth, the unemployed, and children who are also affected, albeit differently, by the pandemic.

In another vein, the association of the COVID-19 pandemic with specific groups, whether those groups are viewed positively by the population (such as medical personnel) or negatively (such as young partygoers believing themselves to be invincible), is implicit in expert discourse and in fact draws on the baggage of shared representations (e.g. the social representation of young people as reckless, see Masse, 2020). This is in line with the comments of several authors who emphasise the mainly symbolic aspect of this type of association, particularly with regard to the othering and association of problems with groups that are already marginalised or stigmatised (Mayor et al., 2012). This process allows the group that benefits from it to reduce the perception of threat and the discomfort generated by the state of anxiety (Páez & Pérez, 2020).

For Farr (1993) this underlines the responsibility of scientists and the importance for science to consider common sense:

> The mere publication of medical statistics generates new social representations and reinforces or alters old ones. If scientists ignore social representations they may find that the consequences of the advice they offer governments are not what they intended. They will then be heavily into the business of altering social representations that arose from their previous advice (p. 202).

In many ways, our results show that the COVID-19-pandemic problem confronts contradictions where the needs of some have clashed with those of others. Health, mental health, the economy, social issues, education and the quality of learning are, so to speak, in competition. Indeed, in the media, experts, by identifying the aspects of the pandemic according to their field of expertise, inevitably put them under tension. In this way, physical health finds itself in competition with mental health, the economic survival, the education and quality of learning, as well as the social problems (poverty, homelessness, domestic violence and child abuse).

6.2 Elimination of contradictions through decoupling

It can be seen that in the second phase of the representational naturalisation, a process of decoupling is under way with regard to the dangers associated with the COVID-19 pandemic. The danger of this pandemic is mainly perceived with regard to physical health, especially that of the elderly, but it has been decoupled from the other elements mentioned above. This is reflected in the centrality of the debates on the transmission of the virus, regardless of the issue at stake (mental health, education, violence, poverty, economy, etc.). Debates stated in our results concerning the reopening of elementary schools in Quebec are one good example; the quality of education was rapidly overshadowed by the debate on children's immunity to the virus or their possible contribution to herd immunity. This observation is in line with Jodelet (2020) when she explains that biological life has supplanted other forms of life in recent years. Health is often associated with the physical health of the body and the absence of disease, leaving mental or psychological health, which is still highly stigmatised in Canada (Findlay et al., 2021, Lévesque, Negura et al., 2018, Sareen et al., 2005) and elsewhere in the West (Roelandt et al., 2017), in the background. Health risks for the present and the future are, moreover, fraught with uncertainty. Furthermore, for Jodelet (2020), this is what distinguishes the COVID-19 pandemic from other pandemics that preceded it, where the focus was more on victims and mortality. In the case of COVID-19, although mortality was emphasised, attention quickly shifted to uncertainty and diffused risk due to possible transmission by asymptomatic individuals. The decoupling carried out in the process of the naturalisation of the COVID-19 pandemic between the different risks that this problem presents to society also joins, although on another register, the comments of Bavli et al. (2020). For these authors, collateral damage has not been sufficiently taken into account in governmental decisions and measures. For us, not only have these elements not been taken into consideration, but they have in fact been decoupled from the pandemic problem, whose naturalisation process has contributed to making it a problem centred foremost on physical health risks.

Also, expert discourse participates in the debates, but does not allow for decoupling or responding to contradictions. It is the political decisions that have been made that allow decoupling to be done. The function of the expert discourses of legitimisation regarding political decisions underlines the particular role of experts in the process of representational naturalisation of the COVID-19 pandemic. This is all the more important as the amount of information (and disinformation) concerning COVID-19 and the speed of their propagation is unprecedented (Jodelet, 2020). The experts then symbolically come to play the role of gatekeepers; the journalists who interview them, and who represent the public, expect them to be clear, precise, consensual and unequivocal. For Moscovici (1993), these social expectations of science are both a reflection and an effect of the social representation of science. He adds that this representation of science as a uniform and consensual entity helps to bring it closer to belief:

> [P]aradoxically the quest for consensus in a science as a sign for
> its exceptional character can have the consequence of setting one

theory apart and above discussion, hence changing it into a belief made immune against falsifications and contradictions as religious or political beliefs can be (Moscovici, 1993, p. 366).

Thus, beyond the competence, the credibility and legitimacy of the expert rests on a remarkably symbolic foundation. In the face of threat and chaos, the expert symbolically holds the tools to restore order (Éliade, 1965). This can be explained, among other things, by the anchoring of expert or scholarly knowledge in the thema opposing the initiated (or the sacred) to the profane (Negura, Plante, Lévesque, 2019). The notion of thema, or themata in the plural, refers to dyadic oppositions that are at the source of the human capacity to create new knowledge, to imagine concepts and at the same time to organise them (Markova, 2017, Moscovici and Vignaux, 1994). In the case at hand:

> The adjective "profane" [...] ends up designating [...] the ignorant in relation to the expert, the uninitiated in relation to the insider [...]. The profane [has] become the one outside the laboratory, a laboratory which, in this context, occupies the place formerly reserved for the temple, or the room of mysteries (Borgeaud, 1994, p. 391).

The thema that opposes the initiated to the profane contributes to anchor scientific knowledge in a distinct representational sphere. It also gives an exceptional character to experts, scholars and other initiated to "sacred things" (Durkheim, 1925, p. 25). The sacralised aspect of science here is not due, for example, to its complexity or its methods, but rather to its character placed at a distance and reserved for a very specific group, and thus prohibited to other non-knowers, non-initiated, in other words, lay, people.

Another important element that the debates and contradictions in the expert discourses demonstrate concerns, if not the absence, at least the scarcity of consensus among experts[228]. This can be seen, for example, in the question of the wearing of masks, in schools as well as in public spaces, debated within the same field of medical specialisation, or the question of the closing of borders or the transmission of the virus by children (to name but a few examples). This contributes to reaffirming our position that the

decoupling, necessary for the process of representational naturalisation, is the result of political decisions that have been taken, and
not of expert discourse. Indeed, these decisions cannot be based
entirely on expert discourse (which is contradictory and limited)
and necessarily draw on the values, norms and interests of political actors, their ideology, and even the imitation of government
measures taken elsewhere, in short, within the realm of the common sense. As also explained by Rapaelli (1995), we are dealing
with the broad meaning of knowledge:

> [...] not only expert opinions and social research, but also the
> transformation of expert ideas into the kind of knowledge actu-
> ally used by political actors; a knowledge in which research, infor-
> mation held by public administration bureaux, and even opinions
> expressed by the mass media are all intertwined. [...] Research
> creeps or is absorbed into the policy processes via indirect, cumu-
> lative and diffuse processes (mainly through ideas and argument),
> and in combination with lay knowledge (p. 164).

According to the *deficit model* (Wagner, Kronberger, Seifert, 2002),
a dominant model that is epistemologically close to the paradigm
of "authoritative instrumentalism", basing political decisions of
the utmost importance on common sense would probably be the
worst-case scenario. However, as we can see from the inability
of expert discourse to eliminate contradictions: No science will
relieve common sense, even if scientifically informed, of the task
of forming judgement. (Habermas, 2003, p. 108)

7. Conclusion

Our results thus allowed us to observe the first two stages of the
process of representational naturalisation (Negura & Plante,
2021) of the COVID-19 pandemic. Following the significant social
change created by the pandemic, the experts, according to their
specific expertise, the solutions they proposed and their proximity
to the power, contributed during the first wave of the pandemic to
the process of recognition of the specific traits of COVID-19 by
explaining in the media its nature and its threats. This process has
implicitly facilitated the association of these traits with certain

groups (such as the physical vulnerability to the virus of the elderly, the psychological suffering of young, the learning difficulties of children and the precariousness of the unemployed). The tensions between these pandemic traits in relation to the specific needs of different groups (the physical health of some in comparison to the mental health of others, for example) in the specific context of the pandemic create contradictions and conflicts that are resolved by decoupling physical health from other traits in the second stage of the representational naturalisation process. This phase of the elimination of contradictions, dominated as we have seen elsewhere by polemical representations (Páez & Pérez, 2020), is in progress at the moment of the first wave of the pandemic. This explains why we have not found, in our corpus, elements of the third and fourth phases of representational naturalisation, by which the new social reality is reproduced.

However, the reality of the COVID-19 pandemic, according to our data, is already being identified as primarily a major risk to the physical health of the population. More precisely, it is a pandemic with two faces: very serious for a certain part of the population, quite benign for the others (which explains the constant and necessary efforts to convince the population to respect the restrictions). It is also a virus with invisible transmission (by asymptomatic people), which explains the use of masks, whose physical reality also helps to keep the virus visible. Finally, the risks are also associated with the overcrowding of intensive care units, which must be avoided at all costs, and with the importance of flattening the curve. These three elements constitute, in view of our results, the object of the COVID-19 pandemic. Recalling the concepts used by Wagner (1998), objects are entities that have been domesticated. As a result, objects are *specific to* the group that participated in their creation. Conversely, it is also the objects that give the group its specificity. Thus, what other authors such as Bavli et al. (2020) have presented as the collateral effects of government measures are, in this perspective, just as direct consequences of the COVID-19 pandemic as the number of hospitalisations, but they are being decoupled during the process of representational naturalisation. In other words, another society, at another time, could have identified mental-health issues as a central element in the fight against the COVID-19 pandemic, which would obviously have given rise to a completely different set of practices and social reality. As Apostolidis et al. (2020) have also pointed out: "[...] the COVID-19 pandemic is not only a medical object, but also and eminently a social one. A polemical, polymorphic and conflictual object generating tension at several levels." (p. 2)

We can thus see that experts have presented a varied discursive dynamic in the media. On the one hand, the experts' discourse varies in terms of their proximity to the object of study, as well as their proximity to the decision-making power. On the other hand, the discourse also varies with regards to contradictory study results and, as a corollary, to varying positions on the measures to be adopted. There is therefore no a uniform expert discourse on the truth of the virus, contrary to what seems to be suggested by policy makers when they claim in the media, for example, to base their decisions on the best scientific advice. Moreover, policy makers influence the direction of expert discourse through their decisions. The expert discourse then serves to justify these decisions or comes to criticise them without contributing in a decisive way to the construction of the reality of the COVID-19 pandemic. The expert discourse and the political discourse thus participate in a dynamic way in the representational naturalisation of the COVID-19 pandemic.

The chapter provides a better understanding of expert involvement in the development of health measures during the COVID-19 pandemic in Canada. However, these results allow us to go further and propose a powerful conceptual tool for the analysis of public policies by calling upon the model of representational naturalisation (Negura & Plante, 2020), an approach from the theory of social representations (Moscovici, 1976), that explains the process by which constructed representational objects become social reality. This analysis thus addresses in another way the question of the cognitive dimension of public policies when "the object of public policies is no longer only to 'solve problems' but to build frameworks of interpretation of the world" (Muller, 2000, p. 189). In fact, the chapter, by proposing an analysis of the social construction of the COVID-19 pandemic in Canada, illustrates the socio-cognitive process by which public policies are developed and implemented from a referential that is integrated into a discourse on the basis of expert legitimisation. Through the study of the political and expert discourse on the COVID-19 pandemic in Canada during the very first wave, the chapter illustrates the representational naturalisation at the beginning of this process by contributing to validating this theoretical model (Negura and Plante, 2020) and to engaging it in the context of public-policy making.

Declaration of conflicts of interest

A preprint of the chapter is available and was authorized by the editors:

Negura, L., Masse, Y., & Plante, N. (2021). The construction of the Covid-19 pandemic as a social problem: expert discourse and representational naturalization in the mass media during the first wave of the pandemic in Canada. Advance. Preprint. doi: https://doi.org/10.31124/advance.14770296.v1

References

Agence de la santé publique du Canada (ASPC). (2011). *Mandat*. Site de l'auteur. Récupéré le 5 janvier 2021 de https://www.canada.ca/fr/sante-publique/organisation/mandat/a-propos-agence/mandat.html

Apostolidis, T., Santos, M., & Kalampalikis, N. (2020). Society against COVID-19: challenges for the socio-genetic point of view of social representations. *Papers on Social Representations*, 29, 3.1–3.14.

Bavli, I., Sutton, B., & Galea, S. (2020). Harms of public health interventions against COVID-19 must not be ignored. *BMJ*, 371, m4074. doi: https://doi.org/10.1136/bmj.m4074

Blumer, H. (1971). Social Problems as Collective Behavior. *Social problems*, 18(3), 298–306. doi: https://doi.org/10.1525/sp.1971.18.3.03a00020

Borgeaud, P. (1994). Le couple sacré/profane. Genèse et fortune d'un concept « opératoire » en histoire des religions. *Revue de l'histoire des religions*, 211(4), 387–418.

British Columbia. Ministry of Health. (2020). *Order of The Provincial Health Officer*. Récupéré de https://www2.gov.bc.ca /gov/content/health/about-bc-s-health-care-system/office-of-the -provincial-health-officer/current-health-topics/COVID-19 -novel-coronavirus#archived-orders

Canada. Ministère des Finances Canada. (25 mars 2020). La Loi sur les mesures d'urgence visant la COVID-19 reçoit la sanction royale. *Site web de l'auteur*. Récupéré le 5 janvier 2021 de https://www.canada.ca/fr/ministere-finances/nouvelles/2020/03 /la-loi-sur-les-mesures-durgence-visant-la-COVID-19-recoit-la -sanction-royale0.html

The Canadian Press, Timeline of COVID-19 cases across Canada, *CBC* News, 2 March 2020, https://www.cbc.ca/news/health /canada-coronavirus-timeline-1.5482310 (Consulted on 17 August 2021)

Centre de collaboration nationale sur les politiques publiques et la santé (CCNPPS). (2018). *Profil structurel de la santé publique au Canada*. Récupéré le 5 janvier 2021 de https://www.ccnpps.ca/fr /profilstructurel.aspx

Colebatch, H. K., Hoppe, R., & Noordegraaf, M. (2010). *Working for policy*. Amsterdam: Amsterdam University Press.

Cronbach, L. J., Ambron, S. R., Dornbusch, S. M., Hess, R. D., Hornik, R. C., Phillips, D. C., Walker, D. F., & Weiner, S. S. (1980). *Toward Reform of Program Evaluation*. US Department of Justice.

Daanen, P. (2009). Conscious and Non-Conscious Representation in Social Representations Theory: Social Representations from the Phenomenological Point of View. *Culture & psychology*, 15(3), 372–385. doi: https://doi.org/10.1177/1354067X09343704

Debray, R. (1973). *Prison writings of Regis Debray*. London: Allen Lane.

Durkheim, E. (1925). *Les formes élémentaires de la vie religieuse : le système totémique en Australie* (2e éd.). Paris: F. Alcan.

Elcheroth, G., Doise, W., & Reicher, S. (2011). On the Knowledge of Politics and the Politics of Knowledge: How a Social Representations Approach Helps Us Rethink the Subject of

Political Psychology. *Political Psychology*, 32(5), 729–758. doi: https://doi.org/10.1111/j.1467-9221.2011.00834.x

Eliade, M. (1965). *Le sacré et le profane*. Paris: Gallimard.

Fairclough, I., & Fairclough, N. (2012). *Political discourse analysis : a method for advanced students*. London: Routledge.

Farr, R. M. (1993). Common sense, science and social representations. *Public understanding of science*, 2, 189–204.

Findlay, L. C., Arim, R., & Kohen, D. (2020). Understanding the perceived mental health of Canadians during the COVID-19 pandemic. *Health reports*, 31(4), 22–27.

Gül Cirhinlioğlu, F., & Cirhinlioğlu, Z. (2010). Social representations of H1N1 influenza A (Swine Flu). *Revija za sociologiju*, 40(3), 273–295.

Haas, P. M. (1992). Introduction: epistemic communities and international policy coordination. *International organisation*, 46(1), 1–35.

Habermas, J. (2003). *The future of human nature*. Cambridge: Polity.

Instituts de recherche en santé du Canada (IRSC). (2020, 15 septembre). *COVID-19 : participation internationale des IRSC*. Site web de l'auteur. Récupéré le 5 janvier 2021 de https://cihr-irsc.gc.ca/f/52153.html

Jodelet, D. (2020). A Separate Epidemic. *Papers on Social Representations*, 29(2), 10.11–10.11.

Jodelet, D., Vala, J., & Drozda-Senkowska, E. (2020). *Societies Under Threat*. New York : Springer International Publishing.

Joffe, H. (2011). Public apprehension of emerging infectious diseases: are changes afoot? *Public understanding of science*, 20(4), 446–460.

Lavazza, A., & Farina, M. (2020). The role of experts in the COVID-19 pandemic and the limits of their epistemic authority in democracy. *Frontiers in public health*, 8(356). doi: https://doi.org/10.3389/fpubh.2020.00356

Lévesque, M., Negura, L., Moreau, N., & Laflamme-Lagoke, M. (2018). L'influence de l'identité linguistique et de l'âge sur la représentation sociale des services de santé mentale chez les personnes dites dépressives. *Minorités linguistiques et société/ Linguistic Minorities and Society*, (9), 118–142.

Mahendran, K., Magnusson, N., Howarth, C., & Scuzzarello, S. (2019). Reification and the refugee: Using a counterposing dialogical analysis to unlock a frozen category. *Journal of Social and Political Psychology*, 7(1), 577–597.

Marková, I. (2017). Themata in science and in common sense. *Kairos. Journal of Philosophy & Science*, 19(1), 68–92.

Masse, Y. (2020). Consommation de boissons sucrées alcoolisées chez les jeunes : Construction d'un problème public. *Drogues, santé et société*, 18(2), 39–67.

Mayor, E., Eicher, V., Bangerter, A., Gilles, I., Clémence, A., & Green, E. G. (2012). Dynamic social representations of the 2009 H1N1 pandemic: Shifting patterns of sense-making and blame. *Public understanding of science*, 22(8), 1011–1024.

Moscovici, S. (1961/1976/2004). *La psychanalyse, son image et son public*. Paris: Presses Universitaires de France.

Moscovici, S. (1993). Toward a Social Psychology of Science. *Journal for the Theory of Social Behaviour*, 23(4), 343–374. doi: https://doi.org/10.1111/j.1468-5914.1993.tb00540.x

Moscovici, S. (2001). *Social representations: Essays in social psychology*. New York: New York University Press.

Moscovici, S., & Vignaux, G. (1994). Le concept de thêmata. In G. Christian (Ed.), *Structures et Transformations des Représentations Sociales. Texte de Base en Sciences sociales* (pp. 25–72). Neuchâtel: Delachaux et Niestlé.

Negura, L., & Plante, N. (2021). The construction of social reality as a process of representational naturalisation. The case of the social representation of drugs. *Journal for the theory of social behaviour*, 121–144. doi: https://doi.org/10.1111/jtsb.12264

Negura, L., Plante, N., & Lévesque, M. (2020). The role of social representations in the construction of power relations. *Journal for the theory of social behaviour*, 50(1), 25–41.

Páez, D., & Pérez, J. A. (2020). Introduction to the Special Issue of Social Representations of COVID-19: Rethinking the

Pandemic's Reality and Social Representations. *Papers on Social Representations*, 29(2), 1.1–1.24.

Paillé, P., & Mucchielli, A. (2012). *L'analyse qualitative en sciences humaines et sociales*. Paris: Armand Colin.

Philogène, G., & Deaux, K. (2001). Introduction. In K. Deaux & G. Philogène (Eds.), *Representations of the social: Bridging theoretical traditions*. (pp. 3–7). Malden: Blackwell Publishing.

Pianelli, C., Abric, J.-C., & Saad, F. (2010). Rôle des représentations sociales préexistantes dans les processus d'ancrage et de structuration d'une nouvelle représentation. *Les cahiers internationaux de psychologie sociale*, 86(2), 241–274.

Pizarro, J. J., Cakal, H., Méndez, L., Da Costa, S., Zumeta, L. N., Gracia Leiva, M., … Keshavarzi, S. (2020). Tell me what you are like and I will tell you what you believe in: Social representations of COVID-19 in the Americas, Europe and Asia. *Papers on Social Representations*, 29(2), 1–38.

Radaelli, C. M. (1995). The role of knowledge in the policy process. *Journal of European Public Policy*, 2(2), 159–183.

Roelandt, J. L., Caria, A., Benradia, I., & Bacle, S. V. (2017). De l'autostigmatisation aux origines du processus de stigmatisation. A propos de l'enquête internationale «Santé mentale en population générale: images et réalités» en France et dans 17 pays. *Psychology, Society, & Education*, 4(2), 137–149.

Sareen, J., Cox, B. J., Afifi, T. O., Clara, I., & Yu, B. N. (2005). Perceived need for mental health treatment in a nationally representative Canadian sample. *The Canadian Journal of Psychiatry*, 50(10), 643–651.

Spector, M., & Kitsuse, J. I. (1977). *Constructing Social Problems*. Menlo Parl, CA: Cummings Publishing Company.

Wagner-Egger, P., Bangerter, A., Gilles, I., Green, E., Rigaud, D., Krings, F., Staerklé, C., & Clémence, A. (2011). Lay perceptions of collectives at the outbreak of the H1N1 epidemic: heroes, villains and victims. *Public understanding of science*, 20(4), 461–476.

Wagner, W. (1998). Social representations and beyond: Brute facts, symbolic coping and domesticated worlds. *Culture & psychology*, 4(3), 297–329.

Wagner, W., Kronberger, N., & Seifert, F. (2002). Collective symbolic coping with new technology: Knowledge, images and public discourse. *British Journal of Social Psychology*, 41(3), 323–343.

Quoted media articles

Boisclair, V. (8 June 2020). Des médecins réclament l'abandon de la distanciation chez les enfants. *Radio-Canada*. https://ici .radio-canada.ca/nouvelle/1710246/jeunes-enfants-transmission -coronavirus-quebec-garderies-ecoles-regles-medecins, (Consulted 10 January 2024).

Bolduc, M. (8 July 2020). Des experts prône le port du masque ou de la visière à l'école. *Radio-Canada*. https://ici.radio-canada.ca /nouvelle/1717840/COVID-19-eleves-masque-ontario-quebec -sante (Consulted 29 October 2020).

Bolduc, M. (10 May 2020). Le Québec déconfine trop vite, selon des experts d'ailleurs au Canada. *Radio-Canada*, https://ici.radio -canada.ca/nouvelle/1701170/COVID-19-deconfinement-quebec -critiques (Consulted 10 January 2024).

Bolduc, M. (14 May 2020). L'Ontario ne devrait pas rouvrir ses écoles, selon plusieurs experts. *Radio-Canada*, https://ici.radio -canada.ca/nouvelle/1702553/COVID-19-ecoles-reouverture -ontario-juin-doug-ford (Consulted October 29 2020).

Bureau, B. (29 April 2020). Virus respiratoires: le port du masque par la population recommandé depuis des années. *Radio-Canada*, https://ici.radio-canada.ca/nouvelle/1698543/etudes-masque -medical-virus-respiratoires-canada (Consulted 29 October 2020).

CBC News. (12 March 2020). A geriatrician talks about the COVID-19 pandemic and what it means for seniors. CBC. https://www.cbc.ca/news/canada/nova-scotia/how-to-keep-senior -citizens-healthy-during-the-covid-19-pandemic-1.5494898 (Consulted 10 January 2024).

CBC News. (29 June 2020). COVID-19 transmission "largely under control" but relapses possible: Dr. Tam. CBC. https://www.cbc.ca /news/politics/COVID-projections-tam-1.5631059 (Consulted 10 January 2024).

CBC Radio. (10 August 2020). Kids may find masks uncomfortable, but they'll be vital to stopping COVID-19 in schools, says expert.

CBC. https://www.cbc.ca/radio/thecurrent/the-current-for-aug
-10-2020-1.5680419/kids-may-find-masks-uncomfortable-but
-they-ll-be-vital-to-stopping-COVID-19-in-schools-says-expert
-1.5680495 (Consulted 10 January 2024).

CBC Radio. (31 March 2020). "Totally irresponsible" to
expose yourself to COVID-19 in hopes of immunity, warns
immunologist. CBC. https://www.cbc.ca/radio/thecurrent/the
-current-for-march-31-2020-1.5516352/totally-irresponsible
-to-expose-yourself-to-COVID-19-in-hopes-of-immunity-warns
-immunologist-1.5516366 (Consulted 10 January 2024).

Crowe, K. (19 March 2020). Prominent scientist dares to ask:
Has the COVID-19 response gone too far? CBC. https://www
.cbc.ca/news/health/coronavirus-COVID-pandemic-response
-scientists-1.5502423 (Consulted 10 January 2024).

Agence France-Presse. (29 June 2020). COVID-19: l'OMS craint le
pire en l'absence de solidarité mondiale. Radio-Canada. https://
ici.radio-canada.ca/nouvelle/1716114/coronavirus-oms-situation
-solidarite-chine-ghebreyesus (Consulted 10 January 2024).

Girard, Joëlle and Isabelle Maltais. (17 July 2020). Le problème,
c'est les rassemblements privés, disent Legault et Arruda. Radio-
Canada. https://ici.radio-canada.ca/nouvelle/1720428/quebec
-coronavirus-bilan-17-juillet (Consulted 10 January 2024).

Gollom, Mark. (2 March 2020). "This will not be contained":
Experts cast doubt that spread of COVID-19 can be stopped.
CBC. https://www.cbc.ca/news/world/coronavirus-COVID-19
-containment-who-1.5478766 (Consulted 10 January 2024).

Harris, Kathleen. (26 January 2020). Health officials expect more
coronavirus cases, but say risk of outbreak in Canada remains
low. CBC. https://www.cbc.ca/news/politics/coronavirus-hajdu
-tam-health-china-1.5440950 (Consulted 10 January 2024).

Jones, Ryan Patrick. (24 July 2020). Chief public health officer
warns of pandemic "fatigue" as COVID cases surge among
young people. CBC. https://www.cbc.ca/news/politics/tam
-young-people-COVID19-virus-fatigue-1.5662206 (Consulted
10 January 2024).

Lecomte, Anne Marie. (26 March 2020). L'aide existe, il faut
se manifester, disent les professionnels en santé mentale.

Radio-Canada. https://ici.radio-canada.ca/nouvelle/1687774 /ordre-psychologue-quebec-service-essentiel-soutien-COVID-19 -anxiete-confinement (Consulted 10 January 2024).

Maltese, Isabelle. (12 April 2020). Peut-on envisager un déconfinement à court terme. Radio-Canada. https://ici.radio -canada.ca/nouvelle/1693493/coronavirus-deconfinement-quach -tremblay-immunite-reouverture-ecoles (Consulted 10 January 2024).

Miller, Adam. (26 January 2020). Why Canada's 1st suspected coronavirus case is 'a world of difference' from SARS. CBC. https://www.cbc.ca/news/health/coronavirus-canada-toronto -update-1.5440853 (Consulted 10 January 2024).

Miller, Adam. (11 January 2020). Is Canada at risk from a mysterious Chinese virus related to SARS? CBC. https://www .cbc.ca/news/health/china-virus-canada-sars-risk-1.5422619 (Consulted 10 January 2024).

Osman, Laura. (19 March 2020). We won't know if social isolation is working for weeks, months: Tam. CBC. https://www.cbc.ca /news/politics/social-distancing-isolation-results-1.5503829 (Consulted 10 January 2024).

Patel, Raisa. (16 March 2020). Airport screening measures to be enhanced, Canada's chief medical doctor says. CBC. https://www .cbc.ca/news/politics/airport-screening-updates-coming-time-to -act-tam-says-1.5498528 (Consulted 10 January 2024).

Radio-Canada. (26 July 2020). La COVID-19 poursuit sa légère remontée au Québec. https://ici.radio-canada.ca/nouvelle /1722386/coronavirus-bilan-quebec-nouveaux-cas-jeunes -COVID-19 (Consulted 10 January 2024).

Radio-Canada. (13 March 2020). Coronavirus: des hôpitaux et CHSLD du Québec restreint ou interdisent les visites. https://ici .radio-canada.ca/nouvelle/1665256/quebec-regle-coronavirus -visite-hopital-chsld-cisss-ciusss (Consulted 10 January 2024).

Radio-Canada. (20 January 2020). Coronavirus: l'OMS dira mercredi si c'est une urgence « de portée internationale ». https://ici.radio-canada.ca/nouvelle/1481254/oms-reunion-virus -chine-urgence-internationale (Consulted 10 January 2024).

Endnotes

222. Canada's health research granting agency.

223. The Canadian Press (2 March 2020), Timeline of COVID-19 cases across Canada, *CBC* News, https://www.cbc.ca/news/health /canada-coronavirus-timeline-1.5482310 (Consulted on 10 January 2024).

224. The terms policies, public policies and action plans are used interchangeably and as synonyms.

225. CBC/Radio-Canada's news site hosts 10,000 pages of information and 4,000 hours of audio and video segments that are viewed each month. It was these sites that were consulted for our analysis. According to the CBC Annual Report, 83% of Canadians use at least one CBC/Radio-Canada service each month, and the same proportion of Canadians consider CBC/Radio-Canada to be a trusted source of information.

226. All article dates are from 2020. All references with the date without the year are journalistic references from our corpus. Some have no specific authors, and others are written by news agencies (e.g. Reuters). However, all the articles cited have been published on the news websites of Radio-Canada or CBC. We have cited the most representative examples. Other articles in the corpus analysed may also have similar content.

227. As the process of representational naturalisation is ongoing, the analysis revealed the first two stages rather than the last two where naturalisation is confirmed: instrumental use in communications and validation through experience (Negura & Plante, 2021).

228. An interesting point is that in research using the symbolic coping model (Wagner, 1998), the emergence stage is consistent with the diffusion of COVID-19's hegemonic social representation and is largely based on the idea of consensus (see Páez et Pérez, p. 2). However, when we look specifically at the discourses of the experts, we see that they are far from being so consensual. The pressure for compliance came after decisions were made by the various levels of government.

Biographies

Editors

Christophe Premat

Associate Professor in French with a major specialisation in Cultural Studies at Stockholm University. Member of the editorial board of Sens Public, an international web journal of social sciences. Co-editor in chief of the Nordic Journal of Francophone Studies. Current research focuses on memory debates in France, discourse analysis, and political periodicals in France. Part of the research project analyzing political discourses in Romance-speaking countries (ROMPOL, Stockholm University) and the research project "Language and Power" (Språk och Makt, Stockholm University). ORCID: https://orcid.org/0000-0001-6107-735X.

Jean-Michel De Waele

Full Professor of Political Science at the Université Libre de Bruxelles. Director of the Department of Political Science, Director of the Centre for the Study of Political Life (CEVIPOL), Dean of the Faculty of Social and Political Sciences, and Vice-Rector for Student Affairs and Relations with Society. Research focuses on political and social actors in Central and Eastern Europe, and the relationship between sport and politics. Comparative politics is central to his thinking. Visiting professor in various universities (France, Tunisia, China, Romania, Bulgaria, etc.).

Michel Perottino

Associate Professor and researcher at the Institute of Political Science, Faculty of Social Sciences, Charles University. Head of the Department of Political Science. Specialised in Czech politics, political parties (theory and sociology), and political systems (especially France and Czech Republic). Member of the

National Institute for Research on Socioeconomic Impacts of Diseases and Systemic Risks (SYRI). ORCID: https://orcid .org/0000-0002-1910-4075.

Contributors

Andréa Barbará da Silva Bousfield

Associate Professor at the Postgraduate Program of Psychology (PPGP) and at the Department of Psychology, Federal University of Santa Catarina (UFSC), Florianópolis, Brazil. ORCID: https:// orcid.org/0000-0002-4333-4719.

Rut Bermejo-Casado

Senior Lecturer in Politics and Public Policies at the Law and Social Sciences Faculty (Rey Juan Carlos University) in Madrid. Main research area is Justice and Home Affairs public policies in Europe. Currently working on experts' role in politics in the context of the COVINFORM project, financed by the EU H2020 program. Member of the Academic Scientific Council of Elcano Think Tank in Spain and Advisory Council of the Chair in Refugees and Forced Migrants at the University Pontificia de Comillas. ORCID: https://orcid.org/0000-0003-2453-312X.

Baptiste Buidin

Member of the Protagoras Laboratory for research in political and public communication. ORCID: https://orcid.org/0000-0002 -5694-8568.

Davide Caselli

Assistant Professor in Sociology of Environment and Territory at the University of Bergamo. Specialised, among other topics, in the question of experts. ORCID: https://orcid.org/0000-0001 -7305-7436.

Alexis Chapelan

Doctoral candidate in political science at the Ecole des Hautes Etudes en Sciences Sociales (EHESS) in Paris and at the University of Bucharest. Researcher at the Zentrum für

Antisemitismusforschung in Berlin. ORCID: https://orcid.org/0000-0002-8990-6188.

Vladimir-Adrian Costea

Practitioner at the National Institute of Statistics in Romania. Published articles in prestigious national and international peer-reviewed journals on clemency and the state of occupancy of Romanian prisons. ORCID: https://orcid.org/0000-0002-6101-7688.

Martha de Alba

Professor at the Department of Sociology, Universidad Autónoma Metropolitana-Iztapalapa, Mexico. Specialises in Social representations, urban spaces, and aging. ORCID: https://orcid.org/0000-0002-1247-9122.

Lorena Gil de Montes

Tenure Lecturer at the Department of Social Psychology, University of the Basque Country, Spain. ORCID: https://orcid.org/0000-0002-8430-5105.

Annamaria Silvana de Rosa

Full Professor of Social Representations and Communication at the Faculty of Medicine and Psychology, Sapienza University of Rome, Italy. Founding Director of the European/International Joint PhD in Social Representations and Communication. Emeritus and Adjoint Professor at the University of Belgrano (Argentina) and u-Ottawa (Canada). ORCID: https://orcid.org/0000-0002-2945-6103.

Esther Durin

Lecturer and research coordinator at the Institute for Higher Social Communication Studies (IHECS Brussels). Member of the Protagoras Laboratory for research in political and public communication. ORCID: https://orcid.org/0000-0001-7870-9798.

Andréia Isabel Giacomozzi

Professor at the Postgraduate Program of Psychology (PPGP) and at the Department of Psychology, Federal University of Santa

Catarina (UFSC), Florianópolis, Brazil. ORCID: https://orcid.org/0000-0002-3172-5800.

Arnaud Grivaud

Associate Professor at the Department of East-Asian Studies (LCAO), Université Paris Cité. Member of the East Asian Civilizations Research Centre (CRCAO, UMR 8155). Works on Contemporary Japanese Politics, especially on the recent transformations of the Japanese State and bureaucracy. ORCID: https://orcid.org/0000-0001-5274-0826.

William Guéraiche

Associate Professor at the University of Wollongong Dubai (UOWD). Director of the Master of International Relations. Writes on different topics such as Cybersecurity, Demographics and Community security, or the securitization of COVID-19. ORCID: https://orcid.org/0000-0001-5530-3074.

Andrei Corneliu Holman

Full Professor and currently the Director of the Department of Psychology, Faculty of Psychology and Education Sciences, Alexandru Ioan Cuza University of Iaşi, Romania. ORCID: https://orcid.org/0000-0001-9309-3821.

Ana Maria Justo

Professor at the Postgraduate Program of Psychology (PPGP) and at the Department of Psychology, Federal University of Santa Catarina (UFSC), Florianópolis, Brazil. Last publications were on polarisation on COVID-19 in Brazil and obesity and social representations. ORCID: https://orcid.org/0000-0003-2056-3575.

Zuzana Kotherová

Researcher in Comparative Health Policy and Health System at Charles University, First Faculty of Medicine, Institute of Public Health. Member of the National Institute for Research on Socioeconomic Impacts of Diseases and Systemic Risks (SYRI). ORCID: https://orcid.org/0000-0002-1214-9879.

Mary Anne Lauri

Professor at the Department of Psychology, University of Malta. Last publications were on identity exploration in anonymous media spaces and attitudes towards COVID-19 vaccination. ORCID: https://orcid.org/0000-0001-5219-8010.

Elizabeth Lubinga

Associate Professor at the Department of Strategic Communication, University of Johannesburg, South Africa. Specialises in health, media communication, and communication strategy. ORCID: https://orcid.org/0000-0002-1811-7421.

Terri Mannarini

Professor of Social Psychology at the University of Salento, Italy. Founder and Editor-in-chief of the international journal "Community Psychology in Global Perspective. ORCID: https://orcid.org/0000-0003-3683-8035.

Yannick Masse

PhD student at the School of Social Work, University of Ottawa, Canada. ORCID: https://orcid.org/0000-0002-9412-4690.

Céline Mavrot

Assistant Professor at the Institute of Social Sciences, University of Lausanne, Switzerland. Research in comparative policy analysis focuses on public health controversies and politicisation processes. Specialises in public policy evaluation. ORCID: https://orcid.org/0000-0001-9603-5790.

Carlotta Mozzana

Associate Professor in Sociology at the University of Milano-Bicocca. Author of "Welfare, capacità e conoscenza" and co-author of "Prepared to Care? Knowledge and Welfare in a Time of Emergency". ORCID: https://orcid.org/0000-0003-2217-2906.

Lilian Negura

Full Professor at the School of Social Work, University of Ottawa, Canada. ORCID: https://orcid.org/0000-0002-5224-5451.

Risa Permanadeli

Founder and Director of the Indonesian Center of Social Representations Studies, Jakarta, Indonesia. Research focuses on the elaboration of social thinking in non-Western society, especially in Indonesia. ORCID: https://orcid.org/0000-0002-6334-878X.

Daniela R. Piccio

Assistant Professor in Political Science at the University of Torino. Research interests include comparative politics, political representation, social movements, and party (finance) regulation. ORCID: https://orcid.org/0000-0002-4625-4941.

Nathalie Plante

Guest Professor at the School of Social Work, University of Quebec in Montreal, Canada. Research and teaching focus on social work, youth, and vulnerable people. ORCID: https://orcid.org/0000-0001-5968-154X.

Barbara Saracino

Associate Professor in Sociology at the University of Bologna. Author of "Public Perception of COVID-19 Vaccination in Italy" and "The Communication of Research in Italy". ORCID: https://orcid.org/0000-0003-3812-6699.

Susana Seidmann

Full Professor in Social Psychology at the School of Psychology, University of Belgrano, Buenos Aires. Director of the Master of Community Social Psychology, University of Buenos Aires, Argentina. ORCID: https://orcid.org/0000-0002-6653-4027.

Karabo Sitto-Kaunda

Associate Professor at the Department of Business Management, Faculty of Economic and Management Sciences, University of Pretoria, South Africa. Research areas of interest include digital and online communication, social representations, voluntary economic migration, communication convergence, converged health communication, identity, as well as teaching and learning. ORCID: https://orcid.org/0000-0002-5146-9189.

Milton Keynes UK
Ingram Content Group UK Ltd.
UKHW022135230824
447344UK00009B/636